肖邦通信集

林洪亮　选译

中国社会科学出版社

图书在版编目（CIP）数据

肖邦通信集／林洪亮选译．—北京：中国社会科学出版
社，2010.4

ISBN 978-7-5004-8495-0

Ⅰ.①肖… Ⅱ.①林… Ⅲ.①肖邦（1810~1849）—书信集
Ⅳ.①K835.135.76

中国版本图书馆 CIP 数据核字（2010）第 015196 号

策　　划　胡　靖
责任编辑　门小薇（xv_men@126.com）
责任校对　李小冰
技术编辑　戴　宽
封面设计　李尘工作室

出版发行　**中国社会科学出版社**
社　　址　北京鼓楼西大街甲 158 号　　　邮　编　100720
电　　话　010-84029450（邮购）　　　传　真　010-84017153
网　　址　http://www.csspw.cn
经　　销　新华书店
印刷装订　三河君旺印装厂
版　　次　2010 年 4 月第 1 版　　　印　次　2010 年 4 月第 1 次印刷
开　　本　710×1000　1/16
印　　张　23.75
字　　数　376 千字
定　　价　58.00 元

目　　录

1. 为父亲命名日而作的诗

适逢您的命名日，举世同庆，
会给您，我的父亲和我带来欢乐，
我以真挚的情感向您热烈祝贺，
祝您生活幸福，远离烦恼，
愿上帝保佑您心想事成，一帆风顺，
这是我最想向您表达的祝愿之情！

弗·肖邦于 1816 年 12 月 6 日

2. 为母亲命名日而作的诗

妈妈，衷心祝贺您的命名日，
祈盼上天实现我的心中所愿，
愿您永远健康，幸福和快乐，
愿您延年益寿，万寿无疆。

弗·肖邦于 1817 年 6 月 16 日

3. 为父亲命名日而作的诗

我的心中洋溢着无比的欢欣，

在这喜庆之日，如此亲切，如此庄重。

我向您表示衷心的祝贺；

祝您幸福永相随，绵延不停；

祝您身强体壮，康泰平安；

愿上天赐福给您，无穷无尽。

弗·肖邦于 1817 年 12 月 6 日

4. 为父亲命名日致父亲

亲爱的爸爸：

如果我把我的感情诉诸音符，也许更容易把我的情感表达出来。然而即使是最完美的协奏曲也无法包含我对您、亲爱的爸爸的敬爱之情。我谨以心中最简单的话语来向您表示我最真挚的感激之情和儿子的孝顺之心。

弗·肖邦于 1818 年 12 月 6 日

5. 致在彭奇策的乌斯达赫·马雷尔斯基

1823 年 9 月于华沙

亲爱的马雷尔斯基:

　　我亲自去向扎巴列维奇询问过初级班讲座何时开始,但没有问考试的时间。他告诉我,讲座将于本月 16 日或 17 开课,因为委员会尚未决定,是 15 日还是 16 日举行院公开会议。他还告诉我,讲座将在上午举行,下午将进行考试。从 15 日开始不再接受任何人报名。请原谅我在匆忙中写得如此糟糕。并请你把我所写的这件事转告维尔兹,代我向他和提图斯致意。比亚沃布沃茨基已于星期六到达华沙,将于星期二去报名,星期三就要离开,然后再回来听讲座。家父家母问候你的双亲。路德维卡也向你的妹妹致意。我衷心地拥抱你和你的兄弟们。

弗·肖邦

　　库利科夫斯基,卡尔沃夫斯基,维尔钦斯基和克齐维茨基几位先生都已退休。那位来自卡利什的教授已接替库利科夫斯基的教授位置。多布罗诺基先生向你致敬。再见!请勿将此信给别的任何人看,因为别人会说我写得差劲,而且对政治完全不懂。

6. 致在华沙的父母亲

1824 年 8 月 10 日于沙法尔尼亚

最亲爱的父母双亲：

上帝保佑，我很健康，日子过得特别愉快。我不读书看报，也不舞文弄墨，只是弹琴画画、跑步，呼吸新鲜空气。有时乘车出去转悠，有时骑匹大灰马出去逛逛。比如昨天就骑马在原野上遛了一番。我的胃口真是好极了，现在不再需要任何东西来填充我那干瘪的肚皮了。我的腰围已开始增大。只要能允许吃乡下的面包就够了。盖拉尔多特的确不准我吃黑麦面包，但他指的是华沙的面包而不是乡下的面包。他之所以不准我吃，是因为那种面包发酸，而沙法尔尼亚的面包却毫无酸味，那是黑的，这是白的，那是粗面粉做的，这是精面粉做的。说到底，只要盖拉尔多特能亲口尝一尝这乡下的面包，那他定会准许我吃的，因为医生总是习惯允许病人吃他们自己喜欢的东西。

然而事情还不止于此，华沙是城市，而沙法尔尼亚是乡下。在华沙供给大家的都是小面包，而在这里，几乎只有我一个是吃这种小面包的。这么一来，妈妈怎么会不允许我吃黑麦面包呢？或许是我没有解释清楚，我能吃乡下的面包。只要盖拉尔多特还在华沙，我会马上请求吉瓦诺夫斯卡夫人把一块面包邮寄给盖拉尔多特，只要他尝过一口之后，保证他会允许我吃的。我希望我定会获得我非常希望的这件事。由于路德维卡小姐和尤瑟法小姐已经给了我一次我所希求的允许，我在此结束我的这番陈述。本星期六，沙法尔尼亚会来很多客人；有波多夫斯基先生，苏明斯基先生，皮夫尼茨基夫妇等等。星期天我们曾去过古尔比纳的皮夫尼茨基的家里。今天我们是在索科沃夫的维布拉涅茨基家里。我是按时服药丸的，每天还按时喝半小瓶草药，从未间断过。在餐桌上，除了喝少许的甜葡萄酒外，其他的酒我一概不喝。至于水果，我只吃真正熟透了的，而且要经过路德维卡小姐的认可。我们正以特别焦急的心情等待爸爸您的到来，请爸爸到布热齐纳那里为我们购买里斯的《四手联弹钢琴变奏曲》并带到这里来，因为我想和吉瓦诺夫斯卡夫人一起演奏。另外也请父亲把药方或药丸带来，因为我带来的药丸从今天算起只够 27 天服的。我再也没有什么可写的了，只是希望路德维卡姐姐能告诉父母亲的健康状况。我相信，你们的脊椎痛一定已经完全好了。衷心拥抱路德维卡、伊莎贝尔卡、艾米尔卡、朱齐亚、德凯尔特夫人和列什琴斯卡小姐。向科尼克·波尔尼和霍蒙托夫斯基致敬。亲吻最亲爱的父母亲的手和脚。

最热爱你们的儿子

　　吉瓦诺夫斯卡夫人、吉瓦诺夫斯卡小姐们、尤留斯先生和多米希向爸爸妈妈和孩子们问候致意。

　　向齐夫内先生、谢贝尔特先生、伏伊齐茨基先生表示敬意。

　　桑贝兰·皮夫尼茨基先生问候爸爸，他很高兴能见到爸爸。

7. 致在华沙的父母亲

沙法尔信使报①

1824 年 8 月 16 日　　1820 年的国民回忆，院中的小水池被淘干了。

国内消息

　　8 月 11 日，弗里德里克·肖邦进行骑马训练，并骑到了终点，但几次都没有超过步行的吉瓦诺夫斯卡夫人（这不是他的错，而是马的错）。然而他却胜过了路德维卡小姐，她步行也快到终点了。弗里德里克·肖邦每天都要乘

---

①　在沙法尔尼亚，弗·肖邦写有六篇《沙法尔信使报》，这里选译其中的第一篇。——译者

车去散步，而且非常荣幸，他总是坐在后面。而雅库布每天喝六杯咖啡，米高瓦伊每天吃四个面包，还不算丰富的午餐和三道菜的晚餐。

本年本月 13 日，贝特尔先生让人听到了他在钢琴演奏上的非凡才华。这位钢琴演奏家是个柏林人，其演奏具有贝尔盖尔的风格，就是那个斯科利莫夫斯基钢琴家，其手指的指法和姿势都超过瓦戈夫斯卡夫人，然而却以这样的感情来演奏，几乎每一个音符都让人觉得不是从心灵中、而是从庞大的肚腹里迸发出来似的。

本年本月 15 日的重要消息是，一只小母火鸡突然在禽栏的角落里破壳而出。这一重要的事件不仅促进了火鸡家庭的扩大，也增加了财产的收入并使这种增收有了保证。昨天夜里一只猫窜进橱柜里打碎了一个装有果汁的玻璃瓶。不过，从一方面说来，它应上绞架，但从另一方面来说，它又值得表扬，因为打破的是个小瓶子。本月 14 日，一只母鸡脚跛了。而公鸭在与鹅的搏斗中失去了一只脚。母牛病得很厉害，只能在果园里放牧它。本月 14 日发布公告，任何小猪均不得进入果园，否则将被处以死刑。

国外消息

邻村有一位公民想读《消息报》，于是他派仆人到奥波雷的神父那里去借这种期刊。这个仆人从来都没有听说过什么期刊，于是他记错了刊名，而去向神父要医治痔疮的报刊。

在博赫涅茨，一只狐狸偷吃两只无助的小鹅。谁若是能抓住狐狸，应立即告知博赫涅茨的法院。法院定会根据法律和条令去惩处罪犯，而狐狸的抓获者将会得到两只小鹅的奖励。

可自由送交检察官 L．D

8. 致维尔赫尔姆·科尔贝格

1824 年 8 月 19 日于沙法尔尼亚

最亲爱的维留斯：

谢谢你还记得我，但在另一方面，我对你很生气，你竟是如此的吝啬和讨厌，只给我写了这样一张小纸片。难道你是缺纸、缺笔，还是吝惜墨水？也许是你没有时间？也许是你不想好好写信，只用寥寥数语来搪塞我，也许说到底，你并不那么想念我。唉，这，这，这，一定是你骑马去了，玩得很痛快，早把我忘了……好吧，亲吻我一下，我就饶了你。

我很高兴知道你身体健康，生活愉快，这是农村最必不可少的，我能给你写信也感到很开心。我在这里玩得很愉快，不要认为只有你会骑马，我也会骑了。别问我骑得好不好，反正我会骑了，起码我能骑在马上让它慢慢前行，我想让它怎么走就能怎么走。不过我骑在马背上一直是胆战心惊，就像猴子骑在大狗熊背上一样。但直到现在，我还没有被摔下来过，因为那匹马从没有摔下过我，不过……总有一天我会被抛下来的，如果它有意摔我的话。

我不想让我的事搞得你昏头昏脑的，因为我知道这对你毫无益处。苍蝇老是停留在我的高鼻子上，但这并不重要，因为这是这些讨厌虫子的习惯。蚊子也来叮我，但这也无所谓，因为不是叮在鼻子上。我常到果园里去跑步，有时也去散步，我有时散步到林中，有时出游，但不是骑马，而是乘坐轻便马车或者轿式马车，我总是很荣幸地坐在后排，而从未坐在前排过。也许我让你感到乏味了，那我该怎么办呢，如果你还没有，那就在最近这个邮驿日写信给我，我也会立即回信给你。

不用什么恭维的客套话，而是友好地来结束我的这封信。请多多保重，亲爱的维留斯，请写信给我，但不能潦草敷衍。

再过四个星期我们就能见面了。我衷心地拥抱你。

你真挚的朋友 弗·肖邦

请代我问候你的爸爸妈妈，并拥抱你的兄弟们。

9. 致在索科沃夫的杨·比亚沃布沃茨基

1825 年 7 月 8 日星期五华沙

亲爱的雅希：

真不错，有这样好的机会写信给你。首先，我要告诉你，我们大家都很健康。其次，考试近在鼻前（过去波兰人都是说"在腰带上"，因为我不系腰带，只有一个大鼻子，因此，你就能明白，我为什么说考试近在鼻前了）。你不要期望我会给你写很多消息，我实在太忙了。今天傍晚，那位替康斯坦兹雅小姐带信来的先生才把信送到，而他明天一早就要离开。克雷斯内尔和比安奇夫人将在星期一举行一场音乐会。地点不是在剧院，而是在德国旅馆的埃勒特大厅举行。这是一场仿效克罗古尔斯基的音乐会，由私人售票。克雷斯内尔给了我 12 张票，可我到现在才售出三张，因为每张票要六个兹罗提。

没有你，我真苦恼，因为有时能和你在一起聊天、开玩笑、唱歌，打闹，又叫又笑的，真是开心死了。

下封信我会给你写得更多些，将邮寄给你。我们就要见面了，因为我们听说考试定在本月 26 日。天黑后我一直在写这封信，明天还要早起。但今天我还得久久地坐着、坐着，一直坐着，也许今夜要坐到天明了。

再见，朋友。我没有什么可告诉你的了，只是我还未曾收到过你从索哈捷夫写给我的信。如果你还没有写过，我便会在下封信里痛骂你一顿。

不过，我还得在这页纸上给你再写点什么；你得告诉我，你的腿是否好些了，你的旅途是否平安。

这封信就像块菜地，豆子和洋白菜混种在一起，乱糟糟的，缺少逻辑。这有什么办法呢？匆忙之中怎能写出得体的信来哩，请你原谅，下封信我会写得更详细更优美些。现在我衷心地拥抱你。

弗·肖邦

齐夫内、德凯尔特夫人都很健康，他们并不知道我正在给你写信，否则他们会向你致意的，代向令尊表示我的敬意。

10. 致在索科沃夫的杨·比亚沃布沃茨基

1825 年 7 月 27 日星期三于华沙

亲爱的：

你的来信让我十分高兴，虽然也带来了不幸的消息：你的腿受伤了。但从信中看出，你心情不错，这大大鼓舞了我。我们的考试明天就要结束，我不会得奖，因为被灌肠剂夺走了。等我到了你那里会向你解释这个谜的。哪有可能把奖奖给灌肠剂呢？要想在信里解释清楚，需要写上一大串，但当面口说，只需三言两语就能把原委说得清清楚楚。

我和路德维卡已经决定，星期一离开此地，星期三便可抵达沙法尔尼亚。如果你想见我，就先到我这里来。否则我的那位慈和的女保护人是不会让我先去看你的。

明天这个时刻，我会多么高兴多么惬意呀！只要我一躺下睡觉，就用不着像星期五那样早起了。我有条新的长裤，做工很不错，虽然这并不确实。脖子上还有条新围巾，也可用别的名称来称它，或许你弄不明白。我不知道这条领带花了多少钱，因为是我亲爱的姐姐路德维卡代我付的钱。

听着，听着，多罗苔小姐，
阿多尔夫·希德沃夫斯基

在扮演仆人角色。

听着，我要在此结束我的唠叨也就是这封信了。不久我们就要见面的。你知道我是不爱写长信的，除非我有四只手，现在只有请你原谅了，我就此搁笔。我们都很健康。我已收到你的三封来信；明天考试。列什钦斯卡小姐问候你。多摩维奇先生已在华沙；齐夫内老是戴着他的那副旧假发。德凯尔特夫人拥抱你，巴尔钦斯基吻你。我将给你带去一本书，请你转交给奥库尼的。我们大家，我的全家向你致意。对令尊也是一样。吻我，我爱你。

啊，我已闻到索科沃夫的气味了！

弗·肖邦

11. 致在华沙的父母亲
1825年夏天于科瓦列沃

最亲爱的双亲和你们，亲爱的姐妹：

当我的身体健壮得像只牧犬，而兹博英斯基的黄眼病已经消失之时，当我们正要动身前往普沃茨克的时候，如果我不写信告诉你们，你们定会认为我神经不正常了。今天我们去普沃茨克，明天去罗希奇舍夫，后天去基科尔，在图兹纳和科兹沃夫都要停留数日。在革但斯克稍作停留后便要返回这里。也许有人会说我：很显然，他是在急着回家，因为他经常提及它。不，不，完全不是。那是瓦辛斯卡或者瓦希卡误会了。因为我写这些不过是激起愉快的情绪，而这种情绪在我们互致问候时都会感受到的。谁还会想家呢？绝对不是我。也许别人会想家，但不是我！不过，至今我还没有收到华沙的来信。今天等我到达普沃茨克之后，一定会把邮袋翻个底朝天，看看有没有我的东西。新的寄宿宿舍如何？他们一定在那里忍受着考前的煎熬吧？提图斯已回乡下去了吗？普鲁沙克也回去了吗？斯卡尔贝克的午餐吃得如何？按照计划，这个月的 3 号，我应该和他一起到乡下去的。我像个老太婆似的对什么都好奇，但这又有什么办法，要是不把肉给狗吃，狗就得挨饿，除了到处去找吃的外，它还能做什么呢？我也是到普沃茨克去找肉吃的。我猜想你们不会知道我是在等夏天的最后一班邮车。现在又会出现长时间收不到信了，但我并不担心，因为你们要知道我在那里是很困难的。不过我会定期地把我行动的每一步都告诉你们，该把信寄到何处我才能收到。兹博英斯基认为，可以经托伦、斯维兹寄到科兹沃夫，以便我们一到那里便能收到来信。主意不坏，我希望伊莎贝拉会采纳这种意见。我想给你们——我的姐妹们，寄去一首我的圆舞曲，但现在我没有时间写了，因为我们就要上车了。现在是早上 8 点钟（我们从未在 7 点以前起床）。空气清新，阳光明媚，鸟儿欢唱。这里没有溪河，听不见潺潺的流水低吟。不过这里有个池塘，青蛙都在愉快地呱呱欢叫。最有趣的是一只鸫鸟老在我的窗前吱吱喳喳叫个不停。除了鸫鸟，就是兹博英斯基最小的女儿卡米尔卡，她还不到两岁就很喜欢我，常用口齿不清的孩子口气对我说"卡吉拉艾（爱）你"。就像她爱我那样，我千万倍地爱爸爸妈妈。我热爱和尊敬你们，吻你们的手和脚。

最深爱你们的弗·肖邦

给我的姐妹们亲吻，亲吻，亲吻。
向提图斯、普鲁沙克、巴尔托赫、英德（热耶维奇）和所有的人致意。

12. 致在华沙的杨·马图辛斯基

1825 年 8 月初于沙法尔尼亚

亲爱的雅希：

如此意外地收到你的来信，啊，就是塞维涅夫人也无法来描述我的喜悦之情，就是料到了快死也想不到会有这样的惊喜。在我的脑海中，从来都不敢奢望，像你这样一个地地道道的书呆子、一个沉醉于席勒作品的语文学家，竟会拿起笔来写信给一个像老祖父的懒散鞭子一样的傻瓜、给一个至今连一页拉丁文都念不下去的笨蛋、给一头靠泔水喂养的小猪，还期望它能达到你肥壮身体的十分之一。

这的确是巨大的恩宠，是我从雅希那里得到的莫大恩宠。如果有谁和在什么时候能对其做出高度的评价，那就是我，就是现在。我真不该拿你的肥壮身体来作比喻，也不应该用笔来玷污你的高贵。我所写的这些，不过是序言，现在才言归正传。如果现在你想用你的普瓦维和兔子来吓唬我，那我就用我的托伦和比你的那只要大得多的兔子，以及前天我从田里捉到的四只山鹑来使你这个缺乏经验的猎手甘拜下风。你在普瓦维看到了什么呢？看到了什么呢？你所看到的仅仅是我看到的一小部分而已。你不过是在西比拉看到了从哥白尼出生的故居里取下的一块砖，而我则看到了整个住房、整个地区，尽管它现在有点被亵渎了。你设想一下，亲爱的雅希，就在那个房间、那个角落，一个著名的天文学家接受了生命的赐予降生于此，然而现在这里却摆放着一张德国人的睡床。可以肯定，那个吃了太多土豆的家伙，常常会在那里放臭屁哩。而在那些砖墙上——其中有一块曾被盛典送往普瓦维——却爬满了臭虫。啊，是的，我的兄弟！德国人根本不理会这间房子里住过谁，他们对待这座房子远不及查尔托里斯卡公爵夫人对待一块墙砖。

好了，我们先放下哥白尼，还是来谈谈托伦的糕点吧。这样，你对糕点的了解要比对哥白尼的了解多得多。首先，我要向你报告糕点的一个重要消息，也许会对你这个书呆子有所帮助。事情是这样的，按照此地糕饼业的习俗，糕饼店里有许多厅堂，厅堂里摆放着许多上了锁的橱柜，橱柜里有分门别类的糕饼架子，上面陈列着一打一打的糕饼，这是你在书本里绝对找不到的。我知道你对这样重要的事情是很感兴趣的，所以我才告诉你，使你在翻译贺拉斯的诗歌遇到一些把握不定的难题时能迎刃而解。这就是我写给你的有关托伦的一切，也许当面谈时会说得更多。我所给你写的是糕饼业给我留下的最深的印象，或者是最大的感受。不错，我还观看了城市四周的城防工事及其所有的细节，我也看到了那架著名的运送沙子的机器，其构造十分简单，但很有趣，当地的德国人称之为沙机。此外，我还参观了由十字军骑士团资助建造的哥特式教堂，其中一座建于1231年。我又观看了斜塔和市政厅，其外貌和内部都很美。市政厅最特别之处是，其窗户数恰好是一年的天数，大厅数则是一年的月数，而它的房间数也与一年的周数相等。整个建筑气势非凡，华丽壮观，具有哥特式风格。但所有这一切都不能与糕点相比，啊，糕点，我已送了一个到华沙去。可是我又看到了什么呢？我刚刚坐下来，我的面前就只有一张信纸了！我好像刚刚给你写信，刚刚与你交谈，现在就得结束了。亲爱的雅希，除了热烈拥抱你外，我没有其他办法了。现在是晚上10点钟，大家都已入睡，我也该去睡觉了。22日回到华沙后（我不能更早回去），我们再面叙信中未说完的事情。我衷心地拥抱你，亲爱的雅希。现在我从20英里外的地方把我的嘴唇紧贴着你，并和你告别，再见！

你最真诚、最挚爱的朋友　弗·肖邦

我多么想见到你。我宁愿牺牲两星期不练琴也要真的见到你，因为我在幻想中每天都能看见你。请不要给别人看这封信，免得我难为情。我自己也不知道，这封信有没有意义，因为我没有再读过它。

13. 致在华沙的父母亲

1825年8月26日于沙法尔尼亚

最亲爱的父母亲：

我很健康，还在服药，不过我的药不多了。我特想家，使我难过的是，整个假期见不着我最亲的亲人。不过我也常常想，将来我离开家的时间会不止一个月，甚至会是更长的时间。因此，我便把这次离家看作是未来的序曲，这是思想上的序曲，因为音乐的序曲必须在动身出行的时候演唱。这里也是一样，在告别沙法尔尼亚的时候，我要演唱库兰特舞曲，也许我不能很快再见到它了，因为现在我不存在去年的那种希望了。还是抛开那种伤感情绪吧，这种伤感情绪我能写满一大张纸。还是回到前天、昨天和今天来吧。前天也许是我在沙法尔尼亚整个期间最有趣的一天，发生了两件重要的事情：第一件，路德维卡小姐很健康地从奥布罗夫回来了，陪同她的有博热夫斯卡夫人和特克拉·博热夫斯卡小姐。第二件，就在同一天，两个村联合举行了收割庆祝会。我们正吃着晚饭，在吃最后一道菜肴时，便听到从远处传来的走了调的高音合唱，时而是农妇们用鼻子哼出来的声音，时而是姑娘们扯开嗓门使劲唱出的高了半个音的声音，非常刺耳。给她们伴奏的是一把只有三个弦的小提琴，姑娘们每唱完一段，它便演奏出中音的声音来。我和多米尼克立即从桌旁站了起来，离开大伙朝院子跑去。只见一大群人正缓缓地朝前走来，离庄院越来越近。阿格涅什卡·古佐夫斯卡小姐和阿格涅什卡·杜罗夫斯卡一邦凯夫娜小姐头上戴着花环，庄重地率领着那群收割者前进，两位已婚妇女雅希科娃和马奇科娃太太手抱着麦穗束在前面开道。按照这样的队形，她们在庄院前站定，唱完了一段一段的歌。歌词把我们每个人都挖苦了一番，其中有两小段是针对我的；

> 庄院前面有一丛翠绿的灌木，
> 我们的华沙人像小狗一样瘦。

> 谷仓里放着一排晒禾的木架，
> 我们的华沙人跑得真是飞快。

起初我不知道这是针对我的，可是后来雅希科娃向我口授了全部歌词，并让我记录，当我记录到这两小段时，她说："现在是在说你了。"

我猜想，这第二段准是一位姑娘想出来的，就在几小时之前，我曾在地里拿着麦穗追赶过她。她们唱完了那段歌之后，上面提到的那两位小姐手捧花环朝宅院的主人走去，这时候两个男佣人各拿一盆脏水，藏在前厅的门背后，他们就这么客气地欢迎了这两位小姐，脏水从她们的鼻子上流了下来，前厅也流了一地的水。献过了花环和麦穗之后，弗里兹便用小提琴奏起了多布钦斯基①的舞曲，于是大家就在院子里跳起舞来。这是个美好的夜晚，月亮和星星高悬空中，但还是要点上两支蜡烛，一支照着分发白酒的管家，另一支是给弗里兹照亮的。尽管小提琴只有三根弦，但他还是拉得特别起劲，好像别人用四根弦的也比不上他似的。人们开始跳舞了，先是华尔兹，接着是奥别列克舞。为了鼓励静静站在旁边、只在原地踏脚的雇工们投入舞场，我和特克拉小姐作为第一对舞伴跳起了华尔兹，接着又和吉瓦诺夫斯卡夫人跳了一场。后来大家的兴致越来越高，直跳到精疲力竭，累得都倒在地上了。我说得没错，真是倒在地上了。当第一对打着赤脚被一块小石头绊倒时，紧跟在他们后面的几对舞伴也立即倒了下来。将近 11 点钟时，弗里兹夫人拿来了一把比那把小提琴还要糟的低音提琴，因为它只有一根弦。我一把抓过那根满是尘土的琴弓立即拉了起来，它发出强烈的低沉的嗡嗡声，于是大家都把目光投向这两个弗里兹②。一个睡眼蒙眬地在拉着小提琴，另一个拉起了那把只有一根弦的布满灰尘的低音提琴，它发出单调的吱嘎声音。路德维卡小姐大喊一声"滚吧"，那的确是该回家的时候了，于是大家互道晚安便回去睡觉了。整个队伍散了开来，有些人从庄院去了酒店继续玩乐，他们在那里玩了多久，玩得是好是坏，我就不知道了，后来我也没有问过他们。这个晚上我过得非常愉快，有两件事让我特别高兴。没有第四根弦，怎么办呢？到哪儿去找呢？于是我跑到院子里，那儿的列昂和沃伊特克先生表示要想办法去找，于是我从吉夫太太处得到了九根线，我把线交给了他们，他们便拧成了弦，但不幸的是新扭成的弦不合用，还得用这三根弦来跳舞。第二件，特克拉·博热夫斯卡小姐曾和我跳了两次舞，按照常规，我和她说了许多话，大家便说我是她的爱人和未婚夫，直到第二个农民和她跳舞才消除了人们的误会。后来他们都知道了我的名字，当我想和吉瓦诺夫斯卡夫人跳第一对舞时，克拉夫奇克便宣布：现在欢迎肖邦先生和夫人共舞。

我答应过要在这封信里把马里安娜·库罗帕特维安卡小姐的画像寄给你

---

① 多布钦斯基，1807—1867，波兰古典派作曲家。——译者
② 肖邦也叫弗里兹。——译者

们，她是著名的威罗娜·库罗帕特维卡的妹妹。威罗娜昨天曾和卡苏比纳夫人大打出手，用耙子把脑袋和脸都打破了，幸亏这场殴斗损失不大。我现在就把这幅少有的逼真的木刻画像寄给你们。木刻版已被损坏，但画像还完好无损。我并不像有的画家那样，盲目地把自己的作品看成是伟大画家画的那样，是件了不起的作品。相反地，最初我还认为它画得不好。后来雅希走过我的房间时，瞄了一眼画像，便惊奇地叫道："这不是那个库罗帕特维安卡吗？画得真像，像极了！"根据这个内行的意见，再加上弗拉内茨卡夫人和厨房女佣们的一致肯定，我才敢相信它是画得很像的了。明天一早我们动身到杜兹诺去，直到星期三我们都不会回来。因此我怀疑，我写的信能否赶上星期三的邮班，如不能，路德维卡只好再等一个星期才会收到我的信了。

我没有寄什么华尔兹舞曲，倒是寄了一封胡斯先生写给约瑟法特先生的犹太文书信，这位先生了解我深厚的犹太学识，这份手稿是作为礼物寄去的。它写得要比前次寄给伏伊奇茨基先生的那封信好多了。不过，这封信也是很难懂的。为了能更好地理解它，我在手稿上加了注解：Nakazye 的意思就是"机会"。它到底是何意思，也把我折腾了许久，直到我查看了词典，进行了词源学的查证，才弄明白它的意思就是机会。请替我保存好这件珍宝，不要把它弄坏了。我没有见到比亚沃布沃茨基和韦伯兰。从昨天起，我成了这里的农民，而且开始在架设一座桥了。我几乎每天都坐车出去。书本都在睡大觉了，因为天气太好了。莫斯切尔在工作，我游了八次泳了，最后一次是在澡盆里游的。

衷心拥抱所有的孩子①，衷心地亲吻爸爸妈妈的手足。

最挚爱你们的儿子　弗·肖邦

我送给伏伊奇茨基先生几个丹麦词：如 Koble（画）。

给齐夫内先生、巴先生等等送去我的吻。问候迪贝尔特夫人、列什钦斯卡小姐和其他人。

---

① 指肖邦的姐妹们。——译者

14. 致在索科沃夫的杨·比亚沃布沃茨基

1825 年 9 月 8 日星期四于华沙

亲爱的雅希:

你的来信真让我特别的高兴，因为读完信后，我立即想起了索科沃夫，想起了那个星期天、潘塔里翁琴和小苹果，想起了我们共同度过的愉快时刻。可是，当我想到，由于我的长时间的沉默而使你感到惊讶，想到乘马车回到沙法尔尼亚却没有给你捎信时，我就感到非常非常难过。请不必奇怪，你想一想，我什么时候有空来写信哩！除了在书架、书柜和抽屉里有那么多的乐谱外，钢琴上也乱七八糟地堆放着数百份乐谱（甚至都顾不上胡梅尔、里斯、卡尔克布雷纳的作品了，命运给他们安排的位置应该是在和普勒耶尔、海梅莱恩和霍夫梅斯特并列的伟大集体中），它们都等着我去整理！此外，马捷耶夫斯基、雅辛斯基、马杜舍夫斯基、康泽维奇、吉康斯基又会怎么说呢？还有那即将来临的毕业考试。我想我已把过去两个星期里所发生的一切都告诉了你，我只想给你提个醒，希望你从索科沃夫写给我的信里不要责骂我，这会让我感到如释重负，而这种重负是双重性的，因为我不仅要为自己辩护，而且还得着手写信，而写信对于我说来永远是难题（请原谅我用了一个外来词）。现在我可以开始写那正经的、具有文学性的、也就是真正的书信了。首先向你报告的是，我们大家都很健康。其次，我们有了一位新学生，他是特克拉·查霍夫斯卡的哥哥的儿子，也是我们的外甥——尤留斯·查霍夫斯基。他不停地叫我的姐妹为苏奇娅阿姨、路德维卡阿姨、伊莎贝拉阿姨、艾米尔卡阿姨，叫我为弗里切叔叔，叫得全家都笑声不断。第三，展览会已在华沙开幕，分别在市政厅和华沙大学大厅举行。我无法告诉你那里有些什么东西，因为至今还没有什么可看的，我也还没有去看过。但要不了多久，我的那双眼睛就会看到美丽的绘画，美丽的肖像画，美丽的机器和漂亮的钢琴，漂亮的布料，以及其他的精品。我的手会向你描绘它们的，并请多布钦的信使捎去给你。至于音乐方面的消息，只听说有一位叫戈尔顿的先生要来华沙，其母亲在华沙开了一家卖矿泉水的小商店！他本人是布拉格音乐学院的学生，我对他的演奏很感兴趣，就像艾娃对禁果那样。关于他的情况，我以后会告诉你的，这就是全部消息了，也是这封信的结尾，否则，真要写到星期四才能结束，因为现在已是四点钟了。在此我谨向高贵的你，我的施主赐予我恩惠，因为我对于你也是一如既往，甚至更胜于往昔。

弗·肖邦

向你父亲表示我们的敬意，并告诉他，维乌茨卡夫人早就想单独给他写回信的。我的姐妹们热吻康斯坦兹雅小姐和弗洛伦蒂娜，而我吻她们的玉手。

向沙法尔尼亚、乌戈什奇致敬。妈妈爸爸和孩子们向你问候，请回信。

维克尔特夫人、巴尔钦斯基、齐夫内向你致以亲切的问候。

我甚至没有做个信封，仅仅是顺手找来一个旧信封，把它改装了一下。我太匆忙了。

我本想用那个信封的，可惜太短了，我把信都搞坏了还是不能用。

15. 致在比斯库皮耶兹的杨·比亚沃布沃茨基

1825 年 10 月 30 日写于华沙

亲爱的雅希：

亲爱的雅希，再叫一声：亲爱的雅希克！你一定纳闷，我这样久没有给你去信。请不要奇怪，先把我上次给你的信看一遍，然后再往下读。

还是在大前天，我坐在桌旁拿笔给你写信，刚写完"亲爱的雅希"和第一段话，由于有一种音乐的节奏感，我便对着坐在一旁指导困倦的古尔斯基弹琴的齐夫内兴致很高地读了起来。齐夫内拍了一下手掌，用手帕擦了擦鼻子，随即把手帕卷成圆筒，塞入他那件难看的绿色外套的口袋里，摸了摸他的假发，开始问道："你在给谁写信呀？"

我回答："给比亚沃布沃茨基。"

"唔，唔，给比亚沃布沃茨基先生？"

"是的，是写给比亚沃布沃茨基的。"

"嘿，那你往哪儿寄呢？"

"哪里？还不是像以前一样，寄到索科沃夫。"

"你知道不知道，比亚沃布沃茨基先生的身体如何？"

"相当不错，他的腿也好多了。"

"什么？好多了！哼哼，这不错，他给你弗里德里克先生写过信吗？"

"写过，但已经很久了。"我回答说。

"那有多久了？"

"为何先生要这样刨根问底的？"

"哈哈哈哈！"齐夫内笑了起来。

我便好奇地问道："先生是不是知道他的情况？"

"哈哈哈哈！"他点点头，笑得更得意了。

"他给你写信了？"我问道。

"写了"，齐夫内回答道，并告知我们一个让人不安的消息，说你的腿伤并未好转，而且还到老普鲁士去治疗了。

"在哪儿，去了什么地方？"

"去了比绍夫斯维特。"

我这是第一次从别人口中听到这个城市的名字，若是在别的时候听到这个名字我会哈哈一笑，可现在却令我担心，尤其是你没有把这些情况告知我，而且还是轮到你该给我写信的。当时我才停止给你写信的，因为不知道写些什么、怎样写、寄到哪里？因此这封信便搁下了，根本没有寄出。

你该注意到，我是怎样一个字一个字地才把这重要消息打听出来的。我没有在上一班邮车给你写信，我想你定会原谅我的。为了能让你高兴，我想告诉你一些消息，不过除了下面这些消息外，别的我就不知道了。星期六，剧院上演了《塞维尔的理发师》，现在剧院由德姆舍夫斯基、库德里奇和兹达诺维奇领导。我非常喜欢这次演出。兹达诺维奇、什楚罗夫斯基、波尔科夫斯基的表演很出色，还有阿什佩尔盖罗娃和另外两个人演得也不错；一个不停地擦鼻子打喷嚏，另一个哭哭啼啼的，身材很瘦，穿着浴袍和拖鞋，不停地打哈欠。还有一位从巴黎来到华沙的雷姆别林斯基先生，他在巴黎住了六年，我从未听过别的人弹琴能弹得像他那么棒。你可以想象，这对我们说来真是一件令人赏心悦目的事，他不是专业艺术家，只是个业余爱好者。我不想在这里——描述他的弹奏技巧是如何的快速、流畅和圆润，我只需告诉你，他的左手和右手一样有力，这对钢琴演奏者来说是非常罕见的。如果我想去描写他那出众的才华，非得用一大张纸不可。德克尔特夫人的身体有些不适，但我们大家都很健康。再见，我的生命，我不得不搁笔了，马奇科那里的工作还在等着我。给我写信，但愿我们的书信能像切分音一样飞快！给我一个吻，热烈地拥抱你。

你真诚的朋友　弗·肖邦

布尼亚敏向我问起你，并很奇怪你怎么不给他写信。我们大家问候你父亲。

全家人拥抱你，孩子们祝愿你早日恢复健康！妈妈爸爸期待你的来信，想得到你的健康消息，并热烈地拥抱你。

［附言］：当我们问及齐夫内为何没有把你的消息告诉我们时，他对我们说，你在信里并没有提及要他转告我们的。他挨了妈妈一顿责怪。

德克尔特夫人和策任斯卡向你致意。

16. 致在比斯库皮耶兹的杨·比亚沃布沃茨基

1825 年 11 月于华沙

亲爱的雅希：

科斯杜希娅在华沙，如果我克制自己而不给你草草写几句话，那真是无法想象的。虽然这段时间我为你收集的新闻并不多，但我还是要讲给你听，那就先从下面的事情开始：当我得知你的伤情恶化时，我非常焦虑不安，现在我深感欣喜的是，不久我便能看到痊愈的你了。我并不羡慕你的热疗法，但当我得知那会让你恢复得更快时，我自己，是的，我自己，我也会像你一样，情愿两个月不刮胡子。很显然，你没有收到上一封信，但这不要紧，你会收到它的；我不能把信写到比绍夫斯维特去，因为我不知道你的通讯地址。不过，好心的科斯杜希娅会把这封信和上一封信（如果未寄出）一并给你送去。

正如你在上封信中所知道的那样，在华沙上演的歌剧《塞维尔的理发师》受到普遍的赞扬。还听说要上演那部筹划已久的歌剧《自由射手》。我自己也创作了一首以《塞维尔的理发师》为主题的新波罗涅兹舞曲，我顶喜欢它的。我想明天就送去付印。路德维卡写了一首完美的玛祖卡舞曲。在华沙，已经很久没有人跳这种舞蹈了。这是她的出类拔萃之作也是这类作品中最出色的杰作之一。它活泼优美，很适合跳舞，说它是杰作，并不是吹牛。等你回来后我定会弹给你听。我现在当上了中学的风琴师。我的妻子和所有的孩子都会有双重理由来尊敬我，啊，高贵的先生，我是多么的了不起，在整个中学里，除了首席神父外我就是第一号人物了。

我每周弹琴，星期天还到维齐特克教堂去弹管风琴，其他人伴唱。我的生命，我这次很难给你多写了。现在我必须赶到提特韦尔廷斯基家去，而且，科斯杜希娅也要马上离开。下次邮寄的信，我会写得更多些。现在我们都很健康，我们拥抱你，尤其是我。

你真诚的朋友　弗·肖邦

德克尔特夫人、齐夫内等人吻你。

齐夫内的附言：尊敬的先生，新年之后的那个星期，我期待着您的归来，顺致问候！

17. 致在比斯库皮耶兹的杨·比亚沃布沃茨基

1825 年 12 月 24 日于热拉佐瓦·沃拉

亲爱的雅希：

你决不会猜到这封信是从哪里写来的！你也许会猜，这是从卡其密什宫二门的亭阁里写来的吧？不，啊，也许是从，从……别猜了，枉费心机。这是从热拉佐瓦·沃拉写来的。第一道谜语揭晓了，但是你再猜猜我是在什么时候写的呢？你不可能猜到，还是让我来告诉你吧，我是在下了马车后，正坐在圣诞前夕的晚宴餐桌旁写的。这是命运安排的，尽管妈妈很不愿意让我去，但全都不管用，我和路德维卡已经在热拉佐瓦·沃拉了。新年即将来临，我要向你祝福，祝福什么呢？你全都有了，因此我不祝福别的，只祝福你身体健康，它是你现在最需要的。今年，也就是 1826 年，我希望我们能见面。我给你写信较少，因为无事可写。我很好，大家都很健康。收到你的信真让我高兴，希望多给我来信。你已经知道我是在什么时候写这封信的，因此你不用惊奇，信写得这样简短、乏味，那是因为腹中空空，无法写出油腻的东西来，"因为肚子饿了才不愿意写信，但你是例外，我每天都期望能收到你的来信"①。我并没有忘记拉丁文，这就是证明。但是，但是，要是没有在雅沃雷克家吃那顿晚餐的话，这封信早就写完了。前天我和爸爸被邀请去赴鲑鱼（laxa）而不是清肠（laxans）晚宴。当我收到雅沃雷克的请帖时，我就在想他闹肚子了，难道也要我和他一样。后来当那个 laxa 被端出来时，让大家看它有多大、能供多少人吃，原来是条大鲑鱼（德语是 Lachs），是从革但斯克送来的。参加晚宴的人不少，其中有一位恰佩克先生，来自捷克的钢琴家。他和热乌斯卡夫人一道是从维也纳来的，关于他的演奏我无法向你多说。还

---

① 这句话是用拉丁文写的。——译者

有一位名叫扎克的先生，他不是波兰的学生，而是捷克的。他来自布拉格音乐学院。他吹的黑管是我从未听到过的。我只要告诉你，他一口气能吹出两个音调来，这就够了。

给我一个吻，我的生命。我唯一祝愿你的就是恢复健康。我希望你一天更比一天好。这是我们大家和我全家人的期盼，尤其是我。

你最忠诚的朋友

如果知道我在给你写信的话，我们全家人都会向你问候的。期待你的来信。注意，星期四我就在华沙了。

18. 致在比斯库皮耶兹的杨·比亚沃布沃茨基

1826 年 2 月 12 日于华沙

亲爱的雅希：

我深感不安，这么久都没有得到你的消息。上次给你写信时还是 1825 年，现在已是 1826 年了，而我仍未收到你的任何回信！康斯坦兹雅小姐即科斯杜希娅在给路德维卡的信里（她们的通信确实比我们的多）有时会提到你的健康，你要知道，我们全家人是多么关心你的健康。当每个邮差（注意，不是韦辛斯卡夫人）走进蓝色的院子时都会激起我们的欣喜，然而每当我们听不见他的皮鞋在楼梯上的响声，或者信上盖的红邮戳不是多布钦，而是什么卢布林或者拉多姆，我们就会多么的伤心啊！当然这不是邮差的过错，而是写信人的过错。也许他不写信的原因是，不想让那个可怜的胖邮差要爬那么高的楼梯去送信。不过你也不应有这样的谨慎小心，因为现在天气还冷，没有人抱怨天气热，只能听到人们对冷的抱怨，因此，即使对于他也不会有什么伤害。亲爱的雅希，在复活节之前就让他再活动两次吧。经过这样的提示，我希望我的这封信能得到回信，我还非常想能收到上一封信的回信，不过这要看你的恩赐了；因为了解国王的慈悲心怀（从前有过一次），对于我的请求的结果我是不会怀疑的。我没有给你提及斯达希茨（1755—1826，波兰政治家），因为我知道，通过《信使报》和其他报纸你已详细了解到他那简朴而又隆重的葬礼的所有细节。我只想告诉你的是：大学生们把他从圣十字教堂一直抬到了别拉尼，那是他生前希望安葬的地方。斯卡尔贝克在墓前讲了话，出于对他的热爱和激情，人们争抢着盖在棺材上的黑纱，我也拿到了一小块留作纪念。最后，送葬的人多达两万，一直把灵柩送到墓地。路上还发生了好几次争执，一次是和商人们，他们挤进来争抢着要抬这位尊敬的伟人的灵柩，一会儿是和其他市民，他们也想要从勇敢抵抗的大学生肩上把棺材夺过来抬着。我还要告诉你迪贝克逝世的消息。听说聂姆策维奇的身体也不太好。大家都在生病，我也是。你也许认为这一切都是我伏在桌子上胡乱写的，那你就错了，我是在被窝里写的，脑袋被睡帽紧箍着，我也不明白，我为什么会痛了四天。他们把水蛭放在我的喉咙上，因为我的淋巴结肿了，我们的罗厄梅尔说，这是感冒所致。说真的，我从星期六到星期四每晚到凌晨两点都不在家里，但我不是因为这个才生病的，因为第二天我便能睡得足足的补过来。如果我再要多写一些我生病的事，那定会让你这个病人感到厌烦，何况你比我还糟糕。因此我情愿在剩下的信纸上写些别的事情。是的，你父亲来过华沙，还到过我们家，他还去看了布鲁内尔，给教堂订制了霍拉利翁琴。我本想托他把信带给你，但他已走了。于是我们的信便留在了华沙。再见，亲爱的雅希，请写信给你诚挚的肖邦！

弗·肖邦

妈妈爸爸和孩子们以及朱齐亚都祝愿你早日恢复健康，贝尼亚敏神父来看过我，他向你问候。他星期三开始授课。

齐夫内先生、德克尔特夫人、巴尔钦斯基、列什琴斯卡小姐和大家向你问候。

巴尔钦斯基已不在我家了，他的硕士考试快到了，他无法安静下来去写论文。接替他的是一个来自卢布林的大学生，他会是诚实的安托尼的合适继任者。

爸爸为了回复你的敬意，他千百倍地祝愿你尽快恢复健康。

马雷尔斯基早就拿到了信，但直到今天仍未回信。

19. 致在索科沃夫的杨·比亚沃布沃茨基

1826 年 5 月 15 日圣灵降临周的第二天于华沙

亲爱的雅希：

这样久才给你回信，甚感惭愧。但各种各样的事情接踵而至，因为你以前也经历过，你会理解我今年的状况的，因而一直不能按照我的意愿行事。你交托的事情已部分办好。我给你买到了乐谱，我是按照我的口味去选购的，它们定会给你家里带来乐趣。至于格吕克斯贝格，爸爸亲自去见了他，但他向我父亲宣称，预约最多只能一个月，他现在还没有目录，而且每次不能超过两部作品。这倒也还说得过去，因为每月的定金是一个塔拉，但最糟糕的是不知道该挑选哪两部作品，因为还没有目录可供挑选。虽然我已买到了这些乐谱，但还未交给维索茨基。它们可算是音乐缪斯的乐曲，其中有罗西尼的咏叹调和其他一些乐曲片断，狄亚贝利①在维也纳把它们非常出色地改编成了钢琴曲，同时它们也很适合歌唱，还有卡奇科夫斯基的《波罗涅兹舞曲》，非常好，很优美，既适合一般听听，又可以细细品味，当然也可以让你已经僵硬了的手指好好活动一下，如果能这样说的话。此外，如你所希望的，还有我的几首拙作，所有这些定会在本周内交到维索茨基手中。

你不会相信，当我知道你已离开比斯库皮茨，我有多么高兴。我说高兴，只是一方面，另一方面却令我忧伤。我看到尊贵的雅希先生已染上了很多德

---

① 1781—1858 维也纳出版商、钢琴家、作曲家。——译者

国人的德行，你以前邀请我到你那儿去，现在却劝我不要离开此地！这是多么可恨的咨啬！我一直不愿意你在学习之后到比索夫斯维特去的；我的所有愿望，我最美好的设想和计划现在全都泡汤了。而我一直想指望他的那个人，却已可怕地开始考虑起经济节约的事来。说真的，我是没有资格来指责你的，但即使能躲过一时，也不能永远躲过，不过最后我会感到满意的。此外你在那件事上可能会赢，因为我已将我的给了罗戈津斯基，他似乎还能画点东西。他让我想起了波德毕尔斯基，我该说说他的不幸：三个月前，在某处地方……（字看不清楚）一阵大风把他吹倒、使他瘫痪了，手脚不能动，查别沃在精心照料他。但仍有康复的希望，因为他已开始好转，电疗对他帮助不小。我曾给你谈过的那个雷姆别林斯基，我常见到他，你很难相信他的琴弹得有多出色，不久前他还来过我这里，真让我无比兴奋。有关华沙的新闻，你可看《信使报》。至于个人方面的消息，那位我在他家里扭伤脚的古特科夫斯基上校已经去世了。朱贝列维奇生了个女儿。雅洛茨基已在波多列结婚，婚礼一结束便把新娘带回了这里。一星期前的今天，那是个星期天，我去了查莫伊斯基家，几乎整个晚上都在欣赏德乌戈什的簧风琴。德乌戈什已卖给姆涅夫斯基一架簧风琴（就是那个穿着晚礼服，常去普鲁斯卡夫人家的那个人，他现在要结婚）。科辛斯基也去世了，沃尔克生了个女儿。多莫维奇不久前来了华沙，他向你问候。查克热夫斯基已在华沙。我有了一个小柜子来放我的乐谱。最后，我的那双皮靴穿破了，我只好穿鞋了。有人会以为我会去毕拉尼，就像我们的门房已得到我母亲的准许那样。毕拉尼，今年那里有很多人。我们的植物园，就是宫殿后的那处地方，委员会已下令要好好整修一番。现在，那里既没有我在温泉边吃得津津有味的胡萝卜，也没有生菜、洋白菜以及长椅、凉亭和臭味等等，但已按照英国方式修起了花坛。在这一刻钟里，我脑海里所想到的全都给你写了。余下的就是我只能向你保证，对于你，我永远是我，只要我活着，我将永远是我。

　　又及：爸爸妈妈和我向你的父亲顺致敬意。向你问候，因为你还无权得到敬意，请替所有孩子吻康斯坦兹雅的脸，替我吻她的手。

　　德克尔特夫人、齐夫内等人向你问候。

　　也许你认不得我的字了，因为你很久没有看我的书信了。但请你原谅，由于我急着去邮寄，没有时间再看一遍。

弗·肖邦

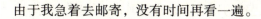

20. 致在索科沃夫的杨·比亚沃布沃茨基

1826 年 6 月 15—22 日于华沙

亲爱的雅希：

你不要期望在这封信中，会有常见的命名日的祝贺，那些情感的表示，在信里写这些客套话、感叹语句、呼叫，以及类似的废话，胡说八道和荒唐话语。这些对于那些缺乏真实情感而不得不求助于庸俗套话的人来说倒是不错，但对于已经有了 11 年友情，共同度过了 132 个月、468 个星期、3960 天、95040 个小时、5722400 分钟……的朋友则无需这种提示，也不必在信里写些客套话，因为这样永远也表达不出他自己的所思所想。

因此一开始就切入正题，首先说出那些使我无法容忍的事情；那就是尊贵的阁下已经有好几个月没有给我写信了。为什么？什么原因？……这让我非常伤心，如果再不改正，那就有麻烦了。我不能常常给你写信而毫无效果，你知道我正因文凭的事而坐立不安，不过香肠还会给狗的。我们听到的话题，就是一年级的事情。如果你还能想起拉丁语课本中的那句话；浪费时间，得不偿失。这样的话是毫无用处的，免得糟蹋我的纸张，与其写坏消息倒不如给你写些好消息。昨天，有一个人来到了世上。林德，林德有了继任者。我们大家都很高兴，希望你也来分享我们的快乐。在我们的军营（指学校）里，常会听到类似的新闻，你从我的上一封信里已经知道得一清二楚了。

听说，再过两个或者三个星期就会演出《自由射手》了。我认为《自由射手》会在华沙引起不小的轰动。演出的场次定会不少，这是合情合理的。因为我们的歌剧院能演出韦伯的著名作品，那就很能说明问题。然而，如果

27

注意到韦伯在《自由射手》中所要达到的目的，他的德国式的情节，他那令人惊叹的浪漫主义情调，还有那种特别适合德国人口味的美妙的谐音，可以肯定的是，听惯了罗西尼轻柔歌唱的华沙观众对于它的第一次演出，他们的赞美与其说是根据判断，倒不如说是附和行家们的意见，因为韦伯到处都受到称赞，他们也就赞扬他。

是女性不是男性，校长生了个女儿。可是昨天还在说是儿子，今天又说是女儿，不过后一种消息更真实。昨天我们有一位尊敬的宾客科齐茨基先生前来拜访，他是来给一个男孩放水蛭的，他还讲了许多有关消化系统、喉结和上呼吸道的知识，因为是在喉部，便做了手术。他穿的是双花袜子和很脏的皮鞋，还有他经常穿的那种普通背心。不过帽子是新的，或者是翻新过的。发发善心吧，请告诉我，你是否收到了曲谱。我确实没有把我的拙作寄给你，但亚历山大·雷姆别林斯基的圆舞曲定会让你喜欢的。如果你觉得其中的某一首较难，那你只有好好地活动活动你那生了锈的手指（因为在比绍夫斯韦特你肯定没有弹过琴）。你会看到，那些乐曲配得上你，它们和你一样优美。你不要以为我是用 Pliniusz（吹捧）的精神来写下最后这句话的，而是习惯起了作用，狗有时也会让自己的主人觉得很美，哈哈哈，这是什么比喻；主人是狗，狗就是主人！这只是一瞬间的事情，因为没有一只狗比我更忠心的了。波德别尔斯基已有好转，但他的第二次事故也真够吓人的：有一次我在街上行走，大约是在一个月前，我看到一辆马车翻倒在科齐〔！〕街上，我跑近前去，看到波德别尔斯基倒在了地上，这是他第一次冒险出来呼吸新鲜空气。幸好车上还有别人，很费劲地才把他换到了第二辆车上。

如果你知道我们的植物园变化有多大，你一定会感到惊讶的。他们修建了漂亮的花坛、小路，种上了花卉和树木等等。到里面去玩玩真是惬意，尤其是我们都有开门的钥匙。如果你觉得这封信写得很粗糙，那毫不奇怪，因为我有些不舒服。假如你发觉我没有写有关假期的事情，请不要奇怪，我将在下封信里告诉你。如果我没有把我的那些拙劣乐曲寄给你，你也用不着奇怪，因为那就是我。如果你想得到我家里的某种祝福，那你就往下读好了。爸爸、妈妈、姐姐、妹妹和朋友们都要我代向你致以衷心的祝福。只有路德维卡没有向你祝福，因为她已有两个星期在乡下和斯卡尔贝克夫人住在一起了，预计她今天或者明天就会回来。多莫维奇前天已到华沙。齐夫内很健康。德克尔特夫人身体虚弱。巴尔钦斯基特别向你问候。因此愿你生活得更幸福，亲爱的雅希，我等你回信，衷心拥抱你。

弗·肖邦

全家向你父亲致敬。代孩子们吻康斯坦兹雅的脸，代我吻她的手。

如果你到了沙法尔尼亚、普沃纳、古尔比纳、拉多明、奥尔努维克，就要想起我的名字，看着马铃薯悲哀地说，他曾英勇地骑马来到此地，这里的克拉波茨卡前来帮助他。

21. 致在华沙的维尔海尔姆·科尔贝格

1826 年 8 月 18 日于雷内茨 （杜什尼克）

亲爱的维鲁希：

我们途经布沃涅、索哈切夫、沃维奇、伏罗兹瓦夫等地，到达雷内茨，并停留至今。我饮用乳清和这里的泉水已有两个星期了，他们说我看上去脸色好多了。不过我觉得自己长胖了一些，也变懒了。也许你会认为这是我久未动笔写信的原因吧；但请你相信我，要是你知道了我的生活情形，你就会承认，我很难找到一点时间在屋里坐下来。早上，最迟是六点钟，所有的病人都得在泉边集合，然后就有一队粗俗的乐队前来演奏，由十多位漫画式的不同趣味的人组成，为首的是一位吹巴松管的瘦个子，他难看的鼻子上架着副眼镜。那些正在打斗的马把所有的女士都吓坏了，还随意地追逐着那些正在散步的疗养者。随后是化装游行或者是假面具游行，但不是所有人都戴着假面具，只有少数人戴着。队伍多由爱凑热闹的人组成。这样的游行沿着市政府的美丽大道前行，一直到 8 点钟，或者视各人应喝多少杯来决定。然后大家各自回去吃早餐。早餐后，一般我都要出去散步，总要走到 12 点才去吃午饭。午饭后又要去泉边，那里通常有一个比早上更大的假面具舞会。人人穿戴整齐，都穿着与早上不同的服饰，又是那种令人作呕的音乐，直到傍晚。由于午饭后我只需喝两杯泉水，我便能早些回去吃晚饭，吃过晚饭后就去睡觉，我哪有时间来写信呢。

这就是我过的日子，日复一日，时间过得真快，来了这么久，我还来不及去看每一件事物。的确，我已游览过雷内茨周围的群山，那优美的山谷风光真让我陶醉，让我流连忘返，总是依依不舍地下山，有时要四肢并用才能爬下山来。但我并没有去过大家都去过的霍依舍乌埃尔石头山，因为不许我去。这座山在雷内茨附近，景色特别迷人。但由于山顶上的空气对恢复健康不利，并非所有的人都让去的，不幸的是，我便是其中不能去的病人之一。不过不要紧，我已到过森谢德得山，那里住着一个隐士。我去过那座高山，要笔直地爬上从山石中开凿而成的一百几十级阶梯，就能到达隐士居住的地方。从那里可以把雷内茨的美景尽收眼底，一览无余。我们还打算去霍赫门泽山，那里的美景美不胜收，我希望能很快成行。

我不想用这些描述来烦你，而且从这些描述中你也很难得出这些事物的要领，因为我并没有将每件事都谈到。至于这里的生活习惯，我已经很适应了，没有什么让我看不惯的。刚开始的时候，我感到惊奇的是，西里西亚的妇女们干活要比男人们多。但是现在我在这里无所事事，也就很容易对此表示赞同。

雷内茨过去有很多波兰人，现在只剩下很小的一圈人了。所有住在这里的波兰人我都认识，在同胞中间玩得很开心。甚至连大部分的德国家庭也都在客厅里举行娱乐活动。我们居住的那座房子里住有一位来自伏罗兹瓦夫的夫人，她的孩子们很活泼很聪明，会说一点法国话。我鼓动他们说波兰话，于是其中有一位男孩成了我的朋友，他对我说"zien, dobry（你好）"，我回答说"dobrydzien（你好）"。这孩子很令我喜欢。我告诉他应该怎么说 dobrywieczor（晚安）。可是第二天他便搞混了，应该说 dobrydzien（早安）的他却说了 zienwiesior（早晚）。我不知道怎么会搞混，因此我费了很大工夫向他解释：这不是 zienwieczor，而是 dobrywieczor。

我没有必要跟你啰嗦这么多，也许你此时更愿意做点其他事情！不过我要搁笔了，马上要去泉边喝我的两杯泉水和吃片甜饼干了。

永远的、我将永远和你在一起　弗·肖邦

吉瓦诺夫斯基曾给我来信，我想明天给他回信。他告诉我，他也给你写了信，他是个不能忘怀的诚实的小伙子。阿尔弗里德·科尔纳托夫斯基和他的父母及姐妹曾来过此地，好像丰塔那也认识他们，你告诉他，他们于前天离开了。

代我向你父母致意。

我自己都不记得这封信给你写了些什么，但我知道写得很多，可我不想再去读它了。

22. 伏伊捷赫·齐夫内致在杜什尼基的弗·肖邦
1826 年 8 月 19 日于华沙

最亲爱的和最好的弗里德里克先生：

你在本月 11 日写给令尊大人的信给了我最大的快乐，信中谈到了你的健康状况和你为贫穷孤儿们所做的善行。你一定记得，我曾建议你举行音乐会，现在终于实现了，而且还是为了这样一个值得称赞的目的！我渴望很快就能衷心地拥抱已完全康复的你，并衷心地吻你，我对你怀着真正的挚爱和尊敬之情。

永远是你忠诚的朋友　伏伊捷赫·齐夫内

23. 致在华沙的约瑟夫·艾斯内尔

1826 年 8 月 29 日于杜什尼基

尊敬的先生：

　　从我们到达杜什尼基的时候起，我就想给您写信。但因一直忙于治疗，至今未能实现。直到今天我才挤出一点时间来享受和您交谈的快乐。同时也报告您所托付的事情我都做了些什么。我是尽力想把它们做得最好，我已把信交给了拉泽尔先生，他很高兴收到它。至于施纳贝尔先生和贝尔纳先生的信，则要等到我回去途经伏罗兹瓦夫时才能送去。由于您的仁慈和对我的热切关心，您对我的健康状况是不会不关心的，现在我向您报告我的身体状况。由于新鲜的空气和我非常喜欢饮用的乳清其功效如此之大，竟使我与在华沙的时候判若两人。美丽的西里西亚和它那迷人的风光都使我迷恋和赞叹不已。尽管如此，我深感缺憾的就是没有一架好钢琴，这是杜什尼基所无法弥补的。请您想象一下，这里甚至没有一架像样的钢琴。我所听到的乐器与其说是让我高兴，倒不如说是令我扫兴。幸好，这种烦恼不会太久了，我们和杜什尼基告别的日子快到了，下月 11 号我们想离开此地。不过在我有幸见到您之前，请接受我对您的真正的敬意。

弗·肖邦

　　妈妈向您致意，并代我问候尊夫人安好。

24. 致在索科沃夫的杨·比亚沃布沃茨基

1826 年 11 月 （10 月） 2 日于华沙

亲爱的雅希：

时光飞逝，转眼已过三个月。我好像不久前已给你寄去一封短信，不过这是童话，我承认这是我的错，一年的三分之二就这样过去了。你对我的宽恕是阁下的一种善举，你的仁慈直达云霄！不过，至于我，却是另外一回事了。我要说出我的愤怒，可是这种愤怒只有在一张纸上宣泄，而我像个傻瓜，一直等到了今天。赞美上帝，在 20 号那天，才收到你从索科沃夫寄来的一封短信，而今天是 2 号了，却没有收到你的第二封信。你心里知道，还有什么比你的庄稼、土豆和马匹更令我感兴趣的呢？算了吧！这是有失体面的！快抓住上面所给予的拯救手段：我将饶恕那个请求宽恕的人。

说到布鲁内尔，下面的话会解释清楚：一个月前他就做好了霍拉利翁琴，但他得不到你父亲的任何消息，于是他便把它拆掉了，现在又想把它重新装好，因为我告诉他我很想看到这架琴的。布鲁内尔说，如果你父亲知道霍拉利翁琴一直存放在这里，一定会很高兴的，因为他已经找到了一种非常有用的改进方法（对此他跟我说了许多）。但我还没有看到这架琴，因此我无法向你详述。待我见到后，一定会写信告诉你。关于应付给他多少钱的事，他会亲自给你父亲写信说明的（因为信是 20 号写的，也许信已收到了）。好吧，还有什么呢？这就是了，当你知道你委托的事办得如此完美，该会多么高兴呀。你该问，我怎么会有如此的积极性？简单答复是：来自索科沃夫，因为我确实是胖了懒了，以至于任何事情都不想做了。乘此机会告诉你，我不再上中学了，我的宝贝。因为每天要被迫呆上六个小时，那才是件蠢事。我的德国医生和德籍波兰医生都要我尽可能多地走动。重学一遍同样的课程那不是太傻了，我可以利用这一年的时间学点别的东西。每星期在艾斯内尔那里学习对位法六个小时。听布罗津斯基、本特科夫斯基的讲课，以及其他与音乐有关的课程。晚上九点钟睡觉。让这里的一切茶话会、晚会和舞会都统统见鬼去吧。按照马尔兹医生的吩咐我只喝止咳水，并像马那样只靠燕麦糊来过活。然而这里的空气不及杜什尼基的空气有利于我的身体健康。他们都在劝说我，明年即使走走形式也得再去一次温泉，不过这事还远着哩。说不定到巴黎去要比到捷克边境去更好些。巴尔钦斯基今年就能出国了，可我也许还要等 50 年。

但愿上帝恩赐。吻你，亲爱的雅希，通过邮局你会得到更多的东西。

弗·肖邦

我给你写信的纸是从杜什尼基带回来的。

齐夫内、德克尔特夫人，总而言之，所有熟人都向你问候。代我们向你父亲致敬，我感谢你的附笔。问候吉瓦诺夫斯基一家等等。我会把路德维卡和其他人那里写的信邮寄给康斯坦兹雅。

25. 致在索科沃夫的杨·比亚沃布沃茨基

1827 年 1 月 8 日于华沙

敬爱的雅希：

你真是一文不值，你这个无赖！请原谅我在愤怒中被迫使用这个对你最恰当不过的词！你真不值得我拿起笔来给你写信！这就是你对我为了给你购买密茨凯维奇和这些入场券而奔走得满头大汗、劳累不堪的感激吗？难道这就是给我的新年祝福吗？是的，你好好想想吧！你定会承认我说的，你不值得我对你伸出我的手是完全正确的。今天我写信的唯一动机，就是要澄清那笔留在我这里的钱会加给我的猜疑和指责。也许你会认为，我把钱花在了朋友的嘉年华舞会上，或者是阿波罗的儿子——奉献给了酒神。荒谬的想法！胡说八道！我用这些钱给你买了两首《自由射手》的咏叹调，这一定会让你高兴的。它们的确是由女声唱的，即由库尔宾斯卡和阿什裴尔格罗娃演唱的，但是我知道，至少我可以想象出，我的生命，当你腿痛时（我对此什么也不知道），你会在那里轻轻地哼唱起来，这对你是再好不过了，你只要把声乐部分降低八度就成了男高音的声音了。在我的记忆中你是有这种嗓音的。这两首咏叹调花去了两个兹罗提，那么在我这里还剩下多少钱呢？还剩下一个兹罗提，即30格罗斯或者90塞朗格。我很乐意用它来给你买点有趣的东西，可能会是《意大利女人》的乐曲，让你也能有些时髦流行的东西。至今还没有什么新的出版物。我已有四天没有去布热齐纳书店了，不过明天也许会买到点什么。如果真的买到了，我就会想方设法让吉瓦诺夫斯基先生给你带去。美好的愿望！但要等你打开了乐谱才能揭示出它的结果。现在你应该对过去感兴趣，如同我对未来感兴趣一样。此外，我把我的《玛祖卡舞曲》寄给你，那是你知道的，不久你就会收到第二首，因为一起寄给你，你会过分高兴的。这两首都已出版发行了。现在我想把早些时候完成的回旋曲送去印刷，随之它就能得广泛流传的权利，也就能和我一样幸运。

雪橇相当不错。它带着铃铛已在华沙滑行了四天，只发生过几次意外事故，这是难免的：比如一根车轴打在一个女人头上把她打死了；马冲跑了，雪橇撞毁了等等。新年的化装舞会非常多，但我从未参加过这类舞会。所以我希望今年能和巴尔钦斯基一起去参加。希曼诺夫斯卡夫人将在本周举行音乐会，定在星期五，票价提高了。好像楼下座位每张是半个杜卡特，沙发座位是一个杜卡特，以此类推。我是钦定会去参加的，并会把她的演出和招待会的情况告诉你。请给我写信！吻你，亲爱的。

弗·肖邦

我母亲有些不舒服，躺了四天，风湿病痛得很厉害，现在好了一些。但愿上帝赐予她完全康复。请替我们向你父亲表示敬意。

26. 致在索科沃夫的杨·比亚沃布沃茨基

1827 年 3 月 14 （12）日星期一华沙

亲爱的雅希：

你还活着吗？或者不？光荣归于上帝，已经过去三个多月了，你连一个字都没有给我写。我宝贵的命名日已经过了，但我仍未收到你的信。这一切似乎都证实了华沙的人们怀着悲伤和眼泪来议论你的传闻。你知道他们在议论你什么吗？他们在说你已经死了！我们大家都哭肿了眼。英德热耶维奇还给《信使报》写了一篇颂辞。突然间，又传来惊人的消息，说你还活着！是的，你真的还活着！由于人们都渴望得到安慰，所以好的消息更易深入人心。人们都在说，人之将死其言也真。当我刚把眼泪擦干便拿起笔来写信问你：你究竟是活着还是死了?! 你若是死了，请告诉我，我好转告厨娘，打从她听到这个消息的时候起，就一直在祈祷。好像是中了丘比特的箭似的，虽然她已是个上了年纪的女人。我们的尤瑟伏娃也一样，你在华沙时就给她留下了深刻印象。因此她听到你的死讯后便久久地念叨着："他是多么好的一位少爷！他比来过这里的所有年轻人都更英俊漂亮，无论是沃伊捷霍夫斯基还是英德热耶维奇都没有他漂亮，没有人比得上他，没有人！我的上帝！有一次开玩笑，他竟把我从市场上买回来的一棵洋白菜全吃掉了。"哈哈，哈哈！一首多妙的悲歌！可惜的是密茨凯维奇不在这里，否则他定能写出一首歌谣《厨娘》来。现在把这些都抛在一边，让我直截了当地面对事实：我家里有人生病了，艾米莉亚已卧床四个星期了，她咳嗽，开始咳血了，妈妈惊恐不安、马尔奇医生吩咐放血。他们已放血一两次了，那些水蛭没完没了。还有起泡剂、芥子泥。真是让人担惊受怕，受怕啊！这段期间她一直没有进食，消瘦得你都认不出她来了。现在才开始有了点起色。你能想象得出我家里的情况如何。你应自己去想象，因为我无法向你描述。

现在来谈谈其他事情。嘉年华会已结束，这是很伤感的。老贝尼克已去世了，你可想象到我父亲的感受会是如何！他的女儿克列门迪娜嫁给多乌贝舍夫才九个月也死了。总而言之，这一连串的不幸事件使我家里非常悲伤——最近一次打击就是那个来自地狱的（我不知道来自何处）有关你的死讯。它不仅让我流泪，还耗费了我的钱财——这是很自然的，听到这样的消息（你设想一下若是换成是你听到我的死讯。注意，我还活着）巨大的悲伤导致我头痛，那是早上 8 点钟。11 点钟意大利语老师就来了，我无法上课，那就损失了好几个兹罗提（沃伊捷霍夫斯基和维尔兹都很不高兴）。第二天，为了使我振作起来，他们要我去看剧，这又花了好几个兹罗提。因此你一定要写信告诉我，你是不是死了。我在等你的信，现在我不能再写下去了，因为已是凌晨 4 点了。吻你，亲爱的雅希。

弗·肖邦

布鲁内尔打算不久就把科拉列翁琴经维斯瓦河航运过去，请来信告知，是要他停止这样做呢，还是有别的办法，因为这位德国人不知道该怎么办好。最好是让你父亲直接给他去信。

大家在你复活后拥抱你，向你父亲致以敬意。

27. 致在华沙的杨·马图辛斯基

1827—1828 年冬于华沙

亲爱的雅希：

我们这样久都没有见面了，这是怎么回事？我天天都在等你，但我看出，你不来是有意惹我生气的。现在我有特别的事情要找你：由于现在的天气很糟糕，我想把《变奏曲》的钢琴部分誊写清楚。为此，我需要你的那本曲谱，因此我想劳你的大驾，明天给我送来，后天你就能得到原来的和新抄的两份曲谱了。

你的肖邦

28. 致在波图热恩的提图斯·沃伊捷霍夫斯基
1828 年 9 月 9 日于华沙

亲爱的提图斯：

　　你不会相信，我是多么盼望能得到你和你母亲的消息。因此，当我收到你的来信时，你能想象到我是多么高兴。当时我是在桑尼基的普鲁沙克家。我在那里度过了整个夏天，我不想给你写我在那里的娱乐活动，因为你也曾去过桑尼基。我没有立即给你回信，是因为我们每天都在期待着回家。现在我给你写信，但我像个神经错乱的人一样，实在不知道将会发生什么事情。今天我要到柏林去听斯蓬蒂尼的歌剧。这次我是乘公共驿车去的，想试验一下我的体力。然而这一切的起因都是源自欧洲各国政坛的猴子们。他们先是仿效瑞士各州的会议，后是慕尼黑的会议，普鲁士国王授权他的大学邀请欧洲各国科学精英前来参加自然科学家大会，大会将在著名的胡姆博尔特主持下举行。曾是柏林学院的学生、后又在那里获得博士学位的雅罗茨基，也以动物学家的身份受到了邀请。所有参会的 200 位自然科学家都被安排在柏林吃住，等等，所有款待都是德国式的，请柬都印在羊皮纸上以示隆重。与此同时，斯蓬蒂尼也将演出他的歌剧《科尔特兹》或者《奥林比亚》。有一位利赫滕斯特因教授，是雅罗茨基的朋友和老师，也是这次大会的秘书，还是韦伯的亲密朋友、声乐学院的成员，据艾尔曼告诉我，他和这个学院的主席策尔特交往甚密。熟悉柏林的人对我说，只要认识了利赫滕斯特因，我就能结识柏林的那些知名音乐家。只有斯蓬蒂尼是例外，他们好像没有来往，若是波兹南的拉吉维乌能来这里，我会很高兴的（看来不太可能），他和斯蓬蒂尼如同兄弟一般亲密。我和雅罗茨基只在那里逗留两个星期，只要能听到一次一流的歌剧就不错了。已经能想象得到高超的表演了。阿诺德、门德尔松和汉克都是那儿的钢琴家，汉克是胡梅尔的学生。回来后我会将我的见闻写信告诉你。现在应你的要求，给你谈谈华沙的新闻。首先，科里先生和杜桑特女士在《塞维利亚的理发师》中同台演出。那时我刚从桑尼基回到华沙不几天，是和科斯图斯一起去看的。我非常想看用意大利语演唱的那一幕戏（他们只演第一幕）。我兴奋得整整一天都搓着手。可是到了晚上，如果不是杜沙先生的话，我定会把科莱戈打死。这样的意大利丑角，走调走得真是可怕。只需举他有一次在跑动时摔倒在地上就够了。你想象一下，这个科莱戈穿着短裤，手拿吉他，戴着一顶圆形白帽，倒在了地上。真可恶！《理发师》演得糟透了。兹达诺维奇的《诽谤》唱得最好。《特列马克》这部歌剧已经或者正要上演，这是部新歌剧，我没有看过。我知道已经彩排了，但我一次也没有去，因此我无法告诉你这部戏的情况。我觉得你好像没有看过《奥瑟罗》，你曾称赞过的波尔科夫斯基在这部歌剧中唱得最好。梅耶罗娃像往常一样演唱。齐梅尔曼诺娃已登台演出并有可能开始进修了。戏剧的事已经说够了，现在来谈谈大学里的事。奥博尔斯基把你离开的消息告诉我，真把我吓了一跳，他匆匆闯进我们正在排练圣体合唱的大厅里，以相当粗鲁的口气对我说，你托他对我说再见，因为你晚上就要离开。奥博尔斯基现在可能在巴登了。是冈希（冈肖罗夫斯基）告诉我的，昨天我和他一起登上路德派教堂的塔顶，观看正在沃拉举行的演出活动。冈希已在克拉科夫了，他有许多话要说，他在途中被人偷了，他很伤心地说起了这件事。

今天我遇见了奥布尼斯基，他很好，还问起了你的许多事情：你现在何处，回不回来，何时回来。他还要我代他拥抱你。普鲁沙克星期四送我回来，星期六就回家去了，他星期天要到革但斯克去。普鲁沙克夫人是头一天先他去的。我和科斯图希一起到过你的住所，但我没有试弹那架钢琴，因为科斯图希不知到哪儿去找钢琴的钥匙，从他的表情来看他没有生气，他看起来很好。至于你的东西是不是已经搬走，你会从科斯图希那里知道这一切的，他会写信告诉你。在桑尼基，我修改了那首四手联弹的《C大调回旋曲》，如果你记得的话，那是最近的一首。今天在布霍尔兹家里，我和埃尔内曼一起试弹，效果相当不错。我们打算在雷苏尔斯演出此曲。至于我的新作，除了那首你走后不久才开始创作的尚未完成的《g 小调钢琴小提琴大提琴三重奏》外，就没有其他作品了。去桑尼基之前，在乐队的伴奏下，我演奏了第一乐章——快板，其他的等回来以后再试。我想，这首《三重奏曲》的命运和我的《奏鸣曲》《变奏曲》一样，它们都已寄到了莱比锡。第一首，正如你所知，是献给艾斯内尔的，其他两首（可能过于大胆）我想奉献到你的名下。这是我的心愿和友谊所致，请不要生气。斯卡尔贝克尚未回来。英德热耶维奇要在巴黎呆一年，他认识了钢琴家索温斯基，这位钢琴家也给我写了几句话。他说他来华沙之前，先写信告诉我，他作为由费利斯主编的巴黎《音乐评论报》编辑部人员，很乐意通过书信方式来了解一些波兰音乐的状况和著名的音乐界人士以及他们的生活情况等等，我不想搅入其中，我将会从柏林给他回信，告诉他这不关我的事，特别是在我们这里，库尔宾斯基已开始做这方面的部分工作了。此外，我还没有什么见解值得巴黎报纸刊登，报纸应该刊登真理，可是我，无论是好的歌剧还是坏的歌剧都没有看过。若是写的话，那会伤害许多人的！库尔宾斯基现在克拉科夫，齐林斯基担任歌剧院的指挥。昨天的《魔弹射手》演得太糟了，合唱队唱到四分之一便乱了套了。爸爸说，我会失去对外国的那种高度评价。再过一个月我一定会告诉你的，因为这个月底我就会离开柏林。要坐整整五天的驿车。若是我生病了，我会坐特快驿车回家，这我会告诉你的。我差点忘了一个重要的消息；阿尔布雷特去世了。我们家一如往常。诚实的齐夫内是整个娱乐的灵魂。今年我应和爸爸乘驿车到维也纳去的，原本有可能成行的，由于小聂扎贝托夫斯基的母亲要我们和她一起走，但她却没有来。爸爸整个假期都是在家里度过的。很久以前，大概是两三个月之前，我很不情愿地经过雷兹列尔的石屋，前天，在前往布热齐纳的时候，我进了拉佛尔的家门，但没有经过前厅。昨天我才认识了卡斯特尔一家，他们夫妇长得很像，所有在华沙的人都有这样的印象。我深表遗憾，你和你妈妈在一起的时候没有去年那样的自由自在。我们大家都为你母亲的生病而感到不安，都祝愿她早日康复。你会常常打嗝儿，因为我们没有一天不想念你的。我要搁笔了，因为我的邮包（哈特曼的作品）已送往邮局去了。我要到格斯迈尔、劳贝尔呆着的地方去了。如果你想，我会代你问候他们的。现在让我——你最亲密的人吻你！

弗·肖邦

代我吻你母亲的双手和双脚，我的父母和我全家向她致敬并衷心地祝她早日康复。还有你所认识的人，如齐夫内等等，这几个人会让你想起我们的住所。再一次吻你，吻你。发发慈悲吧，要常常给我写一言半句的，甚至一个字母也行，这对我都是很珍贵的。请原谅，如果我写了些什么废话的话，我没有时间再去读一遍。再一次说：再见。

29. 致在华沙的家人

1928 年 9 月 16 日星期二于柏林

我最亲爱的父母和姐妹们：

星期天下午三点我乘驿车到达了这座特大的城市。他们从驿站直接把我们送到了下榻的"王子旅馆"，我们已在那里安顿好了。在这里我们生活不错，很舒适。到达的第二天，雅罗茨基就带我去见利赫滕斯特因，在那儿我还见到了胡姆博尔特。利赫滕斯特因对我说，他将向我介绍艺术领域里第一流的大师，他为我们没有早一天到来而感到惋惜，因为那天早上，他女儿曾在音乐会上演出。我想这并不重要，我这样说对吗？至今我还没有见到过她，更没有听过她的演奏。星期天，也就是我们到达的那天，这里演出了温特的《中断的祭礼》，由于利赫滕斯特因的来访，我没能去看。昨天为参会的科学家们（在我看来都是些漫画人物）举行了盛大的午宴，我把他们分成了三个等级，宴会并不是由胡姆博尔特主持（但他安排得很好），而是由另一位巨头主持，他的姓名此时我已想不起来了，但我已把他记在我为他画的画像下面。

午宴拖得太长了，使我没有去听九岁的小提琴手比恩巴赫的演奏会，他在此地已享有很高的声誉。今天我要去听斯蓬蒂尼的著名歌剧《费迪南·科尔泰斯》。为了不再被这些小丑们无休无止的午餐所耽误，于是我请求雅罗茨基允许我单独进餐。午餐刚吃完，我就动手来写这封信了，随后我便去看歌剧。据说那位声名显赫的小提琴家帕格尼尼会来这里，可能真有此事。本月20日，拉吉维乌有望到来，如果他能来，那真是太好了。

到目前为止，除了动物所办公大楼外，我什么也没有看过。不过经过这两天我到处游逛，在美丽的街道和城里四处看看，已经对这座城市的大部分有所了解了，我不想详细介绍这里的主要建筑物，等我回去后会告诉你们的。我对柏林的总体看法是：它对德国人说来，实在是太大了。我觉得它可以容纳现在的人口两倍。

最初我们被安排住在法兰西街上，后来改变了，我为此高兴，因为那条街太荒凉了，你在街上每次只能看到五六个人。也许它太宽广了，可以和我们的列什诺相比，就是这个原因吧，今天我才了解到我对柏林的印象如何。

上午我更愿意呆在施莱辛格的书店里，而不愿在动物所的13个房间里转悠，尽管动物所很华丽，但施莱辛格的乐谱店对我更有吸引力。如果鱼和熊掌能兼得，那就更好了，我是两者都想要的。今天上午我参观了两家钢琴厂，基斯林位于腓特烈街的尽头，但没有一架制成的钢琴，让我白劳累了一番。幸亏这里的店主家里有架钢琴让我去弹，只要我去拜访我的店主（其实是他的乐器），他就会整天对我称赞不已。

这次旅程并不像最初预料的那么糟，尽管乘坐普鲁士的驿车尘土很大，但我还是挺过来了，你们看，我身体很好，很健康。

我们的旅伴组成：有一位住在波兹南的德国法学家，非常爱开玩笑，还有一位是肥胖的普鲁士的农艺学家，因为他经常旅行，对驿车深有研究。这就是我们这次旅行队伍的全部成员，直到法兰克福的前一站才上来一位名叫科林娜的女人，说起话来每句都带有"啊哈"、"呀哈"和"呐伊"的音，真是个浪漫的尤物。最有趣的是，一路上她都对坐在她旁边的那位法学家恼怒不已。

我们住在柏林城市的这一边，环境并不是最美，但它的整齐清洁和物品的精致，一句话，其城市的外观，每一个角落，都令人惊羡不已，给我留下了深刻的印象。城市的另一边我没有去过。今天去不成了，也许明天会去。后天会议就要开始了，利赫滕斯特因已答应给我弄一张入场券。就在那一天胡姆博尔特将举行招待会，宴请所有与会者。雅罗茨基想给我弄一张请柬，但是我请他别这样做，因为这对我并无多大作用。再说，其他外国客人对我这个圈外人的出现也会侧目的。另外，我从来都不愿意坐在不属于自己的位置上。我觉得现在我的邻座就在斜视着我，那是一位来自汉堡的植物学家——莱曼教授，我真羡慕他的手指。我要用双手才能把我的小圆面包撕开，可他只用一只手就能把它捏碎。查布卡也有一双像熊一样的巨掌。他隔着我和雅罗茨基先生说话，他说得太兴奋了，竟不顾其他，手指在我的盘子上空挥来挥去，竟把面包屑撒到了我的盘子里。他是位真正的学者（此外，他还有一个大而难看的鼻子），盘子被他弄得一塌糊涂，我如坐针毡，事后我不得不用抹布把它擦净。

马雷尔斯基连一点鉴赏力都没有，他竟认为柏林女人漂亮。如果是指穿着，那还说得过去，那些穿着华贵衣料的女人竟像玩偶娃娃一样，实在令人惋惜。

衷心热爱你们的　弗里德里克

30. 致在华沙的家人

1828 年 9 月 20 日于柏林

我身体很好，自星期二以来每天都有新剧上演，好像是专为我演出似的。这还不算，我已在音乐学院听了一部清唱剧奇马罗萨的《秘婚记》，并十分满意地听了翁斯洛的《货郎》。不过，亨德尔的清唱剧《卡西诺费斯特》更接近于我想要创作的伟大音乐的理想。现在这里除了蒂巴尔迪小姐（女中音）和夏则尔小姐之外，就没有什么著名的女歌唱家了。夏则尔是一位 17 岁的女歌唱演员，我先是在音乐学院大厅听过她的演唱，后来又在剧院听她唱《货郎》，我更喜欢她唱的清唱剧，也许我当时听音乐的兴趣要更高。然而即使在清唱剧中也不是没有"但是"的，也许到了巴黎就不会有了。

从这个时候起，我就没有去过利赫滕斯特因那里，因为他要组织会议，忙得不可开交，连跟雅罗茨基也很难说上几句话。尽管如此，他还是给我搞到了一张入场券。位置很好，能看到和听到所有的一切，甚至还能清晰地看到皇太子。我也看到了斯蓬蒂尼、策尔特尔、门德尔松，但没有和他们之中的任何人说过话，因为我没有胆量上前去作自我介绍。听说拉吉维乌公爵要来，早饭后我会去打听的。我在音乐学院大厅看到了列格尼茨卡公主。我看到有一位穿着官服的人在和她谈话，我便问邻座的人，那个人是不是皇帝的侍从，他回答说："什么？那是胡姆博尔特先生。"尽管他那平凡的面貌早已深深印在我的脑海里，但他穿上官服我便认不出来了。昨天他也在看《货郎》（这里的人称之为 Hausirerze，我好像记得，我们那里称它为"市场摊贩"），他坐在卡尔亲王的包厢里。

前天我去参观了图书馆。图书馆真大，但音乐书籍却很少。在那里我看到了科希秋什科的一封亲笔信，被我们这位英雄的传记作者法尔肯斯特因一笔一画地照抄了下来。他见我们是波兰人，能流利地读出他艰难地描绘出来的这封信，便请雅罗茨基把内容翻译成德文，他边听边记在小本子上。他还是个相当年轻的人，但已是德累斯顿图书馆的秘书了。我还在那里见到了《柏林音乐报》的编辑，并和他谈了几句话。

明天将上演《自由射手》！这正是我所需要的。我可以将我们的歌唱家和他们的作一番比较。今天我收到了到练习厅去赴午宴的请柬。

现在我又能看到更多的漫画人物了。

31. 致在华沙的家人

1828年9月27日星期六于柏林

我很健康。所有想看的都看到了。我就要回到你们的身边了。星期一（也就是从后天算起再过一星期）我们就能拥抱在一起了。这个假期对我说来真是不错。除了逛剧院，什么都不做。昨天的歌剧里面有不止一个变音阶是由夏则尔小姐发出的，它把我带到了你们的怀中，从而让我想起了一幅柏林的漫画，画的是一个拿破仑的士兵在持枪站岗，他大声问道："来人是谁?"前来的胖女人答道："是母牛。"其实她是想说"洗衣女人"。但由于她想说得更文雅一些，好让那个法国士兵能懂，于是她便用半吊子的法语来说自己的身份。

在我的这次旅程里，其他较为重要的事件要算自然科学家的第二次午餐会了。那是在星期二，也就是大家分别的前一天。宴会上还有美妙的音乐来助兴，凡是在座的人都唱起了歌，每一个坐在桌旁的人都一边喝着酒，一边跟着音乐碰杯。策尔特尔在指挥，他身旁的深红基座上摆放着一只镀金的酒杯，那是最高音乐地位的象征。我们吃得比平时都多，其原因如下所述：这些自然科学家们，尤其是动物学家们主要精力都放在从事改善肉类、调料和汤汁等等上，所以在这几天会议期间，他们使得伙食有了很大的改进。在国王剧院还上演了一出讽刺这些科学家们的这种举动的喜剧（我没有去看，但听人说过），他们都喝着啤酒。其中一人问另一人："为什么柏林的啤酒现在这么好喝?"那人回答说："啊，那是因为自然科学家们都来到了这里。"

睡觉的时间到了，明天一早就得赶往驿站。我们将在波兹南停留两天，因为伏利茨基主教已经邀请我们去吃午饭，详细情况等见面后再谈！再见！

32. 致在波图热恩的提图斯·沃伊捷霍夫斯基

1828 年 12 月 27 日星期六于华沙

最亲爱的提图斯：

我一直懒于写信，直到友情超越了惰性。由于我想让这封信能于 1 月 1 日到 4 日送到你的家里，虽然我很困倦，但我还是提起笔来给你写信。我不会用一大套恭维话、矫饰的祝愿以及无聊的俏皮话来充塞这张信纸，因为你很了解我，而我也了解你，我沉默的原因也就在此。马克斯来到华沙后的第二天，就把你的情况和你母亲的健康状况详细告诉了我。他是在前往大学的途中顺便到我这里来的，他非常热情地向我谈起了赫鲁别绍夫。他的一些描述有声有色：例如谈到你的那位刚从巴黎回来的邻居。当我问他：他卷了他的头发吗？他的回答简短而又严肃。普鲁沙克夫人那里又要演喜剧了，让我在达瓦尔的《婚姻计划》中扮演佩德尔的角色。新年后他们要去参加两个婚礼：一个是斯卡尔金斯卡小姐（克拉科夫的）和乌什捷夫斯基的婚礼，另一个是斯卡尔金斯卡小姐，她是从斯图津涅兹来的，大的这一位不知是跟谁结婚。我知道你看到这里一定会摇头：这个弗里兹为何要写这么多废话？既然我已经写了，也就不想把它抹掉了，因为我没有时间再去重抄一遍。从另一个村落来的消息称，英德热耶维奇在巴黎已成为某个协会的会员，好像是地理学会。但是能令你最感兴趣的是我，可怜的我，不得不去授课，原因如下，在元帅大街一座大楼里，有一个家庭教师小姐遭遇了不幸，这个小姐怀孕了，而伯爵夫人，也就是那家的主人，不想再看见那个使她怀孕的男人。由于我在桑尼基住了一个多月，又常常和那位女教师在果园里散步，于是他们就以为我是那个勾引者。但我只是散步，仅此而已。她根本就不吸引人。而我是个傻帽儿，对她毫无胃口。普鲁沙克说服我的妈妈爸爸要我去授课，我只是失去了时间，只好按照他们的愿望办了。

《克拉科维亚克回旋曲》的总谱已写完，引子非常独特，比我身上穿的呢子外衣还要美。但是《三重奏》尚未完成。楼上有一个房间专供我使用，从衣帽间有楼梯直通那里。房间里有一架老钢琴，一张旧桌子，那儿成了我的藏身角落。成了孤儿的用两架潘塔里翁琴演奏的回旋曲，已经找到了一位继父——丰塔那，也许你见到过他，他正在上大学，他已经学习了一个多月，学得还不错，不久前我们曾在布霍尔兹家里试奏过，效果还可以。之所以说可以，是因为霍拉利翁琴没有完全调好，感觉也不是常常都好。另外你也知道，所有的细节都会带来微妙的差别。一个星期来，我既没有给别人，也没有给上帝写过任何东西。我整天跑来跑去的，今天我要去参加温岑格罗多娃夫人家的晚会，从那里又要赶到基茨卡小姐家去参加集会。你知道，当你想去睡觉时他们却要求你即兴演奏，这种感觉多难受。你还得取悦大家！我很少产生这样的乐思，那是早晨在你的霍拉利翁琴上曾不止一次地从我的手指下流淌出来的！无论走到哪里，碰到的都是像列什钦斯基那样的坏乐器。我还未曾听到过哪一架琴的声音有像你姐姐的那架或者像我们的霍拉利翁琴。波兰剧院昨天开始演出韦伯的《普列彻欧萨》，法国剧院则要上演《拉塔普兰》，今天演出《格尔德哈布先生》，明天演出《铜匠》。明天和星期天一样，我要去普鲁沙克家吃午饭。科斯图希告诉我，你曾给他写过信。千万不要以为你没有给我写信，我会生你的气。我了解你的心灵，也就不在乎几张信纸了。我啰里啰嗦地写了这些，只是要提醒你，我是一如既往地把你放在我的心坎上，而我弗里兹，也和以往的我一样。

弗·肖邦

　　你不喜欢别人吻你，今天你得让我吻你。全家人祝您母亲身体健康。代我拥抱你兄弟。齐夫内问候你。

　　9月9日，我在桑尼基的普鲁沙克家里修改了双钢琴演奏的《C大调回旋曲》（至今尚未出版），《c小调三重奏曲》尚未完成。

33. 尼古拉·肖邦致华沙教育部长斯·格拉博夫斯基

尊敬的部长阁下：

鄙人在华沙中学任教已有 20 年，自信尽诚竭力，忠于职守。因此我卑顺地向部长阁下呈上我的申请，请求政府资助。如蒙恩准，我会把它看成是对我的最高奖赏。

我有一子，天赐禀赋，一直在学习音乐。至尊的沙皇和国王亚历山大曾亲授他珍贵的戒指，陛下以此来表示他对演奏的满意。沙皇陛下的代表、最高指挥官也多次给予其成长才能的证明。而众多的音乐界名人和专家都一致认为，我的儿子在其所选择的职业中能成为国家的有用之人，只要让其完成必要的学习。

他已完成所有前期的学习，对此音乐学院院长艾斯内尔教授可资证明。现在他所需要的就是访问外国，特别是德国、意大利和法国，以便在好的榜样中得到完美的教育。

为了能进行三年的这种学习旅行，必须有财政资助，可是单靠我微薄的月薪是无法筹集的。为此我恳请部长先生向行政委员会提出，能从国家基金中提供一笔奖学金供我儿子出国学习之用。

向部长先生致以深深的敬意。

最卑微的仆人

尼古拉·肖邦，华沙中学教授

34. 致在华沙的家人

1829 年 8 月 1 日于维也纳

最亲爱的父母亲和姐妹们：

　　昨天，我们已愉快地、幸运地、安全地到达了维也纳，一切都很好且相当舒适。从克拉科夫起我们改乘豪华的驿车，比乘坐一般的私家马车要舒服。从加里兹亚到比尔斯克的沿途风光非常优美，随后在上西里西亚和摩拉维亚的旅程也很愉快，常常是晚上下雨，这让我们免遭尘土飞扬之苦。

　　在开始描述维也纳之前，我必须告诉你们在奥伊楚夫发生的事情。星期天午餐后，我们花了四个金币向农民雇了一辆四匹马拉的克拉科夫型马车，我们坐得很舒服。当我们驶出了克拉科夫城和美丽的城郊之后，我们就告诉车夫直驶奥伊楚夫，我们想英迪克就住在那里。他是个农民，一般说来，人们都是在他家里住宿的。坦斯卡小姐也在他那里住过。不幸的是，英迪克住在离奥伊楚夫有一里路远，而我们的车夫又不认得路，他把车赶到了普朗德尼河，这是条小河，确切地说是一条清澈见底的溪流，而且还无路可走，左右两边都是岩石。那时已是晚上九点钟，我们四处徘徊不知怎么办好，恰好遇上了两个陌生人，他们可怜我们，愿意带我们到英迪克处。我们不得不脚涉露水，在山岩和乱石中间穿行，还需要踩着河中的圆木才能过去，而且是在黑暗中摸索前进，足足步行了半里路。我们几经艰难跌跌撞撞，满腹怨言，才终于到达英迪克家。他没有想到，这么晚了还有客人来。他把在岩石脚下特意为游客修建的房子中的一间给了我们，就是坦斯卡以前曾住过的那间。好心的英迪克夫人为我们点起了壁炉，我的伙伴们便脱下衣服来烘干，只有我一个人坐在角落里，裤子湿到膝盖上，我拿不定主意，是脱下来烘干，还是任由它去。直到我看见英迪克夫人走向邻近的橱柜去拿被褥，我灵机一动，便跟了过去，看见那里有不少羊毛帽子。这种帽子是双重的，很像睡帽。我绝望之余用一个兹罗提买了一顶，把它撕成了两半，我脱下了靴子，用它来裹住脚，还用绳子绑得好好的，这样我就不会受寒感冒了。我走近壁炉，先喝了一杯葡萄酒，又和同伴们说笑了一番。这时英迪克夫人已在地板上给我们铺好了床，我们睡得非常好。

［这封信的其余部分被卡拉索夫斯基（肖邦书信收集者）删除，只给了一个内容提要；弗里德里克向父母描述了奥伊楚夫及其周围的景色等等。］

35. 致在华沙的家人
1929 年 8 月 8 日于维也纳

我身体很好，心情愉快。我知道德国人为何对我感到惊异，但令我感到惊讶的是，德国人竟然也会有令他们感到惊异的事物。由于艾斯内尔的推荐信，哈斯林格不知道该如何接待我好，只好叫儿子弹钢琴给我听，并把他认为音乐方面最有趣的东西拿给我看，还为他妻子不在家不能向我介绍而致歉。首要的是他还没有出版我的作品，我也没有问及此事。不过他在展示其最优美的出版物时宣称，一个星期后我的变奏曲将由奥德温出版。这真是出乎我的意料。他鼓动我公开演出。这里的人都说，如果我不公开演出就离开此地，这对维也纳说来是一大损失。这一切对我说来是难于理解的。我也给舒潘齐赫去了信，他对我说，虽然他不打算在冬季再举行四重奏音乐会，但他愿意在我逗留维也纳期间特意为我组织一场这样的音乐会。

我已去拜访过胡萨热夫斯基一次，这位老人盛赞我的演奏，还请我吃午饭。午宴上有不少维也纳人，好像是商量好了似的，他们一致要求我公演。斯特因想立即把他制作的一架钢琴送到我的住处。如果我举行公演的话，他就把钢琴送到音乐会上去。而比他更好的钢琴生产商格拉夫也对我作了同样的许诺。乌尔费尔坚持说，假如我想拿出新的东西一鸣惊人就得公开演出。我在哈斯林格认识的当地的办报人布拉海特卡也劝我演出，他们都非常喜欢我的《变奏曲》。

我在那里还认识了加伦贝格伯爵，他掌管着一家剧院。我在这家剧院听过几次蹩脚的音乐会。哈斯林格一再说，要想让维也纳听众了解我的作品，就得举行音乐会，报纸会立即发表赞扬的文章，这一点大家都向我担保。总而言之，凡是听过我弹奏的人都劝我演出。乌尔费尔还进一步指出，既然我来到了维也纳，而且我的作品又即将出版，我就一定要演出。否则我以后还得专程再来此地一次。他还向我保证，现在是最合适的时机，因为维也纳人正渴望听到新的音乐，一个年轻的艺术家决不能放弃这样的良机。如果我只是作为一个演奏家来演出，便不会受到重视，但是我演奏的是自己的作品，就可以放心大胆去演出等等。他要我先弹奏《变奏曲》，然后为了以新颖吸引人，再演奏《克拉科维亚克回旋曲》，最后是即兴演奏。结果会是如何，我现在还不知道。

斯特因对我很客气很友好，不过我不想用他的钢琴来演奏。我宁愿用格拉夫的钢琴，哈斯林格、布拉海特卡和乌尔费尔也表示同意。今天我将做出决定。

无论我到哪里，人们总是喋喋不休地劝我演出。我已经认识了不少音乐界人士，但还没有认识车尔尼，不过哈斯林格已答应给我介绍。我已经看了三部歌剧：《白衣女人》《灰姑娘》和梅耶贝尔的《十字军骑士》，乐队和合唱都非常出色。今天去看《约瑟夫在埃及》。

我在音乐学院听了迈斯德尔的两次独奏。城市很美，我很喜欢，人们劝我在此过冬。乌尔费尔正好来了，我要和他一起去见哈斯林格。

又及：我决定演出，布拉海特卡说，我一定会引起轰动的。因为我是一流的演奏家，还说应把我归入到莫谢莱斯、黑尔茨和卡尔克布雷纳一类艺术家中。乌尔费尔今天把我介绍给加伦贝格伯爵和乐队队长赛弗里德以及他所遇到的每一个人，他把我当作经他劝说去举行音乐会的青年加以介绍。音乐会是不取任何报酬的，这当然会令加伦贝格伯爵感到高兴，因为这涉及他的钱包。记者们睁大眼睛望着我，乐队的队员们都向我深深鞠躬，因为前意大利歌剧院（现已解散）的院长搀着我的手一起行走。乌尔费尔给我办好了一切，他亲自来看排练，并为我的初次演出竭尽全力。他在华沙时就对我很好，一谈起艾斯内尔他就推崇备至。

当我在华沙时，凯斯勒尔、埃内尔曼和查佩克还能在这里站稳脚跟，对此人们都感到惊讶。我向他们解释说，我是出于对音乐的热爱才演奏的，我并不教课。我已选定格拉夫的钢琴为演奏乐器，我只担心这会引起斯特因的不满，但我会对他的好意深表感谢。我想上帝会帮助我的——请你们放心！

36. 致在华沙的家人
1829 年 8 月 12 日于维也纳

最亲爱的父母亲：

你们从上一封信中已得知，在人们的劝说下我举行了音乐会。于是在昨天，也就是星期二的晚上七点钟，在皇家剧院我登台演出了！

昨晚在剧院的演出，这里称其为一次纯音乐集会。因为我不拿任何报酬，也不想去争取什么。加伦贝格伯爵才促成了这次音乐会，并安排了如下的节目：贝多芬的《序曲》，我的《变奏曲》，费尔特海姆小姐的独唱，我的《回旋曲》，一曲独唱，随后是小芭蕾舞剧表演（作为加演的节目）。

排练时，乐队伴奏如此之差，我只好把《回旋曲》改成了《自由狂想曲》。我刚一走上舞台，喝彩声便四起。每弹完一首变奏曲，掌声之热烈竟使我听不清乐队的伴奏。演奏完后观众的掌声经久不息，我不得不第二次出来谢幕。尽管《自由狂想曲》的演奏效果并不那么好，但却获得了更为热烈的掌声，于是我不得不再次出现在舞台上。我在舞台上能取得这样好的效果，也是由于德国人内行，善于作出评价。星期六产生的想法星期二就由乌尔费尔付之实施了。为此，我非常感激他。

星期六，我认识了吉罗维茨、拉赫纳、克鲁采、塞弗里德，并和迈塞德尔作了长久的交谈。我站在剧院前面看见了加伦贝格伯爵，他走到我身旁，提议我星期二演出，于是我同意了，而且观众也没有向我喝倒彩！等回家后，我会把这一切告诉你们的,这比写信要好得多。对于我本人和我的荣誉,你们尽管放心好了!

记者们都喜欢上我了。也许会有说三道四的,但这对于突出赞扬是不可缺少的。加伦贝格很喜欢我的作品。剧院的导演德马尔先生对我特别仁慈和友好。在上台前,他一直用自己的保证来鼓励我,叫我不要思想紧张,要放宽心,于是我就不觉得紧张了,特别是看到大厅里没有坐满。我的同事和朋友们都四下分散坐在各个角落里去听取各种议论和批评意见。策林斯基说他听到的指责很少,只有胡贝听到了最大的批评。有位女士说:"可惜的是,这个年轻人长得并不那么出众。"如果我只是受到这样的指责——他们却发誓说,他们听到的是一片赞美声,而且他们也从未带头鼓掌叫好过——这样一来我就没有什么可担心的了!

我以《白衣女人》为主题作了即兴演奏,导演还请求我再弹一曲波兰的——这位导演在彩排时非常喜欢我的《回旋曲》,昨天在音乐会结束后紧紧握着我的手说:是的,你应该在这里演奏你的《回旋曲》——于是我就选了一首名叫《啤酒花》的婚礼歌来作即兴演奏,使从未习惯过这类乐曲的观众大为震撼,我在楼下池座里的"密探"向我保证说,许多观众激动得都从座位上跳将起来。

韦特海姆和他的夫人昨天偶尔从卡尔斯巴德来到此地,便直奔剧院,但他并不知道是我在演出。今天他前来拜访我并向我祝贺。他在卡尔斯巴德见过胡梅尔,他还说,胡梅尔曾向他提到我,他今天会在信里向他报告我的初次演出。哈斯林格在印刷我的乐曲了。音乐会的大幅广告我已保存好了。

然而,普遍的意见认为我弹得太柔和了,或者不如说太细腻了,因为维也纳的观众都听惯了当地钢琴家的强劲敲击。我估计这种指责会见诸报端的,特别是因为编辑(指布拉海特卡)的女儿在演奏时那种可怕的敲击样子。这没有什么,因为不可能没有任何的"但是",不过我宁愿有这样的指责,而不愿他们说我弹得太用力了。

昨天,一位接近皇帝的人士——迪特里希斯特因伯爵到后台来见我,用法语和我说了好多话,他称赞了我一番,还希望我在维也纳住得更久一些。乐队对我写得凌乱潦草的乐谱十分恼火,一直到我即兴演奏时还流露出不满。

演奏完后在观众的掌声和一片叫好声中，乐队也鼓掌叫好了。我看我已得到了他们的认可。对于其他艺术家我还一无所知，他们不应该对我不友好，因为他们知道我并不是为了物质利益才演出的。

因此，我的第一场演出，与其说是出乎意料，还不如说是幸运的。胡贝说，一个人要是只按常规走路，只按预先设计好的计划行事，那一定会一事无成，需要留一些东西给命运。而我听从劝说举行这场音乐会也正是幸运所致。如果报纸对我大张挞伐，使我不能再面对世界的话，那我就会去漆刷房间，用刷子去乱刷是很容易做到的，但他永远都是阿波罗的儿子。

我很想知道，艾斯内尔如何看待这一切，也许他不喜欢我的这次演出？由于他们的一再劝说我才无法拒绝。而且我觉得，我并没有做什么坏事。昨天尼德茨基对我表现出特别的友好，他细心检查，纠正乐队的音准，对掌声也表示出衷心的喜悦。我演奏的是格拉夫的钢琴。

今天我觉得我的智慧和经验长进了将近四年。啊哈，你们一定会对我上封信盖上马德拉的印章而感到惊讶，那是我太粗心了，顺手拿了手边的印章就匆忙盖上了，那是侍者的印章。

37. 致在华沙的家人

1829 年 8 月 19 日于维也纳

如果我的第一次演出很受欢迎的话，昨天的演出就更受欢迎了。当我在舞台上出现时，欢呼声四起，连续三次，而且座无虚席，观众比上次来得更多。男爵，我不知道他的名字，是这座剧院的财政资助者，在感谢我为他带来收入时说道：如果有这样多的人来看演出，决不是为了看他们熟悉的芭蕾舞。所有音乐界人士都被我的《回旋曲》迷住了，从乐队队长拉赫内尔到钢琴调音师都对乐曲的优美惊讶不已。我知道那些女士们和艺术家们都很喜欢我，站在塞林斯基旁边的吉罗维茨也在鼓掌叫好。只是不知道我是否已博得那些铁石心肠的德国人的喜欢。昨天当我正在进晚餐时，有个德国人刚从剧院回来，其他人便问他："玩得怎么样？""芭蕾舞很美，"他回答说。"那么音乐学院的演出呢？"我看到他已经认出我来了，虽然我是背对着他，于是他开始转变话题。我觉得我不应该妨碍他去抒发他的感受，所以我去上床睡觉时，便对自己说：这样的人还没有出生——他能让所有人都喜欢。

我作了两次演出，第二次比第一次更成功，每次都有进步，这是我所期望的。

因为今天晚上九点我就要离开，所以我一大早就得出去辞行。昨天舒潘齐赫对我说，这样快就离开维也纳，希望不久就能回来。我回答说，我是会回来学习的。这位男爵立即打断我道：如果是这样，那你就没有必要回来了。别人也是同样的意见，明知这是恭维话，但听来很开心。这里谁也不把我看作学生。布拉海特卡说我在华沙学到的不能不令他感到惊讶。我回答说："在齐夫内和艾斯内尔教导下，就是最笨的蠢驴也是会得益的。"遗憾的是，我还未能向任何报刊证实自己。我知道我订的那家报纸的编辑博伊尔勒先生会把写好的评论文章寄往华沙，但它依然还躺在编辑部里。也许他们在等第二次演出。它是每周发行两次，星期二和星期六。也许你们会比我先读到对我的好评或者恶评的。我已俘获了此地知识界和民众的心。我已成了他们谈论的话题。我很想写写别的，但昨天的情景一直留在我的脑海里，使我无法集中思想。

至今为止，我的经济状况还不错。

现在我在向舒潘齐赫和车尔尼告别。车尔尼比他所有的作品更富于感情。我的行李已收拾好了。现在我还得去见哈斯林格，然后再到剧院对面的咖啡馆去见吉罗维茨、拉赫纳、克雷乌策尔、塞弗里德。两天一晚之后，便能到达布拉格。晚上九点我们乘车出发，这将是一次愉快的旅行和一伙可爱的旅伴。

38. 致在华沙的家人

1829 年 8 月 22 日于布拉格

在维也纳的热情告别之后——那确实是非常热情，因为布拉海特卡小姐送给我一首她的作品并亲笔签名以示纪念，她的父亲要我代他拥抱我的爸爸妈妈，并向他们祝贺有这样一个儿子。年轻的斯特因还哭了，舒潘齐赫、吉罗维茨，总而言之，所有的艺术家都特别动情地和我告别。经过这一幕幕告别和许诺我会回来之后，我便坐进了驿车。尼德茨基和另外两个在半小时后也要动身前往特里耶德的波兰人前来送我。他们在维也纳逗留了数日，我们常常见面。其中一位名叫聂戈莱夫斯基，来自大波兰地区，这个年轻的小伙子是和他的家庭教师，或者不如说是他的伙伴一道前来旅游的，这位伙伴名叫科贝托夫斯基，是华沙的大学生。我曾前去告别的那位胡萨热夫斯卡夫人，他们夫妇都是正直高尚的人。他们想留我吃午饭，但我没有时间，还得赶往哈斯林格那里。哈斯林格也是非常热情地希望我再度回来，并真诚地许诺我，会在五个星期之内出版我的《变奏曲》，以便在秋天它们就能面世。他要我代他问候爸爸，虽然他还没有机会和爸爸认识。

我们登上了驿车。有一位年轻的德国人和我们乘坐在一起。因为我们要在一起度过一天两夜，于是相互做了介绍。他是位来自革但斯克的商人，认识普鲁沙克一家，还认识瓦普列夫的谢拉科夫斯基、雅沃雷克、艾乃曼、格雷舍尔一家等等，两年前曾到过华沙，他名叫诺曼。他成了我们最好的旅伴。他是从巴黎回来的，我们同住一家旅馆。我们还决定参观完布拉格之后一道前往特普利兹和德累斯顿，特别是在经济条件允许下，四人同行既节省又舒适。

经受了驿车的一番颠簸之后，昨天中午 12 点我们终于抵达了布拉格，并立即到餐厅用餐。午饭后，我们便前去拜访汉卡，马捷约夫斯基要把胡贝写的一封介绍信交给他。我很后悔我竟没有想到写信给斯卡尔贝克先生，让他也给我写一封推荐信介绍这位著名的学者。我们参观了城堡中的大教堂，发现汉卡不在家。总体说来，城市很美。从城堡的山上俯视过去，它显得很大很古老，一度也很富裕。在离开维也纳的时候，我带来了六封信，五封是乌尔费尔写的，另一封是布拉海特卡写给皮克西斯的，请他带我去参观音乐学院。他们想让我在这里演出，可我只在此地停留三天，此外，我并不想损害我在维也纳所获得的一切（因为连帕格尼尼都受到此地的批评），因此我只好作罢。乌尔费尔的五封信是写给剧院的院长和乐长以及当地的音乐界名流的。我会按照他的要求亲自把这些信送去，但我不想演出。好心的乌尔费尔还给我写了一封信，要我到了德累斯顿交给克伦格尔。

　　我就此搁笔，因为我该去拜访汉卡了。我会以斯卡尔贝克教子的身份来向他介绍我自己，我希望用不着什么介绍信。

39. 致在华沙的家人
1829 年 8 月 26 日于德累斯顿

　　尊敬的肖邦夫妇阁下、华沙中学教授、我最亲爱的父母亲！此信由你们正在德累斯顿游玩的儿子写就！

　　我很好也很愉快。在维也纳真没有想到会来德累斯顿，到今天为止已过了一个星期了。我们访问布拉格像是惊鸿一瞥，但也不无裨益。汉卡很高兴从我这里听到了斯卡尔贝克的消息。我们还在布拉格博物馆为贵宾准备的签名簿上签上我们的名字，尤其是这和他有关系。上面已有布罗津斯基、莫拉夫斯基等人的题词，我们每个人都得开动脑筋，一个写上诗句，另一个写的是散文，什维科夫斯基写的是颂词，一个音乐家能在这里做些什么呢？幸好马捷约夫斯基想到了写一首四节的玛祖卡舞曲，于是我便写出了音乐，和这位诗人一起写到了簿上，尽量保持其独创性。汉卡非常高兴，因为这首玛祖卡正适用于他在斯拉夫学领域里所作出的贡献。他给了我全套布拉格风景画让我转交给斯卡尔贝克。

我不想描述他如何带我们去参观那些优美的风景，也没有篇幅供我细述那雄伟的教堂及其银色的圣约翰·涅波莫克像，还有缀满紫水晶和其他宝石的瓦兹瓦夫小教堂，等我回去后再讲给你们听。由布拉海特卡和乌尔费尔写给皮克赛斯的信，使我受到了最为亲切的接待。皮克赛斯停下了他教的课，把我请到他家里，问了我许多事情。我看见书桌上有一张克伦格尔的名片，我就问他，是否有一个和德累斯顿的这位名人同名同姓的人已在布拉格？他回答说，就是克伦格尔本人，他刚来过，当时我不在家，他便把名片留下了。我很高兴，因为我有一封从维也纳带给他的信，我向皮克赛斯谈及此事，他要我吃过午饭后再到他那里来，那是他和克伦格尔约好见面的时间。当我再次到皮克赛斯那里时，恰好在楼梯上和克伦格尔相遇了。我听他弹奏他的《赋格曲》几乎达两个小时，我没有弹奏，因为他们没有请我。他弹奏得不错，但我愿意他弹得更好。

克伦格尔为我写了一封致皇家乐队队长、尊敬的莫拉齐先生的信，请他把我介绍给德累斯顿的音乐界，并请他带我去见裴维尔小姐，她是克伦格尔的学生，按照他的观点，她是当地首屈一指的女钢琴家。他非常热情，在离开之前，我在他那里逗留了两个小时。他要到维也纳和意大利去，于是我们有了许多可谈的话题。这是一次可贵的相识，我对他的评价胜过可怜的车尔尼。

在布拉格我们只呆了三天。我们还没有参观什么，时光就飞快逝去。我整天都很忙乱，就在离开这儿的前一天，我从房间出来，衣服都没有扣好，错乱中闯进了另一个房间，刚一进去便听到一个可亲的旅客惊讶地对我说"早安！""对不起"，我窘得立即逃走了。这里的房间都很相似。我们中午12点乘坐马车离开了布拉格，傍晚就到了特普利兹。第二天我在一份休养名单里发现了路德维克·维姆皮兹基的名字，我立即前去向他问好，他很高兴，并告诉我这里有许多波兰人，其中除了老普鲁沙克外，还有从卡密奥纳来的约瑟夫·科赫内尔和克雷特科夫斯基。他们都在德国餐厅用餐，但他今天不会到那里去吃午饭，因为他已受克拉里公爵之邀到城堡赴午宴了。这是一个巨大的富有的家族，而且非常仁慈，他们拥有特普利兹整个城市。克拉里公主是捷克总督霍特克的妹妹。维姆皮茨基请求我给予他这份荣幸，陪他去参加公爵府上的晚宴，他在那里就像在自己家里一样，午餐时他就会提及此事。因为这一天我们是游览城市的风光，于是我就同意了。

我们到处游览，还去杜克斯的华伦斯坦宫，那里保存有这位伟大统帅的头骨碎片、被砍断的戟和其他许多遗物。晚上，我没有去剧院，而是穿着整齐、戴上我在维也纳最后一次演出时戴的那副白手套，八点半便和维姆皮茨基一道前往公爵府。

我们走了进去，那是个小而精的集会。有一位奥地利亲王和一位将军——他的名字我记不清了，还有一位英国船长、几位年轻的绅士，他们可能是奥地利的皇室成员，以及一位萨克森的将军——胸前挂满勋章，脸上有条疤痕，名叫雷舍尔。喝茶之前，我和克拉里公爵本人交谈了很久，用过茶后，他的母亲请我"挪动挪动"，于是我就坐到了钢琴前（这是格拉夫产的一架好钢琴），我也请他们给我提供一个即兴演奏的主题。随即，那些坐在大桌旁做着女红、编织和绣花的女性宾客便大声喊着"一个主题"，三个年轻的公主商量了一下，其中一位便去把弗里切先生叫来，他是小克拉里的家庭教师。他在得到大家的同意下，向我提出了一个罗西尼的《摩西在埃及》的主题。于是我便即兴演奏起来。我深感荣幸的是，雷舍尔将军随后和我交谈了很长时间，当他得知我要到德累斯顿去时，便立即给我写了一封致弗里森男爵的信：

> 雷舍尔将军郑重向弗里森男爵—萨克森国王陛下的典礼大臣推荐弗里德里克·肖邦先生，请求他在肖邦逗留德累斯顿期间给予其大力的协助，并介绍他认识当地那些最杰出的艺术家。肖邦先生是我至今为止听过的最优美的钢琴家。

这就是雷舍尔用铅笔在他的名片上一字一字地写下来的信，而且没有封缄。

这个晚上我演奏了四次。那些公主们都劝我留在特普利兹，并邀请我第二天共进午餐。维姆皮茨基甚至还提出，如果我能在此地玩得久一些，他便会和我一起回华沙。但我不愿抛开我的旅伴，只好满怀感激地谢绝了。于是昨天早上五点钟，我花两个金币租一辆马车离开了特普利兹，于下午四时到达德累斯顿。我立刻见到了列温斯基和拉贝基斯。我这次旅程真是机遇不错，今天要去看歌德的《浮士德》，明天星期六，克伦格尔告诉我，是看意大利的歌剧。

这封信是昨天晚上开始写的，今天早上才写完。

我该去换衣服了，要去见弗里森男爵和莫拉齐，不能浪费时间。我们在此停留一个星期，如果天气好的话，我们会先去游览萨克森的瑞士。我们会在伏罗兹瓦夫玩几天，然后就从那里回家。最亲爱的双亲，我是那么急着回到你们的身边，因此就不想去见维肖沃夫斯基他们了，以后再告诉你们这段故事，很美妙，很奇特。

又及：典礼大臣弗里森男爵非常客气地接待了我。他问我住在哪里。他告诉我，掌管音乐的御前大臣现在不在德累斯顿，但他会去找那位替代他的人，虽然我在此停留的时间很短，但他会想方设法给予我最好的帮助。他礼节周到，一再鞠躬。最快一个星期或者再过一个半星期，我就会在伏罗兹瓦夫写的另一封信里，告诉你们其余的事情。我参观了此地的画廊、丰收展、主要的公园，我还进行了一些拜访，现在我要去剧院了。我想这一天过得真是很充实！

再及：我的信一直搁到了深夜，我刚从剧院看完《浮士德》回来。我在下午四点钟就在剧院前面等候，表演从六点到十一点，德弗里恩特扮演浮士德，我在柏林时就见过他。今天正好是歌德八十华诞。这部剧充满可怕而又伟大的幻想。每幕剧中间还穿插演出施波尔同名歌剧的片断。我要去睡觉了。明天早上我要等莫拉齐来，跟他一起去见裴维尔小姐，不是我去找他而是他来找我。哈哈哈。晚安！

你们的弗里德里克

40. 致在波图热恩的提图斯·沃伊捷霍夫斯基

1829 年 9 月 12 日星期六于华沙

最亲爱的提图斯：

如果不是温岑特·斯卡尔津斯基，你还不会有我的消息。我遇见了他，他告诉我你月底才能来华沙，虽然科斯图希在德累斯顿时曾对我说，你会在15 号来看你妹妹。我在想，要是我能当面给你讲述我的这次伟大旅行，会让我更高兴的，因为我是诚心诚意想和你倾诉这一切的。你要知道，我亲爱的，我到过克拉科夫、维也纳、布拉格、德累斯顿、伏罗兹瓦夫。第一个星期我是在克拉科夫及其周围地区参观游览。奥伊楚夫确实很美，但我不想和你详谈。虽然你没有去过那里，但你从坦斯卡的真实描述中对它的地理风貌已有所了解。经过愉快而有些陌生的旅程我到达了维也纳。如果说克拉科夫还让我有少许时间来想到家里和你，那么维也纳就完全占据了我，让我神魂颠倒，让我陶醉，以至于两个星期没有收到家里的信都没有使我感到忧虑。你想想，在这么短的时间内，要我在皇家剧院举行两次公开的演奏会。事情就是这样发生的：哈斯林格是我的出版商，他告诉我，如果我能在维也纳举行音乐会，会对我的作品大有好处。因为这里的人们对我的名字很陌生，而我的作品既深奥又难懂——但是我并未想过要登台演奏，同时有好几个星期没有弹过琴，于是我便拒绝了。我对他说，要在这样负有盛名的观众面前演奏，那是自不量力。事情本可到此为止。这时，加伦贝格伯爵刚好到来，他编创了许多优美的芭蕾舞剧，还是维也纳剧院的首脑。哈斯林格把我介绍给他，说我是个害怕登台演奏的胆小鬼。伯爵很乐意把他的剧院提供给我演出，而我仍坚持己见，向他致谢婉拒。第二天有人来敲我房门，我一看，进来的是乌尔费尔，他恳切地说，若是我不抓住这次机会让维也纳听到我的演奏，那就会给父母、给艾斯内尔和我自己带来羞辱。他们一直在劝说我，直到我同意为止。乌尔费尔立即着手进行准备，第二天海报贴出来了。要打退堂鼓也不成了，但我还不知道该演奏什么、怎样去演奏。三家乐器制造商都要把钢琴送到我的房间来，我感谢他们，因为我住的房间太小了，而且这几个小时的练琴也无济于事，因为再过两天我就要登台演出。一天之内我就认识了迈舍德、吉罗维茨、拉赫纳、克罗伊茨、舒潘齐赫、默尔克、列维，总而言之，全是维也纳著名的音乐家。然而在彩排时乐队却让我恼火，其原因在于我是个不知从何处冒出来的无名小辈，居然还要演奏自己的作品。于是我预演的第一首乐曲便是题赠给你的《变奏曲》，接着是《克拉科维亚克回旋曲》，乐队配合得不错，不过《回旋曲》我重练了好几次，而乐队演奏得一团糟，还抱怨曲谱太潦草了。所有的混乱都来自于乐谱的休止符写在上下不同的地方，虽然我已向他们说明，只有在上面的才算数。当然我也有部分的过错，我原以为他们都明白了，这些不清晰的符号让他们生气，可是这些先生都是演奏家和作曲家呀！很明显，他们是在给我穿小鞋，让我这天晚上头痛不已。但剧院监督戴马伯爵出来打圆场，说是乐队不喜欢乌尔费尔来指挥才引起他们的不快，于是他提出把《回旋曲》撤掉，用即兴演奏来代替。他一说完整个乐队的人都睁大了眼睛。我在这种窘境和绝望中只好同意了，谁知道，也许正是我的这种不幸境遇和愤恨成了我晚上演出发挥到最佳的动力。维也纳观众的这种场面并没有把我吓倒，因为这里的习惯，乐队不是在台上，而是坐在专设的位置上。有一位脸色苍白、经过化装的男子在替我翻乐谱（他向我夸口说，他曾替莫谢莱斯、胡梅尔、黑尔茨翻过乐谱，当他们在维也纳演出时）。我坐在一架由格拉夫制造的非常奇特的钢琴前（也许是当时维也纳最好的钢琴）。你不会相信，我是在绝望中来作这次演奏的。我的《变奏曲》产生了巨大的效果，除了每一节获得掌声外，全曲结束后我不得不再次回到台上来谢幕。幕间插曲是由维尔坦小姐演唱的，她是萨克森国王的宫廷女歌唱家。终于到了即兴演奏的时间。我真不知道是怎么发生的，连乐队都带头鼓起掌来了，使我在退台后又再次被召唤到台上来谢幕，第一场音乐会就这样结束了。维也纳的报纸都在热烈地赞扬我（而我并没有把《信使报》计算在内）。在同一个星期里应他们的要求，我作了第二次演出。我感到高兴的是，不会有人说我演出了一次便逃走了。尤其是在第二场演出时，我坚持要演奏《克拉科维亚克回旋曲》，它把吉罗维茨、拉克内尔和当地的其他大师都迷住了，连乐队（请原谅我这样说）都很激动。我被观众不是一次而是两次召回到台上来。我还在第二场音乐会上，不得不再次演奏《变奏曲》，因为这部乐曲深受贵妇们和哈斯林格的喜爱。它们将刊登在《奥德昂》杂志上，我希望这份荣誉已经足够了。贝多芬的拥护者利赫诺夫斯基想把自己的钢琴给我在音乐会上使用，这是一大荣幸，因为他觉得我用的那架钢琴音量太小了，但这是我的演奏方式，它同样受到贵妇们的喜爱，尤其是受到了布拉海特卡小姐的喜爱。她是维也纳的一流钢琴家，她一定很喜欢我（注意，她还不满20岁，和父母住在一起，她的父母也很喜欢我，给我写了到布拉格的推荐信）。她是个聪明美丽的姑娘。当我离开维也纳时，她把自己的作品签上名后送给我作纪念。

关于第二场音乐会，维也纳的一家报纸写道："这是一位沿着自己道路前进的年轻人，他知道这会博得观众的喜爱，这与所有的其他音乐会大不相同。"等等，我认为这已经足够了，尤其是文章的结尾这样写道："肖邦今天受到了普遍的喜爱。"请原谅我写了这么多有关我的看法，我之所以把这些告诉你是因为这些看法带给我的与其说是某种声望，还不如说是一种欢欣。我已和车尔尼成了密友，我常去他家里和他在两架钢琴上联弹，他是个好人。在我认识的所有钢琴家中，我最喜欢的是克伦格尔，我是在布拉格的皮克赛斯家里认识他的。他给我弹了他的《赋格曲》（可以说是巴赫风格的再现）。可以看得出来，他和车尔尼有所不同。克伦格尔还为我写了一封致德累斯顿的莫拉齐的信。莫拉齐是萨克森王室乐队的首席指挥。他很客气地接待了我，他还来过我那里，并带我去见裴维尔小姐，她是克伦格尔的学生，被认为是德累斯顿首屈一指的钢琴家。她弹得很好。我们还去过萨克森的瑞士，那里美景很多，画廊极其美妙。只是错过了一场意大利的歌剧。就在我离开的那一天，正好要演出《十字军骑士在埃及》，聊以自慰的是，这部歌剧我已在维也纳看过。普鲁沙克夫人和奥列霞、科斯图希都在德累斯顿，我是在离开的时候见到他们的，真是太高兴了。弗里策克先生，我是多么的开心，如果我是单独一人的话，我就一定会留下来。普鲁沙克先生还在特普利兹，我曾在那里见过他。现在他们正要到他那里去，特普利兹是个很漂亮的地方，我在那里只呆了一天，而且当天就去参加了克拉里公主的晚会。很遗憾，我该搁笔了，啰里啰嗦地给你写了这么多。期待你的到来。我常常去布兰特那里途经斯托—尤尔斯基大街时，每次看到它就想要给你写信。

衷心地拥抱你，允许在嘴唇上吻你吗？

弗·肖邦

我今天见到了马克斯。他告诉我他非常健康，目前住在加尔尼旅馆。他身着绿色外衣，很客气地许诺要来拜访我。他谈到了你，但没有要我问候你，因为他不知道我会给你写信，其实直到今天早上，我自己也还不知道会给你写信。如果你想起，就在纸上写几句话给我。大家都很健康，也都很关心你，你是否认识林德的表姐、嫁给了贝尔格尔的那位费利皮娜呢？她已经去世了，而我在回来的途中还参加了梅拉霞·布罗尼科夫斯卡小姐的婚礼，她是个美丽的女孩，嫁给了库尔纳托夫斯基。他们经常想起你并向你问候。她的同年表姐妹也在她结婚前的几天嫁人了，她长得比她还要美，她们的婚礼都办得很漂亮。我又写了一大堆，实在是不想站起来了。吻我，请代我拥抱卡罗尔先生。

爸爸妈妈向你致意，向你祝福，孩子们也是如此。

41. 致在波图热恩的提图斯·沃伊捷霍夫斯基
1829 年 10 月 3 日于华沙

亲爱的提图斯：

正当我在想，你是否已收到我的上一封信，或者我在那封信中写了些可怕的乱七八糟的事情，正要坐下来再给你写信时，恰好收到了你的来信。这让我非常高兴，从你的信中得知你很健康，而我也能从卡罗尔那里了解得更多一些。你在信里要我把那些发生在我身上的事情和我认识的那些人的情况写得更清楚些。科斯图希最近托他父亲给我带来的一封信中说，他已从特普利兹回来，要参加在圣诞日举行的沃维兹博览会，他还想到德累斯顿去过圣诞节，他们在那里一定会过得很愉快。因为根据推测，索科沃夫斯卡夫人也会带着女儿去那里过冬。他还说万达小姐患了肾炎，病得很重，有一段时间连医生们都说没有希望了。她是在马里安巴德得的病，现正在德累斯顿治疗。我还没有给科斯图希回信。我不用向你解释为什么，你知道我很懒，连给乌尔费尔写几句话都做不到。你信里说你从两家报纸上看到了有关我的音乐会的报道。如果是波兰的报纸，很不幸，他们没有作正面的报道，而是故意引用维也纳报纸上的意见来破坏我的事业，这不会令你满意的，我想我口头解释会让你更清楚些。胡贝上星期从里雅德和威尼斯回来了，他带回了维也纳一些报纸的剪报，这些报纸都很详尽地对我的演奏和作曲进行了赞不绝口（请原谅我用这个词）的分析和评论，最后还称呼我为"走独特道路的大师"，而且是富于潜力的大师。如果这些剪报能落到你手里，那我就不会有什么羞愧的了。

　　你想知道我今年冬天会干什么，告诉你，我不会留在华沙，但机遇会把我带往何处，我还不知道。的确，拉吉维乌公爵，不如说是公爵夫人，非常客气地邀请我到柏林去，甚至让我住在他们的官邸里。可是到那里去对我又有何益处呢？现在我要去的地方应该是我开始的地方，特别是我曾许诺要回到维也纳去。那里的一家报纸说："我在维也纳逗留的时间越长，对我走向世界越有利。"你大概也感觉到了我应该回到维也纳去，但不是为了布拉海特卡小姐。关于她，我好像在给你的信中曾提及过——一位年轻、漂亮、钢琴弹得很好的姑娘。因为这也许是我的不幸，我已经有了自己的意中人。虽然半年来我没有和她说过话，却始终不渝地在为她效力。她已经闯入我的梦境，对她的想念使我创作了《协奏曲》的慢板。而今天早晨，她又激发了我的灵感，使我创作了寄给你的这首《圆舞曲》。请注意标有"＋"号的地方，除你之外，别人都不知道这件事。最亲爱的提图斯，若是我能演奏给你听，我会感到多么的甜美啊！在三声中部里，应以低音旋律为主，直到大提琴在第五节达到 E 高调为止。其实我不必告诉你，因为你自己就能感觉出来。除了星期五在凯斯莱尔那里有音乐会外，就没有音乐方面的其他消息了。昨天演

奏了施波尔的《奥瑟罗》，真是美妙，非常美妙。在索旺那里举行的晚会却不
怎样好，我在那里认识了比安齐，他是和贾维尼一起来的，他的小提琴拉得
很好，但在我看来他这个人是个吹牛大王。索利瓦很礼貌地问起你。昨天我
见到了奥博尔斯基，他问我有没有你的消息，并将自己的情况告诉了我。他
说他是个银行的职员，在通讯部门工作，这两天他在检阅一大堆外国银行家
的来信。他看起来不错。叶尔斯基给了他这个职位，他的前一份工作也是叶
尔斯基提供的，他仍旧住在加尔尼旅馆，所以他会去拜访谁也就不言自明了。
我还没有看过这里演出的《灰姑娘》，今天演出《交换妻子》。法国剧院将在
星期一揭幕。巴兰斯基向你问候，他现在在瑞士。英德热耶维奇已离开日内
瓦到意大利去了。伏伊奇茨基已从伦敦回来，现在中学任教。等你下个月来
时，就可以看到我们全家的画像，甚至包括齐夫内在内，他常常想起你，他
把自己也画进去是想给我一个惊喜。米罗舍肖也把他画得惟妙惟肖。在我收
到你这封信之前，曾去过苗多维大街，通常都会抬头看看霍德凯维奇的窗户，
而且也会看看你住过的房间的窗户，它和昨天、前天一模一样。你还应该知
道文岑特·斯卡尔津斯基为了吊起我的胃口，告诉我说你很快会回来。

　　我每天都去布热齐纳家。除了皮克赛斯的音乐会外，就没有什么新鲜事
了，我对他的音乐会没有多大兴趣。我认为《回旋曲》是最好的。你不会相
信，现在华沙对我说来是多么令人忧伤，如果不是家庭给我快慰，我是很难
呆下去的。早晨不能到别人家去与她分担忧愁和欢乐，这多么让人苦恼呀！
当你心中有负担而又无法摆脱，这又是多么的窝囊。你知道这指的是什么，
我只好向钢琴倾诉我想对你倾诉的一切。如果我告诉科斯图斯你写信来了、
你要回来了或者至少你答应要回来，那他一定会很高兴的。出去旅游的想法
一定要付诸实施。如果我能与你同行，那我会非常愉快的。不过我的行程会
和你的不一样，我是要从维也纳到意大利去学习的，明年的冬天我要和胡贝
一起到巴黎去。也许这一切会有所改变，尤其是父亲更乐意把我送到柏林去，
但是我并不想去那里。一提到柏林，我就想起老普鲁沙克要到革但斯克去，
不久前我认识的帕乌林·旺钦斯基告诉我，没有妻子在身边，普鲁沙克是过
不了冬天的。但是无论如何，普鲁沙克夫人都会留在德累斯顿，一直到圣诞
节。如果我去维也纳，也许会经过德累斯顿和布拉格，再去拜访克伦格尔和

布拉格音乐学院等等。到那时我又能很高兴地见到科斯图希了。奥布尼斯基向你致意。前天我还见到格斯梅尔。我希望我还能在华沙见到你，因为我在11月里就要动身，不过可能要等到月底。我们还没有告别，因为你最后说的话是"我会把我的袋子给你送去"，想一想，我去参加布罗尼科夫斯卡小姐婚礼的途中，却把我的提包丢失了！不说了，你会因这样琐碎的消息而感到厌烦的。我从来也不想做那些让你不喜欢的事情。如果你方便的话就给我写两个字，那样会让我高兴好几个星期。请原谅我把圆舞曲寄给你，也许它会让你生气，但上帝保佑，我是想给你带来欢乐的，因为我疯狂地爱你。

弗·肖邦

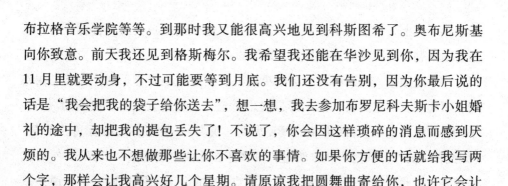

42. 致在波图热恩的提图斯·沃伊捷霍夫斯基

1829 年 10 月 20 日于华沙

亲爱的提图斯：

你也许会想，怎么会有我这种写信狂，竟在这样短的时间内给你寄去了三封信。今天晚上七点我就要乘驿车到波兹南的维肖沃夫斯基家去。我之所以先写信给你，因为我不知道我会在那里呆多久。我的护照有效期为一个月，但我想在两个星期之内回来。我这次出行的原因是拉吉维乌公爵将要到他在卡利什郊外的庄园去居住，他还宣称，如果我去柏林，还可以住在他的行宫中等类似的话，这样的话很漂亮很有趣。但即使能实现（我很怀疑这点），对我又有什么好处哩。这不过是我不止一次看到的像贵人恩赐杂色马那样而已，可我爸爸却不愿意相信这只是一种客套话。这也就是我出行的原因，我好像已对你说过这件事了。在这方面你知道我是多么的好心，把已经告诉了你十次的一件事还当着新鲜事来向你报告。昨天普鲁沙克夫人来说，万达夫人已经痊愈，科斯图希在德累斯顿感到烦闷无聊，我对此很难相信。索利瓦夫人带着孩子们上个星期去了意大利的婆婆家，这个消息是艾内曼告诉我的，我是在凯斯勒尔的四重奏演奏会上见到他的。

你一定知道，凯斯勒尔总会在星期五晚上组织小型音乐会，大家集在一起，事先没有固定曲目，大家都是兴之所至。上星期五演奏了里斯的《升 c 小调协奏曲四重奏》、胡梅尔的《E 大调三重奏》、贝多芬的最后《三重奏》（如此伟大的作品我过去从未听过，贝多芬在此曲中蔑视整个世界）。然后就是普鲁士人弗尔迪纳德的四重奏和杜舍克的作品。最后是歌唱，不如说是一种模仿唱，真的很特别。你一定知道那个吹笛子的齐梅曼，他能凭借面颊和双手的帮助，吹出一种特别风趣的声音，有点像猫叫，又有点像小牛叫。诺瓦科夫斯基也能发出一种特别的像小孩吹喇叭那样的不成调的声音，他是借助于闭住嘴唇来发声的。菲利普立即乘机为他们两人写出了一首带合唱的二重奏，特别荒唐可笑，尽管演得不错，但滑稽得都无法结束。它是在贝多芬的《三重奏》之后表演的，但这并没有抹去我对贝多芬这首乐曲的深刻印象，再加上大家演奏得特别出色。塞尔瓦钦斯基伴奏，他伴奏得非常好。这个星期还将举行音乐会。我认为这些都是不必要的事情，但大家都认为他想在这里留下来（这也不坏），他想要教课，以为这是获得学生的最佳办法。等我回来时你已在华沙了，我们将举行两三次的三重奏，你是这样答应过我的，别拉夫斯基需要特别的邀请，但这区别不大，他伴奏得实在太好了。艾斯内尔称赞协奏曲的"柔板"，说它很新颖。关于那首回旋曲，我还不想去听取别人的意见，因为我对它也还不是十分满意。我感兴趣的是，等我回来时是否应把它完成。

昨天我听说有位小姐从彼得堡来到这里，她的姓名我记不清了，听说她非常年轻，小提琴拉得惊人的好。下个星期天他们将重演库尔宾斯基的老歌剧《卢齐裴尔宫》。我见到了奥博尔斯基，还有奥布尼斯基——一位成绩优异的硕士和马斯沃夫斯基。巴尔钦斯基从日内瓦写信来了，向你问好。他和英德热耶维奇是在沙夫豪斯分手的，巴尔钦斯基立即回法国，而英德热耶维奇要去慕尼黑。感谢你哥哥给我写的短信，收到它我很高兴。你很惬意，当你想要的话，你就能让别人欢喜和快乐。你不会相信我早上是多么不开心，午饭后当我接到你的来信后我的心情才好些。今天写得够多的了，就此搁笔，

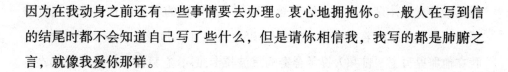

因为在我动身之前还有一些事情要去办理。衷心地拥抱你。一般人在写到信的结尾时都不会知道自己写了些什么，但是请你相信我，我写的都是肺腑之言，就像我爱你那样。

弗·肖邦

我用我的方法写了一首大的练习曲，等我们见面时再拿给你看。

43. 致在波图热恩的提图斯·沃伊捷霍夫斯基

1829 年 11 月 14 日于华沙

最亲爱的提图斯：

我是在安托宁的拉吉维乌家收到你的来信和你在信中带给我的吻。我在那里住了一个星期，你不会相信我在他那里过得有多好。我是搭乘最后一班驿车回来的，而且是很不情愿地离开了那里。就我个人和短时的娱乐而言，我宁愿呆在那里，直到把我赶走为止。但是我的事务，特别是我的尚未完成的《协奏曲》，已不允许等着结尾部分的完成，这迫使我不得不离开这个乐园。那里有两位夏娃，年轻的公爵小姐非常慈爱和友好，一对极富乐感和情感的尤物。那位年长一点的公爵小姐，了解一个人的成就不是与生俱来，她的举止优雅，极具魅力，使人不能不喜欢她。你知道，公爵本人是多么喜爱音乐。他把他创作的《浮士德》拿给我看，我发现它有那么多的奇思妙想，甚至是天才之作，连我都不会想到这是出自一位总督之手。其中有一个场面，当魔鬼梅斯托弗站在格罗特的窗前弹起吉他唱着歌勾引她时，还能听到从近处教堂传来的合唱歌声。这两种对应的表演产生了巨大的效果。在纸上能看到一首结构完美的歌：魔鬼般的伴奏对抗着严肃的圣歌。从这里你可以想象到他对音乐的思维方法，而且他还是个真实的葛路克派。戏剧音乐在他那里所具有的意义，只是在于描绘情景和感情。所以他的序曲没有结尾而只有引子，而管弦乐队一直被安排在台外，以免看见那些拉弦和吹奏的吃力景象。我在他那里写了一首和大提琴合奏的《波拉卡曲》，它只是一件小玩意儿，是给女士们写的沙龙作品。我希望万达公爵小姐能学习它。这段时间我都在给她授课。她相当年轻，只有 17 岁，花容月貌，人间仙女。教她纤细的手指去弹琴真是件乐事。不过还是把玩笑放在一边吧。她真有丰富的乐感，用不着对她说这儿要强、那儿要弱、现在要加快些、那儿要慢些等等的指导。我不能拒绝把我的那首《F 小调波罗涅兹舞曲》送给她们，它让艾丽查小姐着迷。因此我请你第一班邮车就给我寄来，亲爱的，因为我不想被他们看成是没有礼貌的人，可我凭记忆又默写不出来，很可能会出错。当我每天都要为她弹奏这首波罗涅兹，而且再没有什么比那首《降 A 大调三重奏》更使她着迷的了，你可以想象得出这位公爵小姐的性格了。他们一家人都很好。

回来时我在卡利什参加了一个晚会，旺钦斯卡夫人和别尔纳茨卡小姐都在那儿，她把我拉去跳舞，我不得不跳玛祖卡舞，而且我还必须和一位比她更漂亮或者至少和她一样美的小姐跳舞，她的名字是帕乌利娜·聂什科夫斯卡小姐，她不想嫁给那位向她大献殷勤的密切尔斯基将军了。别尔纳茨卡小姐和我谈了许多有关你和你兄弟的事情，看得出来，在华沙度过的那个冬天唤起了她甜蜜的感情。整个晚上我都在和她交谈，但只限于回答和询问。她从来也没像这个晚上给我留下这样美好的印象，特别是当她谈到卡罗尔的可亲性格时。我不是在开玩笑。我还告诉她，我会把晚会上的所有事情告诉你，并向你抱怨她是如何强迫我跳舞的，但是她一点也不怕你。我还见到了她的父亲，离安托宁不远有他的苏利斯瓦维策庄园。那天晚会上最值得看的是马尔琴科夫斯基跳的舞，他穿着一双沾满泥土的靴子大跳特跳，直跳到几乎倒下为止。我在卡利什只停留了一天。科斯图希已给我写了信，但我还未给他回信。拉吉维乌公爵夫人希望我 5 月能去柏林，而且这也不妨碍我冬天去维也纳。但我在想，12 月之前我是不会离开华沙的，爸爸的命名日是在六号，所以我很有可能要到 12 月底才能离开。我希望能见到你，目前还没有别的计划。假如在你到来之前我就离开此地，那是绝对不可能的。我还会写信给你，没有什么事比我想见到你更重要的了，尤其是在国外的时候。你很难想象我现在在华沙会有一种失落感，没有一个能和我说上两句话的人，也没有我可以信赖的人。你想要我的画像，如果我能从艾丽查公爵小姐那里偷到一幅，那我就会送给你。她在画册里给我画了两幅像，他们告诉我，画得很像。密罗舍夫斯基现在没有时间了。我的生命，你真是太好了，以后请你相信我，我会永远和你在一起，我是不会舍弃你的，一直到死。

最挚爱你的　弗·肖邦

再提醒你一次，一定要把《f 小调波罗涅兹舞曲》用第一班邮车尽快给我寄来，我的宝贝。

我已写了几首《练习曲》，我会好好弹给你听的。

爸爸、妈妈、孩子们、齐夫内向你致意。英德热耶维奇来信说他要回来了。库尔宾斯基的《卢齐裴尔宫》上演了，但不成功。

上星期六在俱乐部大厅，凯斯勒尔演奏了胡梅尔的《E 大调协奏曲》。塞尔瓦钦斯基也演出了，若是我会在下星期六演出，那我一定会演奏题赠给你的那首《变奏曲》。泰赫曼告诉我，布儒瓦—雪萝利夫人是一位美丽的女低音，她在索利瓦的音乐会上唱了两次。伏乌科夫小姐正在为她的母亲服丧，而格瓦德科夫斯卡小姐的一只眼睛蒙上了绷带。齐林斯基还和雪萝利夫人一起演唱，但他们都说，他就像是她身边的一只老鼠。这就是我知道的全部新闻。我好久没有见到马克斯了，但他一定很好。加辛斯基已为多样化剧院写了一部诗体短喜剧，现在整个社会都争着去看，剧名是《医生的候诊室》。冈希很好。我每次见到雷纳尔德，他都会问起你。下星期天将演出德雷克舍勒的歌剧《百万富翁》。我不知道他们为什么要在这里演出这种德国垃圾，也许是想用布景和各种可笑的噱头来娱乐儿童。他们都会拥去看的，沙里提在绘制布景。这就是从我笔下流出的全部内容。我并不是为了告诉你消息才给你写信的，我只是想陪伴着你。再让我拥抱你一次。

弗·肖邦

44. 致在波图热恩的提图斯·沃伊捷霍夫斯基

1830年3月27日星期六于华沙

我最亲爱的生命：

我从来也没有像现在这样想念你。我没有一个可以向其倾诉衷肠的对象，也没有你在这里。每一次演奏会后，对我来说唯有你的看法要比那些报刊记者、那些艾斯内尔们、库尔宾斯基们、索利瓦们等的赞扬更重要。

接到你的来信后，我本想立即告诉你有关我第一次音乐会的情况，但因准备第二场音乐会而忙得不可开交，这场音乐会马上就要在星期一举行，就算我能坐下来也不能集中思想。今天的情况也是如此，但是我不能再等到那少有的精神上的平静时刻，因为邮车就要开了。第一次音乐会是座无虚席，无论是包厢还是池座，在演出的三天前票便已售罄。但是广大观众的反应并不像我预期的那样。第一乐章"快板"只为少数观众所接受，有一些喝彩声。但我觉得他们定会感到惊讶——这到底是什么？他们会伪装成音乐行家！"柔板"和"回旋曲"却得到了最好的效果，听到了真正的欢呼声。而那首波兰主题的混成曲，在我看来却没有达到目的。观众之所以鼓掌，只是表明当演奏者离开时他们并没有感到烦闷无聊。库尔宾斯基当晚在我的协奏曲中发现了新的美。而威曼则承认，他不知道人们能在我的"快板"中看到什么。艾内曼却非常高兴。艾斯内尔抱怨我的钢琴声音太低，听不见低音的连接段。那天晚上，坐在前面包厢和池座前排的观众都听得很满意，而坐在正厅后排的观众则不满我弹得太轻了。我倒很想到"灰姑娘咖啡店"去听听有关我的议论。莫赫纳茨基在《波兰信使报》上把我吹捧上了天，特别是那首柔板，最后他建议我多用点力气。我猜想到他说的力气是指什么。在第二场音乐会上我用的不是自己的那架钢琴，而是一架维也纳产的钢琴。迪亚科夫——一位俄国将军——很慷慨地把他的钢琴借给我使用，这架钢琴比胡梅尔的更好，因此这晚的观众要比第一场的更多、更加满意。掌声赞美声比第一次更热烈，每一个音符都像珍珠坠落般地激起了反响，我也比第一次弹得更出色。观众高呼着要我举行第三场音乐会。《克拉科维亚克回旋曲》引起了极大的反响，爆发了四次热烈的掌声。库尔宾斯基感到遗憾的是我没有在维也纳钢琴上演奏那首《幻想曲》，为此格日马瓦在第二天的《波兰信使报》上便提出了这一要求。艾斯内尔说，人们只有在听了我的第二场音乐会后才能对我作出评判，而我说句实话，我宁愿用我自己的那架钢琴来演奏。但是普遍的意见是：那架钢琴更适合于当晚的这种场合。第一场音乐会上的节目安排你已经知道了——第二场音乐会由诺瓦科夫斯基的《交响曲》开始（友情出演），继之是《协奏曲》的"快板"乐章。别拉夫斯基演奏了《变奏曲》。接着是"慢板"和"回旋曲"。音乐会的第二部分是以《克拉科维亚克回旋曲》开始，然后由马耶罗娃演唱了索利瓦歌剧《海伦和马尔维娜》中的咏叹调，她唱得比以往都要好。最后是我的即兴演奏，这让第二层楼上的观众特别喜欢。假若我对你说实话，我的即兴演奏并不是出自我的所愿，因为它不适合在这样大的场合中演出。尽管如此，令我感到惊异的是"柔板"会受到如此的欢迎。不论我走到那里都能听到人们在谈论这首"柔板"。你那里一定有所有的报刊，最少也有几家大报纸，你能从中揣摩出他们对它的喜爱。莫里奥鲁夫娜献给我桂冠，今天我还收到了某个人的诗歌。契尔沃夫斯基以我的协奏曲为主题，写出了多首玛祖卡舞曲和圆舞曲。布热齐纳的钢琴伴奏家森内瓦尔德向我要画像，我没有答应他，因为我不能一下子做这么多事情，我也不想让别人往我的脸上涂脂抹粉，就像对待列列维尔的画像那样。但如果是你想要的，我会尽快地寄给你，除了你之外，任何人都别想得到我的画像。也许还可能有另一个人，但决不会在你之前得到它，因为你是我最亲爱的人。你的来信除了我之外，没有人能读到。一如既往，我总是把你的信带在身边，这是多么愉快的事。5月我要走出城墙外，想起临近的旅行，把你的信拿出来阅读，这让我深信你是爱我的，最起码也让我看到了我最亲爱的人的手笔和书信！

　　下星期他们还要我再举行一次音乐会，但我不想举行了。你不会相信演出前三天我经历了多大的苦难。此外，我还想在年节前完成《第二协奏曲》

的第一乐章"快板",过了年节之后才能期待第三场音乐会。虽然我知道,现在我可能会有更多的观众,因为整个上流社会听过我演奏的人还不多,上次音乐会上在大厅的欢叫声中我就听到了要我举行第三场音乐会的叫喊声,有的甚至大喊:"在市政厅举行!"其喊声之响亮,我在舞台上都听得一清二楚。但会不会采纳,我很怀疑。如果我还想再演出的话,我一定会选剧院,这不是涉及收入的问题。剧院给我带来的收入并不多,因为票房想怎么做就怎么做,他执掌着一切。上两次音乐会,扣除一切开支后,我所得到的还不到5000。虽然德莫舍夫斯基说,他们开过的钢琴演奏会观众从来没有像第一次音乐会那样多,第二次的观众还更多。我所关心的是,在市政厅演出麻烦一样很多,但效果并不会好多少,我想,要么是为上层社会人士演奏,要么是为城市演奏,不可能为所有的人演奏。我比以往更强烈地感觉到,要让每一个人都满意,这样的人还没有生出来。多布钦斯基怪我没有采用他的交响曲。沃津斯卡夫人在生我的气,因为没有给她预留一个包厢,等等。谈到沃津斯卡夫人,我是前天在普鲁沙克家为马里安娜的命名日而举行的宴会上见到她的。这让我想起我在那里还见到了你的哥哥,他永远有着美好的时光,他向你致意。就在命名日的前不久,我想是在圣约瑟夫日,他们庆祝了结婚25周年的银婚纪念。午宴自然少不了奶制品和其他美味食品,可惜的是我无法享用。我昨天去参加了莫里奥尔的午宴,随后便去参加了迪亚科夫家的晚会,在那里我见到了索利瓦,他向你致意,并答应某天会送来一封短信让我转寄给你。我和卡钦斯基一起合奏了胡梅尔的《鲁比内尔》,倒是有些美妙的音乐。我真不愿就此搁笔,因为我觉得我还没有写出能让你感兴趣的东西,我把一切都留给了饭后的甜点,而现在除了最热忱的拥抱外,就别无其他甜点了,因为我只有你。

弗·肖邦

爸爸妈妈和孩子们向你问好。齐夫内和我在波托茨卡夫人家见到的马克斯,曾一起去剧院,还参加了纳克瓦斯卡夫人的音乐晚会。最近我还在公共驿车上碰见了旺钦斯基。

45. 致在波图热恩的提图斯·沃伊捷霍夫斯基

1830 年 4 月 10 日星期六于华沙，艾米丽亚逝世一周年

我最亲爱的生命：

上个星期我就想给你写信，但时间飞逝，我自己都不知道是怎么过去的。你一定知道我们的世界正以可怕的方式掀起了一股音乐热，就连复活节也没有停息下来。就在这周的星期一，费利裴斯家就举行了一次盛大的晚会，萨旺夫人演唱了动人的《赛米拉米德》中的二重唱，我也为索利瓦和格雷舍尔做伴奏，他们在众人的要求下演唱了《土耳其人布封》中的二重唱。除了格瓦德科夫斯卡夫人问起你之外，我就不再详述了。

在列维茨基家即将举行的晚会均已安排就绪，在众多的演出中，加利金将演奏罗德的《四重奏》，还有胡梅尔的《森提内尔》，最后是我的和大提琴一起演奏的《波罗涅兹舞曲》，我在此曲中还特别为卡钦斯基加上了柔板前奏，我们试演过，还不错。有一些沙龙方面的音乐消息，现在我对报刊上的音乐消息已不再感到像其他沙龙消息那么重要了，尤其是那些对我有相当好评的报道，我倒想把它们寄给你。在《华沙报》上刊登的一篇占半个版面的文章把艾斯内尔讽刺了一番，索利瓦在莫里奥尔的午宴上对我说，如果他不是有学生演出，担心激起愤怒，他定会写文反驳。另外他还对我说你曾写信给他，因此我希望他不会错过这个机会来回复你。我很难用三言两语让你对这一切有个明确的概念。要是我能把报纸寄给你，你就会对此事有一定的了解。不过对于聪明人，一言半语就能明白，我只需要提一下这件事就行了。

在我的音乐会后报刊上出现了许多评论文章，特别是《波兰信使报》，虽然他们的赞美有些夸张，但还能让人忍受。《官方公报》也用好几页篇幅刊载了对我的颂词，尽管出于善意，但其中有一期却刊登了荒谬的言论，使我在读到《波兰日报》上的回答时感到特别难过，这完全是剥夺了别人对我公正的夸张的权利。你应该知道，在《官方公报》上的一篇文章认为，波兰人应该以我为荣，就像德国人以莫扎特为荣一样，其荒谬是显而易见的。但该文作者还宣称，如果我落到那些爱炫耀的人或者罗西尼派（这是愚蠢的说法）的手中，那我就不会有今日的成就，我现在什么也不是，但有一点是对的，那就是我若不是接受了艾斯内尔的教导，并善于给我灌输新信念，那我不会有今天这样的学识。这种对罗西尼派的贬低和对艾斯内尔的大施赞扬，你知道会激怒谁。而且他们还走得这么远，在《华沙报》上以弗雷德罗的喜剧《朋友》开始，以《奥里姆伯爵》为结尾，中间则横插一杠；为什么我们要感谢艾斯内尔，而那些学生并不是从他的袖口里抖搂出来的，还把我抬了出来（你要知道在我的第二场音乐会上还演奏了诺瓦科夫斯基的交响曲），但"魔鬼从沙里是绞不成鞭子的"。艾斯内尔35年前就写了一首《四重奏》，这首四重奏的题目叫《最优美的波兰风格》，这句话是出版商因为一首波兰小步舞曲而加上去的。于是那篇评论今天不提四重奏的作者而对它嘲笑了一番。索利瓦说，他也许可以用同样的词句去嘲笑《切西利亚》。还有，这篇文章一直都以热爱和最文雅的口气来谈论我，同时还为我着想，建议我去研究一下罗西尼，但不要去模仿他。这个建议是源于另一篇文章，说我是富于独创性的，对此《华沙报》也不想否定。后天我应邀去参加米纳索维奇家的节日盛宴，库尔宾斯基也会在那里，我感兴趣的是他会对我说些什么，你不会相信，他每次见我都非常热情。我还是星期三在莱什凯维奇的音乐会上见到过他，已经过去一星期了。这个小莱什凯维奇弹得非常好，但其功力大部分来自于手肘。不过我认为，他将来会比克罗古尔斯基更有出息。尽管有人好几次问到我，但我还不敢把我的这种看法说出来。音乐的事已经说够了，现在我不是要给音乐爱好者写信，而是开始要给公民沃伊捷霍夫斯基写信了。

　　昨天是耶稣受难日，全华沙的人都去扫墓了。我和前天才从桑尼基回来的科斯图希一起乘车从华沙的这一头走到另一头。科特向你问候。我向你报告后来发生的事情，当我在早晨下课后，坐下来和亚历山德娜小姐共进早餐时，便开始了一番谈话，她说，索温斯基夫人已知道亚历山德利娜小姐要和姆莱奇科先生结婚的消息。我说我还没有听到过，他们知道我和那家人的关系密切，认为一定会知道，姆莱奇科是在非常激动的情况下求婚的。普鲁沙克夫人说她从来没有像那一刻那么不知所措过，当他哭着跪在她的脚下时，等等。要想知道事情的进展，我也在等待他们告诉我求婚的结果。据说姆莱奇科急于结婚，但亚历山德利娜年纪尚轻，因此还需再等一年，也就是要等到亚历山德利娜的下一个生日，到那时她自己就能决定是否接受或者解除婚约。不过，姆莱奇科昨天还和他们一起去上坟了。奥布尼斯基向你问候，格斯梅尔也向你问候。前天我碰见了旺钦斯基，他消瘦得特别可怕。我看见了你的兄弟卡罗尔，他长得像花蕾一样漂亮。啊哈，邮差来了！还有一封信，是你来的，啊，最亲爱的，你真好！这并不奇怪，因为我也是老想着你！从你来信得知，你只读过《华沙信使报》，如果你可能，就去读读《波兰信使报》和第 91 期的《华沙报》。你对晚会的意见是正确的，为此我已婉拒他们的多次邀请，好像我对你的看法都能感觉到似的，你不会相信，几乎每一次行动前我的思想都会受到你的左右。我不知道是不是我和你在一起时学会了感觉，但每当我写信时我就想知道它会不会让你喜欢。我认为我的第二部《E小调协奏曲》，在你还没有听到它之前，我相信它是没有什么意义的。今天布罗米尔斯基来请我去参加星期四集会，我向你保证我是不会答应他的。关于冈希，我前天见到他了，我们曾谈到你。他很忧郁，抱怨环境对艺术的不利。如果我见到他（今天有可能会见到他）我会立即告诉他，你已经写信来了。我手头上没有什么值得寄给你的东西。至于人们越来越期待的第三场音乐会，我现在还没有答应，要等到我离开之前才会举行，我将会演奏那首新的、现在还没有完成的乐曲。我将应观众要求，演奏那首《波兰幻想曲》和给你的那首《变奏曲》，我正等着它。莱比锡博览会已经开始了，布热齐纳也将抵达那里。那位曾在我第二场音乐会后用香槟祝贺我的来自彼得堡的法国人，人们把他叫做费尔德的，他是巴黎音乐学院的学生，名叫丹斯特。他去拜访过索利瓦，他说他还要来看我，但我还未见到他。他在彼得堡举行过音乐会，非常成功，想必他一定弹得不错。你定会感到奇怪，一个从彼得堡来的法国人竟会取了个德国人的名字。科乔（指康斯坦丁亲王）和瓦列雷·斯卡尔金斯基刚好抵达这里，紧跟他们而来的是格德雷。马车滚滚而来。贵夫人的帽子在远处闪闪发亮，真是美妙的时光。我散步的伙伴塞林斯基来了，他人很正派，很关心我的健康。我要和他上街去了，也许会碰到什么人能让我想起你。你是我唯一爱的人。

弗·肖邦

我的父母和我的姐妹们都托我向你致以最衷心的问候。还有齐夫内，否则他会大骂我一通的。

一则可笑的消息：奥尔沃夫斯基已把我的主题写成了玛祖卡舞曲和加洛舞曲，我请他不要拿去发表。

《奥雷伯爵》很好看，尤其是管弦乐队和合唱部分，第一幕的结尾真美。

46. 致在波图热恩的提图斯·沃伊捷霍夫斯基

1830 年 4 月 17 日星期六 （爸爸的生日） 于华沙

我亲爱的生命：

当我收到你的来信时，我在难以忍受的思念中感到了一种快慰，而这正是我所需要的，因为今天我比以往更感到无聊。我倒很想抛弃那毒害我快活的思想，但我仍沉溺于其中不能自拔，连我自己也不知道哪里不对劲，也许写完这封信后我的心境会平静一些。你知道写信给你是件乐事。你说你成了一个监护人，这不禁让我大笑不止。你告诉我一些有关科蒂荣①舞曲，我猜是瓦莱雷的作品。你说你也许会来这里，这让我高兴，我也会留到议会开会的时候。你一定已从报纸上得知，5 月 28 日开幕，这对我来说真是幸运，我们的期待还将有整整一个月，尤其是《信使报》上已刊载桑塔小姐的消息。德莫舍夫斯基依然像过去一样编造出各种各样的耸人听闻的事情。昨天我遇见了他，他告诉我一件会让我快乐的消息，他将在《信使报》上刊登一首致我

---

① 法语“衬裙”之意。——译者

的十四行诗。我请他看在上帝的分上，不要干这种蠢事。他回答说"已经付印了"，而且还满脸堆笑，好像他做了一件大好事似的，而我定会为能得到这样的荣耀感到高兴不已。啊，这是错误理解！那些对我不满的人又有了嘲讽我的机会了。说到那些根据我的主题写出来的玛祖卡舞曲，全是出于商业利益的考虑。我不想再去读别人写的那些有关我的文章，也不愿去听人们在议论些什么。

星期天，我只想听听库尔宾斯基对发表在《华沙报》上的文章有些什么看法。但遗憾的是，我在米纳索维奇的复活节宴会上却没有在那群贵宾中找到他。他不在那里。艾内曼是唯一在场的音乐家。我真想看到他见到我时的表情，于是我到他家里去向他祝福复活节，但是两次都没有见着他。今天我见到了索利瓦，也许他是个狡猾的意大利人，却把他写的答复那篇文章的稿子拿给我看（注意：他是用法文写的，它是给自己看的，不是为了在任何报刊上发表），写得真是不错。他对艾斯内尔的有关批评都进行了公正地反驳，但又不提及任何人的姓名。他对我很热情，但这是没有用的，我也彬彬有礼。尽管他的邀请有助于我接近他，但我并不想见到他，除非有十分的必要。艾内曼来了我这里，他认为以快板作为新协奏曲的第一章会更好。他来的时候，正好科斯图希要离开。我今天去了那里。因为议会之事，我把德累斯顿之行的时间推迟了。最新的计划是科斯图希和胡贝——就是去年和我一起旅行的那位大学教授——要到法国和意大利去作一次短期的旅行。胡贝几天前告诉我，他的计划是先直接到巴黎，在那里玩一阵子，然后再到意大利去过冬，1月份到那不勒斯，我将在那里和他见面。科斯图希今天早上去找了胡贝，想和他拉近关系，并了解他们的旅行计划。如果他们要去，那也是6月间，甚至6月底的事了。我的《变奏曲》还未出来。马格鲁斯一星期前去了维也纳，这个月底有可能回来，我希望他不会空手而归。明天是《魔笛》，后天是一位盲人笛手格伦贝格先生的音乐会，我曾对你谈及此人。他想请我在他的音乐会上演出。我有很好的理由拒绝他，因为在这之前我已经拒绝过别人，我不想给别人造成亲疏之别。马尔斯多夫将为他演奏大提琴。男爵为此付出了许多。沙布凯维奇将演奏竖笛，昨天我又去了齐林斯基处，他答应为他演唱。他要我和他一起去见马耶罗娃夫人，我知道，她为了我也会出来演唱的，但在她心里会有所不愿。因此我想还是算了，只答应给他们卖点门票。普鲁沙克夫人拿去了十张。另外，今天上课时，正在弹奏克拉梅的《练习曲》，我从普鲁沙克夫人口中得知你把小麦运到了革但斯克，还说你快来了。关于小麦的消息，是查理先生告诉我的，我回答说你没有写信告诉我，因此我对此事一无所知。你忙于小麦的事，听来觉得有些奇怪。但是我相信这事，因为你对自己所做的事情定会尽力而为。孩子们很想读你的来信，但我从不给她们看，因为我只把这些信保留给自己，让我在心里每天都轻轻地默读着它们。路德维卡很生气，尤其是当我告诉她，你没有向她问候时。明天是俄罗斯的复活节，但我不会去参加任何的节日活动。我从来没有在复活节期间吃得这样少过，甚至在普鲁沙克家（星期一或星期日我记不清了）举行的节日宴会上也是如此。那里宾客云集，还有火腿和水果蛋糕等等。我甚至没有留下来吃午饭。参加这次大午餐会的有城防司令莱温斯基、阿尔方斯、姆莱奇克一家、吉瓦诺夫斯基，后者令人感到很讨厌。他请我在他儿子受洗时抱住他，我不能拒绝他，尤其是这是那位要到革但斯克去的不幸女人的愿望。普鲁斯卡将是孩子的教母，我还在对我的家人保密，他们还不知道这件事。你知道，上星期我计划到你那儿去的，但未成行。原因是我有了紧急工作，非得把它赶写出来。无疑地，如果你能在议会期间来到华沙，那还能赶上我的音乐会。我有一种预感，对于梦中的暗示我是信以为真的，因为我常常梦见你。有多少次我以日当夜和以夜当日，又有多少次我活在梦中，而白天却在睡觉，可是这比睡着了还要糟糕，因为我依然能感觉得到。这不但不能使我在这种睡意蒙眬的状态中获得力量，反而在这样的梦态中更感痛苦、更加虚弱。请你爱我。

弗·肖邦

我的父母和孩子们，还有齐夫内都向你致意。

47. 致在波图热恩的提图斯·沃伊捷霍夫斯基

1830 年 5 月 15 日星期六于华沙

我最亲爱的生命:

我没有立即给你回信,你一定会感到奇怪,因为你在上封信中提出的问题我无法回答,所以才迟迟未能动笔。现在你能知道,我的小灵魂——桑塔小姐定会在 6 月或许 6 月底就能到来。还有两位小姐——格瓦德科夫斯卡和伏乌科夫已得到莫斯托夫斯基部长的准许,也将登台演出。一位演出帕埃尔的《阿格涅什卡》,另一位,也就是伏乌科夫将演出《土耳其人在意大利》。你对挑选这样的歌剧有何看法呢? 昨天我去参加了索利瓦的晚会,那里除了萨万和葛雷塞外,就几乎没有什么人了。格瓦德科夫斯卡唱了一首咏叹调,那是索利瓦特意为了演出歌剧而给她改编的,这是很引人注意的一段,的确很美,也适合她的嗓音。伏乌科夫也唱了一首《土耳其人在意大利》的咏叹调,也经过改编,很适合她的嗓音,这是罗西尼作的咏叹调,专为一位在这部歌剧中演唱的著名歌唱家写的。她唱得真好,你看了一定会同意。我想你一定不会错过听桑塔演唱的机会,那我就要大大地感谢这位桑塔小姐了! 她已经到了革但斯克,然后再从那里到我们这儿来。到那时我们就有许多音乐可听了。普鲁士皇帝陛下的钢琴家韦尔里策已来此两个星期了。他弹得真棒。他是个小犹太人,天赋聪敏,他将学得很到位的几首乐曲弹给我们听。他来过我这里,他甚至还是个孩子,只有 16 岁。他的专长是弹奏莫谢莱斯的《亚历山大进行曲》的《变奏曲》,他弹得完美无缺,我觉得再也没有什么可苛求的了。他举行了两次公开演出,两次都演奏了这首《变奏曲》。等你听到了你就会喜欢他的演奏。虽然如此,但我们认为,与他所负的称号而论,还是有许多缺陷的。这里还有另一位法国人斯坦特先生,他也想开音乐会。他来找过我,打算放弃演出的想法。不过另一个令人高兴的音乐消息是,那位女钢琴家的父亲布拉海特卡先生从维也纳写信给我，如果我劝她，那她就会在议会开会期间来我们这里。这是件微妙的事。德国人想的是钱，但如果碰巧失败了，他就会怪罪我。于是我立即回信说："我早就被问及你会不会作此次旅行，很多人，尤其是整个音乐界都想听到她的演奏。"但是我又委婉地提到：桑塔小姐要来，利宾斯基也要来，这里只有一座剧院，租金每场要100塔勒，还有许多舞会，春天狂欢节也将来到，再加上许多游览会等等，这是为了避免受人指责而已。她也许会来，那我会很高兴的。为了她，我会竭尽全力去帮助她，甚至想到要在两架钢琴上演奏，你不会相信，这个德国人在维也纳的时候对我有多好。科斯图希和他的母亲已在捷克斯洛伐克，下星期回来。6月1日他定会和胡贝一起经柏林到巴黎去的，他们在那里停留两个半月或三个半月，然后经瑞士到达意大利。至于我的旅程，现在还不知道会有什么变动。我在想今年与其到国外去还不如在这里等到发高烧为止，那样一来一切都过去了。6月我会呆在此地。7月也是如此，甚至我什么地方也不想去，这是为了——你知道什么也不为——除非为了怕热。亨内贝格昨天告诉我，维也纳的意大利歌剧要到9月才开演，所以没有什么必要急于到那里去，尤其是新协奏曲里的《回旋曲》还没有完成，那是需要灵感的，急不得，因为有了第一章《快板》，其余的就不用担心了。我可以再开一次音乐会，因为我的《变奏曲》还没有演奏过。据布拉海特卡在信中告知，它们已经出版了，哈斯林格带着它们去参加了莱比锡的复活节展销会。我希望马格努斯从维也纳回来时会把它们带给我（他因为个人事务要到加里西亚去，然后再从那里回维也纳）。新协奏曲的柔板是E大调。它不能弹得太用力，而更多的是浪漫的、平静的、忧郁的，它应该给人以一种亲切地注视着某处而能在思想中唤起千百种美好回忆的感受。它是在一个美丽的春日里而且是在月光下的沉思。所以我才要用弱音器去伴奏，弱音器就像梳子似的夹在琴弦之间，使琴声发出一种类似鼻音的银铃般的声音。也许这是不好的，但是为什么一个人并不意识到他写坏了还要感到羞愧呢，这是一项显示出错误的结果。你从这里一定会观察到我有一种做出与意志相反的错事的倾向。每当一些事物无意间从我的眼睛钻进到我的脑海里，我就爱去抚爱它，这有可能是完全错误的。你是一定能理解我的。我和普鲁斯卡夫人一起抱着的那个已成为她养子的孩子去受洗，你不会相信这个男孩有多漂亮。

杜邦小姐今晨 7 点要去和车霍夫斯基结婚，他是斯克罗吉卡夫人的弟弟。那位 63 岁的老医生要和他死去妻子的侄女、17 岁的小姑娘结婚。整个教堂挤满了好奇的人，新娘子却很奇怪，为什么人们在同情她？我是从伴娘马里奥鲁夫娜小姐的口里得知此事的。等我到邮局寄出这封信后，便会立即赶去参加，因为他们已派人来催我了。你知道，这是我的爱神，我很愿意承认她们的，但是还必须听天由命和尊重别人隐秘感情的掩饰。你知道，我从来也没有想过我会像现在这样保密，眼下我就没有勇气向你倾诉困扰我的那些事情。今天我要到剧院去。一位从利沃夫来的新悲剧演员斯莫霍夫斯基要在《日内瓦来的孤儿特雷莎》中扮演维罗夫斯基角色。对他的演技我不抱很大希望，但我想看看他到底演得怎么样。人们说帕斯塔要来了，但我很怀疑。倒是著名的（现在的确有些过时）女歌唱家米尔德尔·奥普特曼要来的消息更可靠些。罗姆贝格也有望前来。就让他们来好了，而我期待的是你，希望你这次能来听我的音乐会。我想 5 月底在我家里试奏第一部分《快板》。6 月初正式演出，这样就能赶在《信使报》宣布的狂欢活动开始之前。一旦你确定来华沙的日期就写信给我。如果我这次演出你不在场，那我会比第一场演出时更失望。不，你不知道我有多么爱你，而我又无法向你表达出我的这种爱，很久以来我就一直想让你知道。啊！如果我能紧握着你的手，那我宁愿——你是猜不到的——把我可怜的半条性命给你。

弗·肖邦

我还不能告诉你音乐会的节目表，因为现在我还不知道。我会努力去邀请泰赫曼，他原本在我的第二场音乐会上要和马耶罗娃合唱《阿尔米德》中的二重唱，因为他害怕一个人独唱。然而遗憾的是，一周前齐梅曼诺娃和波尔科夫斯基已唱过这首二重唱。因此库尔宾斯基不想重复同样的曲目，况且他们唱得还要好一些。我已经写了这么多了，但我还想写得更多。我会再寄一首《圆舞曲》供你玩赏，下星期你就能收到它。

父母和孩子们向你致意，齐夫内也在其中。

48. 致在波图热恩的提图斯·沃伊捷霍夫斯基

1830 年 8 月 21 日星期六于华沙

可恶的伪君子：

这是我写给你的第二封信，你不会相信，你会说，弗里兹在说谎，但这次确实是真的。当我和男爵一帆风顺地回到华沙后便立即给你写信了。但因为我的父母都在热拉佐瓦·沃拉，因此很自然地我在华沙没有呆多久，便留下一封信要邮寄给你。当我和父母于星期二再次回来时，发现我写给你的那封信还原封不动地摆放在茶杯旁边，也就是我离开时摆放的那个地方。曾在我们不在时来过我家的卡罗尔告诉我，他曾在茶杯旁看见过那封信。本来是件好事，也不会是件大不了的坏事。也许我在这封信中不会像第一封信那样咒骂你，因为你在波图热恩所发生的事件还留在我的脑海中。实话对你说，我很乐意回忆那些事情。你的田园给我留下了某种思念之情。你窗下的那棵桦树也让我难以忘怀。还有那张铁弓！它是多么的浪漫！我记得那张铁弓，你是怎样用它来折磨我，以报复我的所有罪过。不过你应该对逝去的时光有所体会。我必定会告诉你我离开的确切时间，还会把许多重要的事情写信告诉你。首先我在华沙关心的是《阿涅拉》，我去看了演出。格瓦德科夫斯卡真是不错，在舞台上比在大厅里要好。我没有说悲剧的演出，真是棒极了，那是无话可说的。至于歌唱本身，若不是那些 fis 和 g 有时在高音域，那我就找不出比这种演唱更好的了。至于抑扬顿挫，真是令我欣喜不已。她的音色很美，尽管开始时她的声音有点抖，后来就唱得非常大胆了。这部歌剧被压缩过，这才使我不感到过于冗长和沉闷。索利瓦的《咏叹调》在第二幕里产生了巨大的效果。我早知道它会有不错的效果，但我没有想到会有这样大。他在第二幕和着竖琴唱起浪漫曲时（而在台后艾克曼的钢琴演奏丝毫也没有破坏那种想象）最后一段他唱得特别好，我非常满意。演出结束时，"阿涅拉"

被召回舞台，接受经久不息的掌声。一星期后的今天，费奥维拉将要在这个舞台上演出《土耳其人在意大利》。伏乌科夫更招人喜欢。你一定知道，《阿涅拉》有许多反对者，他们自己也不明白为什么要去指责音乐。我不否认这个意大利人①可以为格瓦德科夫斯卡挑选更好的歌剧，比如《贞洁的修女》就能给她带来更好的运气，不过，对于一个初次演出歌剧的人来说，能把许多罕见的优点和难点表现出来已是难能可贵的了。

什楚罗夫斯基真是可怕。塔尔马、肯布莱、德夫伦特和茹凯夫斯基都被他搞得团团转，都分辨不出东西南北了，他可真是个疯子。照索利瓦看来，兹达诺维奇是个独一无二的人，而沙洛莫诺维奇则很不幸，纳夫罗茨卡一直在慢吞吞地说话，齐林斯基则在舞台上吃他的午餐。昨天在彩排《土耳其人在意大利》时，他那冷冰冰的态度真把我激怒了，他把土耳其人当棍子那样来算计。伏乌科夫唱得很好，表演也很到位，而那个角色也的确很适合她表演，也许她的眼神比嗓音更能吸引观众。她好几次都能把 D 高音唱得很清晰而且很大胆。我毫不怀疑，她会比格瓦德科夫斯卡更受欢迎。五重奏的演奏棒极了，那位将军也非常高兴。科斯图希和金瑟尔在法兰克福，他们将到米兰去，再途经特雷斯特和维也纳回来。胡贝还要留在那里，直到下月 15 号才能抵达罗马。我该怎么办呢？下月 10 号我将离开。不过首先我得试演我的《协奏曲》，因为回旋曲已完成。明天卡钦斯基和别拉夫斯基会来我这里。明天上午十点，将会在艾斯内尔、艾内曼、齐夫内和李诺夫斯基面前试演我的《大提琴波罗涅兹舞曲》和《三重奏》。我们是封闭性的演奏，因此，除了上述人士和马图辛斯基外，我谁也没有再请了。马图辛斯基一向对我很亲切，他不像那些虚情假意的伪君子、无赖、卑劣小人，你定能猜到是指谁了。科斯图希让帕尔切夫斯卡姐妹带给我问候。普鲁沙克夫人和姆莱奇科都在马里恩巴德，他们是到那里去喝矿泉水的。我所喜爱的彼得·吉瓦诺夫斯基半路上留在了雷内茨，并在那里服用乳清。我在多样化剧院见到了奥博尔斯基，他很好，瓦莱里带着一身钻石装饰和一副银行家的神态在街上阔步行走。文岑特永远是那么和善、那么完美，就像一位清正廉洁的官员。旺钦斯基很可

---

① 指索利瓦。——译者

能还和你住在一起，如果是我，我也会跟你住，他来到华沙后的次日，我就见到了他，他一定告诉你了。男爵正处在他的审判庭巡回期，他现在正在康特那里，他回来后我只见过他一次，他亲口告诉我，他母亲一直病得很重。昨天我见到了城防司令官，和他谈到了你。卡罗尔一定已离开，因为他要回庄园去。今天演《哈姆雷特》，我就要去看的，昨天是雷沃尔小姐，今天是克罗瓦夫人要在加辛斯基翻译的剧本中扮演奥列霞·普鲁沙克的角色。尼温斯基把你的角色演得惟妙惟肖，而雅辛斯基扮演科奇这个角色比科奇本人演得还要好，希曼诺夫斯基扮演我的角色则要比我逊色。克拉瑟尔也不再去发明灭鼠的更好办法了，而库哈尔斯基则采用与凯鲁比尼不同的方法。我必须自己赶到邮局去寄这封信，否则它又会和它的兄弟一样留在家里了。下个星期我可能会抑制不住要骂你的，这应该是今天要写的东西，不过今天已经写够了。我不需要你的任何东西，甚至连握手都不要，你太让我厌恶了，你这个地狱里的怪物。吻你。

弗·肖邦

如果有我的信，请立即寄来。请原谅我写的这些，因为我今天比以往更蠢了。爸爸妈妈和姐妹们，以及大家都向你问候。

49. 致在波图热恩的提图斯·沃伊捷霍夫斯基

1830 年 9 月（好像是 4 日）星期六于华沙

最亲爱的提图斯：

我告诉你，伪君子，我比以往疯狂了。我还呆在这里，我没有足够的力量来决定我的日期。我想我之所以要离开，是为了永远忘记这个家，我想我是去死，但不得不死在异地他乡，而不是死在自己生活过的地方，那该有多惨啊！躺在临终的病榻上，看到的不是自己的家人，而是冷冰冰的医生和仆人，这对我说来该是多么可怕呀！相信我，我不止一次想到霍德凯维奇那里去和你一起寻求安宁。而结果是：我走出家门，在街上行走，心里想念着，重又回到了家里，为什么呢？就是为了消磨时光。我还没有试演过《协奏曲》。无论如何，在圣米哈尔节（9月29日）来临之前，我就要抛弃我所有的财宝，动身到维也纳去，我是注定要永远叹息的，这是什么无聊的话？你对人的力量了解得很多，那就请你解释给我听，为什么人总会觉得今天才会成为明天的呢？别傻了，这就是我能给自己的全部答案，如果你有别的，就请告诉我。

奥尔沃夫斯基在巴黎，诺布林已答应新年前为他在瓦雷特剧院谋取一个职位，苏威很客气地接待了他，并答应会记得他受过音乐方面的教育，这位同行只要他想做就一定会做好。我在这个冬天的安排是：两个月在维也纳，然后便到意大利去，也许会在米兰度过冬天。我会写信给你。莫里奥鲁夫娜两天前已从海边回来，路德维克·伦别林斯基现在华沙，我在劳斯那里见过他，也就是在那里我与艾内曼就《土耳其人在意大利》、《阿格涅什卡》、意大利人、波兰人的问题发生了争执。索利瓦仍在指挥歌剧，他的女学生们都在其中演出，你会慢慢看出，他将凌驾于库尔宾斯基之上，他的一只脚已踏在马镫上，还有一个得势的满脸胡须的骑兵①在支持他，而奥辛斯基也站在他一边。

帕尔斯泰特在拉斯塔维茨卡逝世前几天去看过他。他说她知道自己的病况。帕尔斯泰特夫人让我告诉你，她对你没有把我立即带到特拉汀去深感不满。这是老太婆的玩笑，但这种老妇人的玩笑很容易让某种人难受，也就是只爱和某个人开玩笑的那种人。

今天在剧院演出的是一些来自阿尔卑斯山的歌唱家，和两年前的那些提罗尔人的演唱方式差不多。你一定会记得的。格雷舍尔告诉我，他们唱得差多了；而《华沙信使报》则说，他们唱得更好。我今天不会去听，我情愿星期三到姆尼斯克宫的大厅去听他们的演唱。那将是一个盛大的晚会，他们要

---

① 指俄国将军。——译者

在花园中演唱。文岑特告诉我娱乐界的两大集团①之间所进行的诉讼，他们这一方已败诉，但他们会提起上诉的。他们被称为"蜂蜜派"，因为他们都住在苗多瓦②大街上。而斯特因凯莱尔他们被称为"姆尼什克派"。这些解释告诉你的是蜂蜜派败诉了，但不公正。布霍兹已完成他的乐器，用它弹得很好，比维也纳式样的那架好，但远不及维也纳的维也纳钢琴好。今天我在结束这封信时好像没有说什么，甚至比没有说什么还更差，我只有写了的这些，因为现在已是十一点半钟了，我没有换好衣服就坐在这里写信，可是莫里奥卡小姐正在等着我，然后去塞林斯基家吃午饭，我又答应了要到马格鲁舍夫斯基那里去，因此我不可能在四点钟前赶回来写完这剩下的四分之一信纸，虽然我为它的空白感到悲哀和痛苦，但我也无能为力了。反正我已经给你写了这么些了，我觉得我做得很好了。我又不能大发狂想把自己放进信里，若是我这样做了，那么莫里奥卡小姐今天就见不着我了，而我很喜欢给那些正直的人带来欢乐，如果我相信这是他们的愿望的话。自我回来后还没有去过那里。我向你承认，有过一次我把我的苦恼归咎于她。我想人们也会这样相信的，而我在外表上也显得很平静。她的父亲在笑，其实他是想哭，我也在笑，但那是假装出来的。

亲爱的，我们要到意大利去。从今天起，一个月内你不会收到从华沙写给你的信，也许你也会收不到从其他地方寄出的信件。直到我们见面之前，你都不能得到我的任何消息了。我是在乱说一气，但只要离开就行。你也会这样。我等着你，我将会收到信件。"我完成了磨坊，并建立酒厂，这是羊毛，这是羊羔，终于到了第二次播种的时刻。"实际上既不是磨坊，也不是酒厂或者羊毛把你留住了，而是其他的事情。一个人并不是事事都顺心的，也许在人的一生中只有几个短暂的时段才会是快乐的，那么为什么人们还不去摆脱那不可能长久存在的幻想呢？一方面我认为友谊是最神圣的，另一方面我又认为这是魔鬼的发明。如果世界上的人不知道金钱、饭粥、皮鞋、帽子、牛排和煎饼那该有多好，总比他们知道这一切要好多了。照我的理解，这是

---

① 即热德莱尔、查克热夫斯基和斯特因凯莱尔、热拉佐夫斯基等人。——译者
② 意为蜂蜜。——译者

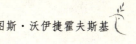

最悲哀的事情，我知道你也是这种看法的，宁愿对它们一无所知。我要去梳洗了，现在不用吻我，我还没有洗好哩。你呢？如果我擦满了拜占庭的油脂，你就不会吻我，除非我用磁力来强迫你。这是大自然中的某种力量。今天你会在梦里吻我的，我要把你昨晚给我的那个可怕的噩梦还给你。

弗·肖邦

永远是伪君子的人性化的爱慕者。再及：给我写信，别忘了里纳德，就是这些了。

爸爸妈妈问候你，孩子们也下楼来要我不要忘记替她们问候你。齐夫内总是忘不了问候你。意大利人索利瓦问我，你何时来华沙，并向你致意。林德夫人在革但斯克。我在华沙还没有见到你妹妹。普拉特夫人已回来了。

50. 致在波图热恩的提图斯·沃伊捷霍夫斯基
1830 年 9 月 22 日星期三早上于华沙

我最亲爱的生命：

乘此机会我向你解释为什么我还留在这里。我父亲的确不想让我在几个星期前出去旅行，其原因就在于全德国爆发的骚乱。还不算莱茵各省以及已另立国王的萨克森和不伦瑞克、卡塞尔、达姆斯塔特等地。听说在维也纳有好几千人为了面粉而愤愤不平。他们想拿面粉干什么我不得而知，但我知道其中必有问题。迪罗尔也同样出现了乱情。意大利此时此刻也在酝酿着革命的爆发，莫里奥洛告诉我，他们正在等待着这方面的新消息。我还没有去办护照，但人们告诉我，他们只会发给我到奥地利和普鲁士的护照，至于到意大利和法国的护照连想都不要想。我知道已经有好几个人遭到完全的拒绝，但我觉得我是不会碰到这种事的。因此我定会在几星期之内途经克拉科夫到达维也纳，趁他们对我还记忆犹新，我必须把握住这个时机。请不要对我和我的父母感到惊异，这就是全部故事。昨天波莱迪洛来了我这里，明天一大早他就要离开。因为今天我要试演第二《协奏曲》，有整个乐队伴奏，除了小号和定音鼓外。为了能给你带去愉快，我便邀请了波莱迪洛，他会把演出情形告诉你的。我知道你对最微妙的细节都会有兴趣的。你不在这里我深表遗憾，因为我不得不根据艾内曼的意见来评价《协奏曲》。库尔宾斯基、索利瓦和整个音乐界的知名人士都会到场，但是，除了艾斯内尔外，我是不大相信这些先生的。令我感兴趣的是：意大利人如何看待乐队长，恰贝克如何看待凯斯莱尔，菲利普如何看待多布钦斯基，莫斯多夫如何看待卡钦斯基，道斯如何看待索乌迪克，和波莱迪洛如何看待我们所有的人。能一次把所有的这些人聚集在一起，这是没有先例的，但是我做到了，而我这样做是为了实现稀奇。

最新的外交新闻有：那位曾对国王菲力普表示抗议而想投靠俄国的法国前任领事迪朗先生已被调回法国。接替他位置的一位三色旗①的新领事已于昨天到来，可是他的名字连外交官们都不知道。这里还来了一位新的男低音歌唱家邦达谢维奇先生，他在顶替什楚罗夫斯基的位置演出《土耳其人在意大利》和《塞维利亚的理发师》时，曾不幸两次出丑。除了有一副并不很差的嗓音外，完全没有其他的本事。他唱得倒很清晰，也许这就是剧院指挥能让他在波兰一流舞台上演出的唯一原因。应该让你知道，这位邦达谢维奇先生在布林德等地方曾很能取悦观众，受到外省听众的青睐。然而在我们这里却很糟糕，因为他跟不上节拍，大家都得跟着慢下来，他还年轻，还有培养的可能。什楚罗夫斯基病了，所以才用他来代替。现在好了，他的病已痊愈，也许星期天就能在《贼鹊》中复出，而格瓦德科夫斯卡小姐将在库尔宾斯基的指挥下扮演阿奴霞或其他角色。但这并不影响意大利人②在三两年之内得到乐团总指挥的位置，因为库尔宾斯基夫妇要到彼得堡去谋求发展（这是库尔宾斯基私下告诉我的秘密）。在格瓦德科夫斯卡小姐演出《贼鹊》之后，伏乌

---

① 指法国。——译者
② 指索利瓦。——译者

科夫小姐就将在《塞维利亚的理发师》中演出，我是一定看不到了。你也许认识沃伊奇茨基——你不认识他，那我就不写他的事了。

我已完成第二首《协奏曲》，但我感到自己还像初识键盘时一样蠢。它太富于独创性了，到最后我都无法掌握了。遗憾的是，在这种日子里创作，我无法集中自己的思想，当我想到自己常常心不在焉时就会感到伤心，清醒的思维常常会离我而去。如果我眼前有什么东西令我感兴趣，我就会被马儿踩着也不知道，前天在街上就差点碰上了这样的事情。星期天在教堂里，我受到偶然目光的一瞥，顿时我就处在某种兴奋的麻木状态中，足足有一刻钟时间我不知道自己发生了什么事。我遇见了帕里斯医生，我不知道该怎样向他说明我的这种神迷状态。我只好说是有一条小狗从我脚下穿过被我踩了一下。我成了一个这样的疯子，有时真是可怕。我很想给你寄去几首拙作，但我不知道今天有没有时间来抄写它们。那个意大利人雷纳德很高兴，并感谢你送给他书。他告诉我，贝佐布拉佐夫在他那里上课，除了缴学费外他什么也没有学到。我保证这是他接近伏乌科夫小姐的第一步。奥尔沃夫斯基的新芭蕾舞剧，说起它的音乐，确实很好，有许多很美的段落；但它的结构过于庞大，因此并不是每次演出都很成动。第一次最糟糕，第二次稍好一些，第三次我不知道了，不过有亲王①观看，想必一定很好。最后一场的布景最好。他们的舞跳得太多，时闻拖得太长，直到十点半才结束。我为今天的这封信向你道歉，但你也不会得到别的信了，今天是我的节日，大学开学也是今天，我必须赶快去敲定艾斯内尔、别拉夫斯基、桌子和弱音器，那是我昨天完全忘记了的。没有它们，"柔板"就会失败，我所期望的巨大成功就会落空。"回旋曲"的效果很好，"快板"很有力。啊，令人憎恶的自尊心！如果我会向谁自吹自夸的话，那只有向你这个自私者。物以类聚吗！不过有一点我不会仿效你，那就是做出突然的决定，但我有诚实的愿望，悄悄地，而不是大肆声张地做出决定。再过一个星期，我就会在星期六离开，不管是惋惜、哭泣、抱怨，还是跪在脚下恳求，我都无动于衷。乐谱已放入行李包里，琴弦已在背包里，背包已扛在肩上，就等着乘驿车了。眼泪将会从四面八方像黄豆似的

---

① 指康斯坦丁亲王。——译者

掉落下来。从哥白尼纪念碑到兹多罗伊街，从布朗克街到齐格蒙特国王纪念柱，遍及全城。我还会像石头那样冷淡无情，去取笑那些真情与我告别的可怜的孩子们。我常常采用加重的语句。可是在今天，上帝保佑，若不是你离得很远，很远，在赫鲁毕索夫的城外，那我就一定会要你来这里。我知道你喜欢（即使作为所犯罪过的一种赎罪行为）带给别人欢乐，即使你很讨厌他们。如果我能安慰你，我会为你做任何事情，可是对于这一切，请相信我，在未到维也纳之前，是不会有什么转机的。你活着、感觉着，同时别人也会影响你的生活和感情，因此你既不幸又很幸福。我理解你，我已深入到你的内心。还是让我们来拥抱吧，因为已无需多言了。

弗·肖邦

我的父母拥抱你，兄弟姐妹们拥抱你，再次吻你。

蜡封得不好，因此我要把它放入信封里，请原谅我笨得像头猪（我们私下这么说）。

请你不要生气。今天我听说柏林又出现了新的动乱。

51. 致在波图热恩的提图斯·沃伊捷霍夫斯基

1830 年 10 月 12 日星期二于华沙

我亲爱的生命：

昨天的音乐会大获成功。我想让你尽快知道，我要告诉阁下你的是，我一点也不紧张，一点也不怯场，我就像在独自演奏一样，而且弹得很好。全场满座。最先演奏的是戈尔内尔的交响曲，然后是我创作的那首崇高的《E小调快板》，它在斯特伊捷尔的钢琴上就像从光面上流淌出来似的，雷鸣般的掌声。索利瓦很满意，他为他的咏叹调指挥着合唱队，由身着白衣裙像天使一样的伏乌科夫主唱，她唱得美极了。咏叹调之后，就是柔板和回旋曲。随后便是中场休息。当人们从小卖部回到座位上之后，大家纷纷谈论的都是对我有利的评论。下半场由《威廉·退尔》序曲开始，索利瓦指挥不错，给观众留下深刻印象。说句实话，这位意大利人这次帮了我很大的忙，真是难以回报。随后他又为格瓦德科夫斯卡指挥演唱咏叹调。她一身雪白，头戴玫瑰花环，与她的脸色很相合，她唱的是《湖中少女》中的插曲。好像她除了阿格涅什卡外，就没有唱过别的。你知道那首《我为你流了多少眼泪》，她把《我仇恨一切》降低到 h 音，这样的处理，吉林斯基认为这个 h 音就值一千金币。应让你知道，这首咏叹调是专为她的嗓音改编的，因而得益匪浅。等她离开舞台，我们便开始演奏《月亮西沉》乐曲，我和乐队配合得很好，后场的观众都就欣赏得到。最后一曲玛祖卡博得经久不息的掌声。我被召唤到台上。没有一个人喝倒彩，我鞠躬谢幕了四次。由于布兰特的事先指教，我的动作很合礼仪。假如昨天索利瓦没有把我的总谱拿回家去先看一遍，那么他的指挥就不会让我这样轻松自如，不知道会变成什么样子，但是昨天他让我们把一切都掌握得那么好。我要告诉你，从来没有一次像这次那样和乐队合作得如此顺利。当然最受欢迎的还是钢琴。伏乌科夫小姐也很受欢迎，她在台上的表现美妙绝伦。她现在要在《塞维利亚的理发师》里演出，不是在星期四就是在星期六上演这部剧。我现在除了收拾行装什么也不想了。不是星期六就是星期三，我就要出发经克拉科夫到国外去了。昨天我得知文岑特也要去克拉科夫。我必须打听清楚，如果他不是要晚些出发，那我们还可能同行。这些天来我在华沙都见到了卡罗尔，他很健康、很愉快，他想确切地知道，你何时会在卢布林和他见面。他希望他回到家后就能收到你的信。至于科斯图希，他的父亲告诉我，他现在和塞维林、金舍尔在布达参加加冕典礼，所以还没有到达巴黎。但是他们一定会去巴黎的，也许已经在路上了。亲爱的，我必须搁笔了，因为拉索茨基正在等我，要我和他一起去艾内曼家，他是想请艾内曼给他的女儿授课。然后便去吃饭。现在吻你。

最挚爱你的 弗·肖邦

孩子们、爸爸妈妈、齐夫内和大家都为你的健康而拥抱你。

52. 致在华沙的父母亲

1830 年 11 月 9 日星期二于伏罗兹瓦夫

我最亲爱的父母和我的姐妹们：

我们已于星期六下午六时到达此地，旅途极为舒服。阳光明媚，秋高气爽，现住在"金鹅旅馆"。我们一住下便立即去了剧院，那里正在演出《阿尔卑斯王》，此剧将会在我们华沙演出。池座的观众都为新的布景赞叹不已，但我们觉得没什么可赞叹的。演员们演得都不错。前天这里演出了奥柏的歌剧《泥瓦匠和锁匠》，很糟糕。今天将演出温特尔的歌剧《打断的祭礼》，我感兴趣的是演得如何，他们缺乏优秀的歌唱家，不过戏票很便宜，池座的票才两个兹罗提，我很喜欢伏罗兹瓦夫。

我把信送给了索温斯基，我仅见过他一次，他昨天来了我们这里一趟，但没有见到我们。恰好我们外出，去了当地的俱乐部，是乐队指挥斯纳贝尔邀请我们去的，要我们观看当晚音乐会的彩排。他们每星期举行三次这样的音乐会。我发现参加彩排的乐队像平常一样，人数不多。还有一架钢琴和一位仲裁员，名叫赫尔维格的业余钢琴师准备演奏莫谢莱斯的《降 E 大调协奏曲》。他还未坐到钢琴凳上，已有四年没有听我弹奏的斯纳贝尔请我去试试那架钢琴，我实在难以推脱，只好坐下来弹了几首变奏曲，斯纳贝尔非常高兴，而赫尔维格则胆怯得不敢演奏了。其他人也恳请我在晚上演奏，特别是斯纳贝尔的热诚邀请使我无法拒绝这位老人，他是艾斯内尔的好朋友。我告诉他，我是为了他才答应演奏的，因为我有好几个星期没有摸琴了，原来也没有打算在伏罗兹瓦夫演出。老人对这一切表示很理解，他说昨天在教堂见到我就想邀请我参加演出，但难以启齿。随即我便和他儿子一起去取乐谱，并为他们弹奏了第二首协奏曲里的《浪漫曲》和《回旋曲》。在彩排时，那些德国人对我的弹奏非常惊讶。他们说：他弹得多么轻柔，但没有人谈及我的作曲。提图斯只听到有个人在说：他会弹却不会作曲。值得一提的是前天有一位外表很引人注目的人物坐在我们对面，在交谈中我才知道他原来是华沙的苏尔兹的熟人，而且是苏尔兹替我写信给那个人的朋友。他是个商人，名叫沙夫，非常热情好客，带着我们游览了伏罗兹瓦夫全城，还雇车带我们去游览最美丽的地方。第二天，他还将我们的名字列入商业中心，并给我们送来昨晚音乐会的贵宾票（是在彩排前就送来的）。当他和那些给我们搞到贵宾票的人发现接受票的这位贵宾竟是当晚音乐演奏会的主要角色，其惊讶程度可想而知。除了《回旋曲》外，我还为行家们作了即兴演奏，其主题来自波尔蒂奇的《哑女》，随后他们就以其序曲作为终场演出。音乐会后便开始跳舞，斯纳贝尔邀请我吃晚饭，我只用了一些肉汤。

自然地，我也结识了当地的风琴师科列先生，今天他让我去看他的风琴。我还见到了一位男爵，或者是什么鬼家伙，天晓得他是叫内舍还是叫耐舍，他是施波尔的学生，听说还是位颇有些名气的小提琴手。还有一位名叫黑舍的专家和音乐家曾游遍整个德国，也对我称赞不已。但是除了斯纳贝尔是真正的高兴，并时时对我关怀之外，对于别的德国人，我就不知该如何应付了。提图斯很喜欢望着他们。因为我还未确立起我的名声，因此他们既表示钦佩，但又害怕这种钦佩。他们搞不清楚，我的乐曲是真好还是仅仅是他们的一种感觉而已。有一位当地的行家走近我，大事赞美我的乐曲的新颖性，说他从未听到过这种形式的音乐。我不知道他是谁，但他可以说是此地最了解我的一个人。斯纳贝尔非常热情好客，甚至要给我们提供一辆马车。当他们开始跳舞时，我们便于九点钟离开那里回住所去了。能给这位老人带来愉快，我自己也很高兴。

演奏会后，乐队经理向我介绍了一位女士，称她是当地首屈一指的钢琴家，她非常感谢我带来的愉快惊喜，并因我不能作公开演出而表示遗憾。为了自我安慰，那位仲裁员唱了《塞维利亚的理发师》，唱得十分差劲。

昨天大家谈了许多有关艾斯内尔的事，称赞他为管弦乐队创作的那些变奏曲。我告诉他们，如果他们听到了他所作的《加冕典礼弥撒曲》，才能断定他是一位怎样的作曲家。这里的德国人很可怕，至少在昨天的场合里是如此，只有我们的沙夫是例外。

明天两点我们出发前往德累斯顿。吻！吻！吻！

请代向齐夫内、艾斯内尔、马图辛斯基、科尔贝格、马雷尔斯基、维特维茨基致以最亲切的问候。

53. 致在华沙的父母亲

1830 年 11 月 14 日于德累斯顿

我刚刚才找出一点点时间来给你们写几行字，报告我的消息。我刚从一个波兰人的午餐会回来，参与午餐会的是清一色的波兰人。他们还在那里，只有我独自一人回来写信，因为邮车七点钟就要启程，而我今天还想再去听一次《波尔蒂尼的哑女》。

我们很不愿意离开伏罗兹瓦夫，由于有苏尔兹的介绍信，让我和那些人有了亲密的接触，从而使我们觉得这座城市的可爱。在此地，我第一个去拜访的是佩赫维尔小姐，她星期五演出，还安排了我们去看。可就在同一个晚上剧院上演《哑女》，真难选择。但我必须去参加这位小姐的演奏会，所以我就去了她那里。第二个我要去那里的原因是，有人告诉我，在那里还能听到当地最优秀的一位女歌唱家的演唱。她出生于意大利，名叫普拉热西。于是我穿了最好的衣服，雇了一顶轿子，坐进了那古怪的箱子里，让他们把我抬到克雷西格的府邸中，那就是晚会举行的地方。一路上我净在嘲笑自己被穿着制服的轿夫们抬着，我真想把轿底踩破，但还是忍耐了下来。轿子一直把我抬上了台阶，才在门前停下来。我下轿后便让人通报佩赫维尔小姐，府邸的主人立即出来频频鞠躬致意，说了许多奉承话，显得非常彬彬有礼，把我引进了大厅。我看到大厅的两旁摆放着八张大桌子，桌边都坐满了妇女。她们的饰物和钻石珠宝闪闪发亮，令人眼花缭乱。不是开玩笑，这些女人及其珠宝饰物之多，真有点让人害怕，以为会有一场反对男人的暴乱发生。也许只有那些秃头和戴眼镜的男人才能与之对抗，因为秃头和戴眼镜的人数也不少。那些饰针相击和茶杯相撞的响声突然被大厅的另一端的音乐所掩盖。他们演奏了《魔鬼兄弟》① 的序曲，然后是那位意大利小姐的歌唱——唱得不错。我和她说过话，并结识了她的伴奏者拉斯特雷利先生，他是此地歌剧院的副指挥。我还认识了鲁比尼先生，他是我将在米兰渴望认识的著名歌唱家的弟弟，这位非常客气的意大利人答应为我写一封推荐信给他的哥哥，这正是我求之不得的。他是那样的彬彬有礼，昨天还带我去看《晚祷》的彩排，它是由当地的宫廷指挥英拉奇作曲的歌剧。我利用此机会让他想起了我，他立即要我坐在他身边，并和我谈了许多话。

《晚祷》今天是由著名的那波里男高音歌唱家萨罗里和塔贵尼奥主唱，由罗拉用小提琴演奏 obligato（伴奏音部），他是此地的著名演奏家。我有索利瓦给他的一张信笺，我与他相识后，答应为我写一封信给他在米兰歌剧院任指挥的父亲。现在让我们再回到那个晚会上来，佩赫维尔小姐演奏钢琴，而我呢，在和一些人交谈之后便去看《哑女》了，我没有听到全剧，很难对它作出评论。只有今晚听过之后才能告诉你们一些确切的意见。早上我去克伦格尔那里，恰好在门口遇见了他，他立即认出了我，对我非常友好，随即把我拥抱在胸前，我也很尊敬他。他先问我的住处，让我明天早上去拜访他。他劝我作公开演出，我只好装聋作哑没听见。我没有时间去浪费，而德累斯顿既不能给我带来名声，也不会给我带来金钱。

我在普鲁沙克夫人家认识的克尼亚吉维奇将军也曾谈及音乐会的事，不过他预言，收获不会很大。

昨天我去看了意大利歌剧，演得很糟糕，要不是罗莉的独唱和来自维也纳剧院的哈内尔小姐——她昨天在《坦克雷迪》中首次演出——的演唱，就没有什么值得听的了。国王在一大群侍从的护卫下也来到剧院看剧，他今天也参加了教堂举行的大弥撒。他们演唱的《弥撒曲》是由当地贵族米尔蒂兹所作，由莫拉奇指挥。我最喜欢萨罗里、莫斯雷提、马布维格和热奇的歌喉。乐曲本身倒不怎么样。此地著名的大提琴手多扎维尔和库默尔也独奏了几首，

---

① 法国作曲家奥柏所作。——译者

都演奏得不错。此外就没有什么特别的了。这里除了我明天要去拜访的克伦格尔之外，便没有什么值得我去注意的了，我喜欢和他交谈，因为从他那里我能学到许多东西。

除了画廊之外，我在德累斯顿就没有什么值得去看第二遍的了。绿拱厅（收藏皇室珍宝之处）看过一次就够了。但是我却以巨大的兴趣再次去看了画廊，如果我住在这里，那我每个星期都会去参观的，因为有的画能让我听到音乐。今天就到这里，再见了。

你们的弗里德里克

54. 致在华沙的父母亲
1830 年 11 月 21 日于布拉格

在德累斯顿的一个星期不知不觉就过去了。我总是早出晚归。我进一步认识了克伦格尔，当我给他弹奏我的协奏曲时，他说我使他想起了菲尔德的演奏，我有一种罕见的击键法，他虽然听到过许多有关我的事情，但却从来也没有想到我会是这样的一位好手。这不是空泛的恭维，因为他告诉我，他不喜欢去夸奖任何人，更不会强迫自己去奉承别人。于是当我离开的时候（我整个早上都呆在他那里，直到中午 12 点），他便立即去找莫拉奇和里提奥，他是剧院的总监，打听能否在我逗留此地的四天之内安排我演出。后来他告诉我，他这样做是为了德累斯顿而不是为了我。如果安排这一切不需要很长时间，他会很高兴迫使我作一次演出的。第二天早晨他来告诉我，他到处奔走，但从星期三起直到星期天为止，剧院没有一个晚上是空着的。星期五是《魔鬼兄弟》的首场演出，星期六，也就是今天，要用意大利语演出罗西尼的《湖泊女郎》①。我接受克伦格尔就像我一生中接受的仅有的几个人那

① 《湖中少女》。——译者

样。我特别喜爱他，好像我认识他已有 30 年之久了。他也向我表示出同样的情感。他要去了《协奏曲》的总谱，并带我去参加聂肖沃夫斯卡夫人家的晚会。同一天，在什切尔比宁夫人家还有一个招待会，但因我在聂肖沃夫斯卡夫人家玩得太久，等克伦格尔把我带到什切尔比宁夫人家时，所有的客人都已离去，为此我必须翌日再去赴午宴。我就像条狗似的被牵着到处走。同一天我还去了多布齐茨卡夫人家，她邀请我第二天去参加她的生日宴会。在那里我见到了萨克森的公主们，她们是先王的女儿，也就是当今皇上的姐妹和嫂子。我在她们面前演奏，她们许诺写信到意大利，但我至今尚未收到她们的信，只有一位公主在我刚要离开时送来了两封信。其余的我希望通过多布齐茨卡夫人寄到维也纳来，她知道什么地方能找到我。这些信都是写给那不勒斯两个西西里岛的王后和在罗马的萨克森皇室的乌拉希诺公主的。我还得到许诺写信给卢卡的当朝公主和米兰的总督夫人。这些信我都让克拉舍夫斯基转送给我，为此我今天特意给他写了信。我在德累斯顿还去参加了科马尔家的午宴。克伦格尔给了我一封到维也纳的信，不久之后他也会到那里去的。在聂肖沃夫斯卡夫人的招待会上，大家都用香槟酒来祝福我成功。夫人自己也热情招待我，不知要安排我坐在什么位置好，并坚持要叫我肖普斯基（Szopski）。

罗拉是位一流的小提琴家，其余的都来自维也纳。星期二早上我们就会到达那里。我非常喜欢克尼亚吉维奇将军，他对我说，还从未有过一位钢琴家能像我这样给他留下如此愉快的印象。

55. 致在华沙的家人

1830 年 12 月 1 日于维也纳

和你们告别的四个星期以来，我第一次收到了你们的来信，我的那颗小小心房都乐得狂笑不止。午饭也吃得更香了。"野人餐馆"（就是我们常去的那家不错的餐厅）使我胃口大开，点了大盘的煎饼和整瓶的莱茵酒，老板才收了我几个奥币。大家都很高兴，因为提图斯也收到了家信。谢谢策林斯基附来的短信，它让我又回到了你们的怀抱。我想象自己又坐在了钢琴前，策林斯基站在我对面，望着正在和李诺夫斯基一起吸着鼻烟的齐夫内。只有马图辛斯基不在场，我想他还在害热病。好了，幻想太多了，这种热病也许会落到我身上，因为这里有太多的德国美女，什么时候会来呢？什么时候？！

　　设想一下，布拉海特卡小姐和她的父母都在斯图加特，也许他们会回来过冬。我是从哈斯林格那里听到这个消息的，他非常客气地接待了我，但这是由于他还未出版我的《奏鸣曲》和第二首《变奏曲》。等我和提图斯一旦找好了住处，他就会遭到一顿斥责的。我们在主干道的科尔马克大街上租下了一套三个房间的公寓，在四楼上，不过很舒适很可爱，又有华丽的家具，每月租金不贵，我只需付25个银币。现在那里还住着一位英国海军的将军，不过今天或者明天他就会搬走。海军的将军，我也成了海军将官了，因此住在这里是没有什么可损失的。尤其是房东，也就是这套房子的女主人，她是一位男爵夫人，还是个相当年轻而又漂亮的寡妇，她说她以前曾在波兰住过很长一段时间，在华沙就曾听说过我的名字。她认识斯卡金斯基一家人，可说是上流社会人士。她还问提图斯，认不认识年轻貌美的伦毕林斯卡夫人等等。因此，就不算别的什么，单是这位如此高贵的女士就值25个银币。何况她很喜欢波兰人，她对奥地利人并不感冒，她是个普鲁士人，也是个富于理智的女人。我们刚一搬到那里，格拉夫——钢琴制造厂的厂主就把一架钢琴送到了我们的公寓里。乌尔费尔一见到我就谈到要举行音乐会。他自己身体很弱，很少出门，只在家里教教课。他吐血，这使他的身体更弱。但他一直在唠叨开音乐会的事，他告诉我，这里的报刊对我的《F小调协奏曲》写过许多文章，对此我毫不知晓，而且也不太感兴趣。

　　我是要举行音乐会的，但何时、何地、方式和节目都尚未确定下来。

　　我那肿胀的鼻子不允许我立即前去大使馆拜会，也不能去拜访热乌斯卡夫人，她那里汇集了整个上流社会，就在胡萨热夫斯基的附近，我不顾自己的鼻子已经去过好几次了。她和乌尔费尔一样，都建议我不能无偿演出。马尔法提把我当成表兄弟那样来接待，非常热情，非常周到。当他一听到我的名字，就拥抱我，并说瓦迪斯瓦夫·奥斯特罗夫斯基已写信给他了，只要对我有利的事情，他都会尽力去做。他还补充说，他会向大使夫人塔提什切夫提及我，会给我介绍一些必要的人士，甚至包括宫廷方面的人物，对此他也没有把握，因为现在整个宫廷都在为那不勒斯国王的逝世而服丧，但他会尽其所能，只要对我有利。他还答应把我介绍给当地的音乐协会主席都诺男爵，那会是一个最好的结识者。另一位对我有所帮助的人是米达先生，我是通过克伦格尔的介绍信和他结识的，他是个对事物抱有正确看法的人。我觉得在所有音乐家当中，他是个对我最有帮助的人。车尔尼，我已去拜访过他（他对每一个人永远是那么谦逊），他问我为什么要急于学习。他又安排了八架钢琴16个人演奏的序曲，真是好听。此外，当地的钢琴家我还没有见过一个哩。我已两次去拜访了乌尔夫夫人的姐姐维贝海因夫人，我被邀请参加明天的晚会，那是个小型的业余音乐爱好者的集会。从那里我要去拜访罗扎莉亚·热乌斯卡夫人，胡萨热夫斯基已告知她我到来的消息，她将在当晚九时至十时接见我，我将在那里见到著名的奇比尼女士，莫谢莱斯曾为她写过一首四手联弹的《奏鸣曲》。前天我去过康普托的斯塔梅茨处，看过我带来的介绍信后，待我如同每个来要钱的人一样，给了我一张名片让我去警察局办理居住证，这就完事了。不过以后会有所不同。前天我还去了格米勒处，因为提图斯在他那里存放了6000元。格米勒先生在看了我的姓名后，再没有看其余的便对我说：很高兴认识像我这样的艺术家，但他不建议我去开音乐会，因为这里的优秀钢琴家太多了，只有名声很大的人才能有所斩获。最后他还补充了一句：他帮不了什么忙，因为时势太困难了，等等。我不得不睁大眼睛望着他，把一切都往肚子里吞。当他结束了他的长篇大论后，我才对他说，我真不知道是否值得在此开音乐会，因为我还没有去拜访此地的任何一个富有人士，甚至连大使也没有去拜访过，我还有从华沙带来的康斯坦丁亲王的介绍信。这一下他的眼神完全不同了。我向他表示耽搁了他的业务而致歉后便扬长而去。等着瞧吧，你这个卑劣的犹太人！

　　我还没有见过乐队指挥拉内先生，因为我还没有地方去接见来宾。我们从非常嘈杂的伦敦街搬到了李波街上的"拉姆"旅馆，这里还是我们的临时住地。等那个又瘦又弱、满脸胡子、穿着绿紫黄水手服的英国佬从男爵夫人处搬走后，我们才能住进那"一流的住所"（这是那个把我看成是自负之人的提图斯所引用的词句），那时候才能弹琴，才能想到开音乐会的事。让我们等等看好了。

沙塞克夫人、艾康夫人、罗齐尔德，还有沃伊格茨夫妇以及其他许多人，我都还没有去拜访过。今天我要去大使馆，那儿会有一位梅因多尔男爵，胡萨热夫斯基让我去请教他如何去见塔提什切夫最好。前天从银行家那里取回来的钱我还没有动用，我定会非常珍惜它。不过，如果我的音乐会毫无进展，还得请求你们在本月底给我寄一些钱来，以供到意大利去的路费。

我在剧院的花费最多，但我并不后悔，因为海内弗特小姐和威德先生几乎总是在演唱。这个星期我听了三场全新的歌剧。昨天演出了《魔鬼兄弟》，《哑女》要更好些，在这之前是莫扎特的《狄托的仁慈》，今天是《威廉·退尔》。我不因奥尔沃夫斯基能为拉方特伴奏而羡慕他。也许会有那么一天拉方特会为我伴奏哩。这样说也许过于大胆了，但也不是没有这种可能的。尼德茨基打算在此度过整个冬天。

整个星期我都是在治鼻子、进剧院和在格拉夫家度过的，几乎每天的午饭后我都要到他那里去弹琴，让在路上僵硬了的手指活动活动。昨天我把尼德茨基介绍给了格拉夫。

我确实不知道这个星期是怎么飞逝过去的，我既没有去参观，也没有为举行音乐会而采取任何决定性的行动。有一个问题：我该演奏哪部协奏曲，是 F 还是 E？乌尔费尔认为《F 小调》比胡梅尔的《降 A 大调》更美，该曲刚由哈斯林格出版。哈斯林格很精明，他对我客客气气，实际是想轻而易举地把我推诿过去，好让我白白把作品送给他出版。克林格尔对他没有付给我那首《变奏曲》任何报酬而感到惊讶。哈斯林格也许认为他表面上把我的作品看得很轻，我便以为是真的，就会毫无报酬地白白送给他。但是白送的事已经结束了，现在，付钱吧，混蛋！格拉夫建议我在曾经举行过宗教音乐会的议会大厅里演出。那是最美最适合的演出地点，但需要得到迪特里斯特因的准许，如果我能通过马尔法提的关系，那是不难办到的。

人们都说我长胖了，我一切都很好。我寄希望于上帝和马尔法提（神通广大的马尔法提），以后会更加美好。

56. 致在华沙的亲人

星期三，圣诞节前，维也纳

（我没有日历，不知今日是何日）

[1830年12月22日——译者]

最亲爱的父母亲和我的姐妹们：

　　昨天是我离开你们的第七个星期了。为什么？好了，事情已经发生了！就在昨天，星期二的同一个时刻，他们把我送到了沃拉。我参加了维贝海姆家的舞会，全是很漂亮的年轻人，完全不是老派的那种。他们都想和我跳舞，还迫使我去跳那种欢快的科蒂利安舞，我跳了几圈便回家了。女主人和她文雅的女儿们邀请了多位音乐界人士来参加这个晚会，但我因兴趣不高而没有演奏。女主人把我介绍给了利克特先生，路德维卡认识他的，他是个和善、有礼貌、正直的德国人，他认为我很伟大，因此我不想因为我的弹奏而使他难堪。我还见到了爸爸认识的拉姆皮的侄子，是个漂亮而又可爱的小伙子，他的画很有名。说起了绘画，昨天早上胡梅尔和他的儿子来了我这里，他完成了我的肖像画，画得像极了，再没有比这更好的了。画像里的我坐在一张椅子上，身着长袍，一副充满灵感的表情，我不知这种表情从何而来。它是用铅笔，不如说是用粉笔画的，有四分之一张纸那么大，看起来像版画。这位老胡梅尔特别客气，因为他和杜波特先生很亲密，杜波特曾是一位舞蹈演员，现在是康特耐托剧院的经理，他把我介绍给了他。听说杜波特先生很吝啬，他很亲切地接待了我，也许他希望我会无偿地给他演出，可是他大错特错了。我们之间有过一番初步的商谈，至于我是否演奏、具体时间、何种方式和内容都尚未谈及。如果他付的报酬太低，那我就在化装舞会大厅举行音乐会。

　　乌尔费尔好一些了，上星期我在他那里认识了斯拉维克，他是个有名的

103

小提琴家，尽管他很年轻，最多 26 岁，我非常喜欢他。当我们一起离开乌尔费尔时，他问我是不是回家，我回答"是的"。"最好你跟我去拜访你的女同胞巴耶尔夫人。"克拉舍夫斯基在德累斯顿时曾给我写了一封信给她，连同另一封给米兰总督夫人的信。我一直不知道该往何处去送这封信，因为我没有她的地址，况且在维也纳姓巴耶尔的何止千人。"好吧，"我说，"但我得先回家去取一封信。"果真就是这位夫人，她的丈夫是位从奥德萨来的波兰人，是霍门托夫斯基的邻居。这位夫人好像已知道我的不少事情，她邀请我们俩次日，也就是星期天去吃午饭。在那里，斯拉维克的演奏让我特别喜欢。除了帕格尼尼外，就再也没有人能超过他了。他也同样喜欢我，于是我们商量好合写一首钢琴和小提琴的二重奏曲，早在华沙时我就有这种想法。他是个伟大的小提琴家，真正的天才。只要我见到梅尔克，我就能作三重奏了，我这几天就有可能在梅凯提见到他的。昨天，车尔尼和我一道去了迪亚贝利处，他邀请我参加下星期一举行的清一色音乐家的晚会。星期天在李克特家也要举行一个晚会，整个音乐界的著名人物都将出席，还有八手联弹的序曲。星期六要在音乐评论家凯舍威特家中举行一场古代教堂音乐的演奏。

需要告诉你们的是，我现在是住在五层楼上。有几个英国人一定是从前任房客那里得知我们的住处很不错，便想要我分租一个房间给他们。他们来看房时假装只看一间，实际三间都看了，他们非常喜欢，立即出价每月 80 个银币要我出让，这件事也让我非常高兴。拉赫马诺维奇男爵夫人，她是乌沙科夫的嫂子，也就是我现在的年轻而善良的房东，在五楼上还有一套同样的公寓，她带我去看过，我租下了，我现在就在这套月租 10 个银币实际值 70 个银币的公寓里。你们一定在想，这个可怜的家伙住的一定是阁楼。完全不是那么回事，因为在我的上面还有六楼，六楼上面才是屋顶。60 个银币捞进了我的口袋里，那是在我的口袋里呀。人们都来拜访我，胡萨热夫斯基伯爵先生可是要爬很高的楼梯了。但所处的这条街道是无价之宝，在市中心，一切都很近便。下面是一条特别美的林阴大道。左边是阿达利亚，右边是梅凯提和哈斯林格，后面是剧院，你还有什么可求的呢？

我还没有给艾斯内尔写信，但我去拜访了车尔尼。四重奏尚未出来。

马尔法提责怪我，因为我答应两点钟去沙舍克夫人家里吃午饭，结果我四点才到。这个星期六我又要和他再去一次，如果再迟到，马尔法提就要给我施行一次非常痛苦的手术，我不想去写什么手术，挺恶心的。我看到爸爸会对我的失信和与人交往的不当行为而生气，不过这一切都会没事的，因为马尔法提很喜欢我，我为此感到特别高兴。

尼德茨基每天早上来我这里练琴。等我写好了两架钢琴演奏的协奏曲，我们两人就会一起公开演奏。不过，首先我得独自演出。哈斯林格依然礼貌周到，但却不提出版之事。

我不知道是否应立即前往意大利还是别的什么地方，请你写信告诉我该怎么办。妈妈会高兴，但我却高兴不起来，事情就是这样。请替我拥抱提图斯，并要他看在上帝分上给我写信。不！你们无法想象，当我接到你们的来信时，我是多么的欣喜。为什么邮驿要等这样久！我常给你们添麻烦，请不要生我的气。

我认识此地的一位很懂礼貌的男孩，名叫列顿弗罗斯特，是凯斯勒的朋友，虽然我才去过他那里一次，但他常来我这里。如果我没有被邀请去赴午宴，我便和他一道在城里吃饭。他熟悉整个维也纳，只要哪里有特别可看的，他就会立即带我去。比如昨天我们就到巴斯台去作了一次很美的漫游，那里都是些穿礼服的王公贵戚，一句话，全是维也纳人。我还在那里见到了斯拉维克，并和他约好了今天见面，要挑选一个贝多芬的动机来作变奏曲。一方面我很高兴我来到了这里，但是另一方面呢！

我站在这间房间里是多么美好，对面是鳞次栉比的屋顶，下面是芸芸众生，我是居高临下。对我说来，最美好的时刻是，在格拉夫的那架精美的钢琴上弹完了乐曲之后，手里拿着你们的来信上床睡觉。我甚至还梦见了你们。昨天在巴耶尔家里跳了玛祖卡舞。斯拉维克像只羊躺在了地上。有一位德国老贵妇，大鼻子，脸上有麻点，她按照古时的式样，用手指尖很高雅地提起长裙的褶子，僵硬地把头转向她的舞伴，她那凸起的颈骨都显露了出来，用她那细长的双腿跳起了某种奇怪的华尔兹舞。但她是位值得尊敬的女人，她严肃认真，富于教养，很爱说话，善于交际。

在维也纳的众多娱乐中以旅馆里的晚会最为有名，晚宴时有斯特劳斯或兰纳（他们是本地的希维舍夫斯基兄弟）来演奏圆舞曲。每一曲终了都会得到热烈的掌声。如果他们演奏的是集夜曲，也就是歌剧、歌曲和舞曲的混合体，听众们就会狂喜得无所适从。由此可见维也纳观众的低劣品位。

我想把我作的一首《圆舞曲》寄给你们，但现在太晚了，不过你们总会收到它的。我也没有寄出《玛祖卡舞曲》，因为我还没有抄改完，而且它们也不是为跳舞作的。

我真不愿意和你们告别，我很想再写下去。如果你们见到丰塔那就告诉他，我会给他写信的。马图辛斯基将会收到一封长信，如果不是今天，就是下一个邮政日。

57. 致在华沙的杨·马图辛斯基

维也纳，圣诞节，星期天早上，去年的此时此刻，

我是在贝尔纳尔家里。今天我独自一人坐在这里，

穿着睡衣，咬着戒指在写信。

最亲爱的雅希：

我刚从斯拉维克那儿回来，他是著名的小提琴家，我已和他成了朋友。除了帕格尼尼外，我还从未听到过类似的演奏，他能在一弓内拉出 96 个断音来，令人难以置信。在他那里我就在想，回家以后用钢琴来表达我的思念，在弹奏贝多芬主题变奏曲的柔板中去倾诉悲哀，此曲是我和他共同谱写的。但是，每当我一脚踏入邮局——只要我经过，我是必定会进去看一看的——我的情感便立即转到另一个方向。原本要洒在琴键上的眼泪却润湿了你的来信，我是多么急切地盼望你的来信。你知道为什么吗？你已经知道了。这不仅是为了使我平安的天使，因为我是多么的爱他，如果我能够，我就要奏出所有的音调，以表达出我那茫然、激越和狂怒的情绪，以便能部分地捉摸出杨的军队[①]所唱过的歌曲，其零零散散的回音依然回荡在多瑙河的两岸上。你

---

① 指波兰国王杨·索别斯基率军在维也纳郊外打败土耳其军。——译者

要让我选择去当诗人吗？你知道，我是世界上最优柔寡断的人，一生中我只能做出一次正确的选择。天啊！不仅是她①，还有我的姐妹们至少能去服务，给人包扎绷带。可是我……假如不给父亲带来麻烦的话，我会立即回去的，我诅咒出国的那一刻。你是了解我的人际关系的，所以应让你知道，提图斯走后，所有的事情都落到了我的头上，不计其数的午宴、晚会、音乐会、舞会让我厌倦心烦。我在这里是那样的悲哀苦闷，无聊凄凉。虽然我喜欢这些，但不能以这样难以忍受的方式进行下去，我不能做我喜欢的事情。我不得不去打扮自己，梳理头发，穿上鞋袜在沙龙里装出一副平静的姿态。可是等我回到住处后，便在钢琴上奏出雷鸣般的响声。我不能对任何人袒露心胸，推心置腹，但又必须对所有的人客客气气。这里也有人似乎很喜欢我，给我画像，奉承我，取悦我，但这一切对我又有什么用呢。这一切无法让我安下心来，也许只有取出你给我的全部信件，打开齐格蒙特的画像，望着那枚戒指。请原谅我的抱怨，雅希，不过这样能让我好了一半了，让我更加平静了，我总是会向你倾诉我的情感的。你收到信了吗？我的信对你说来无关紧要，因为你是在家里，但是我把你的信读了一遍又一遍，无休无止。弗雷耶尔来过我这里好多次了，但我一次也没有去过他那里，他从苏赫那里得知我在维也纳。他是和罗斯特科夫斯基住在一起，好像他就是那个由政府派送到这里来的年轻人的名字，也就是那个同罗林斯基打过官司的人。他给我讲了最近一个时期的许多事情。见到你的信他很高兴，我甚至让他看了你来信中的某些段落，而这些段落让我深感悲伤。难道真的没有什么变化吗？是不是生病了？对于一个敏感的人，发生这样的事我很容易就能想到的。你不觉得是这样吗？也许这是对 29 日②的恐惧所致，但上帝保佑这不是由于我的原因。你对她说，要她安心，只要我还有力量——我至死——甚至在我死后，我的骨灰也会撒在她的脚下。可是你能说的一切都太少了，还是我来写信吧。我早就该写了，也不至于折磨自己这样久，但是人们啊！我只是担心万一落到了别人手中，定会有损于她的名誉，因此，还是让你当我的翻译更好，代我向她说，你已

---

① 指康斯坦兹雅·格瓦德科夫斯卡。——译者
② 指华沙爆发起义的日子。——译者

得到我的同意。你的法语词句真让我折服。当我在街上一边走一边读你的信时，一个与我同行的德国人，一下子把我拦腰扶住了，他完全不知道我发生了什么事。我真想把所有的路人拦住并热吻他们。我从未有过这样的感觉，那是因为我接到了你的第一封来信啊！雅希，我那愚蠢的狂热一定使你厌烦了，但我很难清醒过来而给你写些平常的话语。前天我在一位波兰女人的家里共进午餐，她姓巴耶尔，名叫康斯坦兹。由于怀旧，我喜欢去她那里，她所有的乐谱、手绢和桌布都刻有她的名字。而且我是和斯拉维克一起去的，她对他有些溺爱。前天的午饭前和午饭后我们俩都在弹琴，因为那是平安夜，天气又像春天般晴朗，我们直到深夜才离开巴耶尔家。我和要去皇家教堂的斯拉维克告别之后，便于 12 点一个人缓步走向圣斯切潘教堂。当我到达时那里还空无一人。我不是要去做弥撒，只是想在这个时辰来仔细看看这座巨大的建筑物，于是我站立在哥特圆柱下面最黑暗的角落里。我无法描述这些拱顶之雄伟和壮观。那里静悄悄的，偶尔传来圣器保管人到神殿里点蜡烛的脚步声才驱散了我的睡意。我的后面是坟墓，我的脚下是坟墓，只有我的头上没有坟墓。一种凄凉的和声油然而生，我感受到了一种从未有过的孤寂，在人们到来和点亮灯光之前，我喜欢沉浸在这巨大的景象之中。我立即把大衣的领子竖起，像过去常做的那样，你还记得吗？我们走过克拉科夫城郊大街，到皇家教堂去听音乐。现在路上不只是我一个人，而是一大群欢乐的人们。我走在维也纳最美的街道上，一直到达了城堡，在那里我听了三首不怎么样的弥撒曲，歌唱得昏昏欲睡似的，我回到家就寝时已是午夜一点多了。我梦见了你，梦见了你们，梦见了他们和我亲爱的孩子们①。第二天早上我被叫醒，并收到了银行家、波兰人艾尔康的夫人邀请我去吃午饭的请柬。我起床后便心情忧郁地弹起琴来。尼德茨基、列登弗罗斯特、斯特因凯勒尔来了我这里。我们分手后，我便前往马尔法提那里去吃午饭。沙尼亚肖，这位才被杀害的波兰人，吃起洋白菜来，我发誓，任何一个托钵僧都比不过他。我也毫不逊色。你一定知道这个很少有的人（是真正意义上的人）——马尔法提医生，他对每个人都记得一清二楚，每当我们去他那里午餐，他都会给我们

---

① 指他的姐妹。——译者

弄些波兰菜肴。午饭后，维尔特来了，他名气很大，甚至是当今德国首屈一指的男高音。我凭记忆为他伴奏《奥瑟罗》的咏叹调，他唱得美极了。他和海涅菲特支撑着此地的整个歌剧。其余的是那么差劲，根本不适宜维也纳。海涅菲特小姐并不具有丰富的情感，但她有我很少听到的嗓音，所有乐曲她都唱得很好，每个音符都把握得很准确，音也纯正、清晰，滑音很流畅，就是太冰冷了，我坐在靠近舞台第一排的位置上，我的鼻子差点都要冻僵了。下了舞台她很漂亮，尤其是她的男性打扮。她在《奥瑟罗》中的表演要比在《塞维利亚的理发师》中的更好，因为在那部剧里她把一个天真无邪、充满活力的正在恋爱的姑娘演成了一个卖弄风情的情场老手。她在莫扎特的《狄托的仁慈》中扮演的塞克斯图斯非常漂亮。在《十字军骑士在埃及》里也是如此。不久她将演出《斯罗塞》，我对此很感兴趣。伏乌科夫对《理发师》这部剧的理解更好，如果她有海涅菲特的嗓音，她即使不是最好的歌唱家也是其中之一。我本应该去听帕斯塔的。你知道我有萨克森宫廷写给米兰总督夫人的信，但我是否要去呢？我父母说，我可以按照自己的意愿行事，可我不喜欢这样。我该去巴黎吗？这里的朋友却要我再等一等。我应回波兰，还是呆在这里？我该结束自己的生命，还是不再写信给你？请给我一些建议，我该怎么办呢？请你去问问那些管我的人，并把他们的意见写信告诉我，好让我行动。下个月我还会留在这里。在你动身前往东部或往北方之前，请给我写信来，但我希望你最好不要去。请你离开之前去看看我的父母，去看看康（斯坦兹雅）。如果你还在华沙，就代替我常常去看望他们，让我的姐妹能见到你，她们会认为你是来看我的，我还在另一个房间跟她们坐在一起，让她们以为我依然坐在你的身后。你上剧院去，我也会到那里去的。我很急切地读着报纸，波兰报纸给了我们许多提示。我并不想举行音乐会。这里有一位从法兰克福来的钢琴家阿若依斯施米特，他以创作非常优美的《练习曲》而闻名。他年逾四十，我认识了他，他答应来拜访我。他想举行音乐会应该给他优先权。我觉得他人很实在。我希望我们在音乐方面相互能更加了解。塔尔贝格的琴弹得很好，但他不是我要的那种人，他比我年轻，很受女士们喜欢，他从奥柏的《哑女》中写了首杂曲，他不是用手而是用脚踏板来弹钢琴的，弹十度音就像我弹八度音一样容易。他衬衣的纽扣是镶有钻石的，他对莫谢莱斯并不买账。因此用不着奇怪，他只喜欢我《协奏曲》中的合奏。他也写协奏曲。

我把给你的信延迟了三天才结束。我把这些给你的废话重读了一遍，请原谅，雅希，你必须多花时间去读它。今天我在一家意大利小餐馆吃午饭时，听到有人在说："上帝创造了波兰人，是犯了大错。"因此你不要奇怪，我无法把我的感受很好地写出来，也不能从波兰人那里听到什么新闻，因为另一个人回答他说："波兰是没有什么可以拿得出手的。"狗杂种！现在他们的确很高兴，尽管他们没有表现出来。有一个法国香肠商来到这里开了一家很不错的店，一个月以来总是顾客盈门，人们总是有新的理由来盯着这个法国人。有的人认为这是法国革命的结果，于是他们连放在桌布上的香肠衣都抱有同情心。另一些人则愤愤不平，他们认为自己国内的生猪已经过剩，这个法国的叛乱者竟敢在这里自由自在地开起了腌肉店。无论你走到哪里都能听到有关这个法国人的议论，他们似乎在担心，若是不以法国人为谈话的开始，似乎就会发生什么事似的。我该搁笔了，雅希，我必须结束这封信了。请代我拥抱所有的同学。吻你，如果我不再爱我的生命、我的父母和她，我才不会再爱你。我亲爱的，请写信给我。如果你愿意的话，甚至可以把这封信给别人看看，因为我没有时间再去重读一遍。今天我要去参加马尔法提的晚会，不过首先得去趟邮局。一旦得空，我就会再写信给你。我的父母可能会知道我给你写信了，你可以告诉他们，但别让他们看这封信。

我还不能和亲爱的雅希告别。去吧，你这个讨厌的家伙！如果瓦森能像我那样地爱你，那她定会为革命而高兴。他们有没有把她的母亲吊死？但是那个大胡子（你已经知道的），那个大胡子哭哭啼啼的，怪可恶的音乐老爹没有敲响警钟，真遗憾。但真要把守护的钟声敲响，那对《贼鹊》的结尾会是很美妙的。康斯坦兹雅，我甚至不敢提她的姓氏，我不配用我的手去写它。啊，当我想到他们会把我忘记时，我真想把头发扯下来。格雷舍尔！贝佐布拉佐夫！皮沙热夫斯基。这些已经够了。今天我真像个奥瑟罗。

我真想不用信封就把信折好用蜡封上，但我忘记了你们这些人都会读波兰文的。现在，既然我的信纸还够写，那就允许我来写写我在这里的生活。我住在五层楼上，而且它确实是位于最美的一条大街上，每当我想知道下面发生了什么事情时，我只需通过窗户就能看得一清二楚。我的房间，等我回到你们的怀抱时，你就会在我的新纪念册上看到它，小胡梅尔正在把它画出来。房间很大很舒服，有三个窗子，床正对着窗户，右边是一架漂亮的钢琴，左边是沙发，两扇窗户之间挂有一面镜子，房间中央是一张红木圆桌子，又大又漂亮，抛光的拼花地板，很安静。午餐后主人不会客，于是我能把我的思想完全贯注在你们身上。早上那个笨得令人难以忍受的仆人把我叫醒。我起床后，他们给我送来咖啡，我便会弹一会儿琴，因此我常常吃已经凉了的早餐。九点钟左右，德文教师来到。然后大部分时间我都在弹琴。接着，到现在为止，是胡梅尔来给我画像，尼德茨基来学弹我的《协奏曲》。一直到12 点我都是穿着休闲服的。这时候来了一个令人尊敬的德国人列顿弗罗斯特，他在监狱工作，天气好的时候，我们便会一起到城市周围的斜坡上去散步。随后，如果我有宴请的话，就一个人前去赴宴，若是没有人请我，我们便一起去"波希米亚大厨师"餐厅，当地的青年学生们都到那里去吃午饭的。午饭后我们就在一家最漂亮的咖啡厅里喝黑咖啡（这是一种时髦，连沙尼亚肖都去）。随后我便出去访友，黄昏时分才回家，梳妆打扮一番之后，又得出去参加晚会。常常10 点、11 点，有时甚至12 点（再晚没有）才回家。弹琴、哭泣、阅读、张望、大笑、睡觉、熄灯，往往会在梦里见到你们。

给你的信原本要在星期三寄出，但来不及了，只好等到星期六才能寄了。请替我拥抱艾斯内尔。

刚开始我写得很清楚，等到我快写完了，你反而会认不出来了。代我拥抱马格鲁舍夫斯基、阿尔方斯、雷斯米德克。如果可能的话，就请他们中的某个人在你的信上附笔几句。

我的画像不大，只有你我二人知道这件事，如果你认为这能给你带来一点快乐的活，那我会请苏赫把它带给你。如果情况允许，他可能在下月15 号左右和弗雷耶尔一起动身回去。

在维也纳，人们对克洛皮基①议论纷纷，他们很惋惜波托基②，还有某个

---

① 即约瑟夫·赫沃皮茨基，波兰起义的右翼领导人。——译者
② 即指因不愿倒向起义军而被自己的部下杀死的斯波托茨基将军。——译者

沃利基①曾和亲王谈过话。我真忍不住要大笑起来，他们真敢以我们的名义来办事，这完全超出了人们的想象。

如果没有必要，就不要让人看这封信。我不知道我都写了些什么，你可以把第一封或者最后一封信读给她听。②

58. 弗·肖邦的日记

1830 年于维也纳

报刊和广告都已宣布两天后我要举行音乐会，但好像永远也不会举行的那样，我对它毫不在意。我不想听奉承的话，它会让我变得更愚蠢。我真想去死，但我又多么想见到我的双亲。她的形象③一直浮现在我眼前，我觉得我不再爱她了，但她还没有从我的脑海中消失。至今我在国外看到的一切都觉得是那样的陈腐，那样的不堪忍受，只能促使我想要回家，促使我去思念过去我未能很好珍惜的那些美好时光。过去我认为是伟大的东西，如今却成了平常的东西；过去我觉得是平常的东西，如今却变成了不一般的异乎寻常的东西，变得更伟大更崇高了。这里的人不是我的同胞，他们都还和善，但仅仅是习惯上的和善。他们做每件事都太古板了，太过于平淡，太节制了。对于这种节制，我甚至连想都不去想。

① 指康·沃利茨基。——译者
② 肖邦这一天就给马图辛斯基寄出了三封信。"她"是指康斯坦兹雅。——译者
③ 指康斯坦兹雅。——译者

59. 致在华沙的杨·马图辛斯基

1831 年新年于维也纳

最亲爱的人：

你所想要的东西你都有了，你收到了信没有？交出去了吗？我今天后悔我做过的事情。我把希望之光投放到仅能看到黑暗和绝望的地方。她可能会讥讽，可能会嘲笑！也许，当你的那些老同学：罗斯特科夫斯基、苏赫、弗雷耶尔、基耶夫斯基、胡贝等人在我的房间里玩得最兴高采烈的时候，我的脑海里就会产生上述的那些想法。我自己也在笑，在心灵中笑着，尤其是当我在写这些的时候，有一种可怕的预感折磨着我。我好像是在做梦，昏昏沉沉，好像我就在你们身边。而我现在听到的一切只不过是梦幻而已。我的灵魂尚未听惯的这些声音，并未给我留下任何其他的印象，只不过像马车驶过马路那样的隆隆声或者像其他不引人注意的嘈杂声一样。如果是你或提图斯的声音，那就能使我从这种死人般的麻木状态中清醒过来。今天在我看来，活着和死去都是一回事。

我还没有收到你的来信。请你告诉我的父母，我很快活，什么也不缺，我玩得很开心，我从来都不是孤独一人。请你对她也这么说，如果她讥笑的话。若是她不讥笑，你就告诉她，要她放心好了，尽管我处处都感到寂寞无聊。我很虚弱，但不要向我的父母提及这点。人人都在问我怎么了，我心情不好。胡贝在照看我。我感冒咳嗽了。此外，你是最了解我的情况的。

我可怜的父母！我的朋友们都在干什么？

为什么今天我这样被遗忘？难道在如此凶险的时刻只有你们才能和他们在一起，你的长笛可有东西可叹息了，但还是先让钢琴叹息一番吧！

再过一个月我将到巴黎去，如果那里已平静下来。

这儿并不缺少娱乐，但我在这里却从没有过娱乐的兴趣。此地一流的大提琴家梅尔克答应前来看望我并和我演奏。今天是新年了，但我竟过得如此忧郁凄凉。拥抱我吧，我爱你胜过生命。给我多多写信。她是否在拉多姆？你说，你和团队一起要上战场了，那么短信又怎么转交呢？不要寄，要谨慎。也许父母可能受到非议！再次拥抱我吧。你要上战场了，祝愿你回来时当上了上校。愿你们——为什么我不能和你们在一起，为什么我就不能当一名鼓手呢？！

请原谅这封信写得太零乱了，因为我在写信时就像个醉鬼似的。

你的弗里德里克

60. 肖邦日记

我很迷惑很忧愁，不知该怎么做好，为什么我孤独一人？

1831 年 5 月 1 日维也纳

今天在普拉特尔那里有一群与我毫无关系的人，我赞美绿，春天的气息，大自然的纯真，又把我带入了儿童时代的感觉。突然暴风雨袭来，我急忙回到住处，但根本没有暴风雨，只有忧愁包围着我。为什么？今天连音乐都不能使我快乐。夜已深了，但我还不想去睡，也不知道为了什么，我已经开始第三个十年了。

61. 致在华沙的家人

1831 年 5 月 14 日于维也纳

我最亲爱的父母和我的姐妹们：

这个星期我严格克制自己不去写信。我对自己解释说，下星期我就会收到信，要耐心等待，希望你们无论是在乡下还是在城里都过得很好、很健康。至于我，我很好，我感到这是不幸中的巨大安慰。若不是我的健康状况出人意料的好，我真不知道我还能在这里干什么。也许是马尔法提在汤里放的药膏已溶入我的血液中，把一切滋生疾病的东西都消灭了。如果是这样，我深感惋惜的是，我们这种周期性的宴请已于上星期六结束了，因为马尔法提带着他的孩子们到乡下去了。你无法想象他住的地方有多美。上星期的今天，我和胡梅尔曾到他那里做客。他带领我们参观了他的住所，一步步向我们展示了它的美，等到我们来到山顶时，真不想下来了。这座宫府因有人参观而荣耀，而且是与安哈特公主为邻，她非常羡慕他的花园。从花园的一边看过去，维也纳就在脚下，好像与象项布伦联成了一片。另一边是高山和散布其中的村庄与教堂，置身其中，让人完全忘记城市的喧闹和嘈杂。

昨天我和康德列尔一起去了皇家图书馆，你知道我很久以来就一直非常想去参观这座在收集音乐手稿方面可能是最为丰富的地方，但始终没有得到机会。我不知道波隆图书馆的收藏是不是更丰富、更加系统化。你们很难想象我是多么的惊讶，当我在新的曲稿当中看到一个装着书的盒子上面写着"肖邦"的名字，它相当厚，装帧很美，我就在想，我还没有听说过有另外的肖邦，只有一个姓夏邦的人，我想这可能是姓名拼写错了，我把它打开来一看，真是我的手稿。这是哈斯林格把我的《变奏曲》手稿送给了图书馆，我对自己说："你这个傻蛋，现在你有了永久保存的东西了。"上个星期天，这里本来是要举行烟火晚会的，但因下雨而取消。真是有点怪，每逢要举行烟火晚会，天气总是不好。我想给你们讲个故事：某位绅士有一件很好看的黄褐色大衣，但只要他一穿上它，就必定会下雨。尽管他很少穿它，但每次穿上它，回家时总是会被雨淋得湿湿的。于是他就去找那个给他做大衣的裁缝，把这种情况告诉他并问他这是什么原因。裁缝也莫名其妙，摇摇头，然后他请那位绅士把大衣留下来几天，好让他也来试验一番，因为他不能确定，这和帽子、皮鞋和背心有没有关系。根本没有，裁缝穿上大衣走在街上，立降倾盆大雨，这个可怜的家伙因为没有带雨伞，只好雇车回家。还有许多人都在议论的另一说法（更接近真实）是，裁缝老婆要到表姐或朋友家里去喝咖啡，把伞拿走了。不管怎么样，裁缝淋雨了，大衣被淋湿了，只好等它干了再说，等了一段时间后，裁缝突然心血来潮，何不把大衣拆开来看看，说不定里面有个能呼风唤雨的小鬼哩。多么伟大的想法！于是他动手拆开了衣袖，什么也没有，他拆开衣摆，也没有什么，他拆开前襟，那是什么？在衬片里面藏有一小块放烟火的广告！真相终于大白了，他拿掉了广告，从此大衣再也没有被淋湿过！

请原谅我没有把我自己的那些愉快事情告诉你们，也许再过些日子，我会有令你们高兴的消息。我什么也不想，只希望能满足你们的愿望，但现在还无法实现。

62. 致在华沙的家人

1831 年 6 月 25 日于维也纳

我很健康，这是我的一大欣慰，因为我的这次旅行特别不顺。这样的事我从未经历过。你们知道，我是个优柔寡断的人，而在这里却寸步难行。他们每天都答应还我护照，可是我每天从安纳什步履维艰地走到卡法什去取回我留存在警察局里的护照都没有拿到它。今天我才知道，他们把我的护照不知扔到哪里去了，他们不仅不去把它找出来，反而要我去申请一份新的。如今是怪事层出不穷，人人都会遇到。我已准备好离开，但依然不能成行。我得听从巴耶尔的建议，申请去英国的护照，可是我要去的是巴黎。马尔法提会给我写封介绍信给他的好友帕埃尔。康德列尔已在莱比锡的音乐报上发表了有关我的文章。

昨晚我 12 点才回家，因为是圣约翰日，又是马尔法提的命名日。梅舍提给了他一个惊喜，维尔德、奇奇马拉、艾梅宁小姐、鲁柴尔小姐和我这位阁下都为他表演了一些很出色的音乐。像演唱得如此出色的《摩西》① 中的四

---

① 指罗西尼的《摩西在埃及》。——译者

重唱，我从未听到过。即使格瓦德科夫斯卡小姐在我告别华沙的音乐会上所唱的这首乐曲也无法与之相比。维尔德的嗓音真好，我则充当了一次指挥。补充一句，奇奇马拉说在维也纳，还没有人比我伴奏得更好。而我也是这样想的。这点我知道得很清楚（悄悄地说）！

有一大群陌生的听众在外面的露台上听了这次音乐会。明月皎洁，喷泉直射空中，空气中弥漫着橘园的芳香。总而言之，这是个宜人的夜晚，这是最欢乐的地方。你很难想象，那间演唱的大厅建筑得多么华丽，巨大的窗户从下到上敞开着，通向露台，朝外便能看到整个维也纳。大厅里有很多镜子，但灯光很少，一条通向左边书房的长廊使整个住房看起来非常宽广。主人的殷勤好客，热情周到，宾客们的翩翩风度，友好相处，欢歌笑语，幽默风趣，还有丰盛的晚宴，都让我们久久留在那里不愿离去。直到午夜我们才登车离去，各自回家。

至于我的花销，我尽力节省，我把每一分钱都保存得像华沙的那枚戒指一样小心翼翼。如果你们愿意的话，就把那戒指卖掉，我已不幸地让你们花费了这么多钱了。

前天我和库梅尔斯基与恰普斯基一起去了里波尔德堡和卡伦堡。恰普斯基是我每天的客人，他向我表示出最伟大的情谊，以至于达到这种程度：如果我需要，他愿意承担我旅途的费用。那真是个可爱的日子，我从未有过比这更好的旅游了。在里波尔德堡，你能看到整个维也纳、瓦格拉姆、艾斯宾、普雷斯堡、纽堡修道院，和曾经关押过狮心王理查的那座城堡，以及整个多瑙河的上游。午餐后，我们去了卡伦堡，索别斯基曾在那里设立过行营（从那里我寄给伊莎贝拉一片树叶），这里还有座教堂，原先是卡马多列士修道院，在向土耳其人发起进攻之前，国王曾亲自在这里主持过弥撒和给儿子雅库布授予骑士腰带。黄昏时分，我们从那里到了克拉劳瓦尔德，那是个非常有趣的山谷，我们看到了一种奇异的街头风习，小伙子们从头到脚全身都穿着树叶，装扮成会走路和跳舞的小树，在游客面前走来走去。这些小家伙全身被树叶遮住，头上还插着树枝，自称为"圣灵降临周之王"。这是在庆祝绿色节，真是一种独特的把戏！几天前我还在福克斯那里度过了一个晚上。他把自己收集的400件手稿拿给我看，其中就有装订好了的我的《双钢琴回旋曲》。在他那里有好几个人要见我。福克斯还给了我一页贝多芬的手稿。

你们最近的来信让我特别高兴，一张纸上净是我最亲爱的人。为此我要亲吻你们的手和脚，而这样的手和脚在全维也纳都是找不到的。

63. 斯特凡·维特维茨基致在维也纳的弗·肖邦
1831 年 7 月 6 日于华沙

亲爱的弗里德里克先生：

请允许我唤起你对我的记忆，并感谢你寄来的美妙歌曲。不仅是我，就连所有听过的人都很喜欢它们。如果你能听到你姐姐的演唱，你自己也会承认，它们的确很动听。你当然应该成为波兰歌剧的创造者。我深信你能做到，你作为一位波兰民族的作曲家，定会为自己的天才开辟出无比广阔丰富的天地，从而获得超凡出众的声誉。但愿你不断地注意民族性，民族性，再说一遍，民族性。对于一般的作家来说，这个词毫无意义，但对于你这样的天才却大不相同。我们有祖国的旋律，如同有家乡的气候一样。山脉、森林、江河和草原都有其内在的家乡的声音，尽管不是每个人都能捕捉到它。但我相信被一个真正有天才的、富于感情和思想的作曲家恢复生机的斯拉夫歌剧将会在音乐世界里像新升的太阳那样光辉灿烂，也许甚至会超越所有的其他歌剧。将会像意大利歌剧一样优美动听，但却更富于激情，更具有无可比拟的丰富的思想。每当我想起此事，亲爱的弗里德里克先生，心里总是充满着甜蜜的希望：愿你成为从斯拉夫民族旋律的广博的宝库中汲取宝藏的第一人。如果你不能走上这条路，那你就是自愿放弃最美的桂冠。把模仿留给别人吧，让他们去享受平庸的快乐吧。你将是一个富于独创性的祖国的作曲家。也许刚开始并不是人人都能理解你，但只要在你选定的艺术领域中坚持不懈和精益求精，就一定能保证你在子孙后代中的声望。谁若是想在任何艺术领域中出类拔萃，成为真正的大师，就必须树立起自己远大的目标，请原谅我说了这些话。但请你相信我，这些意见和愿望都是出自于我的真诚的善心和我对你天才的尊重。如果你要去意大利，最好是在达尔马提亚和伊利里亚停留一段时间，以便了解我们兄弟人民的歌曲，在摩拉维亚和捷克也是如此，到那里去寻找斯拉夫国家的旋律，就像到山川原野去寻找宝石和矿产那样。也许你还可以记录下某些歌曲，这对你来说将是一种非常有用的采集。为此你不要怕浪费时间，再次为我的啰嗦表示歉意，此事就此搁笔。

你的父母和姐妹都很健康。我很高兴能时时见到他们。我们大家都生活在狂热之中。我的身体是如此的不幸，以至我直到现在还不能走上战场，当别人都在枪林弹雨中度过，而我却在和药粉打交道，不过我还是国民近卫军的炮兵。我听说你在那里感到苦闷和备受煎熬，我能设身处地理解你。当祖国正处在生死存亡之际，没有一个波兰人能保持平静。但是我要祝愿你，要记住未来，我亲爱的朋友，你出国不是为了消沉，而是为了在艺术中完善自己，从而给家庭和祖国增光添彩，带来安慰和骄傲，这一意见是得到你尊敬的母亲的允许我才敢向你提出的。的确，为了有益于工作，需要的是自由的思想，而不是思念和担忧。

再见了，我亲爱的弗里德里克先生，衷心地祝你身体健康，事事顺心。

你的朋友维特维茨基

如果你还想为哪首诗歌谱上音乐，那就像《信使》那样取其两个节段，但你不必在意，它们不是双节，我会再加上一节的。再见。

64. 致在华沙的亲人

1831 年 7 月 （16 日） 星期六于维也纳

从最近的来信中我看出你们已摆脱不幸。请你们相信我不会再遭到什么打击了。希望，珍贵的希望！

我终于拿到了护照，但依然不能在星期一动身，要到星期三才能前往萨尔茨堡，再从那里转往慕尼黑。我要告诉你们，我的护照是签到伦敦的。警察局办好了签证，但俄国大使馆却把我的护照扣留了两天，而且只准许我去慕尼黑而不能去伦敦。我想这无关紧要，我只要去找法国大使迈松先生签字就行了。除了上述麻烦之外，还有一大麻烦：要到巴伐利亚去，我们还需一张预防霍乱的健康证明书，否则就不准许任何人进入巴伐利亚的边境。为此我和库梅尔斯基又奔波了大半天，直到午饭后才办妥。我感到高兴的是，在爬了这么多的机关楼梯之后，至少我们已有了一个很好的同伴，如果从波兰人的表情、言谈举止和护照来推断，他就是亚历山大·弗雷德罗①。他也是为了他的仆人前来办这种通行证的。

这里的人非常害怕霍乱，怕得令人发笑。他们出售防止霍乱的祈祷文，连水果都不敢吃，很多人逃离了城市。我把《大提琴的波罗涅兹》留给了梅凯提。路德维卡来信告诉我，艾斯内尔读了有关我的评论文章很是满意。我不知道他对第二篇会是什么看法，他可是教我作曲的啊！我什么也不缺，只需要有更多的活力和精神。我感到很累，但有时又像在家里那样心情愉快。当我心情苦闷时，我就会到沙舍克夫人家里去，那里总会遇到好几位诚挚友善的波兰女人，她们那恳切和充满美好希望的言词让我精神振奋，于是我就会假扮起当地的将军来，这是我新创作的一种模仿秀，你们都没有看到过，但凡是看到过的那些人都会捧腹大笑。还有些日子，你怎么也不能从我口中挖出两个字来，也无法和我交谈。这时候我就会花30个银币到黑钦或维也纳郊外的其他地方去散散心。

来自华沙的那位查哈尔凯维奇曾来看我，他的夫人曾在沙舍克家里见到过我，她不敢相信我竟长成这样一位英俊强壮的男子汉了。我把右边的鬓角留长了，留得很长，左边没必要留，因为只有右边的脸是朝向观众的。

前天那位诚挚的乌尔费尔来了我这里，还有查贝克、库梅尔斯基和其他几个人先到我这里来，随后我们一起到圣维特去，那个地方很美。而他们称

① 波兰著名喜剧作家。——译者

为提沃里的那个地方我并不欣赏，那里有一种旋转木马也就是一种滑车，他们叫它鲁希（Rutsch）的，这是一种愚蠢的玩意儿，不过还是有很多人坐在车上从上往下毫无目的地滑来滑去，我连看都不想去看。直到后来，我们八个人（都是好友）开始比赛看谁滑得最快，用双脚来帮忙展开竞争。开始认为维也纳人的这种游戏很愚蠢的我现在转变了看法，成了热烈的玩家。一直到理智恢复过来才认识到这种游戏有害于健康和身体，会搅乱有用的头脑。而在此时，人们正需要它们来进行自卫。让它们见鬼去吧！

这里的剧院正在上演罗西尼的《科林斯之围》，非常精彩。我很高兴我能赶上看这部歌剧。维尔德、赫内菲特、宾特福提，一句话，维也纳的全部名角都参加了演出，而且演得都很棒。我和查贝克去看过一次，然后便到贝多芬常去喝酒的那家餐馆吃晚饭。

不过，趁我还记得，我该到裴德的银行去提取一笔比父亲寄来的稍多一些的钱款；我已经尽量省着花，但上帝作证，有时我真无法掌握。另外，我也不能空着钱袋去旅行，还得上帝保佑我不会生病或者发生其他意外。你们可能又会责怪我，为什么不多带些钱呢？请原谅，你们看看，我靠这些钱已经度过了5月、6月和7月，而且花在午饭上的钱也要比冬天的多些，我做这些并不是出于自己的冲动，而是由于别人的提示。我非常抱歉，我今天不得不为此事又来请求你们，爸爸已在我身上花了不少钱，我知道这些钱得来不易，而且今天就是再苦再累也很难挣到钱，唯有希望存在！我真不好意思请求你们多给我寄些钱来，我知道收钱容易寄钱难。上帝是会怜悯的——无用的家伙！

10月份我的护照就到期了，无疑是要去延期的，我该怎么办呢？如果你们能办就来信告知，经过什么途径把新护照寄给我。也许无法做到。

我常常会在街上去追赶那些看来很像雅希或者提图斯的人。昨天，我发誓，我就看到了一个背影极像提图斯的人，结果一看，狗杂种，却是个普鲁士人。请你们不要因为这些形容词而想象我受到了维也纳的不良熏陶，的确，这里的人既不懂礼貌，而且在言谈之中也缺乏得体的言辞，除了结尾处的"卑贱的仆人"外。但我在这里并没有染上维也纳人天性中的任何毛病。我甚至连他们的华尔兹舞都不会跳，这就够了！我的钢琴别的不听，只听马祖卡……

愿上帝赐予你们健康！但愿我的朋友中没有人死去。我为古乔感到遗憾！你们的来信刺痛了我，并留下了健康的巨大烙印，我特别害怕。令人胆战心惊的恐惧！

你们最挚爱的 弗里德里克

65. 肖邦日记

斯图加特，1831 年 9 月 8 日以后

斯图加特。这真是怪事！我现在要睡的这张床也许已为不止一个垂死的人效过劳，但我今天却不厌恶它！也许在它上面停放过不止一具死尸，可能还停放了很久？难道死尸会比我差吗？死尸并不知道父亲、母亲、姐妹们和提图斯的情况——死尸同样没有女友——死尸也不能用自己的语言和周围的人交谈——死尸和我一样苍白。死尸是如此冰冷，就像我对一切都感到冷漠一样。死尸已经停止了生命，我也活够了。活够了吗？难道死尸也会活够？如果是的话，它的外表应该好看，可它却是这样难看，难道生命对人的面容和外表会有如此大的影响？为什么我们过着如此可怜的生活？它吞灭我们，它为我们服务就是为了制造死尸！斯图加特的塔钟已经敲过零点钟声了。啊，在这一瞬间，世上又增添了多少具死尸。母亲失去了孩子，孩子失去了母亲。有多少计划被毁灭，此时此刻死尸又带来多少悲伤、多少欢乐。有多少奸诈的监护人，多少被压迫者变成了死尸。善与恶的死尸，美德和罪恶融为一体。看来，死是人最好的结局。那么什么是最坏的呢？生，作为最好结局的对立面。因此我有理由憎恨我的来到人世。为什么不允许我成为一个在世上无所作为的人？要知道，我已经是个毫无用处的人了。别人能从我的存在得到什么好处？对于人们，我毫无用处，因为我既没有小腿也没有嘴巴！即使我有

这些，也不会有更多的东西了！有小腿又怎么样，没有小腿可不行！难道死尸有小腿吗？死尸和我一样没有小腿。这里又多了一个相似点。从纯数学角度来说，我离死已经为期不远了。今天我还不想去死，除非孩子们，你们的情况很糟，除非你们不希望得到比死更好的东西！如果不是这样，那我还想再见到你们。不是为了我的直接的而是为了我的间接的幸福，因为我知道你们是多么的爱我。她过去只是假装爱我，或者现在她也在假装爱我。啊，这真是个难猜的谜！是爱还是不爱，是还是不是，我掰着手指来算卦，滑脱了！她爱我吗？一定是爱我的？她想干什么就去干什么好了。今天在我的心灵里有着崇高的、比好奇心更崇高的感情，更值得很好去记忆。父亲、母亲、孩子们，我最珍爱的一切，你们都在哪里呢？也许成了尸体？也许是莫斯科佬捉弄了我！哼，等着吧！等着瞧。但是，流眼泪吗？眼泪早已流干了！哪里还有眼泪了？我早就只有悲伤了。啊，我不能久哭下去。思念，多么好啊，思念就是好。这是什么情感？思念好。当思念时，会感到不好但很亲切！这真是奇怪的状态，死尸也是如此。在同一时间，它既觉得好又觉得不好。当他回首以往的幸福生活时感到很好，当他惋惜时光白白流逝时会感到难过。当我停止哭泣时的那一刻，我的心情也和死尸的完全相同。可以看出这是我感情的一种短期的结束！对心脏说来，我死去了一瞬间！或者是，对我说来心脏已死去了一瞬间，为什么不是永久呢？也许那样会让我更好受一些。我一个人，一个人。唉，我的悲惨处境真是无法描述。我的感情只能勉强忍受。在这一年里我所经历的巨大快乐和欣慰，都要让我的心快爆裂了。下个月我的护照就到期了。我不能在国外生活，至少是不能按照官方的规定生活了。这样一来，我就更像死尸了。

※　　※　　※

斯图加特。我在写前几页时，我对敌人已占领家园还一无所知。市郊被破坏，烧毁。雅希和维卢希一定牺牲在战壕里了。我好像看到马尔采尔被俘了，索文斯基，这位正直的人，已落到这些匪徒的手中！啊，上帝，你还在！你还在，却不去报仇！——难道在你看来，莫斯科佬犯下的罪行还不够吗？

或者——或者你自己就是莫斯科佬！我可怜的父亲！我的这位正直的父亲，一定在忍饥挨饿，连给母亲买面包的钱都没有！也许我的姐妹们已遭到那群放荡的莫斯科恶棍的疯狂强暴！帕斯凯维奇，这条来自莫吉廖夫的恶狗，却要占领欧洲最早的君主们的首府？！莫斯科佬难道要成为世界的主子？啊，父亲，你晚年等来的竟是这样的快乐。母亲，受苦受难的慈祥的母亲，你已经经历过小女儿夭折的痛苦，难道又要让莫斯科佬踩着她的遗骨来欺侮你？噢，波旺泽克墓地，他们有没有尊崇她的坟墓？坟墓遭到了践踏，成千上万的死尸堆满了坟坑。他们放火烧毁了城市。唉，为什么我连一个莫斯科佬都没有杀死过呢！噢，提图斯，提图斯！

※　　※　　※

斯图加特。她怎么样了？她在那儿？可怜的人！也许已落入莫斯科佬的手中。莫斯科佬在推撞她，掐她的脖子，正在折磨她，杀害她！啊，我的生命，我在这里孤独一人，到我这里来，我会擦干你的眼泪。我会以回忆你的过去来医治你现在的创伤。那时候，莫斯科佬还没有来。那时只有几个莫斯科佬，他们非常热切地要博得你的欢心，但你用嘲讽来对待他们，因为那时我还在你那里，是我而不是格拉博夫斯基！你有母亲吗？她是这样的坏！而我却有一个善良的母亲。也许我根本没有母亲了，也许莫斯科佬已把她打死了，杀害了。失去知觉的姐妹们决不会屈服——不——父亲处在绝望中，不知所措，没有人去扶起母亲。而我在这里无所事事，两手空空，只能有时在钢琴上奏出呻吟、痛苦和绝望。以后怎么办呢？上帝啊上帝！去撼动大地，把今生今世的人类都吞噬掉！让没有前来援助我们的法国人去经受最残酷的痛苦吧！

66. 致在柏林的诺贝特·阿尔方斯·库梅尔斯基

1831 年 11 月 18 日于巴黎

我亲爱的生命：

你告诉我你生病了，为什么我不在你那里！我不会允许发生这种事的，让我奇怪的是，像你这样跳舞的人都不能免于生病。说实话，在这个世界上，真是不值得想来想去的，如果你在这里，你也许会接受这句格言。每个法国人都会蹦蹦跳跳，狂呼乱叫，即使他是赤身裸体也会如此。我相当幸运地（但也所费不赀）来到了此地，我对此地的一切都感到满意。这里有世界一流的音乐家和歌剧。我认识了罗西尼、凯鲁比尼、帕埃尔等人。也许我要在这里呆得比我设想的更久一些，不是因为我在这里已经很好，而是由于我会慢慢好起来的。不过你比我要更幸福一些，因为你离自己的亲人更近，而我也许再也见不到我的亲人了。你不会相信，这里有那么多的波兰人，但他们各住各的，互不来往。不过你在柏林也会发现很多这样的人。弗雷曼内克是我在意大利歌剧院的一个偶然机会认识的，他刚从伦敦回到这里，对伦敦赞不绝口。他的父亲和全家都在柏林，他让我告诉你，如果你和大伙儿一样都为钱袋空空而发愁，也许你会有兴趣见他。此外，罗莫阿德也会在那里，你可向阿尔方斯·布朗特打听，他是我同城的一位医生的儿子，阿尔方斯正在学医，你能很容易地找到他。如果找到他，就替我吻他，他是我最亲密的朋友之一。罗莫阿德曾在他们家里度过他的一生。他也许会告诉你，他认识许多在那里游玩的人。那位贝内迪克特向我保证说，他确定卡罗尔在家里，这定会让你放心你的家人了。至于塞维林，我对他的了解并不比对安东尼和伏沃吉的了解多。但是我倒希望能知道一些巴耶尔的消息，因为今天我和拉吉维乌（我发现他在这里）以及瓦伦提——就是那位斯特兹卡拥有者的哥哥——一起在科马尔家吃的午饭，我知道巴耶尔和他们有通信联系。昨天我和波托茨卡夫人共进午餐，她是密切斯瓦夫美丽的妻子。我会向世界展示我自己，尽管我口袋里只有一块钱，即使如此，我也比你强。不过打从离开斯图加特和斯特拉斯堡以来，我还没有给你写过这座大城市给我留下的印象哩。这里既有最奢侈的生活，又有最丑恶的行径；有最高尚的德行，也有最龌龊的罪恶。每走一步都能见到医治花柳病的广告。叫喊声、嘈杂声、车轮声和污秽多到让你无法想象的地步。一个人既会消失在熙熙攘攘的人群中，又能自由自在地生活，因为谁也不会去过问别人是怎样生活的。冬天，你可以穿着破衣烂衫在街上走来走去，也可以进入最豪华的交际场所。前一天，你可以在镶有壁镜、镀金饰品和煤气灯照亮的餐厅里花 32 个苏吃上一顿最丰盛的午餐；第二天你可以到别处去吃午餐，供给你的食物会像鸟食一样少，但你得付三倍的价钱。我刚到这里时，也曾经历过这种事情，为我的无知付出了应付的学费。哪儿来的这些慈善小姐！她们追逐着人们，虽然这儿并不缺少强壮的大鲨鱼。我很抱歉，尽管贝内迪克特尽了力，他认为我的不幸只是小事一桩，然而特蕾莎的纪念物却不允许我去尝试禁果。我已经认识了好几位此地的女歌唱家，她们像泰洛尔的女歌唱家一样，很愿意来个二重唱。有时候，在我的六层楼上（我住鱼贩大街 27 号，你不会相信我的住房有多美，我有一个小房间，里面是华丽的红木家具，还有临街的阳台。从阳台望过去，从马特山到先贤祠和所有的繁华地区都尽收眼底，很多人都羡慕我这里的优美景观，但没有人想爬上那些楼梯）我不止一次在黄昏时分翻阅着那些信件，或者在纪念册上写点东西，望着祈祷文，我便觉得这些记忆都是梦，而不敢相信这是真正发生过的事情。尤其是前往施瓦茨巴的旅行更是不可思议，那些美国人！啊哈！真是无与伦比。什么时候我们能面对面地坐在一起回忆起那些往事呢。我想在这里呆三年。我已和卡尔克布雷纳交往甚密，他是欧洲首屈一指的钢琴家，你一定会喜欢他的，他是一位连我都不配给他系鞋带的人，像黑尔茨等等的那些人，我告诉你，他们只会说大话，从来都不会把琴弹得更好。若是我在这里呆三年，说不定能把贝内迪克特等来，也许我又能拥抱他和弹奏斯图马了，真是不错的想法。祝你万事顺心。我希望心想事成。要把奈瓦曾吉奥当作例子，他在战场上失去了许多朋友，他有年老的父母，非但不去帮助他们，反而要依赖他们，他对别人毫无作用，成了朋友中的孤家寡人，他一定消失在柏林的某处地方。

你永远的　弗里德里克

费林格和我们大学的解剖室主任卡沃夫斯基一起到伦敦去有一个月了，斯坦肖曾在我富裕时向我借过钱，他在帕拉斯大街上闲逛，这就是他来到此地的全部事务。他希望自己作为一个有战功的奥地利人能从政府那里得到一笔退休金。这里太吵了，如果这封信写得太潦草，请原谅我的匆忙。但你知道，我宁愿弹琴也不愿写信。波斯生病了，这是你的"超过一切的圣十字架"。

告诉阿尔方斯，昨天康德拉托维奇上尉到我这里来了，同时告诉他要给我写信。

我很感激你告诉我有关德波尔的死讯，因为这里有他的几位朋友，他们正在为没有他的消息而焦虑，这下他们就能安心了。

67. 尼古拉·肖邦致在巴黎的弗·肖邦

1831 年 11 月 27 日于华沙

我亲爱的孩子：

从你最近的来信中，我高兴地看到，你在巴黎的停留要比在维也纳得到的益处更多，而且不止是在一个方面。因此我深信你不会放过任何一个在你为之献身的艺术领域中完善自己的机会。认识有名望的艺术家，和他们交谈，听他们亲自演奏自己的作品，以及和他们交流经验，只会给一个努力开拓道路的年轻人带来巨大的益处。卡尔克布雷纳先生对你表示的好意，你可以引以为荣。作为你的父亲，我衷心向他表示感谢。但我无法理解的是，我亲爱的，如他亲口所说，在你身上发现的才华为什么他还预计需要三年的时间才能在他的指导下成为一位艺术家，才能形成自己的乐派呢？我无法理解最后这个词，尽管我去问了你真正的朋友艾斯内尔关于这个词的意思。我的这封信就是附在他的信中寄给你的。你知道，为了培养你的才能，发挥你的天赋，我已经做了我该做的一切，从来也没有反对过你。你知道，你以前花在钻研演奏技巧上的时间很少，你用你的头脑要比用你的手指多得多。当别人整天都在琴键上度过时，你却从未花过一整小时的时间去演奏别人的作品。有鉴于此，在我的脑海里怎么也容不下这三年的期限。我并不想在任何事情上反对你，要是你能在多听多想、深思熟虑之后再作最后决定，我会很感激你的。正如你自己所说，你刚来到一个人生地不熟的地方，你还不能抬起头来向别人展示你的本事，那你就再等一段时间好了。天才一出现会引起行家的注意，但他们还看不到他的顶峰。因此你要给他们时间，好让他们更好地了解你。不要去承诺一切会阻碍你发展的义务。我不想在这个问题上多作解释。我希望当我在写这些话的时候，你已经从拉费特手中接到了给你的一笔不多的钱款。

衷心地吻你，并建议你在新交的朋友中间不要对每个人都那么信任。你母亲紧紧地拥抱你。

尼·肖邦

68. 约瑟夫·艾斯内尔致在巴黎的弗·肖邦

1831 年 11 月 27 日于华沙

亲爱的朋友：

我非常愉快地得悉——如你在信中所说——第一流的钢琴家卡尔克布雷纳这样热情地接待了你（1805 年在巴黎时我就很熟悉他的父亲，那时他年轻的儿子就已在第一流的钢琴家中间出了名），尤其让我欣喜的是他答应向你揭示他的艺术秘诀。但令我惊讶的是他为此而确定了三年的时间，更让我感到奇怪的是，难道第一次和你见面，第一次听到你的演奏就能断定需要这么长的时间去接受他的演奏方法？难道你的音乐天赋只能适应这种古钢琴？难道你的艺术修养也只能适应这类作品？我认为，通过与你更亲密的接触和进一步的交往，他会改变自己的判断的。如果他想以自己的艺术知识来为以你为代表的我们的艺术服务，如果他能成为你的朋友的话，那你就应像学生那样去报答他。至于我，我承认，我很愿意把你的朋友李诺夫斯基收作学生，他对音乐有很高的热情而且对作曲也很有天赋。但是他为了生计和将来积攒几个钱，不得不整天工作。至于说到你，甚至也包括尼德茨基，我从来也没有想过要把你们当作我的学生。不过我可以骄傲地说，教过你们和声和作曲是我莫大的荣幸。在教授作曲时不应提出一些清规戒律，尤其是对那些才华出众的学生，应该让他们自己去探索，使他们能不断地超越自己，让他们去发现过去未能发现的手段。在艺术的发展中，在推动演奏方面的进展上，不仅应该让其赶上和超过自己的老师，而且还应该让他们有自己的特色，并能将其发扬光大。就连最完美无缺的演奏，如帕格尼尼之于小提琴，卡尔克布雷纳之于钢琴，包括他迷人的一切，无论是通过乐器的性能，还是通过用来突出和提高乐器性能的作曲的独创性，就其演奏本身而言，作为感情的语言，在音乐领域中也只是一种手段。先是莫扎特，后是贝多芬，他们作为钢琴家所享有的盛名都已成为过去，而他们创作的钢琴乐曲，虽然具有古典典雅的特色，但也不得不让位给时兴的新潮流。然而他们创作的那些不局限于一种乐器的其他作品，他们的歌剧、歌曲、交响曲，至今还在我们中间流传，并与当今的艺术作品共存共荣。对此，聪明人无需多言。

不能让学生长时间地只掌握一种方法、一种风格、一个民族的口味，等等。凡是美的、真的东西都不应该是模仿，而是应该根据自己的经验和更高的艺术原则所体验出来的。无论是个人，还是一个民族都不应该被看作是样板。只有永恒的、看不见的大自然本身才可以说是这样的样板。人们和民族只能在一定程度上提供获得成功的榜样。说到底一句话，艺术家总是会利用其身边的环境通过学习获得一切，要使同时代的人感到惊叹，只能从自己身上去发掘，只能通过完善自己才能得到。他之所以获得成功，享有无论是现今还是将来都当之无愧的荣誉，其原因不是别的，只能是活在他艺术作品中的天才的个性。送回红铅笔让我觉得很有趣，这让我想起了希曼诺夫斯卡夫人从英国回来后（她在那里认识了卡尔克布雷纳）要在我们这里举行音乐会，在家里排练时，她发给每人一支红铅笔，用来划去胡梅尔《H 小调协奏曲》中的某些节拍，尽管事先她已作过删改。更甚的是，正在排练的变奏曲——其作者我记不清了，也遭到了和可怜的胡梅尔一样的命运，她把菲尔德的一段行板加了进去。这真是胡来！我们只能去听希曼诺夫斯卡夫人的演奏，钦佩她的指法。完整地理解作品是真正艺术家的特性，而一个工匠只会把一块石头接一块石头、一根木头接一个木头地砌好放正。正是那种基于对艺术不断进步的信念和对作品的真正热爱的理解能力，才会导致相互的友好的鼓励，提醒大家去追求美好的目标。它决不允许不经过认真思考便对以往大师们的作品进行删改或者允许这种删节。为此，我感到高兴的是，在这方面他给了你自由，让你自行决断，删去会使他或者他的听众有可能觉得过于冗长的东西。

余事后叙。

请向普拉特尔、沃·格日马瓦、霍夫曼等人表示我的敬意。向勒叙厄尔、帕埃尔、长尔克布雷纳、纳德尔曼、诺布林致敬。拥抱奥尔沃夫斯基。祝你健康和快乐。

你真正的朋友　约瑟夫·艾斯内尔

69. 致在波图热恩的提图斯·沃伊捷霍夫斯基

1831 年 12 月 12 日于巴黎

我最亲爱的生命：

接到你的来信，我又活过来了。你的伤情各种消息纷至沓来，我把家里的来信都作了这样或那样的解释，而科特的来信又用了如此怪异的言辞把我压得都不敢去想事情了。不过我们活着又能见面了！所有这一切的变故和不幸，又有谁能预料呢？你还记得离开维也纳的前夕我们商谈过的事吗？风把我吹到了这里，人们甜蜜地呼吸着，也许是这里更轻松，人们才呼吸得更频繁。巴黎是你所想要的一切。你可以在这里寻欢作乐，苦闷无聊，也可以大哭大笑，做你想做的一切。谁也不会去管你，因为这里有成千上万的人都做着和你一样的事情，人人都在走自己的路。我不知道还有什么地方能像巴黎那样，拥有这么多的钢琴家，也不知道哪里会比这儿有更多的蠢驴——炫技演技家。你要知道我到这儿来只带了几封推荐信，一封是马尔法提给帕埃尔的信，还有几封是给编辑部的信，别的就没有了。因为我在斯图加特听到华沙沦陷的消息后才临时决定来到这个不同的世界。经过此地的宫廷乐师帕埃尔的引见，我认识了罗西尼、凯鲁比尼和巴约等人。通过他，我还认识了卡尔克布雷纳。你不会相信，我原先对黑尔茨、李斯特、希勒等人是多么的感兴趣，但是一和卡尔克布雷纳相比，他们就等于零了。我向你承认，我曾像黑尔茨那样演奏过，但是我真想能像卡尔克布雷纳那样演奏，尽管帕格尼尼已达到完美无缺的境界，但卡尔克布雷纳完全可以和他媲美，只是后者属于完全不同的类型而已。我很难向你描述他那种不动声色的神态，他那神奇的触键，他那充满魅力的韵律和他在每个音节中所显示的无与伦比的技艺。他是一位巨人，超越于黑尔茨们、车尔尼们之上，同时也超越我之上。你知道发生了什么事吗？当我被介绍给卡尔克布雷纳的时候，他请我给他弹一弹。我以前没有听过他演奏，只知道他弹得跟黑尔茨一样好。不管我情愿不情愿，还是得抑制住自己的自负坐了下来。我弹奏了我的《E小调协奏曲》，这首乐曲曾受莱茵河畔的林德帕思特纳、贝尔格、斯通茨、盛克以及整个巴伐利亚的交口称赞。我让卡尔克布雷纳惊诧不已，他立即问我是不是菲尔德的学生，说我有克拉默的演奏技法和菲尔德的触键。这使我心里很高兴，不仅如此，当卡尔克布雷纳坐到钢琴旁想露一手时，他却弹错了，不得不停了下来。不过我是非要听一听他的演奏的。像他这样演奏，我是连想都没有想过的。从此以后我们天天见面，不是他来我这里，就是我去他家里拜访。我和他处熟后他提议我跟他学习三年，要把我造就成一个最杰出的大师。我回答他说，我知道自己同他相比有多大的差距，但我不想去模仿他，而且三年也太长了。当时他就向我指出：当我来了灵感时，我就弹得很出色，反之则弹得很糟糕。不过这样的事我从来没有发生过。他还对我说，通过进一步的观察，他认为我还没有形成自己的流派，虽然我已走上一条美好的道路，但也有可能误入歧途。他说当他死后或者当他再也不能演奏时，就再也不会有一个伟大钢琴流派的代表人物了。他还说，如果我不了解旧的流派，即使我想建立新的流派也无法办到。总而言之，他说我不是一架完美的机器，会因此而束缚自己的发展。他说我的作曲已打上了自己的烙印，如果我不能成为我立志想成为的那种人，那就太可惜了。等等，等等。若是你在这里，你一定会说：学习吧，小伙子，机不可失，时不再来。但也有一些人在劝阻我，他们认为我会弹得和他一样好，说他这样做是出于自负，是想在以后好把我称作是他的学生等等。所有这些都是无稽之谈。要知道，这里所有的人都对他的才华表示尊敬，但对他本人却有所不满，因为他不愿意和一般蠢人交往。我对你直说，他这个人有比我听到的所有人都更优秀的地方。我在给父母的信中也提及过此事，他们似乎是同意的。但艾斯内尔却认为这是嫉妒。除此之外（你应知道，我在此地的艺术家中间已享有很大的名声），我将在 12 月 25 日举行音乐会，演奏者中间有与帕格尼尼并驾齐驱的巴约，还有著名的双簧管演奏家布罗特。我将演奏我的《F 小调协奏曲》和《降 B 大调变奏曲》。几天前我收到了一个德国人从卡塞尔寄来的一篇长达十页的评论文章，他热情洋溢地评价了这部变奏曲：文章开头是长篇的序言，接着逐节逐节地进行分析。他论证说，这些变奏曲与众不同，它们是一幅奇妙的音画。在谈到第二首变奏曲时，他说这是唐璜正与列波雷尔在奔跑。说第三首是唐璜在和热林卡拥抱，而在左手的马塞多则怒气冲冲。谈到柔板的降 D 大调的第五小节时，他说唐璜正在和热林卡接吻，等等。昨天，普拉特尔问我，这个降 D 大调在哪里等等。这个德国人的想象真会害死人的，他还坚持让他的连襟把它寄给《音乐评论》的费提斯。多亏了正直的希勒，他是个具有巨大才华的小伙子（曾是胡梅尔的学生。他的协奏曲和交响曲曾引起巨大反响，它们类似贝多芬，但更具诗意、激情和人的精神）。他告诉那个连襟，这样做不仅不高明，反而非常愚蠢，这才把我从困境中解救出来。现在还是让我们回到音乐会来吧。除此之外，我还要和卡尔克布雷纳一起，在四架钢琴的伴奏下用两架钢琴来弹奏他的《波罗涅兹舞进行曲》。这是个疯狂的想法。卡尔克布雷纳将在那架属于他自己的大潘塔莱翁琴上演奏，我演奏的是一架较小的单音钢琴，那声音大得像长颈鹿的铃声一样。其他四架钢琴就像一个乐队，由希勒、奥斯本、斯诺马提和索温斯基来演奏。这后一位比起阿列克斯来相差很远，脑子不太灵敏，但人不错，心眼好。帮助我的还有诺勃林、维达尔和于朗——一位法国中音提琴家——我还没有听到过像他这样出色的演奏。门票均已送出。只是女歌唱家很难找到。如若不是副团长罗伯特先生怕得罪 200 或 300 个同样的请求，而罗西尼又能自己做主的话，他定会从歌剧团里借给我一个女歌手的。至此为止，我还没有向你谈及歌剧的事。我从未听到过上星期由拉布拉什、鲁比尼和马利布朗（加西亚）演出的《塞维利亚的理发师》，以及鲁比尼、帕斯塔和拉布拉什演唱的《奥瑟罗》，还有鲁比尼、拉布拉什和拉因贝奥斯演唱的《意大利女郎在阿尔及尔》。以前没有听到过的，现在在巴黎都听到了。你很难想象拉布拉什是个怎样的人！有人说帕斯塔已经失去风采，但我还没有看到比她更高尚的。马利布朗依然以她美妙的嗓音取胜，没有人能比得上她！太棒了！太神奇了！鲁比尼是位完美无缺的男高音，他是以原声而不是假嗓子来演唱，有时唱华彩经过句能达两个小时（但有时为了夸张故意使用颤音，而且还让颤音持续不断以获得长久不息的掌声）。他的半声唱法无与伦比。施罗德–德夫伦特正在这里，但她并不像在德国那样轰动。马利布朗扮演奥瑟罗，而她演的是苔丝狄蒙娜。马利布朗长得小巧玲珑，而那个德国女人却身材高大，看起来苔丝狄蒙娜会把奥瑟罗压死的。这是一次高价的演出，所有座位都售 24 法郎，为的是能看到黑人马利布朗和她演出的并不怎么样的角色。他们将要演出《海盗》和《梦游女》等歌剧。帕斯塔已经走了，他们说她不会再唱了。乐队很棒，但却不能与真正的法国歌剧院的相比。如果这个剧院有过如此的豪华，那我不知道它是否达到像《魔鬼罗伯特》的程度（那是马耶贝尔新创作的一部五幕歌剧，就是那位曾写过《十字军骑士在埃及》的作曲家）。这是部新学派的杰作，魔鬼们（规模很大的合唱团）通过大号来歌唱，在那里魂灵们从墓中站起，但不像在《招摇撞骗者》中那样的规模，只有 50 或 60 人。剧中有实体布景，剧终时可以看到教堂的内部和圣诞节或复活节时的整个教堂，教堂内灯火通明，僧侣们和坐在凳子上的全部观众都手持线香，更甚的是，管风琴的声音令人陶醉和惊讶，几乎盖过了整个乐队——这样的演出是任何别的地方都看不到的——马耶贝尔成了不朽者！他在巴黎花了三年时间才演出了该剧，据说他还为全体演员付了两万法郎。琴蒂－达莫雷奥夫人唱得完美无缺，但我更愿意她唱得像马利布朗那样。马利布朗使人惊诧，而琴蒂却让人着迷。她的半音音阶胜过著名的长笛手杜朗。没有一个人的嗓音受过她那样的高度训练，她唱起来毫不费劲，就像对观众吹口气一样。法国男高音努里声情并茂感动着观众。肖莱在喜歌剧院演出了《魔鬼兄弟》《菲安舍》和《泽姆帕》（这是埃罗尔新创作的一部优美的歌剧）。他是位善演情人的演员，一个勾引者，非常刺激，非常美妙，是一位有着真正浪漫嗓音的天才。他创立了自己的风格。现在喜歌剧院正在上演《布兰维利耶伯爵夫人》，讲的是查理十四世或十五世时的一位老夫人毒害了许多人的故事。这部歌剧是由八位作曲家作的曲，他们是：凯鲁比尼、帕埃尔、埃罗尔、贝尔东、奥柏、巴东、布朗基尼和卡拉法，我认为很难找到比这更好的音乐组合了。快把你的想法写信告诉我，然而你应该注意到我并没有变傻，也不想丢人现眼。皮克西斯对我非常尊敬，一部分原因是我还在演奏，另一部分是出于嫉妒他的女友，因为她喜欢我胜过喜欢他！上帝垂怜，快写信给我吧，要么你就来这里。

一直到死（也许不远了）都是你的　弗·肖邦

老波提艾很不错！年轻的那位则和赫尔维特在这里。艾夫拉、提艾拉和费列斯都在这里，但我还没有见过他们。我住在波索尼耶大道 27 号，你没有把你的住址告诉我，我是从沃津斯基那里打听到的。普勒耶尔的钢琴是最完美的。在波兰人中间，我见过库纳西克、莫拉夫斯基、聂莫约夫斯基、列列维尔、普利赫特，另外还有一大群傻蛋。我常去拜访雅错雷克小姐，仅此而已，她长得漂亮。奥列什钦斯基要给我制一幅铜版画。前天我和布雷克钦斯基一起去拜访了提什凯维奇夫人。波尼亚托夫斯基还没有来。今天我要去见蒙泰贝尔。如果不是沃津斯基，我就没有你的地址，你这个讨厌的家伙。沃津斯基兄弟都期望你的到来，我只是在思念得快要发疯时才想到要你来，特别是在雨天。格瓦德科夫斯卡小姐已经和格拉博夫斯基结婚了，但这并不能排除柏拉图式的情爱。恰好此时巴约来了，我必须把信封上蜡，爱我。

我禁不住要告诉你有关我和皮克赛斯的奇遇。想想看，他和一个15岁的美丽女孩住在一起，据说他想跟她结婚。我在斯图加特拜访他时就曾见过她。当皮克赛斯来到此地后邀请我去他的住处，但没有提及那个女孩，我也把她给忘记了，原来她也跟着来了。若是我早知道她来了，我会早去拜访他们的。一个星期后我便去了。在楼梯间我很高兴地碰上了这位年轻的女学生，她请我进去，说是皮克赛斯先生刚好外出，但不要紧，我可以进去坐一会儿，先生很快就会回来，等等。我们两个都有点担心，知道那个老人是很爱嫉妒的。于是我便借口告退，说改天再来。就在这时，当我们在楼梯间很坦然地交谈时，那个小个子皮克赛斯回来了，透过他那副大眼镜（带有几分索里发的神情）在看，到底是谁在跟他的小美人说话。这可怜的家伙急急走上楼来，在我面前停住，很没礼貌地说"早安"。还对她说你在这里干什么？——带着一种责备的眼光望着她，好像在说她怎敢在他不在时去接见一位年轻人。我也微笑着假装没事似的，还帮皮克赛斯责怪她在这样冷的天气里只穿这样单薄的衣裳站在门口等等。最后这位老人回过神来，把话吞了回去，挽着我的手臂把我引进客厅，但不知该把我安置在哪儿就座。他又怕得罪我，害怕我日后会乘他不在时去作弄他或者去谋杀他的这位学生。后来他陪我下楼，见我还在微笑着（我是因被人误会才忍不住笑的）。他还到门房去查明我是什么时候来的，又是怎样上楼的。自那天以后，皮克赛斯便在所有的出版商面前极尽所能地夸奖我的才华，特别是对施莱辛格，他已跟我约定，要我用《罗伯特》为主题写一些乐曲，那是他用了24000法郎从马耶贝尔那里买来的。你喜欢这故事吗？我成了个勾引者！

70. 致华沙的约瑟夫·艾斯内尔

1831 年 12 月 14 日于巴黎

敬爱的艾斯内尔先生:

你的来信再一次证明了您给予这位最挚爱您的学生以父亲般的关爱和最诚挚的祝愿。1830 年虽然我看到了我的许多不足,要赶上您这位楷模还有很大的差距,但我依然敢于设想,即使进步不大,但也许会接近一些,如果从我的脑袋里产生不出沃凯特克,至少也会出现拉斯科诺吉这样的人。但是如今,我所有的这一切希望都已破灭,不得不考虑在这个世界上给自己开辟出一条作为钢琴家的道路,而把您在信中正确地向我提出的更高的艺术前程搁置一段时间再说。要成为一个伟大的作曲家,需要有丰富的知识和经验,就像您所教导的那样,不仅要听别人的作品,还应多听自己的作品,方能取得这些经验。十多位有才华的青年,巴黎音乐学院的学生,都在无所事事地抱着双手,等待着上演他们创作的歌剧、交响曲和大合唱,只有凯鲁比尼和勒絮尔才能看到这些作品的乐谱。我所说的并非那些小歌剧场,就连这些小剧场也很难打进去,即使像托马斯打进了列奥波德剧场,纵然有很高的质量,也不会获得任何的艺术效果。作为歌剧作曲家已享有盛誉十年的迈耶贝尔也不得不努力工作,在巴黎呆了三年,还花了不少钱,才演出了自己创作的那部受到热烈欢迎的作品《魔鬼罗伯特》。依我看,要想在音乐界出头露面,只有作曲家兼演奏家才会是幸运儿。在德国的一些地方,我作为钢琴家已被人们知晓。一些音乐报刊在提到我的音乐会时,还表示希望我能尽快在第一流的钢琴演奏大师中间占有一席位置。今天正好给我提供了实现一生夙愿的唯一机会,为什么我不去抓住它呢?在德国,我是不会向任何人学钢琴的,因为认为我还有缺欠的人不止一个,但他们自己也不知道我的缺欠在哪儿。而且在我面前也没有看到今天妨碍我看得更高一些的障碍。三年太长了!甚至连卡尔克布雷纳自己在进一步了解了我之后也承认太长了，这能向您证明，一个真正的名实相符的演奏家是不会嫉妒的。只要在我的事业中通过这种方法能获得长足的进步，就是要学习三年我也干。我的头脑很清醒，我不会成为卡尔克布雷纳的复制品，他无法抹去我那也许过于大胆但却是高贵的愿望和思想：为了给自己开劈出一个新天地。如果我想深造的话，那也是为了打下扎实的根基。在钢琴演奏方面已经出名的雷斯以其《未婚妻》一曲而在柏林和法兰克福轻而易举地获得了桂冠。而施波尔在创作《耶松达》和《浮士德》等等之前，有很长时间仅仅被看成是一位小提琴家。我希望当您了解到我行为的原则和所采取的行动是什么时，您一定会向我祝福的。

我的父母一定已告诉您我的音乐会要推迟到 25 日了。这种安排让我大伤脑筋，如果没有帕埃尔、卡尔克布雷纳，尤其是诺勃林（他向您表示亲切的问候），我是不可能在这样短的时间内举行音乐会的。他们在巴黎筹备的时间还不到两个月。拜约，这位很有礼貌和很风趣的人将演奏贝多芬的《五重奏》，而卡尔克布雷纳将和我在四架钢琴的伴奏下演奏《二重奏》。我仅见过雷哈一面，您知道，我曾对他多么感兴趣；我在这里认识了他的几个学生，他们给了我有关他的不同印象。他不喜欢音乐，甚至连音乐学院的音乐会都不参加，也不愿意和任何别人谈论音乐，在他讲课的时候还老是在看手表等等。而凯鲁比尼喋喋不休谈论的只是霍乱和革命。这些先生是些过时的人物，但还是受到尊敬，其作品也是可资学习的。我所认识的费蒂斯也是个能从他那里学习到许多东西的人，他住在巴黎的城外，只有在教课的时候才到城里来，否则，他过去在圣彼拉吉的住所所欠下的债务要比他在《音乐评论》上所得还多。要知道根据法律，在巴黎只能在自己的住所内抓捕欠债人的，所以他才不住在自己巴黎的住所内，而匿居在城外，这样一来在相当一段时期内法律是不能动他的。这里麇集了一大批对各类音乐感兴趣的人士，人数之多令人惊异。有三个管弦乐队：音乐学院的、意大利歌剧院的和费德奥的，都很完美。罗西尼是他自己歌剧院的总监，那是欧洲最好的歌剧院。拉布拉什、鲁比尼、帕斯塔（她已经离开了）、马利布朗、德里安特－斯罗德、圣蒂尼等人每周都有三次盛大的演出，把观众都迷住了。努里、勒瓦瑟、德里维斯、钦提－塔莫雷奥夫人、多露斯小姐提高了大歌剧院的水平。肖莱、卡西米尔小姐、普雷沃在喜歌剧上令人惊叹不已。总而言之，只有在这里你才能感受到什么是歌唱。今天毫无疑问，不是帕斯塔而马利布朗（加西亚）才是欧洲首屈一指的歌唱家——太神奇了！瓦伦提·拉吉维乌对她非常欣赏，我们不止一次在言谈中提及您对她的倾慕！勒苏斯对您还记得他深表感谢，并请代向您致以千万次的敬意。他非常亲切地回忆起您来，每次见到我都会问"我们那位艾斯内尔先生在做什么，请你多给我说说他的事情"，而且会立即提及您寄给他的那首《挽歌》。在这里，我们所有的人，从我开始到您的教子安托尼·奥尔沃夫斯基都非常热爱您、尊敬您。奥尔沃夫斯基的轻歌剧短时间内是不会上演的，因为它的主题不是最好的，而且剧院从现在起直到新年都要关闭。国王是吝惜金钱的，艺术家们都很穷困，只有英国人有能力付钱。

我能一直写到明天，但这种无聊的信该停笔了。请接受我对您至死不渝的感谢和尊敬的保证。

最挚爱您的学生　弗·弗·肖邦

我亲吻艾斯内尔夫人和小姐们的手，并祝她们新年万事如意。

71. 致在波图热恩的提图斯·沃伊捷霍夫斯基

1831 年 12 月 25 日于巴黎

我最亲爱的生命：

这已是第二年，我在遥远的异国他乡向你致以命名日的祝贺。如果能在现实中而不是在梦里见上你一面，你在我心中的印象会胜过十封书信。因此我就要省去那些不切实际的客套话，也不愿花两个苏去买一本孩子们在街头叫卖的那种充满各种贺词的小册子。这是个奇特的民族，每当夜晚来临，你只能听到吆喝各种小册子的名字的叫喊声，有时花上一个苏就能买到那种只有四五页的垃圾。例如《如何去猎获和保住情人》《僧侣的情史》《巴黎大主教和杜·马丽公爵夫人》，以及成千上万种这样的低俗读物，有的还写得非常幽默风趣。真的，你会为这里的人想尽各种办法去挣钱而感到惊奇，不过你该知道现在这里是最艰难的时期，货币流通不畅，你常能碰见许多举止高雅而衣着褴褛的人，不时还能听到有关混蛋菲利普的威胁性言论，他目前只能依赖于他的阁僚。下层阶级已被完全激怒了，并随时乐意改变自己的困境。然而不幸的是，政府对此采取了严防的措施，街上只要有少数人集会，就会遭到宪兵马队的驱散。你知道，我是住在林阴大道最热闹的地方的五层楼上，有一个临街的铁栏杆阳台，左右都能看得很远。街对面是一个被称为安乐的住宅区，拉莫里诺就住在那里，有一个很大的庭院。你一定知道他在德国人中间是如何广受欢迎的，他在斯特拉斯堡时法国人又是如何为他牵马的，总而言之，我们的这位将军受到了平民百姓的热烈欢迎。在这方面，巴黎也不甘落后。医学校的所谓青年法国的青年们都留有胡子，系着特别规定的布巾。你还应知道，这里的每个政党都带有不同的标记，我是指那些极端分子：保皇派穿绿色背心；拿破仑派和共和党也就是那个青年法国都是红色；圣西门派也就是新基督教派建立了一个独立的宗教，有很多信徒，他们倡导平等，都带蓝色标志，等等。将近上千名非官方的青年高举三色旗穿过整个城市去欢迎拉莫里诺。虽然他在家里，但他不想招致政府的不快（从这点看来他是个傻瓜），尽管外面狂呼声和"波兰万岁"的口号声不断，但他就是不露面。他的副官（好像是贾温斯基）出来说将军改日再请他们到家里来。然而第二天他就从这里搬走了。几天后，就有一大群人，不仅是年轻人，还有普通群众在先贤祠聚集，从巴黎的另一方向朝拉莫里诺家走去。就像滚雪球那样，经过的街道越多，加入进来的群众就越多。队伍到达逢勒夫桥时，马队开始驱散他们。很多人受了伤，不过还有大批人聚集在街道上，就在我的窗下，他们要和那些从城市另一端游行过来的群众汇合。一支轻骑兵队开了过来，轻骑兵队和宪兵马队都布满在人行道上。这些尽忠尽责的卫队将群情激昂而又呼叫着的群众驱散开。他们追击、抓捕要求自由的人民。一片惊慌恐惧，商店急忙关闭，大道的各个角落都站满了人群，叫喊、奔跑、鼓励，窗口上挤满了观看的人（就像我们那里盛大节日时一样）。从上午11点钟一直持续到夜里 11 点。我满心希望会有什么举动，但到了晚上 11 点，这一切便以《马赛曲》的巨大合唱而结束。这些愤怒群众所发出的威胁声浪给我留下的深刻感受你是体会不到的！人们都期望着第二天会继续这样的暴动（他们是这样称呼）。但是直到今天他们还在静静地呆着，只有格勒诺贝还在步里昂的后尘。鬼才知道还会发生什么事情。现在只有在法兰康剧院演出话剧和马戏，那就是我们这个时代的全部历史。人们像疯了似的都跑去看所有的服装表演，而普拉特小姐也在那里扮演角色，和她一起的还有几个名叫罗多斯基、法尼斯基的艺人，甚至连弗罗雷斯卡都参加了演出。还有一位名叫吉古特的将军，他扮演普拉特小姐的哥哥，等等。最令我感兴趣的莫过于有一个小剧场在海报上宣告要在幕间演出多布鲁斯基的玛祖卡《波兰不会灭亡》。这是真的，不是玩笑，我有证人，他们也和我一样惊讶不已：法国人竟会这样笨！至于我的音乐会，由于歌剧院院长维朗先生拒绝派出女歌唱家而推迟到 15 号举行。今天在意大利歌剧院将有一场大型音乐会，参与演出的有马利布朗、鲁比尼、拉布拉什、圣蒂尼、兰贝奥夫人、施罗德夫人、卡瓦多莉夫人。演奏者还有黑尔茨和马利布朗女士爱上的那位小提琴家贝里奥（他最让我感兴趣）。我真希望你到这里来，你不会相信，我在这里是多么的寂寞，连个倾诉衷肠的人都没有。你知道我是很容易和人结识的，你也知道我喜欢和别人海阔天空地交谈，这样的熟人多得不计其数。可是能和我一起长吁短叹的人却难以找到。至于说到我的情感，我永远都是和别人处在一种切分音中，因此我在受苦受罪，而且你不会相信，我是在怎样寻找一种休止符，以便整天都不要有人见到我，不要对我说话。给你写信时门铃又响了，真叫我难受。进来的是一个蓄着小胡子、身材高大而又体胖的成年人，一进来就坐到钢琴前，他自己也不知道要弹些什么，他躬身向前，毫无意义地敲打着琴键，他抬身往后，倒换着双手，让粗壮的手指在一个琴键上叮叮当当地敲了五分钟之久。这样的手指生来应该是乌克兰什么地方的管家用来握皮鞭或者马缰绳的。你现在有了索温斯基的形象了，他除了有一副好身材和好心肠外就别无其他了。如果我什么时候碰上了一个江湖骗子或者艺术庸才，那就是现在，当我在房间里踱步或者梳洗时，再也没有听到如此完美的演奏了。我的耳朵在发热，我真想把他扔出门外，但我不得不迁就他，甚至我们还很友好。你想象不到会有这样的情形。但这里的人都认为他不错（他们看不到领带以外的东西），因此我们只能友好相处。但最令我恼怒的是他收集的一些粗俗的曲子，配上毫无意义的非常恶劣的伴奏，他在连最起码的和声和韵律知识都缺乏的情况下，将它们以乡间舞的结尾组合在一起，便称其为"波兰歌曲集"。你知道我多么渴望感受到并已部分感受到了我们民族的音乐（你可以想象一下这对我是多么愉快），当他有时从这里有时从那里抓住我作品中需要在伴奏中体现出来的美感，用一种酒吧间的、喧闹的、粗俗的或教堂风琴的趣味来弹奏，可你也不能对他说些什么，因为他贪多嚼不烂。在另一面，还有诺瓦科夫斯基，他是个唠叨鬼！什么都爱说，尤其是华沙，可他根本就没有去过那里。在波兰人中间，相处最多的是沃津斯基、布雷克钦斯基，他们都是很好的小伙子。沃津斯基常问我，你为什么还不来？他们希望你来，因为他们还不认识你。我想我是了解你的，知道你什么时候会来。当我正打算给你描绘一下舞会时——舞会上有一个佩戴着玫瑰花，长着一头黑发的仙女让我一见倾心——就收到了你的来信。此时此刻，我脑海中的所有时髦东西都消失了，仿佛我离你很近，握住了你的手，止不住热泪盈眶。我收到的是你从利沃夫寄来的信，这样一来我们相见的日期又要更远了，也许我们再也见不着了，因为说真的，我的身体很差，表面上看，我很愉快，尤其是在自己人中间（我把波兰人看作自己人）。但在内心深处却有一些东西在折磨我，一种预感、不安、做梦或者失眠、思念、冷漠、求生的欲望，而转瞬间又是死的愿望，一种甜蜜的平静、麻木、精神恍惚。有时候，一种清晰的回忆让我苦恼。像打碎了的五味瓶甜酸苦辣我都受够了。种种复杂可怕的感觉在折磨我！我比以前更蠢了。我亲爱的，请原谅我，这已经够了。现在我要穿衣了，我要乘车去参加今天为拉莫林和朗格曼举行的午宴，宴会设在最大的餐馆，有几百人出席。前几天库纳奇克和那位老实人别尔纳茨基便把请柬给我送来了。这样便确定了卡罗尔不是他女婿。你今天的来信给了我很多消息，你恩赐给了我四页纸又 37 行字，我活到现在这是从未有过的，我活到今天，也从未见你对我如此慷慨过。但我确实需要这些东西，非常需要。你给我写的道路情况是真实的，我对此深信不疑。亲爱的，也不要对它想得太坏了，我坐的是自己的马车，只雇用车夫。亲爱的，请原谅我信里的对比。在此我该结束了，否则我就赶不上到邮局去寄走它了。而我既是主人又是仆人。行行好吧，快给我来信，我拥抱你。

至死不渝的　弗里茨

我寄出这封信是出于对你的善心的信任。

72. 致巴黎音乐会协会委员会

致音乐会协会委员会的先生们，
尊敬的先生们：

我热切地希望能让我在你们驰名的音乐会上举行一次演奏会，特恳请恩准。

由于找不出别的理由，我相信你们对艺术家的厚意才斗胆期待着你们恩准我的请求。

我有幸成为你们忠顺的仆人。

弗·肖邦
1832 年 3 月 13 日巴黎

73. 致在华沙的约瑟夫·诺瓦科夫斯基

1832 年 4 月 15 日于巴黎

亲爱的诺瓦科希：

你问我心里最高兴的是什么。你不会相信，那就是我希望在这里见到你，和你一起弹琴、一起呼吸、一起感受、一起玩乐。只要你不走（作为你真诚而又直率的朋友，我不想隐瞒你这件事），我再说一遍，你不要走，尽管缺钱，但至少还能在一段时间里维持相当不错的生活。要想在这里教课是很困难的，举行音乐会就更难了。拜约、黑尔茨、布拉海特卡原定在这里举行的音乐会都无法举行。尽管在预定他们的音乐会时城里还没有出现瘟疫。这里的人们兴味索然，对什么都感到无聊。这有多方面的原因，最主要的是使全国处于瘫痪状态的政治原因。此外，就是为数众多的蠢材和骗子——这里比任何地方都多——使得真正的天才难于冒尖。由于大家看惯了骗子，所以一开始谁也不会相信你会演奏。他们心里在想：你姓什么什么"斯基"，就是你最大的长处。若是你能前来，在一段时间内，你什么也不要去求别人。我会用丰盛的早餐或午餐来等你的，我们会为欢迎你而痛饮一番。说实话，我不想你春天来，因为你会看不到意大利的甚至法国的歌剧。罗西尼离开了，鲁比尼、拉布拉什同样不在此地，马利布朗去了布鲁塞尔，德夫林特在伦敦。法国人呢，努里、勒瓦瑟尔、桑迪和马耶贝尔也到那里去演出《罗伯特》了。至于钢琴家们：黑尔茨去了英国，门德尔松也是，皮克赛斯去了德国，李斯特在瑞士，卡尔克布雷纳因为害怕瘟疫而无所适从，希勒在法兰克福，因此只有贝尔蒂尼留了下来，还有桑凯，但他们无法和李斯特、卡尔克布雷纳相比。我建议你推迟到5月来——至少要等到法国歌剧院从伦敦演出回来，否则你就既看不到《罗伯特》《威廉》，也看不到《约伯》。我还希望你一定要学会法语，那样你的行动才会更方便，到那时候我相信你在巴黎会过得很愉快。我会让你认识欧洲一流的天才，让你去认识那些越来越少的著名女歌唱家，使你更接近她们。我真愿意把今天在音乐学院举行音乐会的门票让给你，那一定是你非常期待的。交响乐队很优秀，将和合唱团一起演出贝多芬的交响曲，一首五重奏将由音乐学院乐队中的所有小提琴、中提琴和大提琴演奏，大约有50位小提琴手。他们将会要求重奏一遍这首五重奏。前一次音乐会上就曾演奏过它。你以为就是四种乐器在演出，但是小提琴多得像城堡，中提琴像银行大厦，大提琴像座路德教堂。

　　　　　　　　　　　　　　　　　　爱我！我等着你的到来。　　弗·肖邦

74. 致在法兰克福的费迪南德·希勒

1832 年 8 月 2 日于巴黎

我亲爱的，你的《三重奏》早已完成，我是个贪婪的人，已把你的手稿列入我的节目之中。你的《协奏曲》将在本月的音乐学院比赛中由亚当的学生们演奏——列昂小姐弹得非常好。

由阿莱维（列维）和纪德合著的芭蕾舞歌剧《诱惑》，对于品位高雅的人说来是毫无吸引力的。因为正如你们德国的议会一样，它与本世纪的精神不相符，故而很少让人产生兴趣。

莫里斯（施莱辛格）已从伦敦回来了，他去那里是为了排演《罗伯特》（未获成功）。他向我们证实，莫谢莱斯和菲尔德要来巴黎过冬。这是我能给你分享的消息。奥斯本已在伦敦两个多月了，皮克赛斯在布洛涅，卡尔克布雷纳在梅顿，罗西尼在博尔德。

所有认识你的人都要张开双臂欢迎你的到来，李斯特想附言两句。

再见，亲爱的朋友。

你诚挚的　弗·肖邦

75. 尼古拉·肖邦致在巴黎的弗·肖邦

1832 年 9 月于华沙

从你最近的一封来信中得知，我亲爱的，你终于认识了艺术领域所有的一流艺术家，而且你是可以和他们展开竞争的。因为我知道你很勤奋，故我对此深信不疑。同样使我高兴的是我看到你和他们相处得十分和谐，而且你未激起他们的嫉妒，反而博得了他们对你应有的好评。亲爱的孩子，你继续这样前进吧。无论是你的人品还是你的才华，人们都将会追随你的。你在信中详细谈了你的情况，以及上次来信之后你所遇到的事情，为此我要感谢你，因为我们对你的一切都非常关切。无论是马耶贝尔的惊叹，还是你过去热切想认识的菲尔德的赞赏，都会令你感到高兴。我非常赞同你决定出版你的作品，因为很多人听过你的演奏，但却无法了解你的作曲。说真的，你的作品应该先于你所要去的任何地方成为你的先行者。此外，你还可以获得一笔收入，让你能实现明年春天去英国的愿望，你的作品便会名扬英国。我深信，你会利用你的崇拜者对你的善意而举行一场音乐会，音乐会会是很出色的，而且会给你带来一笔收入，你该趁热打铁，趁你现在能做到就赶紧去办吧。我的孩子，我实话相告，你要尽力去积攒一些钱以备将来之用，特别是在我们所处的这个时代。

你知道我过去工作的收入能满足平常生活的需要，可是今天当我为社会服务了20多年之后却受到了失去第二项工作的威胁。我的年纪已不允许我到处去为教课奔波，但我要感谢苍天赐给了我儿女，他们——我希望——能自力更生并得到人们的尊敬。你的姐姐正要出嫁，当你收到这封信时，婚礼一定已举行过了。上帝保佑她幸福！你知道你母亲是很重感情的，她竭尽所能做了你姐姐在这种场合中所应该拥有的一切。婚礼在你受洗的地方举行，这让我感到非常亲切，尽管要走一段不长的路，但在这样的季节对我不太适合。可是这让你母亲省去了许多麻烦。如果在这里^①不想得罪任何人，就得邀请许许多多的熟人，当然也不能用一杯清水去招待那些客人。我的孩子们，你们分散在世界各地。只有伊莎贝拉还留在我们身边，但是你们和父母的心是连在一起的。我和你母亲都非常亲切地拥抱你。代向梅拉先生问好，我本想写信告诉你，并把你的地址告诉格雷戈尔先生，我几次去他那里都没有见到他。他现在一定是在巴黎了，而且可能会去见诺尔布林先生；于是我想如果你有

———————

① 指华沙。——译者

短小作品要送给你的姐妹倒可以托他带回来，为此你必须和诺尔布林先生商量一下。如果你有时间，应该给你柏林的朋友回封短信。你知道，吉瓦诺夫斯基一家很关心我们，对你也很友善。昨天我就该把这封信寄出，但因工作很忙，我无法早一点赶到邮局去。要注意身体，避免晚上工作得太久，这会削弱你的工作能力。从你的来信看出，有许多工作在等着你做。音乐会后不妨让你的朋友们给报社写写评论文章，这样你的作品会更受欢迎。

76. 致在柏林的多米尼克·吉瓦诺夫斯基

1833 年 1 月中旬于巴黎

亲爱的多米希：

如果我有一位多年前结交的朋友（这个朋友有个大的鹰钩鼻子，因为这里说的并不是别人），他和我几年前曾在沙法尔尼亚一起打死过牛虻，而且他一直深深地爱着我，还怀着感激之情爱着我的父亲和姨母。可是这个朋友到了国外却没有给我写过一个字，那我就会对他想得很坏，即使他以后会苦苦哀求，我也不会原谅他的。可是我，弗里兹，硬着头皮为自己的疏忽辩护，而且在长久的沉寂之后再次出来说话，就像一只昆虫在没有人要它那样做时却自己爬出了水面。但我并不会力图去解释，我情愿承认自己有过错，它从远处去看要比实际的过错显得更大，于是我便撕成了碎片。

我已进入了最上层社会，坐在大使、公爵和部长们中间。我甚至连自己都不知道，这是什么奇迹造成的，因为我本人并没有刻意去追求。不过今天，这对我说来是最最需要的，因为据说高雅的趣味就是从这里产生的。如果有人在英国或奥地利的使馆听到过你的演奏，你马上就会被看成是才华出众的。如果沃尔蒙公爵夫人当众夸奖了你，那你的演奏就更加出色。我之所以说是夸奖了，因为这位老夫人已在一个星期前去世了。她有点像死去的吉朗科娃夫人或者像城防司令夫人波瓦涅茨卡。皇室常去拜访她，她做了很多善事，第一次革命时她掩护了许多豪绅贵族。七月事件后，她第一个出现在法王路易菲利普的皇宫中。她是蒙莫朗西古老家族的最后一人（她是许多黑白小狗、金丝雀、鹦鹉的主人，她还拥有一只当地最大的猴子，每当晚上举行招待会时，它会去咬其他的夫人。）在艺术家们中间，我也获得了友谊和尊敬。如果不是我在这里至少呆了一年的话，我是不会这样来写的。我受到尊敬的证据之一，便是那些闻名退迩的人都会在我把作品奉献给他们之前便把自己的作品奉献给我了。比如皮克赛斯就把他最近创作的那首配以军乐的《变奏曲》奉献给了我。其二是，他们根据我的主题去谱写变奏曲，我的一首玛祖卡就曾让卡尔克布雷纳欣喜欲狂。音乐学院的学生们，莫谢莱斯、黑尔茨和卡尔克布雷纳的学生们，一句话，那些演技高超的艺术家纷纷前来请我给他们授课，把我的名字直接列在菲尔德之后。总而言之，我要是犯傻的话，我就会想，我已经达到事业的顶峰了。但是，我现在看到的是，在自己前面要走的路还很长。由于我和一流的艺术家们相处在一起，就看得更加清楚，并知道他们中的每个人都有其不足之处。写了这么多废话，我感到羞愧。我像个孩子似的在自吹自夸，或者像个帽子着了火的人急于防护自己。我想把写的这些都抹掉，但我没有时间再去重写一遍。此外，如果你还没有忘记我的性格，你就会想起，今天之我就是昨日之我，唯有一点不同，那就是一个长了胡子，另一个则还没有长出胡子来。今天我要教五节课，你也许认为，我会发财了。马车和白手套价格虽然昂贵，但缺少它们就会没有风度。我喜欢保皇派而不喜欢市侩，但我本人是个革命者，并不在乎什么金钱，我看重的是友谊，那才是我要向你提出的恳求。

弗·肖邦

77. 致巴黎的波兰文学协会主席

本月 15 日收到了接纳我为文学协会会员的通知，这是贵会给予我的莫大荣誉。敬请主席先生代向同胞们转达我的谢意。这是他们对我表示鼓励和宽容的有力证明。成为他们中的一员这种荣誉将鼓励我为协会的宗旨而努力工作，我愿竭尽全力为其效劳。

顺致最真挚的敬意。

真正的仆人

弗·肖邦

1810 年 3 月 1 日生于马佐夫舍省热拉佐瓦·沃拉村

78. 尼古拉·肖邦致在巴黎的弗·肖邦
1833 年 4 月 13 日于华沙

我亲爱的孩子：

我非常高兴，你已经举行了音乐会，但是在我看来，你无法把它作为你急需时可靠的收入来源，因为举行此类音乐会的收支都是平衡的。只要你感到满意，我们就高兴。但是我不得不再三提醒你，在你还没有积攒起几千法郎之前，我认为你是值得怜悯的，尽管你有才华，也得到人们的奉承。但这种奉承，只是一团雾，在你急需时它帮不了你。如果，上帝保佑，一旦有事或生病，不得不停止教课，你就会在异国他乡遭受贫穷之苦。我向你承认，这种想法常常折磨着我，因为我知道，你是个有一天便过一天得过且过的人，甚至无法支付旅程最短的、哪怕是在你所在国家国内旅行的费用。你在信中写到你打算到英国去旅行，但是为什么？而且那里的物价又是那样的昂贵。如果你一直这样生活下去，我想，你就会永远都是巴黎人了。你不要以为我是想让你成为一个吝啬鬼。我只希望你对你的未来不要这样掉以轻心。至于那些报纸没有谈及你的进步，我的孩子，我向你保证，我的虚荣心并没有走得这么远，我所关切的是你的生活能得到保障。卡尔克布雷纳的虚伪——这种虚伪是显而易见的，因为我看得出，你因为他而常常头痛——让我很为你担心。你把自己的作品题献给了他，表示出你对他的极大的尊敬，我认为你这样做是对的。但是我会对你说，我并不渴望能见到他（但若是他来到了这里，我也不会向他表露出我的这种情绪）。你的《夜曲》和《玛祖卡舞曲》已在莱比锡再版，在这儿，几天内便销售一空。雅乌雷克告诉我，它们出版晚了些。我听瓦列夫斯基的侄儿说，他要到这里来，如果真的会来，那你就趁机托他把你的《协奏曲》带一份给我们，如果《协奏曲》已出版的话。伊莎贝拉将会给我们弹奏它的一些片断。路德维卡还没有钢琴，因为至今我还没有筹集到这一笔钱款，我感到很惭愧，但也只好放弃，不过这不是什么大的不幸。说到我们的身体，感谢上帝，还相当不错。尽管我们现在收入不多，但幸运的是我们会节衣缩食，挣的钱也就够花了。伊莎贝拉处处和我们在一起，常常谈起你和你姐姐，她处处都能满足我们的愿望，使我们的孤独生活过得很愉快。因为有了她，我们才感受到我们大家还生活在一起，虽然你不在这里。我向你说出了我的所思所想，以及我的感受。如果你认为其中有与你的生活方式和思维方法不一致的地方，那你就归咎于一个父亲对你的巨大关怀，他是真心爱你的。

你母亲非常亲切地拥抱你。

79. 致在科特的奥古斯特·弗朗肖姆

1833 年 9 月于巴黎

1833 年 9 月 14 日星期六写起，18 日星期三写完

亲爱的朋友：

任何借口都不能解释我的沉默。如果我的思想不应写在纸上直接通过邮局寄出该有多好呀！此外，你对我非常了解，遗憾的是，你不知道我从来不去做我该做的事情。我的旅行非常舒适。（除了一个不愉快的小插曲：有位擦了很特别的香水的男士在夜里上了车，他是要到查特尔去的。）

我发现巴黎比我离开前有更多的工作等着我去做，这无疑使我不能到科特去看你。科特啊，科特！我的孩子，请转告在科特的全家人，我永远也不会忘记我的杜雷尼之行，你们给了我那么多的关怀让我永志不忘感激涕零。他们都说我长胖了，气色很好。我现在的自我感觉不错，真要感谢我的邻居给我准备的午餐，她像慈母那样照顾我。

一想到这里，我觉到这一切就像一场美好的梦，我真想这样做梦下去。还有波尼兹的农妇！还有面粉！要么就是你那被迫挤压在面粉中的好看的鼻子。

一次有趣的访问打断了我三天前开始写起的这封信，直到今天我才能把它写完。希勒、莫里斯和大家都要拥抱你。我把你的短信送到你的兄弟那里，可惜他不在家。几天前我见到了帕埃尔，把你的归期告诉了我，希望你回来时长得和我一样又胖又健康。

请代向尊敬的弗瑞斯特一家人表示我莫大的感谢，我无法用语言和其他来表达我对他们的感情。请原谅我，请握住我的手，我会拍拍你的肩膀，拥抱你，吻你。

再见，我亲爱的！

弗·肖邦

霍夫曼，胖子霍夫曼和瘦子斯米特科夫斯基拥抱你。

80. 致在巴黎的雷金娜·希勒

1834 年 5 月 25 或 26 日

仁慈的夫人：

今天我就像我们的汽船发出的蒸气在空气中飘散，我感到我的一部分飘

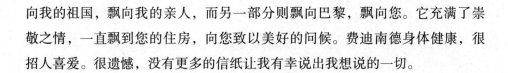

向我的祖国，飘向我的亲人，而另一部分则飘向巴黎，飘向您。它充满了崇敬之情，一直飘到您的住房，向您致以美好的问候。费迪南德身体健康，很招人喜爱。很遗憾，没有更多的信纸让我有幸说出我想说的一切。

您的仆人

81. 致在日内瓦的费利克斯·沃津斯基

1834 年 7 月 18 日于巴黎

亲爱的费鲁斯：

你一定在想：弗里兹在忧郁中，所以才没有给我、给马丽亚回信。你该记得我做什么事都要慢一步。我到方谢小姐那里太晚了，所以必须等到那位诚实的沃尔夫先生离去。如果我不是刚从莱茵河畔回来，如果不是有许多不能丢开的工作，那我就会立即跑到日内瓦去感谢并接受你尊贵的母亲的邀请。然而命运是严酷的，总之，无能为力。你的妹妹真是客气得很，还把自己创作的乐曲寄给了我。我的高兴之情难于表达。于是当晚我便在此地的一家沙龙里用"当年的马丽亚"这一美妙主题作即兴演奏。当年我和她曾在普舍尼家的房间里追逐嬉玩。而今天，我将我最近出版的《华尔兹舞曲》寄给我那珍贵的朋友——马丽亚小姐。让它能给她带去我收到她的变奏曲后所感受到的百分之一的满足。在我结束此信之前，请允许我再一次衷心感谢你母亲对我这个忠实的仆人的记忆，在他的身上也流淌着库雅维人的血液。

请拥抱亲爱的安特克，满怀激情地拥抱卡其。如果你可以的话，就代向马丽亚小姐致以非常尊重和彬彬有礼的问候，你会惊奇地对自己悄悄说："啊，我的上帝，他们真是长大了。"

弗·肖邦

82. 约瑟夫·艾斯内尔致在巴黎的弗·肖邦

1834 年 9 月 14 日于华沙

亲爱的朋友：

一切有关我们亲爱的弗里德里克的所听所闻都让我的心里充满了欢欣，但要请你原谅我的坦率，你至今的成就还未能让我感到满足，尽管我对你的贡献很少，但有幸成了你和声学和对位法的教师，而且永远是你真正的朋友和崇拜者。只要我还活在这个充满眼泪的世上，我就会一直期待着你写出歌剧来。这不仅是为了扩大你的名声，而且也是为了你的这类作品能给整个音乐艺术界带来的益处，特别是歌剧这种体裁能够在真正波兰的历史得到运用。我不想在这里多说什么：首先，你了解我是不会吹捧人的；其次，（除了天才外）我也知道你的秉性，这就是你的《玛祖卡舞曲》的批评家所要谈论的。只有在歌剧中才能得到真正的表现，并获得不朽的生命。钢琴曲同其他乐器的乐曲或者同歌唱的乐曲的关系（用乌尔班的话来说），只是铜版画和绘画的关系。这句话永远都是很贴切的，尽管有些钢琴作品——特别是你的，由你演奏的钢琴作品——有可能被认为是套色的铜版画。

很可惜，我不能见到你，也无法和你当面交谈。可是我有很多很多的话想对你说。最后，为了能当面感谢你给我如此珍贵的礼物，我真想此时此刻像只鸟那样飞到你的奥林匹亚的住所——巴黎人认为它是个燕窝——去见你。我相信他们也和我们一样爱你。祝你健康。爱我像我爱你那样。我永远是，将来也是你真正的、诚挚的朋友。

约瑟夫·艾斯内尔

83. 弗里德里希·卡尔克布雷纳致
在巴黎的弗里德里克·肖邦

我亲爱的肖邦：

我们好久没有见到您了。巴黎那无数的娱乐和欢快场合使得您忘记了您的那些老朋友了。因此我请您明天来我这里共进午餐，您会见到李斯特和其他几位朋友，他们也和我一样会特别高兴地见到您。再见。

弗·卡尔克布雷纳

1834 年 9 月 28 日星期天早上

84. 尼古拉·肖邦致在华沙的
卡拉桑提·英德热耶维奇

1835 年 8 月 16 日于卡尔斯巴德

亲爱的孩子们：

费了不少周折，我们终于到达了这里。还发生了一件事，昨天我们乘车经过城市，要到某个旅馆时，看见了一辆正要离开的马车。那是达涅尔斯基的马车。我们便停了下来，决定住在他们住过的房间，他们是那样的和善，还向我们提供了有关周围环境的注意事项。我们感觉非常美好，于是我们便去了特普利兹。来到这里之后，我们就拿来疗养者名单，看看里面有没有什么熟人。名单上我们发现了查瓦茨基他的夫人和霍夫曼夫人。我打算早上去看望他们。可是在凌晨四点，我们还没有起床，就有人来敲打我们的房门，原来是查瓦茨基先生，他来告诉我们，昨天他和弗里德里克在别处找了我们大半夜。你们可以想象得到，我急忙穿上衣服便和他一起前去叫醒这个诚实的小伙子，他从我们的信中得知我们要到卡尔斯巴德来，便想给我们一个意外的惊喜。他放下了自己在巴黎的工作，日夜兼程，以便在我们之前到达此地。他没有丝毫的改变，我甚至觉得他和离家的时候一模一样。他的这种孝心对我们说来是无比珍贵的，因为你们是了解我们的情感的。我们高兴得热泪盈眶。我们还没有开始治疗，医生今天上午来，看看他会说些什么。我不想耽误邮寄，只好搁笔。吻你们，母亲也吻你们。

尼古拉·肖邦

（下面是弗里德里克写给姐妹们的信）

我亲爱的孩子们：

这是你们收到爸爸的第一封信，由我代笔。我们的高兴真是无法形容。我们拥抱了又拥抱。我们还能再做什么呢？可惜的是，我们不是全家聚在一起，但这也够美好的了。上帝对我们真是太仁慈了。我写这封信时脑子很乱，最好今天什么也不要去想，只享受这期盼已久的幸福，这是今天我唯一有的东西。父亲母亲和从前一样没有什么变化，只不过老了一点。我们一起出去散步，我挽着妈妈谈论着你们，模仿着外甥们调皮的样子，相互诉说别后的思念之情。我们吃喝在一起，相互亲热抚爱，相互大喊大叫。我现在幸福极了。我又感受到了我成长时的那些习惯、那些动作。我好久没有吻过的那只手也依然如故。嘿，我的孩子们，我拥抱你们。请原谅我不能集中思想来给你们写些别的什么了，只是想告诉你们，我们是非常幸福快乐的。以前我只是抱有希望，今天竟实现了这种幸福，幸福，幸福。

我紧紧拥抱你们和你们的丈夫，让你们喘不过气来，你们是我在这个世界上最亲密的人。

弗·肖邦

谢谢齐夫内的音乐，替我吻他一千遍。向维肖沃夫斯基鞠躬百万次，他从遥远的地方给我带来幸福。对弗·斯卡尔贝克也是如此。

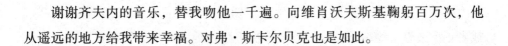

85. 马丽亚·沃津斯卡致在巴黎的弗·肖邦

1835 年 9 月于德累斯顿

尽管你不愿意收到来信，也不愿意写信，但我仍然要利用奇霍夫斯基外出的机会，告诉你一些你离开德累斯顿之后有关我们的消息，我又要让你厌烦了（不再是因为演奏）。星期六，当你离开我们时，我们大家心里都很难过，眼里噙满了泪水。几分钟前，在这个客厅里，你还和我们在一起。我父亲不久就回来了，他没能和你告别，心里很不好受。我母亲流着泪，不时回想起她的第四个儿子弗里德里克在这里逗留时的种种细节。费利克斯也是满脸沮丧，卡其密什想和往常那样开开玩笑，但他这天连玩笑都开不成，因为他一边装怪脸一边在哭。我父亲说我们没出息，他一个人在笑，但他正是为了不哭才笑的。11 点钟，教唱歌的老师来了，课上得很糟糕，我们都唱不出来。你成了我们所有谈话的主题。费利克斯老是要我弹那首圆舞曲（我们最近得到的听你演奏过的那首）。我们从中得到了慰藉，他们在听，我在弹，它使我们想起了刚刚离开我们的这位兄弟。我把乐谱拿去装订，那个德国人只看了一页眼睛便睁得大大的（他不知道曲作者是谁）。谁也吃不下午饭，我们一直盯着桌边你通常坐的那个位置，还常常向弗里德里克之角投去目光，你常坐的那把椅子还放在原来的地方，只要我们还住在此地，它就永远会留在原地不动。晚上，为了不让我们因你的离开而伤心，我们到了姑母家。父亲来接我们，他说他和我们一样，这一天实在没法呆在家里。我们感到离开这个老是唤起我们伤心的地方，实在是一种莫大的安慰。妈妈和我谈的净是你和安托尼，当我哥哥到了巴黎，我请求你多关照他一点儿。你该知道他是一个多么忠诚的朋友，这样的朋友是非常难求的啊！安托尼是个善良的人，心肠太好了，总是受人欺骗。因为他对一切都漫不经心，从来都不留个心眼，或者很少去想这些事情。我们已经多次提醒过他，要他保持理智。不过我认为，他听到你说这种话效果会更好。我知道他是多么的爱你，而且我相信，你的话对他说来是一种神谕。看在上帝分上，请你不要对他太冷淡。如果他在远离亲人的地方找到一位能理解他的知心朋友，他该会多么幸福啊！我不能给你多写了，你了解安托尼，你会更好地了解他。以后你就会说他并不像现在那样差劲。假如某种奇迹让你想写：你们现在还好吗？我很健康。我没有很多时间来写信。请你用"是"或"不"来回答我向你提出的问题：你还在谱曲吗？"假如我是天上的太阳，除了为你我不会发光。"最近我已收到了这首歌，但我还没有勇气去唱它，因为是你的作品，我担心唱出来会完全变了味，就像演唱《战士》那样。我们一直很遗憾，你为什么不叫肖邦斯基呢？也没有其他的标志来表示你是个波兰人。若是有的话，法国人就不会和我们争夺作为你同胞的那种光荣了！我的信写得太长了，而你的时间又是如此的珍贵，让你浪费时间来读这些东扯西拉的东西，真是莫大的罪过。你肯定不会读完全信，只读了几行后就会把小马丽亚的信束之高阁，这样一来我也就用不着责怪自己占用你的时间了。

再见了！童年的朋友是用不着说漂亮话的。妈妈热情地拥抱你，我的父亲和哥哥们也同样热情地拥抱你。我自己也不知道该怎样说才好。约瑟法没有向你告别，她托我向你表示遗憾。我问小妹特蕾莎，我能替你向弗里秋说些什么呢？她回答说："紧紧拥抱他，向他表示衷心的问候。"上帝与你同在。

又及：你上车时把铅笔和钱包都忘在钢琴上了，没有它们你在路上定会感到不便，我们会像对待圣物那样把它珍藏起来。再次衷心地感谢那个小铁筒。米尔·沃津斯卡今天早晨带着巨大的发现来到我那里，对我说：妹妹马丽亚，我知道波兰语怎么说肖邦了，应该说成"肖奔"。

86. 尼古拉·肖邦致在巴黎的弗·肖邦

1836 年 1 月 9 日于华沙

我亲爱的孩子，我最亲爱的：

任何一封信从来都没有像我们刚刚收到的这封信那样让我们如此焦急地等待、盼望！原因如下：三个星期以来这里就有流言说你病重到很危险。人人都在问我们有没有你的消息，我们那时也不知道你的真实情况。后来在圣诞节前偶尔传到我们耳中的不幸消息，你可以想象一下我们的惊恐不安、我们的万分焦急。不久前得到从巴黎来信的查瓦茨卡夫人前来安慰我们，还给我们读了一封信中的消息，说你为利宾斯基举行了音乐晚会，还说密茨凯维奇夫人也出席了那个晚会。好心的丰塔那夫人也来告诉我们，她儿子在 12 月 12 日的来信中谈到了你的许多事情，所有这些只是稍微让我放心了一些。直到上星期一，你那位真正的朋友，好心的吉林斯基在读了 24 日的《争鸣日报》上刊登的你要在舒塞丹丁大街 3 号的晚会上作即兴演奏的消息后，立即跑去告诉英德热耶维奇夫妇这个消息，幸好我也在那里。于是我们急忙来到卢塞那里，亲眼看到了这条消息，这才使大家都放下心来。但还是对你心存疑虑，尤其是当我们该收到你来信的日期都过了却没有收到你的信，焦急不安依然在折磨着我们。现在终于摆脱了恐惧才平静了下来，你身体健康，一切疑虑都已抛至脑后了。遗憾的是，你在前一封信中并未提及你的病情，我们把这些流言飞语都看成是以前的事了。真是幸运，苍天让你遇到了两位看护天使，对你尽心照顾，并如你所说，他们常常关心你的健康。我知道你不喜欢写信，但是，我亲爱的孩子，即使是你的只言片语也能给我们带来不小的欢乐。从你的信中我看出你现在很忙，既要教课，又要作曲，但我也很担心地注意到，你休息得太少了。那些拖得太长的晚会，虽然如你所说是很必要的，但肯定有害于你的身体，特别是在这个容易感冒的季节。我知道，这些盛大的宴会有助于你去建立新的、十分珍贵的关系。可是你的健康呢？我看出，德累斯顿是你特别感兴趣的地方，它好像还在吸引你。在你这样年纪的人并不常常都是自己意志的主宰者，可能会遇到一些难以磨灭的印象。但是谁又能妨碍你明年春天进行一次短途旅行去增长新的见识呢？不过你要尽其所能地节省，我可以给你送去一个到柏林或德累斯顿的旅伴，但路费要由你负担。我已经把这个计划告诉了你母亲，等到了假期，巴尔钦斯基、他的妻子和我就会去接你母亲回来，这件事你怎么想？不管怎么样，你也许会说，这是个美好的空中楼阁，那就让我们去建造它吧。我在想，如果这个想法能得到实现，那你就不会得到比有母亲在身边更好的照顾了。考虑到你的原因，我能忍受短暂的分离，但这需要健康的身体和资金，因此你必须考虑好这两方面。这是唯一的办法，能让你再次到德累斯顿去，办你该办的事情，如果你还没有忘记那里的印象的话。沃津斯基先生节前来这里看望了我们，但没有和儿子来。他以急迫的心情想得到你的信息，后来我们相信，他也知道了那些流言飞语，表面上他是在等邮信，想看看你信里有没有写有关安托尼的事，于是他把离开的日期推迟了两天，你和安托尼在一起很满意、很喜欢他的消息让我也很高兴，可是我了解他的漠不关心和散漫，这让我担心。不过在这方面你让我放心了，我很高兴。你看，我亲爱的孩子，你的来信晚了两个星期就让我们多么提心吊胆啊。如果你没有时间写信，那就让马图辛斯基来写，你只需附上几句话就行了。当然，你的来信越长带给我们的快乐就越大，但是我们对你写的哪怕是三言两语也都会感到满意的。林德夫人谈到你总是赞不绝口，那是你伟大的朋友。她通过杜兰德先生给你去信的；如果你收到了她的信，就要尽量给她回，单独寄去或者附在我们的信里都可以。她曾不惜一切努力来消除我们的不安。从你给我们谈到的特赫曼的方法和观点来看，可以认为那是首屈一指的。那么，停留在你们中间的想象力也要比预期的更长久一些。这样一来你们必定会有所得，而我们会有所失。沃尔夫在干什么？是不是在提高自己？卡尔克布雷纳有没有收他为老学派的学生？利宾斯基不受欢迎，没有获得成功，这让人伤心。人们的爱好是多种多样的。

又及：我要搁笔了，我亲爱的孩子，真心实意地拥抱你。感谢上帝，我们的身体相当好。你挚爱的母亲把你紧抱在胸前，她对我的计划置之一笑。

你是怎么想这个计划的？再一次拥抱你。

尼古拉·肖邦

87. 致在巴黎的卡米尔·普勒耶尔
（日期不详）

尊敬的阁下：我想劳您驾明天晚上能否送一架钢琴到波托茨卡夫人（姨妈）家？

除了我之外，谁也不会去弹这架钢琴的。

忠于你的　肖邦

（波托茨卡伯爵夫人，柏林大街2号）

88. 致在华沙的安托尼·巴尔钦斯基
1836年3月14日于巴黎

我健康——这就够了，
让这特好的消息
带着我的拥抱
飞向我的孩子们。

弗·肖邦

89. 弗朗齐舍克·费蒂斯致在巴黎的弗·肖邦

1836 年 3 月 25 日于布鲁塞尔

亲爱的肖邦先生：

　　最近一次出差到巴黎，我非常高兴地见到了您，当时曾对您说过，想请您写一写有关您生平的文字，我要把它收入我的《音乐家历史辞典》，这些材料是我特别需要的。由于我正在付印的条文中就有您名字的一条。因此请您立即填写我寄去的那页纸，里面包含有我要请您回答的各种各样的问题，如果可能的话，就请您用回程的邮车把写好的这页纸寄回给我。

忠于您的　克·弗·费蒂斯

90. 致在布鲁塞尔的弗朗齐舍克·费蒂斯

尊敬的先生：

　　按照您的要求，我立即将填好的卡片用返程的邮车寄还给您。

　　请接受我完全忠实于您的保证。

弗·肖邦

1836 年 3 月 27 日星期天早晨于巴黎

91. 安娜·李斯特致在巴黎的弗·肖邦

亲爱的肖邦先生：

今天早上收到我儿子的来信，他说本月 14 日要来这里，他让我预先告诉你，他在这里停留的时间不超过四天，最多五天。他想会见他那些最好的朋友，他首先把你列入其中。再见，衷心地吻你。

安娜·李斯特

1836 年 5 月 12 日于巴黎

92. 费迪南德·希勒致在巴黎的弗·肖邦

1836 年 5 月 30 日于法兰克福

我亲爱的朋友：

尽管我相信，像所有我写给你的信一样，这封信也不会得到你的回音，但我止不住还是想和你聊一聊。昨天我非常偶然地碰见了沃津斯基，从他那儿得知了你的情况，因为我刚好从杜塞尔多夫来，我努力让他过得愉快一些，昨天晚上他要到魏玛去，等等。他还告诉我，他在你那里见到了李斯特。如果那不是什么可笑的话，那么我请你在给我的信里谈一谈这方面的情况。从我离开巴黎至今还不到四个星期，我已经见到了这么多的名人，我觉得我是在做梦似的。我在魏玛见到胡梅尔，在杜塞尔多夫见到了门德尔松。如果你想知道庆典的详细情况，那你就去见列奥，我正好给他写了一封长信介绍这方面的情况，总的说来，办得很完美。我非常高兴的是，费利克斯到这里来要住六个星期，甚至两个月。将会发生血战，但最终我们会达成谅解，和平会迅速恢复。今年夏天我们是否有希望在这儿见到你呢？那会是多么愉快啊，我们在这里有座漂亮的住房，我的钢琴也丝毫无损，尽管我还缺少许多东西，但我相信这个夏天我会非常容易度过的。我常向你提起的那个可怜的舍贝尔已经病得很重了。是神经衰弱还是上帝知道的什么病况，也许是他无法再担任领导职务，而我们这里的漂亮学院的利益正有赖于他。里斯将在下星期三举行贝多芬作品专场音乐会。收入将寄到波恩以建立我们音乐拿破仑①的纪念碑。里斯自己将演奏《c小调协奏曲》，昨天晚上演得不怎么样！我自己也不知道演什么好，因为自从离开巴黎以来只打开过三次钢琴。上帝与你同在，亲爱的朋友，请你到凯鲁比尼那儿去，代我们向他问候，并告诉他，他的来信给了我们莫大的快乐，不久之后我还会给他写信的。代向德斯特先生和夫人致意，向马图辛斯基、斯托克豪森和阿尔坎问候千百次，向尊敬的普拉特尔一家致以美好的祝福。让那些忘记我的人想起我来，并感谢那些还记得我的人。再见，亲爱的孩子。要努力做到心满意足，愉快幸福。要把我当成你永远忠贞不渝的朋友。

费迪南德·希勒

我母亲和我向亲爱的艾希哈尔一家表示莫大的敬意。另外我收到了德沙维尔的来信，没有什么重要的内容。再见。

我无需告诉你，我母亲永远崇敬你，她戴着你送的戒指，像是把你当成了她的未婚夫似的。

---

① 指贝多芬。——译者

93. 马丽亚·沃津斯卡致在巴黎的弗·肖邦

1836年9月14日于德累斯顿

你离开之后我们都闷闷不乐。你刚走三天，我们就觉得好像过了几个世纪。您也有同感吗？你也有那种没有朋友在身边的感觉吗？我来代您回答：是的。我认为我不会答错，至少我要相信这一点。我对自己说，这个"是的"就是出自你的口，因为你一定会这样回答的，是吗？

便鞋做好了，会给你捎去。我担心的是鞋大了一些，尽管我曾把你穿的鞋拿给塔科夫斯基做样本，但这个德国佬真是个大笨蛋。帕里斯医生安慰我说，这样的鞋对你有好处，你在冬天就能穿暖和的厚毛袜子。

妈妈拔了一颗牙，身体很弱，至今还不得不躺在床上。再过两个星期我们就要回波兰去了。我会去看望你的父母，这对我来说真是莫大的幸福。那位路德维卡会认得我吗？再见了，我亲爱的老师！现在你不要忘记德累斯顿，以后不要忘了波兰。再见，但愿能尽快见面！

马丽亚

又：卡其密什对我说，斯乌热沃家里的那架钢琴破损得无法再弹了。请你考虑一下，是否能买一架普勒耶尔的钢琴来。当然是在像今天这样愉快的时刻（这和我们大家都有关系），我希望我能听到你在这架钢琴上的演奏。再见，再见，再见！应抱有希望。

94. 特蕾莎·沃津斯卡致在巴黎的弗·肖邦

1836 年 9 月 14 日于德累斯顿

亲爱的弗里德里克：

按照我们的约定，我把这封信给纳克瓦斯卡夫人交到你手中。要不是牙痛，我两天前就把它发出去了。你走后，我让医生把它拔掉了，痛得我要命。星期六你离开，我深表遗憾，那天我牙痛得厉害，无法多关注"灰色时刻"那件事，我们连话都没有多说。第二天，我本来可以了解你走时更多的情况，吉拉丁先生却说："明天永远是伟大的日子，因为它是在我们的前面。"请不要认为我说过的话又反悔了，不，但我们应该决定该走哪条路。我请你一定要保守秘密，保养好身体，因为一切都取决于你的身体状况。卡约①星期天回来了，他离开之后我会有更多的时间。如果捷克的空气中充满了鸦片，那么那里定是在发疯了。马丽亚的前景多么不妙！谁能知道一年以后又会怎样。我把约瑟夫和马勒小姐留在了这里，等明年春天我自己也会来这里水疗，这是我的计划，上帝保佑它能实现。如果上帝保佑，安托尼能健康地回来，我会劝他去工作的，如有可能就让他去学习，因为他几个兄弟都学识浅薄，姑娘们的学识比哥哥们都要高，这对他们说来是种耻辱。现在我没有什么可寄给他的。因为（正如卡其所说）他的父亲是全省最富的人，应该生活得像个样子。当然，在我看来也不能让孩子就这样饿死。既然我要回华沙了，那就把安托尼托付给你了。现在我请求你，一旦有了他的什么消息就马上告诉我。我还要在这里停留两个星期。10 月 15 日我将回到华沙，因为这一天有婚礼要去参加。我将去看望你的父母和你的姐妹，我会告诉他们，你身体很好，也很快乐，但我不会提那个"灰色时刻"。不过，你要完全相信我对你的好心。

---

① 指卡其密什。——译者

为了实现我的愿望和感情的考验，必须谨慎行事。再见，你应在 11 点钟去睡觉，一直到 1 月 7 日你都该把药当饮料来喝。马图辛斯基先生会赞同我的，就像斯库热夫斯基在马里恩巴德或者弗朗在斯布朗治疗时一样。亲爱的弗里兹，保重身体，我会像爱你的母亲那样衷心地祝福你。

特·沃津斯卡

马丽亚托格尔曼先生给你带去一双便鞋。鞋大了一些，不过我告诉你，你应该穿毛袜子，帕里斯就是这样认为的。我想你会听话的，这是你答应过的。此外，你要小心，这是考验时期。

95. 马丽亚·沃津斯卡致在巴黎的弗·肖邦
1836 年 10 月 2 日于德累斯顿

衷心感谢你寄来的签名，请你多寄一些来（是妈妈要我这样写的）。我们现在会尽快赶回华沙，我非常高兴能见到你的家人。明年会再见到你。卡其给我们说了许多有关乌兹雅的事情（除此之外你还能说什么呢，既然你的意见相反）。说她有些像我，对我说了许多奉承话，人们说她长得很漂亮。5 月、6 月，或者再晚一点，我们就能再见面。我希望你永远记得你那忠心不渝的秘书。

马丽亚

96. 致在斯乌热沃的特蕾莎·沃津斯卡

1836年11月1日于巴黎

最尊敬的和最仁慈的夫人：

我寄上一封来自彭贝隆的、上面签有安托尼名字的信。我采用迪勒夫人的办法，非常管用。这封信的目的在我看来就是想快点取得那个签名。由于有了温岑特的附笔，您能看出安托尼仍和以往一样，人们都喜爱他，都记得他，他能有多好就有多好，而且不是孤独一人。

我一直焦急地等着这封信，而且也到了该向你们祝贺的时候了。费利克斯一定已经完婚了。婚礼定会是盛大而隆重的，人们跳舞，饮酒狂欢，还得去回访数日、接待客人等等。真的，我们为什么不能有一面反映事物的魔镜，或者能把我们带到想去的地方的魔戒呢？我的父母在打听我的情况，贝奇科夫斯基还未来到这里，我会尽力招待好他的。

幸运的是，我今天的这封信只是作为安托尼信的信封，否则我要是自己单独写就写不出什么东西来了，今天我的笔真写不出什么消息来。不过，这些圣徒，安东和安那托拉夫人的签名却救了我。我不想再寄什么给我的秘书了，因为我怕信会超重。冬天来临前，我会随信寄些乐曲去的。佐菲亚夫人一直热爱着你们，并常以真正愉快的心情想起你们。我现在的邻居西肖洛也常常问起您来。

为什么现在已是12点了？从12点开始我就要去教课了，一直教到6点钟，然后去进餐，晚上要去参加社交活动（直到11点钟）。因为我尊敬您才不想说谎。我现在想的全是便鞋和"灰色时刻"。

请您写几句话投入信箱，告诉我有没有收到安托尼的信？

最真挚的 弗·肖邦

请向沃津斯基先生表示我的敬意。

对于这位秘书，我非常高兴，我不会忘记给她写信，我期待着她不会忘记我，和赫德列尔没有关系。至于费利克斯，他现在是任何人都不会去关心的。拥抱卡其密什。说到小特蕾莎，除了吻她的小手外，请马丽亚向她解释，我是多么地喜欢她，当我看到别的小孩时我就会叫喊起来：这不是她，这不是她，我那多么可爱的小特蕾莎在哪儿。

问候在斯乌热沃的所有人；就像在德累斯顿那样。如果格林斯卡夫人没有提到我，那就向她和特蕾莎小姐致意。

97. 马丽亚·沃津斯卡致在巴黎的弗·肖邦
1837 年 1 月 25 日于斯乌热沃

妈妈在责怪，可我要衷心地、非常衷心地感谢你。当我们见面时，我会更好地感谢你的。你知道我是懒于写信的，因为我要把谢意保留到下次的相见，所以我才写了这几句话。妈妈向你描述了我们的生活情况，我也就没有什么新的消息告诉你了。也许只有冰雪融化，这是重要的消息，对吗？我们在这里过着平静的生活，这是我所需要的，因为我喜欢这种生活。不过我并不想永远如此，这是可以理解的。既然现在只能如此，那就只好在可能的范围内去适应它。为了消磨时间，我总得找点事做。眼下我手里正拿着海涅的《德国人》，我对这本书非常感兴趣。写到这里我该结束了，并把你托付给上帝。我认为，用不着重复你忠实的秘书对你的感情。

马丽亚

98. 马丽亚·沃津斯卡致在巴黎的弗·肖邦
1837 年于斯乌热沃

　　我只能写几句话以表谢意，感谢你寄给我的漂亮的皮包。我不想去描述我获得皮包时的那种喜悦的心情，因为那样做是徒劳的。请接受我对你欠下的感激之情。请相信我们全家，特别是你最差的学生和童年时期的朋友对你的热忱。再见，妈妈最亲切地拥抱你，特蕾莎时时想起自己的肖邦。再见，请你记住我们。

马丽亚

99. 乔治·桑致在巴黎的弗朗茨·李斯特
1837 年 3 月 28 日于诺昂

　　请您尽快来看我们。爱情、关怀和友谊召唤您到诺昂来。爱情（玛丽）身体有些不适，关怀（莫里斯和佩勒坦）身体健康，友谊（我）胖了，但身体健康。

　　玛丽告诉我，可以期待肖邦的到来。请您告诉他，说我请他和您一起来，说玛丽不能没有他，说我崇拜他。

　　我还要给格日马瓦写信，说服他也来看我们。我祝福玛丽能看到自己所有的朋友都在身边。也祝愿她生活在爱情、关怀和友谊的包围之中。

乔治·桑

100. 致在斯乌热沃的特蕾莎·沃津斯卡

1837 年 4 月 2 日于巴黎

我得到纳克瓦斯卡夫人的允许附笔写上几句话。我期望能听到安托尼亲手写来的消息。有一封比这封更加详细的信，还有温岑特的附笔，我会立即寄给您。请您不必为他担心。到现在为止大家都还呆在城里。我们没有见到德塔利家的人，因为他们每个人都有自己的特殊情况。我这个月寄出的信无疑已到了斯乌热沃，这会让您尽量放心的。至于那个西班牙人，他非得给我写几个字不行。我不想告诉您，当我听到您失去母亲的消息时所感到的悲痛，不是为她（因为我不认识她），而是为您们——因为我认识您们。（真心实意地）我承认我有时无法控制住我自己，就像在马里安巴德读着马丽亚的书时一样，一百年之内我都不会在它上面写什么东西了。有些日子我实在毫无办法。今天我宁愿自己身在斯乌热沃，而不是写信到斯乌热沃。信短而言未尽。向沃津斯基先生表示我的敬意，向马丽亚小姐、向卡其密什、小特蕾莎和费利克斯致意。

热爱你们的 弗·肖邦

101. 乔治·桑致在巴黎的玛丽·达古

1837 年 4 月 5 日于诺昂

请告诉密茨（凯维奇），我的笔和我的住所听凭他使用，我会为此感到荣

幸。请告诉我所喜爱的格日马瓦，也请告诉我崇拜的肖邦，以及你所喜欢的
所有人。我也喜欢他们，如果你能把他们一起带来，我会很高兴见到他们的。
整个巴里如同一人都在等待大师①的回来，以便倾听他的钢琴演奏。我想应该
在诺昂组织一支猎枪队和国民军，以便保护我们免遭乐迷们的侵犯。

乔治·桑

102. 致在斯乌热沃的特蕾莎·沃津斯卡

1837 年 5 月 14 日于巴黎

最仁慈的夫人：

　　这里有安托尼写来的几行字，我赶忙把它寄给您们，以证明他的健康和
精神都很好。应他的要求，不必等斯乌热沃来的回复，我就要回信给他。我
不会把家里的伤心事告诉他。说不定会有一封长信把他的情况、在什么地方
和他的打算告诉我，我会立即给你们寄去。

　　我不想多写了，因为我不愿耽误了邮期——此外，有了安托尼的短信，
其他一切都会黯然失色。

最诚挚的　弗·肖邦

　　向沃津斯基先生表示我的敬意。提醒马丽亚小姐要给她哥哥写几个字，
拥抱卡其密什和小特蕾莎，向费利克斯致意。

---

① 这里是指李斯特。——译者

103. 致在萨拉戈萨的安托尼·沃津斯基

1837 年 5 月于巴黎

你是我亲爱的生命

你受伤了，而且远离我们，此时此刻，我什么都不能寄给你。你的亲人只是在想念你，担心你。上帝保佑，愿你早日恢复健康回到家里。报纸在说，你们团队完全被打败了。你不要再去参加西班牙军队了，你记住，有更好的地方需要你流血。

提图斯给我来信说，他很希望能在德国的某个地方和你会面。这个冬天我又患上了感冒，要把我送去 EMS。所以直到现在还没有想过去那儿，因为我还不能出门旅行，我正在写东西并准备一些手稿。我更多地是在想你，比你想象的还要多，我永远都爱你。

弗·肖邦

相信我，我对你的思念和对提图斯的一样。也许我会到乔治·桑那里去住几天。但我不会耽误你的钱，因为这三天我已托付给马图辛斯基了。

104. 致在斯乌热沃的特蕾莎·沃津斯卡

1937 年 6 月 18 日于巴黎

最仁慈的夫人：

安托尼已在萨拉戈萨，身体健康，他最近写信给我，请求你们要惦记着他。他的团队经过胡斯卡一战完全瓦解了。许多人回来了，他现在比任何时候都更需要你们的帮助。上个月我已尽我的可能立即回复了他（在收到他在胡斯卡战斗发生前写的一封信，我已立即给您寄去了），但这不过是大海中的一滴水。温岑特和莫里斯也都在萨拉戈萨。莫里斯的监护人在劝说他们回来。如果他能像去时一样和他们一起回来那就最好不过了。

现今在各个邻国都是穷困和骚动不安，可是在这里大家却毫不在意，婚礼、舞会、大型娱乐活动照常不断。人们狂欢乱舞，往往以窒息和践踏而告终。战神广场放烟火时就有几十人因好奇而在混乱中丧命。在市政厅举行的舞会也因此而取消了，尽管入场券都已发出了 15000 张。新公主受到广泛的爱戴，人们称赞她的不是她的美貌而是她的智慧。她从不举止失当，也不拘束笨拙，因为她就是在这些节庆欢乐的环境中成长起来的（而不是在卢德维堡吃奶油面包长大的）。我什么地方都没有去过，甚至连凡尔赛宫都未曾去过，没有去看过菲利普和他前朝的那些朋友所宣扬的奇迹，它超过了大家的期待。天气很适宜于这种典礼，一切进行得很顺利，除了在凡尔赛宫举行的午宴上，上汤的时候厨师让国王等了好一会儿。大家都在担心，厨师会不会步瓦泰尔的后尘。巴黎人都在期待着将在歌剧院为国民军而举行的盛大舞会，以及罗杰德为年轻王子而在巴黎郊区一个很美的村庄——菲雷尔举行的庆典。

斯乌热沃的夏天很美吗？有许多阴凉的地方吗？能不能坐在树阴下来画画。特蕾莎有没有找到适合做奶酪的地方？是不是由于约瑟法小姐或马勒小姐的不在而感到无人帮忙呢？您是否想尽快见到她们？我还有上千个问题要问。我感到好奇的是，为什么单单没有大众的娱乐。当公主到达时我正好在恩格夫湖附近的乡下。我现在很难呆在巴黎，医生要我去 EMS，但我还没有决定要去什么地方，何时动身。

几天前的一个傍晚，佐菲亚夫人和查扬奇科瓦公主前来看我，并亲切地问候你们夫妇。耳朵有没有发热？阿纳托罗娃夫人昨天和普拉特尔夫妇在一起，她有点抱怨她的神经，但尽管如此，她还是胖了。而列奥霞则长得更漂亮了。她忘不了特蕾莎夫人的小甜点，而且每次看到我的教女时（您知道我在这里做教父已经很久了），一听到她说话，便会狂喜地称呼她为小姐。

喜欢那架钢琴吗？上帝保佑！若是不喜欢，就请您揍我一顿，但不要发怒生气。

我再次提醒夫人您，安托尼正等着您回信（附带也给我写几句话）。

最诚挚的　弗·肖邦

向沃津斯基先生表示我的敬意，向马丽亚小姐、卡其、特蕾莎、费利克斯等人致意。

地址：安东河堤大道 38 号

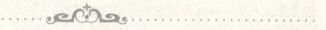

105. 致在斯乌热沃的特蕾莎·沃津斯卡

1837 年 8 月 14 日于巴黎

最仁慈的夫人：

我怕有人给您带去不实的消息，特意把安托尼本月 3 日的来信寄给您，以便你们能从他亲笔写的信里获知他的情况。我没有告诉您他的腿在胡斯卡战役中受了轻伤，那是大约在 5 月发生的事情，我宁愿当面告诉你们而不愿在信里引起你们的惊慌，可是现今的情况不同了，传到你们耳里时苍蝇变成了大象（即小事变成了大事）。所以我附上了他最近的来信，信里说他的伤势已完全好了。从这封信中也可以看出他是打算回来的。关于您寄来的 3000 法郎，我已于本月 9 日从银行家列奥手里取出，并在收到安托尼来信的当天，也就是本月 10 日，便通过罗特席尔德汇寄到罗格洛尼。在罗格洛尼有很多自己人，尤其是那位诚实的沃罗涅茨基还留在那里。如果夫人您自己或者马丽亚小姐能给他写几句话让我转寄给他，他一定会大受鼓舞的。您也看到，他在这封信里抱怨家里没有一个人给他写信，尽管我常常把我得到的有关你们的消息立即转告他。

您最近的一封信我是在伦敦收到的，上个月我就来到这里闲逛了。我想从这里经荷兰前往德国，但我已回到了巴黎。我现在就在我的房间里，但对我说来一切都为时已晚了。我期待着能收到比您最后一封信要少些悲伤的来信。也许我下次只能在转寄安托尼的信时附上几笔了。

最诚挚的　弗·肖邦

向沃津斯基先生表示我的敬意。让马丽亚小姐想起她的哥哥，问候费利克斯、卡其、约瑟法小姐、特蕾莎…

您在此地的熟人都玩得很好，既健康，又没有忧虑，更不会想到生病。佐菲亚夫人从日内瓦得到您到那里去的消息。

106. 阿斯托尔夫·德·屈斯蒂纳致在巴黎的弗·肖邦
约为 1838 年 3 月 6 日于巴黎

亲爱的肖邦：

您让我想起了在圣－格拉蒂昂和巴黎度过的那些最美好的日子。我见到了您，和您分享毫无瑕疵的钢琴，不是为了音响而音响，而是具有通过乐器所表达出来的思想，所以您不是在钢琴上而是在人们的心灵中弹奏。您好像是在最美好的时刻让我陶醉。我很想做个垂死之人，您定会使我死而复活，因为您会准时来到，我对此深信不疑。

没有比您更好的朋友了！为这样的朋友效劳并不困难，他们的成就都是他们自己创造出来的。我给报刊写了一篇关于他们的文章，听到的回答是：就这么些吗？这样的话题我们当然还能说得更多，我对所有的熟人说，去听听肖邦的音乐会吧！他们个个都回答说：我们八天前就已经搞到入场券了，我们想给朋友们搞点票，都白费劲了，因为门票已售罄！

波兰作为一个整体是不幸的。但是它的每个孩子都有自己的星星，以补偿他所受到的不幸。

我要长期远行，如果有希望能经常听到像您昨天晚上那样的演奏，那我是忍受不了这种新的分离的。您以自己高雅优美的魅力吸引了所有真正的音乐迷和巴黎一切高雅的东西。观众的组成是很高雅的，不过我在听您演奏时，总感到我好像是同您单独在一起，甚至是和比您本身更好的，至少是和您身上最美好的东西在一起。

请原谅我的啰嗦。但这是我当面不敢对您说而又想要跟您说的一些话。

您知道，您想要我做什么都是可以的，而且您不会相信，您对许多人都有这样的影响力。我觉得自己很坏，当我看到您对别的观众不太公平时我就对您很高兴。

阿·德·屈斯蒂纳

星期二早上

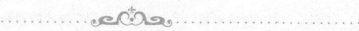

107. 乔治·桑致在巴黎的沃伊捷赫·格日马瓦

1838年6月于诺昂

亲爱的朋友：

我从不怀疑你所提劝告的诚实性，因此请你不必有任何顾虑。我相信你的主张，尽管我还不太了解它，也没有深入研究过，但从它获得像你这样的信徒的那一刻起，它就应该成为所有信念中最崇高的一部分。你为朋友所做的一切都值得赞美。至于我的想法，你就放心好了。让我们最后一次把问题摊开说清楚吧，因为我未来的所作所为都取决于你就此事所做的最后答复。既然事已至此，我后悔在巴黎时没有克制自己的不快而当面向你请教。我仿佛觉得，我所听到的情况会给我的这首长诗投下一道阴影。实际上，这首诗已经变得暗淡了，或者变得苍白了。但这无关紧要。我信奉你的信条，因为它要求最后才想到自己。当我们所爱的人的幸福要求我们付出全部力量时，你就根本不要去想你的信条。请你听好我说的话，并给我一个明确、干脆而不含糊其辞的答复。那个他想爱，或者他应该爱，或者他认为应该爱的那个人①是否能给他幸福，还是只能给他增添痛苦和悲伤？我不是要问他是否爱她或者他已被她所爱；更不是要问他爱她胜过他爱我，或者不如他爱我。我根据自己的内心活动就能判断出他的内心活动。我想要知道的是，考虑到他自己的平静、幸福和十分羸弱的身体——我觉得他太羸弱了，以至于经受不住巨大的痛苦——他应该在我们两人之中忘记或者抛弃哪一个呢？我不想扮演一个恶鬼的角色，我不是迈耶贝尔笔下的贝特拉姆，我也不想去与他青梅竹马时的朋友进行斗争。如果这位朋友是个美丽而纯洁的艾丽丝，如果我早就知道，我们这个孩子的生活中曾与别人建立起某种联系，而在他的心灵中有过某种感情纠葛，那我就决不会俯身去接受那为别的神灵奉献的香火。同样，假如他知道当时我已是个结了婚的人，那他也会在我的第一次亲吻面前退却。我们谁也没有欺骗谁，只是把自己交给了一阵风，它把我们带到了另一个天地，度过了一段美好的短暂时光。不过，我们在愉快的拥抱和天堂般的太空飘荡一番之后，不得不又回到这人世间来。我们就像两只可怜的小鸟，虽有翅膀，但巢却建筑在地上。当天使的歌声召唤我们飞向天空时，我们的亲人又把我们拉回到地上来。至于我，不愿为激情所左右，尽管我的内心深处还时时燃烧着一股邪恶的烈火，但我的孩子们会给我必要的力量，使我能摆脱一切把我和他们分开的因素，以确保他们享有良好教育、健康、生活保障等生活所必需的条件。正因为如此，再加上莫里斯生病等原因，我才不能在巴黎久留。此外，还有一个我永远也不会离开他的人，如果说到心地和名声，他都是一个非凡的、完美的人。一年来，只有他和我在一起，他从不给我带来痛苦，即使一次、一分钟也没有。他是个既不留恋过去，又对未来毫无保留的人。他是唯一一个完完全全把自己奉献给我的人。此外，他的天性又是那么善良，那么聪慧，只要假以时日，他就能了解一切、理解一切。这是一

---

① 指马丽亚·沃津斯卡。——译者

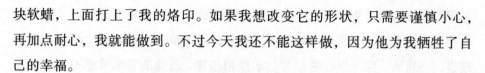

块软蜡，上面打上了我的烙印。如果我想改变它的形状，只需要谨慎小心，再加点耐心，我就能做到。不过今天我还不能这样做，因为他为我牺牲了自己的幸福。

至于我，几年来我都是身陷其中，作茧自缚，以致我不敢期望我的这个小家伙①能摆脱束缚他的锁链。如果他将自己的命运交由我支配，我定会惶恐不安，因为我的手中已握有另一个人的命运，而我也不能替代他为我舍弃的那个人。我认为，我们的爱情只能存在于它产生的那种条件下，也就是说，只能时断时续，当顺风把我们联系在一起时，我们就能飞向星空，然后我们就分开，再次返回大地，因为我们是大地的孩子，上帝不允许我们肩并肩地完成我们的生命之旅。于是我们只有在天上相会，我们在那儿度过的瞬间是如此美好，足以弥补我们在人世间度过的一生。

因此，我的职责已非常明确，在不违背它的前提下，我可以用两种截然不同的方式去实施它。第一种方式就是让我远离肖邦，竭力不去扰乱他的心境，从不和他单独在一起。第二种方式则相反，在不危及马（指马勒菲伊，1813—1868，法国作家）的安宁的条件下尽力去接近他，允许他在休息和愉快的时刻想起我。有时候，当天堂之风把我们带上天穹时，我们就能像姐弟般地拥抱在一起。如果你能告诉我，那个我们都知道的女人能给他纯洁的幸福，能给他无微不至的关怀，能把他的生活安排得称心如意，舒适安宁，而我有可能成为他们的绊脚石，那我就选第一条道路。如果他的心境过于苛求，甚至严酷到发疯的程度，不愿以两种不同的方式去爱两个不同的女人。如果我偶尔和他度过的一周会扰乱他一年的幸福生活，那么，在这种情况下，我向你发誓，我会尽一切所能让他忘掉我。如果你能告诉我下列情况的一种：要么他的家庭幸福可以而且应该与短暂的纯真感情和宁静的诗意相安无事，要么他无法拥有家庭的幸福，而婚姻或者类似的某种联系会成为他艺术家灵感的坟墓，那我便会选第二条道路。我会不惜一切代价去阻止他建立这样的联系，帮助他去战胜他的宗教顾忌。我向你承认，是我的推测让我这样想的，请你告诉我，我的推测是否有误。我相信，那个女人一定是很迷人的，配得

---

① 他们称肖邦为小家伙。——译者

上得到最伟大的爱情和尊敬。因为像他这样的人，只会爱上美好而又纯洁的事物。在我看来，你是在担心他的婚姻、日常的事务、平凡的生活、家庭的琐事，一句话，你所担心的是与他本性相违背、与他的音乐灵感不相容的那些事物。一想到这些，我就会为他担心。但在这些事情上，我既不能肯定什么，也不能发表任何意见。因为我对他的许多方面都一无所知，我所看到的只是他被阳光照亮的一面。因此，我请你帮助我确定对此问题的看法。最重要的是我要知道，他对我是什么态度，只有到那时，我才能确定自己应采取的态度。对我说来，最好是能这样来写我们的这首长诗，让我对他的实际生活情况一无所知，他对我的也是如此。让他继续按照自己的那一套宗教、社交、诗歌、艺术的原则去生活，我永远也不会去过问他的事，反之，他也不要来过问我的事。我只希望，无论是在什么地方、什么时间我们相遇，我们的精神都能达到幸福和完美的巅峰。我毫不怀疑，当两人以崇高的爱情相爱时，就会变得更完美。不仅会远离罪恶，而且相反，会更接近作为爱的源泉和发祥地的上帝。亲爱的先生，也许你应该以此为最有力的论据，去向他把这一切都解释清楚。只有在毫不伤害他的责任感、他的忠诚和宗教牺牲的条件下，你才能给他的心灵以慰藉。我最担心的和最感到痛苦的，莫过于想到自己会成为他所害怕的人，并使他受到良心的责备。不，不，我无力去和另一个人的形象和记忆作斗争。除我之外，只有她才能给他造成致命的伤害。正因如此，我非常尊重个性，或者说这是我尊重的唯一个性。除了狱吏看管的囚犯和刽子手里的受害者之外，我不会从别人那里掠走任何人。因此，我也不愿俄罗斯掠走波兰。先生，请你告诉我，是不是俄罗斯的形象在追逐我们的孩子。如果是，我将祈求苍天，把阿尔米德的全部诱惑借给我，以便阻止我们的孩子陷入其中而不能自拔。如果是波兰，那就让他去好了，没有任何东西能与祖国相提并论。当一个人有了自己的祖国，就不应去给自己创造另一个祖国。他可能认为，我就像意大利这个国家，人们可以到那里去游玩，去享受春天的欢乐，但他们都不会在那里久住，因为那里的阳光比睡床和餐桌要多，而舒适的生活则要到别处去找。

可怜的意大利！人们都在梦想它、渴望它、思念它，但没有人会在那里留下，因为它是不幸的，它不能给人们提供它不具备的幸福。还存在着另一种设想，那就是他有可能不再爱他的童年朋友了，他们缔结的婚约也使他感到厌恶，但责任感、家庭荣誉——又有谁知道呢？——驱使他做出自我牺牲。假如真是这样的话，那么，亲爱的朋友，就请你去做他的守护天使吧。我就不能插手这事了，但你该过问此事。请你保护他免受良心上的过分自责，免受他自己的道德上的非难。请你不惜一切代价去阻止他做出这种牺牲，因为在这种情形下，不论是婚姻还是别的不太为人知晓的关系，都要承担一样的义务，维持一样的长久。我认为，以牺牲自己的未来作为对过去所获得的牺牲的补偿，那是得不偿失的。过去是个有限的和可以估价的概念，而未来却是无限的，因为它是个未知数。如果那个女人想要以有限的牺牲去换取别人整个未来的一生，那么这种要求是不公正的。如果被要求做出牺牲的人正处于窘迫之中，不知如何来保护自己的权利，而又无损于自己的荣誉和正义。这时候，友谊的职责就是去拯救他，成为他权利和义务的坚定不移的捍卫者。在这些事情上，你应该态度坚决。请你相信，我憎恨那些引诱女人的男人，我永远站在被侮辱和被欺骗的妇女的一边，我被认为是女性的辩护士，我以此为荣。一旦出现这种需要，我会利用姐妹、母亲和朋友的威望，不止一次地斩断这种情缘。我一直谴责那些以男人幸福为代价去追求自己幸福的女人，我总是为男人开脱，如果女人向男人要求的自由和人的尊严超过他能付出的范围。如果口是心非，嘴上一套心里想的又是一套，那么，关于爱情和忠贞不贰的誓言便是罪过和卑劣。向男人可以要求一切，但不能要求罪过和卑劣。但有一种情况例外，亲爱的朋友，除非他想要做出更大的牺牲。不应去反对他的信念，也不能粗暴地对待他的志向。

如果他的心和我的心一样，能容下两种不同的爱情：一种是，可以称之为生命的躯体，另一种却是生命的灵魂，这是最好的解决办法。因为这样一来，我们之间的关系就会和我们的感情与观念相一致了。正如一个人不能每天都是高尚的一样，他也不可能每天都是幸福的。我们将来不能天天都见面，也不能天天都燃起神圣的火焰。但是我们会迎来这美好的一天，也一定会燃起这神圣的火焰。

也可以把我和马（勒菲伊）的关系告诉他。由于他不了解情况我担心他会臆想出要对我承担起某种义务，而这种义务会束缚他，也会和另一个人发生可悲的冲突。至于如何向他揭示这一秘密，我给你充分的自由和最后的决定权。如果你认为时机合适，你就告诉他。如果你觉得这会给他增添新的痛苦，那你可以推迟到以后再说。也许你已把全部情况都告诉了他吧？不管你是说了还是准备告诉他，我都表示赞同和认可。

至于将来我会不会属于他，我认为，这与我们现在所关注的问题相比是次要的。不过这个问题本身却是个重要的事，因为这是女人的生活内容，是她最珍贵的隐私，是她最深邃的智慧和最迷人的奥秘。我把你当作哥哥和朋友来看待，才对你直言不讳，倾诉我最大的秘密。这个隐秘会让所有的人一提到我的名字就会做出种种离奇古怪的评论。这是因为我毫无隐瞒，不按任何理论和原则行事，既没有固定的观点，也不抱任何的成见，既不企求什么特殊的力量，也不玩弄唯灵论的什么鬼把戏。在我的身上既没有天生的素质，也没有养成的积习。我觉得，我也没有任何虚假的原则，既不骄横自大，也不过分自卑。我在生活中常常听凭直觉行事，永远相信自己的本性高尚。我有时会看错人，但从没有看错自己。我干过许多应该自责的蠢事，但从没有作过任何下贱和卑劣的勾当。我常常听到人们对人类道德、谦虚和社会美德的高谈阔论，此时此刻这一切对我说来都不十分清楚，因此，我在任何事情上都没有得出最后的结论。

但这并不是说，我对这些事漠不关心。我可以坦诚地告诉你，想把某种理论应用到我的感情中去，这是我生活中最大的问题，也是我生命中最大的苦恼。感情总是比理智更强烈，我竭力想在它们之间划条界限，总是徒劳无果。我常常改变信念。首先，我相信忠诚，我宣传过它，相信过它，并要求别人也信守。别人没有对我忠贞不贰，我也照此办理，但我从未感到良心有愧。因为每当我不忠时，好像是受到某种天意，受到一种寻找理想的本能的驱使，迫使我抛弃不完美的东西，而去追求那种在我看来更接近理想的境界。

我体验过各种各样的爱：有艺术家的爱，女性的爱，姐妹的爱，母亲的爱，修女的爱，诗人的爱，不一而足，谁知道还有别的什么爱呢？有过这样的爱：当天刚刚产生当天就消亡了，而作为被爱的那个对象却从来也不知情；也有过这样的爱：它把我的生活变成了痛苦，它使我绝望到几乎发疯的地步还有过这样的爱：它把我长年禁锢在某种极度的禁欲主义中，就好像被关在修道院里，而这一切又都是极其真挚的。圣·夫说，我这个人经历了人生的不同阶段，就像太阳进入了黄道十二宫的各种征兆中。对于那些只根据表面现象来判断我的人，在他们眼里我可能是个疯子，或者是个伪善者。然而任何一个观察过我并能了解我内心隐秘的人，都能看出我是个怎样的女人。他所看到的是一个美的崇拜者，一个渴望真理、心灵敏感的女人，一个优柔寡断、想入非非，但总是抱着美好信念去从事活动的女人，一个从来不小气、不记仇的人。她脾气暴躁，感谢上帝，却是个对坏事和坏人健忘的女性。

亲爱的朋友，我的生活就是这样。你可以看出，它很平常，毫无令人欣赏之处，但却常常引起别人的同情。善良的人们在她身上很难找到可以指责的缺陷。我可以肯定，那些指责我是坏女人的人是在说谎。如果我能花些心思去回忆一下，并向他们解释，他们就能知道事情的真相。但这样做会使我厌烦，而且我忘性很大，并不把这种事放在心上。

迄今为止，我忠实于我的所爱，而且是完完全全地忠实。我从来没有欺骗过任何人，从来也没有在毫无重要理由的情况下背弃对别人的忠诚。是别人的错误才扼杀了我心中的爱情。从我的本性来说，我不是个水性杨花的女人。相反地，我一贯都是深爱着爱我的人。我很难一见钟情。我习惯于和那些不把我当女人看待的男人相处。这个羸弱的人给我的印象确实让我感到有些惶惑，有些不知所措。我还没有从惊愕中清醒过来。我认为，我的生活从来没有这样平静和稳定。在这时刻，如果我骄傲，就会陷入不忠不义之中，并因此而受到伤害失去尊严。如果我有先见之明做出判断，与这个突如其来的人进行斗争，那就糟了。我是突然被入侵者入侵的，当爱情占据着我的身心时，要让理智支配我自己，这不符合我的天性，但我并不责怪自己。而是要表明，我比我想象的还要软弱和敏感。这无足轻重，我的虚荣心并不强。而我对你说的，恰好证明，在勇敢和力量方面，我根本就没有什么虚荣心，从来也没有自我炫耀过。我之所以感到伤心是长期以来我诚心诚意地对待别人，并为此感到自豪，如今却受到了损害和威胁。我不得不像别人那样说谎。我可以告诉你，这对我自尊心的打击要比一部小说的失败或一部戏剧被喝倒彩还要大。我为此感到痛苦，这痛苦也许是自尊心的残余，也许是一种来自上苍的声音，它呼唤着我，要更加小心去保护我的眼睛、我的耳朵，尤其要保护好我的心。如果上苍要求我们忠实于人世间的爱情，为什么它又让天使们在我们中间徘徊，让他们出现在我们的路上呢？

于是，我的身上再次出现了爱情的重大问题。爱情必须与忠诚齐头并进，我两个月前就说过。遗憾的是，我不否认，当我再次见到这个可怜的马（勒菲伊）时，我对他的感情已不再那么强烈了。不过有一点是肯定的，自从他返回巴黎后（你也许见到过他），我都没有以迫切的心情等着他回来，也没有因他的离去而悲伤。相反地，我感到不那么难受了，呼吸也更加顺畅了。如果我确信，我与肖邦的频繁见面会使这种感情变得更加冷淡的话，那我感到有必要放弃和他会面。

我正打算这样做。我想和你谈谈两个人相互以身相许的问题。在许多有思想的人看来，这涉及忠诚问题。但我认为，这是个错误的概念，一个人都会有或多或少的不忠。但如果听任对方夺取自己的灵魂，并允许对方最无邪的抚爱而感到是相爱的时候，就已经犯下了不忠的过错，其余的就不那么重要了。因为谁失去了心灵，谁就失去了一切。宁愿失身于人也要保住完好的灵魂。因此，我原则上认为，完全确立的新关系也只是加重了一点过错而已，但并不排除在以身相许之后，这种依恋会变得更富人情味，更加强烈，更加紧密。这是很有可能的，甚至是肯定的。所以，如要生活在一起，就不应违背天性和生活真谛，也不能在完全结合面前退却。如果被环境所迫而不得不分开生活时，理智以及随之而来的义务和真正的美德，就会让我们做出牺牲。我还没有认真考虑这一切，如果他在巴黎提出这种要求，我会立即顺从他的，因为我天生的诚实使我对形形色色的谨小慎微、瞻前顾后、蝇营狗苟和投机取巧产生无比的憎恨。但是你的来信让我想到，是该一劳永逸地解决这件事了！另外，马勒菲伊的抚爱给我造成的惶恐和烦恼以及为了掩饰自己的情绪而做出的努力，对我来说都是一种警告。因此，我听从你的劝告，亲爱的先生，就让这次牺牲能部分地弥补我背弃誓言的过失。

我把它称作牺牲，是因为我看到这位天使痛苦时，我的心里也很难过。迄今为止，他一直克制着自己，但我不是孩子了，我看得出来，人的激情正在他的身上飞快增长，该是我们分手的时候了。正因为如此，在我临行前的最后一个晚上，我才不愿和他在一起，而且几乎对你们下了逐客令。

现在，当我向你讲述了这一切之后，我还想说的是，在他身上有一点让我不喜欢，那就是他的自我克制的理由是站不住脚的。迄今为止令我佩服的是，他之所以克制是出于对我的尊重，是由于胆怯，是想保持对另一个女性的忠贞。所有这一切都是牺牲，并由此而证明了他的意志力量和正确理解的谦虚，这正是他最吸引我和令我敬佩的地方。但是在你家里，当我们告别的那一瞬间，他为了克服最后的诱惑而说了几句出乎我意料的话，他好像摆出一副假道学的姿态，鄙视世人的粗鲁，为其受到的诱惑而羞愧，担心更多的激情会玷污我们的爱情，这种对待爱情的态度总是让我反感。如果这种最终的结合不能和爱情本身一样神圣，一样纯洁，一样忠诚，那么回避这种关系就不是一种美德。人们常用肉体之爱来表达只有在天上才能得到合乎其名的观念，这种说法让我不快。它是一个完全虚假的观念，像亵渎神圣一样令人恶心。难道高尚的人只配有单纯的肉体之爱，而忠贞之人就只能享有单纯的精神之爱吗？难道还存在着连一次接吻都没有的恋爱，连恋人的亲吻都没有感官的享受吗？如果所涉及的人只是一副躯体，那么对肉体的蔑视就是明智的、有益的。如果涉及的是心爱的人，那么在拒绝感官享受的时候，就不应该使用"蔑视"这个词，而应使用"尊重"一词。他是否使用这些词，我也记不清了，好像他说过，有些事物会损害他的记忆，其实，他是在胡说，心里并不是这样想的，是吗？那个给他留下肉体之爱回忆的不幸女人是谁呢？他是否有过与他不般配的情人呢？可怜的天使！应该告诉所有的女人，如果她们把世界上最神圣最值得尊敬的事，把上帝创造生命的奥秘，把宇宙生命中最重要最高尚的行为弄得让男人反感，那就应该把这些女人统统绞死。磁吸引铁，性别不同的动物相依相恋，就连植物也要服从爱的规律。而在广袤大地上，唯有人从上帝那里得到了恩赐，秉承了上帝的意旨，能感受到动物、植物和金属所感受到的一切。在人身上，电的吸引力能变成感受到的、理解到的精神吸引力。只有人能看到在他的心灵和肉体上出现的奇迹，而把它视为低级的需要，并以鄙视嘲讽和惭愧的口吻去议论它，这真是奇怪的事情！精神和肉体分离的结果就是需要建立修道院和妓院。

我的信过于冗长，看这样的信需要花费你六个星期的时间。这是我的最后通牒：如果他和她在一起是幸福的，或者可能是幸福的，那你就让他自己去支配自己的命运；如果他不能得到幸福，那你就去阻止他；如果他在我身边能得到幸福，而又不停止到她那里去寻找幸福，那我也会照此办理的；如果他和我在一起并不幸福，而和她在一起又不是不幸福的话，那我们就应该相互回避，让他把我忘了。除了这四种可能性外，不可能有别的出路。我向你保证，我有足够的力量来承受此事，因为这涉及他。尽管我没有什么美德可以自夸，但我还是能为自己所爱的人做出牺牲的。你会把真实情况告诉我的，拜托你了，等你回音。

　　你给我的回信不必写成人人都能看的那种信，这既不是马（勒菲伊）的、也不是我的习惯。我们彼此是过于尊重的了，以至于我们都没有想过要通过交换思想来了解彼此的生活细节。你认为是多瓦尔夫人在操纵这件事，那是不可能的，她是个正统派（如果她有信念的话）而不是个共和派。她的丈夫是个保皇派。你一定在她彩排或工作时到过她那里。这个女演员是个很难捉摸的人，你就留给我去对付吧，我会写信给她，她也会写信给你的。关于我去巴黎的事，并不排除这种可能性。如果此时马勒菲伊正在给我办的事情还要拖延下去，那我就有可能到巴黎去找他。关于此事请你什么也不要告诉小家伙。如果我要去巴黎，我会通知你的。到时我们给他一个惊喜。不管怎样，你是需要一定的时间才能获得外出的准许，因此，我请你现在就采取相应的行动。我希望你今年夏天来诺昂，越快越好，住得越久越好。你会看到，你会喜欢这儿的。这里没有任何让你担心的事；没有特务监视，没有流言飞语，没有外省的陈规旧习。这里是沙漠中的绿洲。在全省之内，没有人知道肖邦和格日马瓦。我这里发生的事情，一般说来是不会有人知道的。我这里只有可以信赖的朋友，只有像你这样的天使，他们对自己所爱的人从来没有坏念头。我尊敬的朋友，请到我这儿来吧，我们可以开心畅谈，你忧郁的心情也会在乡下得到舒缓。至于小家伙，如果他愿意来就请他来吧。不过，我希望早点告诉我，好让我把马（勒菲伊）支使到巴黎或日内瓦去，借口是不会缺少的，对此他永远也不会产生疑心。如果小家伙不愿意来，那你也不必去劝说他。他怕见人，我也不知道他怕什么。我尊重我所爱的人身上所有我不理解的东西。9月，在出远门之前我会来巴黎一趟。我对他的态度取决于你给我的答复。如果你也无法解决我向你提出的谜语，那就请你去找他要谜底吧，到他的心里去寻找吧，我非常想知道他心里到底发生了什么事。

　　现在你已从里到外地了解我了。在最近十年中，我还没有写过第二封这样的信。我就是这样一个懒惰而又不爱谈论自己的人，但我这样做可以避免更多地谈论自己。你现在对我是了解得一清二楚了，你有了我的签字，当你在星期日去清理账目时，就可以付账了。

我是全心全意完完全全忠于你的。如果我在这次长谈中表面上只字都未提到过你，这是因为我觉得，这是我在和第二个我谈论自己，而且这个我肯定比第一个我更好、更珍贵。

乔治·桑

108. 乔治·桑致在巴黎的沃伊捷赫·格日马瓦
1838 年 7 月初于诺昂

我的事务迫使我离开此地。星期四到达巴黎，请你来见我，但不要让小家伙知道。我们来给他个惊喜。

乔治·桑

像往常那样，我会住在马尔利亚尼夫人家里。

109. 费里西安·马勒菲伊致在巴黎的弗·肖邦
（日期不详）

亲爱的先生：

在一次音乐晚会上，你任凭灵感的驱使弹奏了我们非常喜爱的《波兰叙事曲》，受到在场听众的热情欢迎。与其乐器融为一体的这位忧郁的天才，刚刚认识到这双唯一能让乐器说话的手并开始诉说自己隐藏于心的痛苦时，我们便陷入了沉思中。当您演奏结束时，我们长久地沉默着，依然在沉思，还在听着那优美的乐声，虽然最后的一个音符早已飘散在空中了。那么我们大家都在一起沉思什么呢？您那优美的钢琴声又在我们的心灵中激起了哪些遐想呢？对此，我无法回答。因为在音乐中，就像在云彩中一样，每个人看到的各不相同。

我观察到，我们的那位老朋友——怀疑主义者，却对博爱和艺术有着极大的信念，他坐在那里，两眼望着前面，脑袋歪向一边，嘴边挂着一丝苦笑。于是我就在猜想，他一定是在想象那潺潺流水的小溪和在绿阴覆盖的林间大道上的悲情离别。我还同样看到我们的那位老信徒，我们总是怀着敬佩之情倾听着他的福音传诵，此时他两手交叉地坐在那里，双眼紧闭，眉头紧锁，仿佛是在向自己的先祖但丁询问着有关天空的秘密和世界的命运。而我呢，则躲在房间最黑暗的角落里泣不成声，思绪随着您在我面前展现的悲伤图景而展开。回到家里后，我竭力以自己的方式用以下的诗句来再现这种图景。请您以宽容的心情去读它，即使我把您的叙事曲理解错了，那也请您接受这一薄礼，以证明我对您的情感和对您英勇的祖国的同情。

110. 乔治·桑致在巴黎的弗·肖邦
1838 年星期六半夜于诺昂

我们明天一早就出发。已租好拉车的马匹，并带我兄弟一起走。由于在路上我无法给你写信，于是我想你至少可以在巴黎得到我的短信。一想到你要坐车度过可怕的夜晚，我就甚感不安。你应努力拖延一下，以便在巴黎休息三个晚上，请不要太劳累了。

爱我，我的天使，我的最珍贵的幸福。我爱你。

111. 致在巴黎的尤利安·丰塔那

1838 年 11 月 15 日于帕尔玛

我亲爱的：

　　我现在在帕尔玛，置身于棕榈、松杉、仙人掌、橄榄树、柠檬树、柑橘树、芦荟、无花果、石榴树等等中间。它们只有在巴黎植物园的暖房里才能看到。天空像蓝宝石，大海像天青石，山岭像翡翠。空气高悬于空中，白天阳光普照，天气炎热，人们都身着夏装。晚上六弦琴和吉他彻夜响个不停，这里的凉台很大，顶上挂满葡萄藤，还有毛里塔尼亚的围墙。这里的一切看上去都和这个城市一样具有非洲特色。总而言之，生活是非常美妙的，钢琴还没有运到，请你去问一下普勒耶尔是通过什么路线运过来的。不久你就会收到《前奏曲》。我将会住在一座极其优美的修道院里，这是世界上最美的地方。有大海、山峦、棕榈树、墓地、十字军教堂，还有清真寺遗迹和千年的橄榄树。啊！我亲爱的，我的生活显得更充实了，我也更加接近最美的东西了。我自己的景况越来越好。请你将我的信件和你要给我的东西都交给格日马瓦，他知道我最确切的地址。替我拥抱雅希①，如果他在这里，他的健康一定会恢复得很好。告诉普勒耶尔，他不久就会收到手稿。请少对那些熟人说我的情况。以后我会告诉你更多的事情。你给他们说，过了冬天我就会回来。这里的邮件一星期只送一次。我现在是通过这里的领事馆来给你写信的。请把我的原信转寄给我的父母，要麻烦你亲自到邮局去投递了。

　　　　　　　　　　　　　　　　　　　　　　　　　你的肖邦

---

① 指马图辛斯基。——译者

我稍后会给雅希写信的。

112. 致在巴黎的沃伊捷赫·格日马瓦

1838 年 12 月 3 日于帕尔玛

我亲爱的：

请把我给父母的信转交给丰塔那，我咳嗽，抱怨不断，但我爱你，我们常常想起你。还没有收到过你的一封信。说到邮政、居民和舒适，这里真是个鬼地方，天空却和你的灵魂一样美，而土地则像我的心一样黑。我永远爱你。

肖邦

113. 致在巴黎的尤利安·丰塔那

1838 年 12 月 3 日于帕尔玛

我的尤利安：

请不要退掉我的住房，我也不能给你寄去手稿，因为我还未完成它。最近两个星期我病得像条狗。尽管气温已有 18 度，而且还有玫瑰花、柑橘、柠檬、棕榈树和无花果，但我还是感冒了。我请来了全岛最著名的三位医生：第一个嗅了嗅我吐出来的东西，第二个敲了敲我吐的部位，第三个摸了摸，并听我说是怎么吐的。第一个说我已经死掉了，第二个说我正在断气，第三个说我就会死了。我现在还和以前一样，只是不能原谅马图辛斯基，当我患了支气管炎时他没有给我治好，它时时都有可能再犯，也没有给我提供咨询。他们也无法制止我吐血。感谢苍天，我现在恢复得和从前一样，唯一受影响的是前奏曲。只有上帝知道什么时候你才能收到它了。再过几天我就要住进世界上最美的地方：有山有海，有你想要的一切。我将住在一座大修道院里，这座修道院很古老，已被废弃，好像是门迪扎巴尔（西班牙首相）专为我而把那些修道士赶走似的。它离帕尔玛不远，没有比它更美的了。有回廊，有最富于诗意的墓地。总而言之，我在那里会过得很好的。只是我还没有钢琴，我已给普勒耶尔写过信了。请帮我去打听一下，就说我前几天不舒服现在已经没事了。总之，不要多提我的事和有关手稿的事。请给我写信，我还未收到过你的来信。请告诉列昂，我还未把前奏曲寄给阿尔布勒赫特。说我很爱他们，会给他们写信的。请你亲自到邮局去把我给父母的信寄出，并写信给我，拥抱马图辛斯基。

肖邦

不要告诉别人我生病了，否则他们又会编出许多故事来。

114. 致在巴黎的尤利安·丰塔那

1838 年 12 月 14 日于帕尔玛

我的尤利安：

我仍未收到你的只言片语，可我这已是第三封信了，说不准还可能是第四封呢。你是不是缺邮资？也许是我的那些熟人都没有给我写信？也许在路上发生了什么不幸的事情？或许是由于你太懒了？不，你不是懒人，你是个勤奋的人。毫无疑问你已把我的两封信（都是写自帕尔玛）转寄给我的家人了。你也给我回了信，只是由于此地的邮局是世界上最不正常的邮局，才没有送到我手里。直到今天我才得到消息说钢琴已于 12 月 1 日在马赛装上了货船，可从马赛来的信却走了 14 天。于是我就在想，钢琴会在港口或船坞内度过整个冬天（因为除了下雨之外，这里什么都是不动的），直到我离开之日才能收到它，这让我得到很大的安慰，因为除了要交 500 法郎的关税外，我还得高高兴兴地亲自把它包装好立即托运回去。可是现在，我的手稿却躺在这里睡大觉了，而却我睡不着，老是咳嗽和敷膏药，我在等待春天的到来和其他的变化。明天我就要去那座景色优美的瓦尔德摩萨修道院，在一位老修士住过的斗室中写作。他的灵魂深处燃起的火焰也许比我的还要更旺盛，于是他压制呀压制，直到熄灭，因为这对他毫无益处。我想，我会很快把《前奏曲》和《叙事曲》寄给你。去找列昂和普勒耶尔，但不要说我病了，免得他们一千个提心吊胆的。

你的　肖邦

115. 致在巴黎的尤利安·丰塔那

1838 年 12 月 28 日于帕尔玛

我在一座废弃的瓦尔德摩萨大修道院里，这座修道院屹立在岩石和大海之间。我住在其中的一个房间内，它的门就连巴黎的大门都比不上。你可以想象我没有卷头发、没有戴白手套的样子，还和以前一样苍白。房间的形状像一副高大的棺材，有一个挂满尘网的巨型拱顶。窗户很小，窗外是橘子树、棕榈树和柠檬树。面对着窗户的是我的一张摩尔式的睡床，雕有玫瑰花的精细花边。床的旁边有一张古老的四方桌，我简直无法用它，上面摆放着铝烛台（在这里是种奢侈品）、巴赫、我乱涂的谱稿和一些废纸。一片寂静。可以大叫大喊。又是一片寂静。说真的，我是在一个奇妙的地方给你写信的。

大前天我收到了你本月 2 号寄来的信。由于现在是节日期间，邮车下个星期才能运行，因此我有充分的时间给你回信，我欠你的这封信大概要一个月才能寄到你手里。大自然是美丽的，但最好不要和人类打交道。没有道路，没有邮局。我从帕尔玛来到这里多少次了，每次都是同一个车夫，而且总是走不同的路。河流冲刷着道路，泥石流把道路堵塞。今天你无法走过那里，因为刚被挖过，明天只有驴子才能通过。马车在这里又有什么用呢?! 而且，我的尤利安，这里没有一个英国人，甚至连领事都没有，所以别人怎样谈论我都无所谓。列奥是个犹太人! 我不能把前奏曲寄给你，因为它还没有完成。我现在好多了，会加速完成的，我会给那个犹太人一封不封口的短信以示感谢，让他受到刺痛，这个无赖! 我离开的前一天曾去过他那里，这样他就不必给我寄来了。施莱辛格更是条狗，他竟把我的圆舞曲放进了他的纪念集里! 还把它卖给了普罗斯特，而我只不过是为了我父亲的收集让他送到柏林去的。现在这些虱子不太咬我了。就让列奥去发怒吧，我只为你感到难过，不过只要再过一个月，你就能从列昂和我的房东那里讨还一个清白了。如果需要，你就用维赛尔的钱。仆人在干什么? 请给门房 20 法郎过新年。你拿到了钱后，等那个修炉工来了你就把钱付给他，我不知道我还留下什么重要的债务。无论如何，我向你保证，最多一个月我们就什么都还清了。今晚的月色真是皎洁，从未见过这样美的月色。不过，不过——你说你曾将我家里的一封信转寄给我了，但我既没有看到，也没有收到过。可是我是多么的需要它。你付了邮费吗? 写的是什么地址? 我收到的只有你现在的这封唯一的来信，信上的地址写得很糟糕。因此，你有的东西忘了写了，这位先生（十足的白痴）名叫里奥托尔，我把最完整的地址寄给你。据海关官员说钢琴已在港口等了八天了，他们对不值钱的东西也要收取像山一样高的金币。这里的大自然是宽宏大量的，可人们却像强盗，因为他们从未见过外来的人，也就不知道该如何要价了。橘子贱得像不要钱，可裤子上的纽扣却贵得要命。在这片蓝天下，在这个一切都在呼吸的诗意中，在这种多姿多彩得令人眼睛无法挪开的美景中，一切都像沙子那样渺小。没有一个人会把每天在头顶上盘旋的老鹰吓跑。请给我写信，不要忘了贴邮票，要加上"马略卡岛帕尔玛"。

　　我把欠你的信债和给我家里的信寄给你。我爱马图辛斯基，并为他不能担任诺林堡或巴姆堡的儿童福利院主任而难过。让他作为一个男人来给我写信。

我想这是第三封或是第四封让你转寄给我家里的信了。拥抱阿尔布雷赫特，但要少说话。

你的　肖邦

116. 致在巴黎的尤利安·丰塔那

1839 年 1 月 22 日于瓦尔德摩萨

我亲爱的：

寄上我的《前奏曲》，请你和沃尔夫把它抄写一遍。我想不会有什么错误。请把抄本交给普罗斯特，把原稿交给普勒耶尔。拿到普罗斯特的钱后，你就带上收条立即去见列奥，我没有时间再给他写感谢信了。普勒耶尔要付给你 1500 法郎，你用 425 法郎去付房租，付到新年为止，然后客气地把房子退掉。如果你能租到 3 月份那就好了，若不能，你就再保留它一个季度。剩下的 1000 法郎替我交给诺吉，你可从雅希（马图辛斯基）那里要他的住址，但你不要对他说起钱的事情，否则他会去和诺吉大闹一番的，除了你和我之外，我不想让任何别的人知道这件事。如果住房退掉了，就把一部分家具给雅希，另一部分给格日马瓦。你告诉普勒耶尔，可通过你写信给我。新年前我曾把欠维斯的钱寄给你了。请告诉普勒耶尔，我和维赛尔之间的账目已了结清楚。再过几个星期你就能收到一首叙事曲、一首波罗涅兹舞曲和一首诙谐曲。你告诉普勒耶尔，我已和普罗斯特商定出版前奏曲的时间了。时至今日，我没有收到过我父母的任何信件！你一定要在信上贴上邮票。你不知道你的第一封信都成了什么样了。拥抱你。我生活在囚室中。有时我有阿拉伯的舞会，非洲的阳光，地中海的海洋。拥抱阿尔布雷赫特夫妇，我会给他们写信的。除了格日马瓦外，不要对任何人说起我退房的事。我不知道我能不

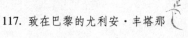

能在 5 月或稍后回去。请你亲自将信和前奏曲给普勒耶尔送去。

你的 肖邦

117. 致在巴黎的尤利安·丰塔那

1839 年 3 月 7 日于马赛

我的尤利安：

你一定已从格日马瓦那里得知我的健康状况和曲稿了。两个月前我从帕尔玛就把《前奏曲》寄给了你，从这些（在给普罗斯特抄写了一份之后）所得稿费中你还给列奥 1000 法郎。而从普勒耶尔付给你《前奏曲》的 1500 法郎中，我已在信中告诉过你请你付给诺吉和一个季度的房租给房东。就在同一封信里，如果我没有记错的话，我请你把房子退掉，除非能让我保留到 4 月，那就得付租金至下一季度（我想是到 7 月）了，你一定已用维斯的钱付到新年的那一季，如果不是，就用它来付这一季的房租。第二部分曲稿现在一定已到达你的手里，它先经海关到海上再到海关耽搁了很长的时间。我在寄《前奏曲》的同时，曾写信给普勒耶尔，那首叙事曲（就是普罗斯特要给德国人的那首）要价是 1000 法郎。那两首波罗涅兹舞曲（是为了在法国、英国和德国出版的，因为和普罗斯特的合同是以叙事曲为结束的）我要价 1500 法郎。我认为要价不高。因此在收到第二部分曲稿后，你应从普勒耶尔那里收到 2500 法郎，从普罗斯特那里收到 500 法郎（我记得不太清楚，也许是 600 法郎），总共是 3000 法郎。我要求格日马瓦立即给我寄至少 500 法郎来，但这并不影响其他钱款的迅速寄来。好了，这就是我的事务。现在，我怀疑如果住房不能租住到下个月，那你们三个人：格日马瓦、雅希[1]和你就把家具

---

① 马图辛斯基。——译者

分掉。雅希有较大的住房，尽管不大实用，从他写给我的充满孩子气的信里可以看出，他认为我应该去当苦行僧，就让他取走骑马用的最必需的旧物品。不要让格日马瓦负担过多，你尽可能拿走你所需要的一切东西，因为我不知道夏天我能否回到巴黎（这点你应保密）。如果我的住所能保留到6月，如我预期的那样，那就请你一只脚住在我的房子里，尽管你有自己的住所，因为我会向你讨取最后三个月的租金的。在第二首《波罗涅兹舞曲》里已经对你的信作了真诚而实在的回答。这不是我的过错，因为我就像那蘑菇的毒菌一样，有人误以为是别的东西而把它从地上采来吃了，结果中了毒。我知道我从来对别人都没有什么用处，对自己也不大有用。

我告诉你，在我的书桌靠门的第一个抽屉里有一张字条。只有你，或者是格日马瓦，或者是雅希，才能取出它。现在我请求你把它拿出来，不要去读它，把它烧掉。看在我们友谊的分上，你照着做就是了。我请求你了，这张字条现在不需要了。如果安特克①走了，而没有把钱还给我，那他真是个波兰人了，而且是差劲的波兰人。不过别对他提及此事。你去见见普勒耶尔，告诉他我还没有收到过他的只言片语，他的钢琴已经安全到了。他是否同意我向他提出的条件呢？家里的来信和你的一共三封信，在我上船之前都收到了。我再寄给你一封。感谢你对一个羸弱的人的友好帮助。拥抱雅希，告诉他，确切地说，我不再让他们给我放血了，我在用起泡剂，现在我很少咳嗽，只有早上才咳嗽。他们不把我当痨鬼看待了。我既不喝咖啡，也不喝酒，只喝牛奶。我穿得很暖和，看起来像个姑娘。请尽快给我寄钱来。去和格日马瓦联系。

你的　弗里德里克

① 指沃津斯基。——译者

118. 致在巴黎的尤利安·丰塔那

1839 年 3 月 12 日于马赛

我亲爱的：

感谢你为我四处奔波。我没有想到普勒耶尔会如此吝啬。不过事已至此，那就请你把这封信交给他。也许他不会为了那首《叙事曲》和《波罗涅兹舞曲》再给你添麻烦了。另一方面，你可去向普罗斯特收取《叙事曲》的 500 法郎，同时把《叙事曲》交给施莱辛格。如果我要和犹太人打交道的话，那至少也得是个正教派的。普罗斯特可能把我欺骗得更深，但他像只小鸟，你很难抓住他。施莱辛格也在不断地欺骗我，他已在我身上挣够了钱，决不会拒绝另一次挣钱的机会，只要对他客气一些，因为这个犹太人很喜欢奉承。如果普勒耶尔再给你添麻烦，那你就去找施莱辛格，告诉他，我愿意以 800 法郎（他不会给 1000 法郎的）把《叙事曲》在法国和英国的发行权卖给他，而《波罗涅兹》在德国、英国和法国的卖价是 1500 法郎（如果他不肯出这个价钱，那就 1400 或 1300，甚至 1200 也可以）。如果他提及普勒耶尔和《前奏曲》的事（普罗斯特一定会把《前奏曲》的事告诉他的），那你就说，这是早就答应了普勒耶尔的，他想成为前奏曲的出版者，早在我离开巴黎前他就提出了这个要求。这是实情。你看到，我的生命，为了普勒耶尔我会放弃施莱辛格的，但不会为了普罗斯特而这样做。即使施莱辛格要普罗斯特付给我更多的稿酬，我也不会这样做的。如果普罗斯特付给施莱辛格的要多，而付给我的要少，那就意味着，他欺骗了我。普罗斯特在巴黎没有印刷所，我给他的所有手稿都是在施莱辛格那里印行。这个犹太人总是如期支付我稿酬，而普罗斯特却常常要我等待。你要和施莱辛格约定日期，到时一手交钱，一手交货。如果他不能把两份钱一齐付，那你就把《叙事曲》和《波罗涅兹》分开来交给他，但相隔的时间不能超过两个星期。如果施莱辛格不同意这样做，那你就去找普罗斯特，他毕竟是倾慕我的人，你不必像对待普勒耶尔那样对待他。只要有一点点麻烦，你就把我的信交给普勒耶尔。如果（我想不会的）你已将《叙事曲》和《波罗涅兹》的曲稿留在了他那里，那你就去把它们取回来，交给施莱辛格或者普罗斯特。真是些无赖。我的上帝，这个普勒耶尔还是个仰慕我的人，也许他认为我不会回巴黎了？我一定会回去的，而且还会去当面向他感谢，就像对列奥那样。我还附有一张给施莱辛格的短笺，说明你是我的全权代表。安特克的父母一定是对我和他儿子之间发生的事情完全忘记了，请记住，他在离开之前没有把钱还给我，这个无情无义的小丑和傻瓜。我的身体日益健康，不过你还要照我的吩咐付给门房 50 法郎，因为医生不会让我在夏季之前离开南方的。昨天我收到了《先人祭》①。至于做手套和衣服的裁缝，他们可以等一等，这些坏蛋！我的文件怎样了？你可把信件留在书桌里，把曲谱交给雅希或者放在你那里。前厅的桌子里还有些信件，必须将它们锁好，请你用胶水把给施莱辛格的信封好。要经常写信来。

你的　肖邦

拥抱雅希！

119. 致在巴黎的尤利安·丰塔那
1839 年 3 月 17 日星期天于马赛

我的亲爱的：

感谢你为我所做的一切。普勒耶尔是个混蛋，普罗斯特是个恶棍（他从未为三部手稿付过我 1000 法郎）。我写的那封有关施莱莱辛格的长信，你一

---

① 密茨凯维奇的诗剧。——译者

定收到了吧。现在我希望并请你将我的这封信交给普勒耶尔（他认为我的曲稿太贵了）。如果我必须低价出售它们，那我宁愿卖给施莱辛格，也不想再去寻找那些靠不住的新关系。因为施莱辛格还有英国的市场，而我已和维塞尔中断了交易。就让他愿意卖给谁就卖给谁好了。同样，我的《波罗涅兹》在德国的发行权也照此办理，因为普罗斯特此人我早就认识，施莱辛格想卖给谁都可以，不一定非要卖给普罗斯特不可，我对此无所谓。他仰慕我是为了盘剥我。关于钱的事情务必和他讲妥，不给现钱，就不给曲谱。我会给普勒耶尔寄去收据的。这个傻瓜，他信不过你和我。我的上帝，我必须和这些恶棍打交道！这个普勒耶尔曾对我说过，施莱辛格付给我的稿酬太低，可他自己现在却为一首能在所有国家发行的乐曲付 500 法郎还嫌贵。因此我更愿意和真正的犹太人打交道。普罗斯特这个坏蛋，我的那首《玛祖卡舞曲》只给了 300 法郎！而我最近的几首玛祖卡舞曲转来转去也才得到 800 法郎；普罗斯特 300、施莱辛格 400、维塞尔 100。我宁愿像从前那样无偿出售我的曲谱，也不愿向这些笨蛋卑躬屈膝。我宁愿受一个犹太人的欺压总比受三个的强。因此，我们就去找施莱辛格吧。也许你和普勒耶尔已经完事了。关于《诙谐曲》，你不要对任何人说起。我还不知道何时能完成，因为我的身体还很弱，还不适宜于创作。坏蛋，坏蛋，他们和米内隆夫人都是！也许米内隆夫人会处于你的下风。如果你想当鞋匠，我求你既不要给普勒耶尔，也不要给普罗斯特做鞋，让他们光着脚走路吧。我还不知道何时能见到你。拥抱格日马瓦，把他想要的家具都给他，剩下的让雅希拿走，我不给他写信了，因为没什么好说的了，我永远爱他，请你把这点告诉他并代我拥抱他。沃津斯基让我感到惊讶。你从普勒耶尔那里拿到钱后就先付给房东，并立即给我寄 500 到法国来。拥抱格日马瓦和雅希。

你的 弗里兹

今天收到了你的信，还没有收到普勒耶尔的信。我在给普勒耶尔的收据上没有填上数目，因不知确切的数字。

120. 致在巴黎的尤利安·丰塔那
1839 年 3 月底于马赛

我亲爱的：

　　我现在好多了，能开始弹琴了，饮食、走路和说话都和大家一样了。当你收到我写的这几句话时，我觉得写起来也更容易了。现在来谈正事。我非常想把我的《前奏曲》题献给普勒耶尔（也许还来得及，因为它还未印好），把《叙事曲》题献给罗伯特·舒曼，《波罗涅兹》题献给你，就是这样了。凯斯特什么都没有。如果普勒耶尔不愿放弃《叙事曲》，那就把《前奏曲》题献给舒曼！昨天加辛斯基来看我，这是我唯一接待过的人。因为对于所有的文学和音乐的爱好者说来，我们的门都是关闭的。你和普勒耶尔一旦谈妥，就立即告诉普罗斯特更改题献的事。替我拥抱雅希。你从新收到的钱款中付给格日马瓦 500 法郎，把其余的 2500 法郎寄给我。不要睡过头了，要爱我，给我写信。如果我给你的事务太多而让你劳累不堪，那就请你原谅。不过，我诚恳地认为你是很乐意为我的请求效力的。

你的　肖邦

121. 致在巴黎的沃伊捷赫·格日马瓦
1839 年 3 月 31 日于马赛

我亲爱的：

　　我身体好多了，能更有劲儿地感谢你给我寄钱来。你知道，我为你的善

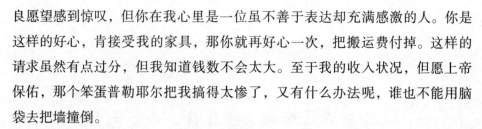

良愿望感到惊叹，但你在我心里是一位虽不善于表达却充满感激的人。你是这样的好心，肯接受我的家具，那你就再好心一次，把搬运费付掉。这样的请求虽然有点过分，但我知道钱数不会太大。至于我的收入状况，但愿上帝保佑，那个笨蛋普勒耶尔把我搞得太惨了，又有什么办法呢，谁也不能用脑袋去把墙撞倒。

夏天我们就能见面了，我告诉你我是多么高兴。现在我的那位已经完成了一篇关于歌德、拜伦和密茨凯维奇的非常精辟的文章。应该读读它，这会使人感到振奋。我可以想象出你会多么激动。这一切都是那么真实、理解那么透彻、广征博引，然而又没有故弄玄虚或者夸大其词，一味吹捧。请告诉我是谁翻译的。如果密茨凯维奇能自己动手将它①译出，那她会非常乐意为其修改润色。她写的这篇文章，完全可以作为序言和译文一起发表出版。大家都会争相阅读的，人人都会购买好几本。她会写信给你或者密茨凯维奇来谈这件事的。

你的精神状态如何？愿上帝赐予你幽默、健康和力气。这些都是必不可少的。你对努里怎么看？我们都很吃惊。我们以前常常和你一起散步，你不会相信，有你同行我们是多么愉快。马赛是丑陋的，这是一座旧的但不是古老的城市，有点让我们感到厌烦。下个月我们就要动身去阿维尼翁，再从那里转往诺昂。我们定会在诺昂拥抱你，不是在信上而是用胡子，如果你的胡子还保持着我喜欢的那种样子。拥抱手和脚，而不是身体。我是怀着最崇高的感情来给你写信的。

你真正的朋友　肖邦

---

① 指诗剧《先人祭》第三部。——译者

122. 致在巴黎的沃伊捷赫·格日马瓦
1839 年 4 月 12 日于马赛

我亲爱的:

马尔利亚尼写信给我们,说你依然很虚弱。放血对你的帮助也不大。从你昨天的来信看,我们在这里还以为你完全康复了。今天的消息却令人大失所望。马尔利亚尼在同一封信中还提到我母亲因为担心我要亲自到巴黎来照顾我,这让我难以置信。不过我正在给家里写信(请你替我邮寄出去),请他们不要为我担心。这是我从马赛写的第三封信。如果你听到了什么,就请写信告诉我。能让我母亲离开我的父亲非要有不同寻常的理由不可。虚弱的父亲现在比以往更需要她在身边了。对于他们会这样分离我真不敢相信。我的天使正在写作一部新的小说《加布里埃尔》。今天她整天在床上写作。你知道,如果你能像我现在这样了解她,你就会更喜欢她的。我能想象得到,你不能自由出门该会多么的苦闷啊。为什么我不能和你同时住在这里?那样我就能照顾你哩!他们教会了我如何去照顾别人的!你一定会喜欢我的照顾的,因为你知道我对你的情意。我从来都没有为你做过什么,也许现在是该我来看护你了。看来我们的热那亚计划会有所改变。说不定 5 月中旬我们就能在她的庄园相见和拥抱了。让老天爷快点使你康复。我吻的那双手,你一定知道是谁的。

你的　弗里德里克

乔治·桑的附言:

亲爱的,你好些吗,请把你的消息告诉我们。我们深感不安的是,卡罗塔今天早上来说,你一直很痛苦。至于我,一直都处在灵感的烈火之中,我

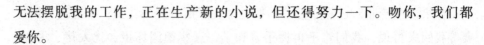

无法摆脱我的工作，正在生产新的小说，但还得努力一下。吻你，我们都爱你。

肖邦附笔：请到公共邮局去寄我的信，那儿寄出的信从不丢失。

123. 致在巴黎的尤利安 · 丰塔那

我亲爱的：

我收到了你那封有关搬家详细情况的来信。对你这种真正朋友的帮助，我不知道该如何感谢才好。那些细节让我很感兴趣。昨天为悼念努里，我演奏了管风琴，所以我现在好多了。有时我也会弹奏一会儿，但还不能唱歌和跳舞。有关我母亲的消息，尽管让人高兴，但要是出自普拉特尔之口则不可信。这里温暖的气候已开始了，5 月我一定会离开马赛。但在看到你们大家之前，我会在南方再呆一段时间。我们不会很快听到安特克的消息。他何必要去写信呢，也许是为了还债，但这不是波兰的习惯。拉奇博尔斯基为什么会对你评价如此之高，就是你身上没有波兰的陋习，不是你知道和我了解的那些波兰陋习。你住在 26 号，住得舒服吗？住在几层楼上，房租多少？我现在很关注巴黎的近郊，因为我需要考虑住处的问题了，不过还得等我回来再说。格日马瓦还好吗？不久前我曾写信给他。我从普勒耶尔那里只收到过他的一封信，那还是一个多月前由你转来的。你写信时还是用同一个名字，不过地址是博沃旅馆街。你也许不了解我为努里演奏的事。他的遗体要运回到巴黎，在这里举行了一场哀悼的弥撒，他的家属请我演奏，于是我在抬起灵柩时演奏了风琴。威克弹我的练习曲弹得好吗？为什么她不选些更好的东西来弹，非要弹我的练习曲呢？对那些不知道应该在黑键上弹奏这些乐曲的人来说，它们是最难激起兴趣的！她最好还是安静地坐着。除此之外，我也没有什么可写的了，只有祝你幸福。请把我的曲谱收好，免得在送去印刷之前被人利用。如果《前奏曲》已经印好了，那也是普罗斯特耍的花招。不过这一切都要等我回来再说，我们将不再握手言和了，这些德国坏蛋、犹太佬、无赖、畜生、无耻之徒等等。总而言之，你能读完这段连祷文，因为你已和我一样，对他们了解得一清二楚了。

你的　肖邦

拥抱雅希和格日马瓦，如果你见到他们的话。

124. 致在巴黎的沃伊捷赫·格日马瓦

1839 年 5 月 21 日于马赛

我的亲爱的：

明天我们要去诺昂了，我们都很劳累。从热那亚回来时大海折腾了我们一番，我们在那里平静地度过了两个星期。在马赛只休息了很短的时间，到诺昂后会好好地休息一番，并焦急地期待着你的到来。我做梦都梦见了这个，你会来的，对吗？即使来住 24 小时也好。你一定不会把你的病放在心上。请你把我给家里的信邮寄出。吻你该吻的那双手，请写几句话寄到诺昂来。

你的　肖邦

乔治·桑的附言：

你好，亲爱的丈夫，今天我们还在跋山涉水，不过再过八天，在经历了这些旅途劳累之后我们就能休息了。我们经历了可怕的海上风暴，小家伙表现得很勇敢，我认为应该给他颁发勋章。你会到诺昂来，是吧，我亲爱的。我们等着你来！

乔治·桑

125. 致在巴黎的沃伊捷赫·格日马瓦

1839 年 6 月 2 日于诺昂

我的亲爱的：

经过一星期的旅程我们到达了此地。一路都很顺利。这里的村子很美，有夜莺和云雀，就是缺少你这只鸟。我希望今年不会像两年前那样，哪怕来这里呆几分钟也好！选一个大家都很健康的时刻，出于对朋友的怜惜来这里劳累数日吧，让我们拥抱你。我会以药丸和特级牛奶来酬答你，我的钢琴也任你使用，你在这里什么也不会缺少的。

你的 弗里兹

请将我的信寄出去，给我们写几个字来。如果马图辛斯基把我家里的来信转给了你，那就快给我寄来。

126. 致在巴黎的尤利安·丰塔那

1839 年 8 月 8 日于诺昂

我的亲爱的：

感谢你寄来的那封给肖邦先生的信。开头写着"文格罗维奇附近的维瓦特洛沃"，结尾是"致伟大的音乐和作曲大师先生。亚历山大·莫什钦斯基，布勒斯特县长"，中间写着"作为一个年已 80 岁的音乐爱好者，送给你这两

203

首百年以上的《玛祖卡舞曲》，它们和你的变奏曲的主题很相似"。这封信最好的地方是信封上写有你的地址，因为我把它给忘了，没有这个地址我不知道会不会这样快就给你回信的。最坏的消息就是阿尔布雷赫特之死。你很想知道我什么时候回去？现在正值坏天气开始之际，而我正需要清新的空气。雅希已经走了，我不知道他是否对你说过：当他不在家的时候，如果我父母来信寄到他的名下，就请你给我转寄过来。也许他想到了，也可能没有想起来。无论如何，我不希望家里的来信会丢失。不过我最近才收到家里的来信，因此他们不会这么快再给我写信来。我正在这里写一首《降 b 小调的奏鸣曲》，里面包含有你知道的我的那首进行曲。有一段快板，然后是降 b 小调的谐谑曲、进行曲和一首短的终曲。终曲大约有三页左右，在进行曲之后由左右手像对话似的演奏。我有一首新的《G 大调夜曲》，它将和《g 小调》相配。你知道我还写有四首《玛祖卡舞曲》；一首 e 小调，在帕尔马写的，三首是在这里写的，分别为 H 大调、降 A 大调和升 c 小调。我觉得他们都很美，就像衰老的父母对待年幼孩子的那种感觉一样。现在无事可做。我正在修订巴赫的巴黎版乐谱，不单有排版上的错误，还有那些自认为理解巴赫的人的错误（我并不是自命为很理解巴赫，但我深信有时我能猜到）。你看我又在自吹自擂了。现在，如果格日马瓦要来的话（老太婆两次卜卦显示的），请你把韦伯的四手联弹乐谱托他带来，因为我还要看看它。还有你抄写的那些玛祖卡，如果还在你那里（我不知道我对它的念念不忘是否很失礼）。请你告诉我，你是否曾给艾塔尔小姐送去我的一首圆舞曲（如果没有，那也就算了）。普勒耶尔写信给我说，你非常尽心尽职，你已抄好了前奏曲。你知不知道维赛尔付给了他多少钱。请把他过去写给你的一切都写给我，以备将来之用。还有普罗斯特是否已经走了（一定走了），你知道他什么时候回来。我父亲告诉我，我的那首旧的《奏鸣曲》已被哈斯林格出版了，受到德国人的赞扬。连你那里的算上，我已有六首乐曲。如果他们想免费获得它们的话，那就让他们见鬼去吧。普勒耶尔的大方让我大受其苦，因为这让我伤害了犹太人施莱辛格的感情。不过我希望将来会有所改善。永远爱你，快写信来。

你的 弗

另及：请你告诉我有关卡尔克布雷纳的消息。我曾写信问普勒耶尔有没有收到那架钢琴的钱，你也能猜想得到我不会写别的什么。我之所以给他写信，是因为法国驻马略卡岛的领事即将调任，假如他还没有收到钱，以后再去交涉就困难得多了。幸好解决得很顺利，而且是一次付清了。这是他上周前往比利时之前写信告诉我的。我对各种各样的传闻都不再感到惊讶了，你也能估计到，我已把自己展示在他们面前了。但是这一切都是会过去的，我们的舌头会腐烂，但我们的灵魂却丝毫无损。不要忘了我的靴子，请格日马瓦带三双或四双来，哪怕是旧鞋也行，在乡下早上穿着它们再合适不过了。告诉我，你住得怎么样，是在俱乐部进餐吗？等等。沃伊捷霍夫斯基来信要我写一部宗教音乐剧，我在给我双亲的信里回答说，为什么他不去开一座多米尼克修道院却要去开糖厂呢？正直的提图斯仍旧有中学时代的幻想。但这并不妨碍我也像中学时那样去爱他。他有了第二个儿子，名字和我的一样。我为他难过。

127. 致在巴黎的沃伊捷赫·格日马瓦

1839 年 9 月 20 日于诺昂

我的亲爱的：

请你租下一套小的住房，但若是太迟了，就租个大的，只要能租到就好。至于她的住所，她觉得太贵了。但我认为多花些钱总比很多房客挤住在一起要好一些。你无法说服她，因此我请你不要违背她的意愿。你可与比格内联系，这样你就不必一个人承担责任了。

衷心地拥抱你。我请你一定要爱我。

你的 弗·肖邦

128. 致在巴黎的尤利安·丰塔那

1839 年 9 月 25 日星期三于诺昂

我的生命：

非常感谢你那诚实的、友善的、不是英国人的而是波兰人的灵魂。两个房间都选用我以前常用的珍珠色的壁纸，光泽而又明亮，要有深绿色的细条镶边。走廊可选用不同的、但要光洁的壁纸。不过，若是有更漂亮更时尚的壁纸，你喜欢而又能让我喜欢的，也可以选用。我喜欢平滑、非常朴素洁净的，而不喜欢时下流行的那种粗俗类型，这就是我喜欢珍珠色的理由，它既不张扬又不俗气。感谢你为仆人找了间房间。现在来谈谈家具，如果你能来办这件事，那就再好不过了。因为我爱你，本来我不敢再麻烦你的，但你那么心慈，就请你挑选和安排吧。我要请格日马瓦筹钱来付搬家费的，我自己会写信给他。至于那张床和写字桌，需要送到木匠那里去修理和油漆一下。请你把抽屉里的文具都拿出来存放在别的地方，我用不着告诉你该怎样去做，随你喜欢的去做吧。反正你做的，你都会做得很好，我完全信任你，这是第一件事。现在是第二件事：你必须写信给维赛尔（你是否写过一封有关前奏曲的事），告诉他我手里有六首新的曲谱，每首我想要 300 法郎。（折合英镑是多少呢？）请你马上给他写信，并得到他的回信（如果你认为他不会付这个价钱，就先写信告诉我）。请在信里告诉我，普罗斯特是否在巴黎。请你为我物色一个男仆，如果能找到一个诚实勤快的波兰人最好（请把此事告诉格日马瓦），他得同意自己单独开伙，每月薪金不超过 80 法郎。我最快 10 月底回到巴黎，请别告诉别人。不过，我床上的弹簧垫需要找人来修理一下，如果不太贵的话。要是太贵就算了。请吩咐把椅子和其他东西都收拾停当。我不用告诉你，你自己知道该怎么做的。拥抱雅希。我亲爱的，有时我为他担心，愿上帝赐给他所需的一切，希望他不会受到欺骗。但另一方面——这有点胡

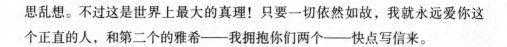

思乱想。不过这是世界上最大的真理！只要一切依然如故，我就永远爱你这个正直的人，和第二个的雅希——我拥抱你们两个——快点写信来。

你的　长有一个比以前更长的鼻子的老　肖邦

129. 致在巴黎的沃伊捷赫·格日马瓦

1839年9月29日于诺昂

我的亲爱的：

她昨晚整夜胃不舒服，人很虚弱，现在还躺在床上。她今天接到了第二封信，她的剧本已被接收。比洛希望10月15日左右能见到她。可有关她住房的事，你一句也没有提到，她为此担心。她认为你忙于自己的事，而把替她找房子的事给忘了。丰塔那可以帮你跑腿，协助你去找房子，你可以使用他，他愿意为我做任何事，而这位能干的英国人很会办事。他是个诚实的人，已为我找到了住所，并替我处理了所有的事务。我想请你垫付一下搬运费，对你的钱袋感到伤心，但我必须这样做，如果你不想看到我回到巴黎的第一天就流浪街头。她是不会给你写信的，就连比洛托罗林给她写信商谈演员这样的急事，她也未回复。那该诅咒的西红柿让她生病了。你的委托人已在这里，家具已保了30000法郎的险。看在上帝分上，为了住房，也看在上帝分上，不要因我的蛮缠而咒骂我。你一定已和你的妻子在乡下了。吻她的手，就像一只真正挚爱你的小狗那样。也让我拥抱你，从各方面紧紧地拥抱在一起。

对你至死不渝的　弗·肖邦

130. 致在巴黎的尤利安·丰塔那

1839 年 9 月 29 日星期天于诺昂

我的亲爱的:

再过五六天或者七天之内,我就在巴黎了。为了我的头,为了我的颈,如果一切尚未准备就绪,至少应有纸和床。请可怜我吧,快去把这一切都办好。我必须提早动身,因为乔治·桑的到场对于她的艺术来说是很重要的。这话只能在我们中间说说。我们已经决定后天出发,途中要逗留两三天。今天是星期四,下星期的星期三或者星期四我们就能见面了。除了我给你的各种各样的任务外,特别是我在前一封信中提到的(替她寻找住房的任务,等我们到达之后,你的肩上就可卸下重任了,不过在这之前,看在上帝分上,你还得尽心尽力去做好)。除此之外,我还忘了请你在你的那条街的杜邦店里替我订做一顶帽子,他知道我的尺码和我需要的分量。让他给我做今年的款式,但不要太夸张,因为我不知道你们今年的穿着如何。另外,当你经过大街时,请到我的裁缝多特勒蒙那里,告诉他立即给我做一条灰色裤子。你可挑选深灰色的,是冬季长裤,质料要好,不要腰带,要光滑,带伸缩性的。你是英国佬,你知道我需要什么。他听到我快回来一定会很高兴的。还要订做一件黑色的丝绒背心,但要带点不太显眼的花纹,要显得简朴而又高雅。如果没有合适的面料,那就选黑丝绸,要美观大方的。我全凭你做主了。只要不张扬出去就行了。如能找到一个男仆就好了,最好不超过 80 法郎,因为我透支得太多了,若是你已经找好了,那也不要紧。我原打算只给 60 法郎的。我最亲爱的,请原谅我再一次来麻烦你,我也是没有法子呀。再过几天我们就能见面了,我会为这一切而拥抱你的。上帝保佑,请你不要对波兰侨民说我要回来了,也不要告诉任何犹太女人(包括列奥的夫人)。我在回到巴黎的头几天里,只愿和你、格日马瓦、雅希在一起。请替我拥抱雅希和格日马瓦。在离开前的最后一天我还会写信给你，期待着能找好我的住房。

你的　弗里德里克

要不停地给我写信，只要你愿意，一天写三封都可以。不管你有没有话要说，我在动身前还会写信给你。我等着你的来信。立即去做帽子，这样过几天就能做好。裤子也要马上去定做。我的尤利安。

131. 致在巴黎的尤利安·丰塔那
1839 年 10 月 4 日于诺昂

我亲爱的：

你真是个无价之宝。我觉得这套住房太棒了，只是租金为什么这样便宜？是不是其中有什么猫腻？看在上帝分上，我请你不要浪费时间，立即到哈贝路 89 号去找马德尔，问他有没有找到更好的住房，如果没有，你就带着他（他知道你的）一起去，如有可能，也把格日马瓦带上，就把它租下来。但必须不是朝北的。同时你用我在上封信中提出的条件去衡量一下，如果大部分条件都符合，便租下来。再问一次，它是否整洁？有没有臭味？脏不脏？邻居是否太多而影响个人隐私？有没有爱吵闹的其他房客以及类似的情况？不管你有没有做好这件事你都要在下一班邮驿给我回信。把住房画下来。我同伴的预感不错，她认为你一定能找到房子的，你在信里所描述的情况让她很喜欢，但愿上帝保佑，一切都合乎要求。你要记住，对她是不能马虎应付的。再好好斟酌一番，行动要迅速。订下一年的租约，不行的话，最多订三年。干吧！上帝与你同在。要爱我，凭着你的感觉走，考虑好了就大胆去做。

你的　弗里德里克

209

这样的住房是否和别的一样？马德尔有没有找到更好的房子？但不要让他的意见影响你的决定。

132. 致在巴黎的尤利安·丰塔那
1839 年 10 月 8 日于诺昂

我亲爱的：

后天星期四早上五点我们出发，星期五下午三点、四点，最迟五点到达托朗切街 5 号。请你通知所有的人。今天我已给马图辛斯基写了信让他告诉男仆，要他星期五中午在托朗切街 5 号等我。如果那个时候你能前来看我，那我就能第一个拥抱你了。你真是个大好人。我和我的伴侣再次为皮加勒公寓而向你表示衷心的感谢。现在我请求你，由于我缺长裤，务必要裁缝在星期五早上把你定做的那条灰色长裤（最好那件背心一起交来）赶制好，那么我一到达巴黎便有换的了。让他送到托朗切街交给男仆丁内欧（男仆叫丁内欧！！），这个时候他应该在那儿了。在杜邦定做的帽子也照此办理。为了表示谢意，我定会为你修改《波罗涅兹》的第二部分，直到生命终结。你可能不喜欢昨天的版本，尽管我已绞尽脑汁，苦思了 80 秒钟。我的曲稿已经整理好了，并做了很好的抄改，连同给你的《波罗涅兹》，一共六首，还不包括那第七首《即兴曲》，也许它要差一点，我自己也不知道，因为它太新了。不过好在它不是奥尔多夫的……或者是索温斯基的，或者是猪的，其他动物的。这些曲谱照我的估计，至少能给我带来 800 法郎。以后等着瞧吧！我亲爱的，你是个能力很强的人，真可以命令悲观的思想和憋人的咳嗽不准进到我的新居来。想一想，让我能成为健康的人。如果你能做到，那就会改变我过去的许多经历。如果能再有几年让我留下巨大而完整的作品，那就太好了。我定会对你感激不尽。或许你能使自己变得年轻，或许你能做到，让我们回到还未出生的时候。

你的 老家伙

133. 致在莱比锡的布莱特科夫和哈特尔公司

尊敬的先生们：

　　我一直对我们之间的交往都是非常满意的。在中断和你们的关系之前，我认为有必要直接向你们解释一下，作为我们业务联系中间人的普罗斯特告诉我说，他曾就我最近的手稿给你们写过信，但一直没有得到回复，他觉得自己有权拒付每首 500 法郎的报酬。这是最低的价格了，再低我就什么也不提供了。在我的作品夹里现已完成的有：《大奏鸣曲》、《诙谐曲》、《叙事曲》和两首《波罗涅兹舞曲》、四首《玛祖卡舞曲》、两首《夜曲》和《即兴曲》。请你们复函告知有关情况，以便不通过中间人能和你们直接商谈此事。

忠于你们的　弗·肖邦

1839 年 12 月 14 日于托朗切街 5 号

134. 约瑟夫·艾斯内尔致在巴黎的弗·肖邦

1840 年 3 月 25 日于华沙

亲爱的弗里德里克：

　　首先我要以我和所有认识你的、爱你的人向你致以最亲切的问候，并向你作为艺术家和作为人在各个领域所取得的巨大成就表示祝贺。现在，作为朋友，我有个请求。去年我离开作为帝王之城的圣彼得堡时，我不得不把我的一部手稿清唱剧留给了卡罗尔·索利瓦大人，为了好在今年的斋戒节期间把它完成，我当时就住在索利瓦家里，应该说，他给了我一切方便。我委托他刊登一个广告，并表明，我希望巴黎的施莱辛格能出版这部作品。我不知道索利瓦大人是否已采取什么步骤，但不管怎么样，我还是觉得告诉你一下更好，并请你广泛宣传一下，和这家遐迩闻名的出版商的人员商谈一番。我敢保证，我亲爱的弗里德里克！请你相信我，出版商出版这部作品完全是一件有益的事情。不仅是由于音乐的新颖和价值，它不亚于献词等等，而且首先是随着这部作品的出版将出现一种全新的清唱剧，而其中作为美的艺术的音乐完全可以得到最明显、最正确、显示其独创性的胜利。为了使彼得堡的作曲家、艺术家、专家和音乐爱好者在演奏时能有一个起码的想象力，我在那里写了一个题为《彼得大帝》的历史清唱剧的计划。这部宗教剧分为四个主要部分，可以在大斋戒祈祷之前或之后演出，因为它的组成正适用于罗马天主教特别是较小教区的演出等等。

还有一个请求：今年，就在不久前，我通过约瑟夫·诺瓦科夫斯基得到了著名的亚·查（尔托里斯基）送给我的第二本回忆录，为此我要深深地感谢他，现在就请你以我的名义向这位高尚的朋友致谢，而我也会在适当的时机亲自给他写信以表达我的感激之情。我可以和你交换有关一般音乐，尤其是清唱剧和歌剧等的一些想法。

但是，但是，在我书房的帕尔纳斯山上，不久将挂上你的第二幅肖像，同时在我那里，或者说是在我的身边，会有站着的和坐着的肖邦。但是我还没有你演奏的，就像我已经有的菲尔德和其他音乐家的那种画像。

遗憾的是，我至今还没有你的那些竞争者——塔尔贝格、亨泽尔特和李斯特的肖像，还有你那位浪漫的著名女崇拜者的肖像，因为我知道你身边有许多这样的人。

你要像我爱你那样爱我。请你相信我，无论是站着的、坐着的，还是正在演奏的，我都会崇拜你，像你的她那样……

你最真诚的　约瑟夫·艾斯内尔

135. 斯特凡·维特维茨基致在巴黎的弗·肖邦

1840 年 4 月 17 日于巴黎

我亲爱的小白脸：

我预先告诉过你我女邻居上课的事。母亲很长时间都不能出门，上课的事不得不延迟了下来。现在我请你抽出一个小时来，要么是在星期四的中午十二点或者下午一点，要么是在星期五的下午三点，因为在其他的日子和其他的时间里她们都有困难，特别是女儿和母亲都要有同样的时间，她们俩才能一起到你那儿去。我特别恳求你不要拒绝教她们这堂课，我宁愿你在别的什么地方使我难堪，请你给我回信，告诉我你选的是星期四还是星期五，她们下个星期就能去上课了。

斯·维特维茨基

我的玛祖卡舞曲①和其他东西是否已出版了？

我已经给杜雷茨基上课了，每节课我只收 10 个苏。这个可怜的孩子学习很不错，等一个月结束了，我就可到彼得山去买东西了。你看看，这个时间你能挣 20 法郎，可我累死累活才挣 10 个苏。

---

① 指肖邦题献给他的四首。——译者

213

136. 致在莱比锡的布莱特科夫和哈特尔公司

由于帕奇尼先生将在本月 30 日的《一百零一》杂志上发表我的一首圆舞曲。我认为我有义务把一份校样送给你们。我希望它的出版不会遇到任何困难。此外，其价格仍照我们上次达成的协议。

请你们接受我最崇高的敬意。

肖邦

1840 年 6 月 18 日于托朗切街 5 号

137. 莫里斯·施莱辛格致在巴黎的弗·肖邦

1840 年 7 月 24 日于巴黎

我亲爱的肖邦：

我十分感谢你的美好提议：出版你的老师艾斯内尔的《清唱剧》，它无疑是一部杰作。但你是了解法国人的，知道他们不会购买这种音乐作品。我已收到门德尔松的六部清唱剧《圣保罗》，但至今还放在我的书架上。因此，请你在写给艾斯内尔的信中转达我对他的最美好的谢意，并为我不能接受他那良好的建议而深表歉意。再见，亲爱的朋友，祝你健康，并请相信，我是忠于他的。

莫里斯·施莱辛格

138. 致在华沙的约瑟夫·艾斯内尔

1840 年 7 月 30 日于巴黎

最亲爱的艾斯内尔先生：

我现在给您寄去施莱辛格的几句回话。我不想对犹太人发表哲学方面的意见，但我不得不替他说几句话。说真的，像您这样的伟大作品——《清唱剧》的出版是需要投入大量资金的，而购买者会寥寥无几，因为除了音乐学院外，任何其他单位都不会演出这类作品。而音乐学院是靠老的交响乐曲来维持的，他们对这样的乐曲早已背得滚瓜烂熟。如果有时听众能听到亨德尔和巴赫的片断，那也算是有幸了。亨德尔的作品受到大家的喜欢才不过是第二年，而且也仅限于片断，不是整部作品。从去年冬天起，有一个尤迪马沙贝什合唱团曾在这里演出过几场，还有一个巴赫合唱团，我不记得是哪个了。打从我来到这里后，除了只听过一次贝多芬的《基督在橄榄山》的全曲演出外，就再也没有听过其他大师的完整作品了。音乐学院曾尝试过许多新的作品，但是这里有股风气，除了已故的作曲家外，都不愿意演唱其他人的大型作品。因此，无论是门德尔松、施奈德尔、斯波尔、内乌科姆的作品，还是您的作品，现时都无法听到。如果凯鲁比尼不是领导，他的作品也是不会得到演出的。音乐学院是给大型音乐定调的，出版商也只有顺着音乐学院的路子走，可是音乐学院有自己的刊行人。我深感惋惜的是，没有听到您在彼得堡演出的这部作品，我相信它一定会高居于此类作品之上。毫无疑问，您会把它拿到德国去出版，而且我相信，它会在科隆、美因茨、杜塞尔多夫或者莱比锡出版的，那里每年都要举行音乐联欢节活动，演出的多是此类作品，不久在莱茵河的某个地方我将会听到您的杰作。还有一个国家常常演出清唱剧，对这种作品非常崇敬，而且很容易就能召集到上千名歌唱家来演唱，在那里内乌科姆和门德尔松的名声要比亚当或者哈雷维的更大，这个国家就是英国。英国会欣然接受您的作品。也许有一天，在伯明翰的那座专为此目的建造的大厅里——几年前内乌科姆在那里安置了一架巨大的风琴——也许那时候我们就能相会在一起，我就能向您表达我的崇敬之情，并沉浸在今天只能想象的那种激情之中。我期待着您的回信，最衷心地、最热烈地拥抱您。

肖邦

请替我向艾斯内尔夫人和尼德茨卡夫人致敬。

奥尔沃夫斯基在鲁昂，如果他在这里就一定会附言问候您的。每当提到音乐学院，我们不知有多少次想起了您。有多少次我们想听到那些杰出小提琴家演奏您的《约瑟夫圣曲》（如果我没有弄错的话），和那些小提琴拉出的最丰富的和声。假如它已出版了，就请送一本给我。我会拿去给阿贝内克，我肯定他会试演它的，因为它短小而又精彩。请给我写几句话来，我请求，我请求，我再三请求。

139. 出版商西纳致在巴黎的弗·肖邦
1841年1月4日星期一于黎塞留大街86号

您曾答应过我要在某天和我见面，以便我们商谈一下您的那些藏在皮包里或将来要写的手稿。但是至今我都没有得到有关此事的任何消息，我写上这几句话，就是希望您遵守您的承诺，并请您给我确定一个日子和时间，以便我能到您那里去和您商谈上述事情。我相信在这件事情上我们会很容易达成协议的。如果我能按照您的愿望，成功地将您的那些充满想象力、充满崇高精神和独创性魅力的最年幼孩子安排停当，那我会感到无比的幸福。

趁此机会，我再一次地向您表示我的尊敬之情和对您的永恒友谊，我亲爱的朋友，我将永远全心全意地忠于您。

西纳

140. 致在莱比锡的布莱特科夫和哈特尔公司

尊敬的先生们：

几个月前，我曾收到过你们的来信，承蒙你们恩赐，将继续出版我的作品。但信中并没有提及那首《圆舞曲》（由帕切尼在巴黎出版的）。我认为当时要是把这首乐曲寄给你们是适宜的。

目前我还有几部曲谱准备交付出版，其中有《协奏曲》中的快板和《幻想曲》等。我希望在签订这些作品的出版协议之前，请先生们发发善心，用几句话把《圆舞曲》的事情告诉我，并根据我最近这些作品的价格付给我应得的稿酬。

期待着你们迅即的回音。

忠于你们的　肖邦

1841 年 5 月 4 日于巴黎托朗切街 5 号

141. 致在巴黎的塞维林·哥什钦斯基

1841 年初星期三于巴黎

请不要拒绝我明天星期四，和维特维茨基、格日马瓦一起共进午餐。我五点三刻在家里等你，如果你明天晚上没有更好的事情要做的话，那就允许我带你去见马尔利亚尼夫人，在她那里你将会见到几个你感兴趣的人。因此明天我等待你的到来。

弗·肖邦

142. 致在巴黎的尤利安·丰塔那
1841 年 7 月 18 日于诺昂

我的亲爱的：

我请你去普勒耶尔那里转交一封给布霍兹的信，我的父亲的确曾在自己的信里提到过他。我现在写信给普勒耶尔，告知他是我请你去和他谈租金的事情。如果你那里是 12 月，我这里也好不了多少。今天晚上狂风就把许多大树连根拔起。现在正是圣梅达尔节，也就是说 40 天的雨季明天就要结束了，因此大家都在盼望着好天气。在我们之间竟会谈论起天气来!! ——我的亲爱的，我的老弟，如果你乐意听这种为我自己辩护的话，那我可能会在黑暗中再次为你演奏以示道歉。最衷心地拥抱你，我的好心的尤利安。请写信来。

让雅希这个老好人也给我写几句话来。

肖邦
星期天深夜

143. 致在巴黎的尤利安·丰塔那
1841 年 7 月 21 日星期三于诺昂

我的亲爱的：

请把此信交给普勒耶尔并和他本人面谈。我给他写信是向他要一架更好的钢琴，因为我现在的这架不好。你先把信读一遍，然后再把它封好。你从他那里一得到答复就告诉我。如果他那里有现成的钢琴可以发运的话，就请你立即给我来信，以便我派人到沙托鲁去做好接运的工作。我怀疑他会拒绝或者拖延不发。如果真是这样，你可别给他一拳，只要写信给我就行了。再一次请你原谅我向你托办的事，但你别害怕，这是最后一次。

你的肖邦

快写信来。

144. 致在汉堡的舒伯特公司

尊敬的先生：

现把《塔兰泰拉舞曲》寄给您，并请您告诉我，您打算什么时候出版这首乐曲。

由于没有得到您对这个问题的答复，因此我重提一下，期望能得到您的回音，以便我去答复巴黎和伦敦的出版商先生们。

请接收我亲切的问候。

弗·肖邦

1831 年 7 月 29 日托朗切街 5 号

145. 致在巴黎的尤利安·丰塔那

1841 年 7 月 29 日于诺昂

我的亲爱的：

　　既然你是个好人，那就把好事做到底吧。请你到运输公司去一下，它坐落在巴黎圣马丁沼泽路 51 号，由汉贝格和列维斯泰先生经营，并让他们立即派人到普勒耶尔那里去取钢琴，以便次日能把钢琴发送过来。请告诉运输公司要用快件而不是慢件托运。虽然运费较贵，但要快很多。我在这里付钱，你只需取回发票或账单，上面要写清楚重量多少、何时托运并保证什么时候运到沙托鲁就可以了。这家运输公司是直接到杜鲁兹的，只在中途卸些货物，因此在普勒耶尔钢琴上的地址不能写沙特，而应写沙托鲁的杜德旺夫人（如上所述）。在沙托鲁的经营公司已知此事，会立即将它运送给我。我之所以需要这张账单，只是为了对运输公司有所约束，不必把它寄给我，万一出现了什么争执情况，它就能派上用处。在沙托鲁的经办人说，由巴黎通过快件运来的货物只需四天便能运到，因此你一定要他们在四天最多五天之内运到沙托鲁。要告诉他们写明沙托鲁的地址（告诉普勒耶尔我过几天会给他写一封感谢信的）。要向汉贝格和列维斯泰公司索取快运单据，请立即去办并写信给我。现在回到我们的事情上来。如果普勒耶尔使你为难，而你又觉得埃拉尔要尽职一些，那你就换了他，但也不要轻率从事。你先要去证实，埃拉尔是不是服务得更周到。我不明白，如果他的服务更好，你何必一定要和普勒耶尔做交易呢。照理来说，他们都应该对你客客气气的。至于《塔兰泰拉舞曲》，你把这封信封好后便立即寄到汉堡去。

　　我怕耽误了这封信的邮期，其他事情只好明天再给你写了，是有关特洛裴纳斯等等的事情。现在，让我拥抱你。

肖邦

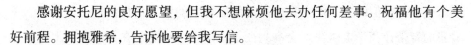

感谢安托尼的良好愿望，但我不想麻烦他去办任何差事。祝福他有个美好前程。拥抱雅希，告诉他要给我写信。

告诉普勒耶尔，我会去信向他表示感谢的。

146. 致在巴黎的尤利安·丰塔那

1841 年 8 月 9 日 10 日之交的晚上写于诺昂

我的亲爱的：

谢谢你很好地完成了各项任务。今天，也就是 9 号，我收到了钢琴，其他东西已于两天前收到。不要把我的半胸塑像寄往家里，免得他们担心，就把它放在抽屉里好了。替我拥抱雅希，为了他的来信。我过一会儿就会给他写几个字的，明天我要送回我的那个老仆人，他在这里有点不知天高地厚，他倒是个诚实的人，也善于工作，就是爱发牢骚，把这里的人都得罪了。我定会把他送回去，叫他在巴黎等着我。所以如果他出现在你面前，请不要吃惊。这是对付他的唯一办法，你告诉他，让他在家里等我，过一两个星期我会给他写信的，或者我要比预期的晚些回去，或者找些别的理由，给些钱辞退他算了。另外，这里的天气还算不错。那个在沙托鲁等了三天钢琴的人，昨天在收到你的信后我才把他叫回来。我还不知道钢琴的音色如何，因为还未开箱。明天就是这一伟大行动的时候了。至于要去向运输公司追究一事，我看你就算了，不值得去和他们争论。你已经尽力做得很好了。要失去几滴血、浪费几天等待的时间，还不如在事情办完后就擦擦自己的鼻子更好些。所以你就把我的差事和你的烦恼都忘得一干二净吧。上帝保佑，下一次就会更好了。我是在夜深人静时给你写这几句话的。我为你替我所做的一切再一次向你表示感谢，不过这还没有结束，因为特洛裴纳斯的事情现在又要落到你的肩上了。关于此事的详细情况容我以后写信告诉你，现在只好祝你晚安了。不过不要做梦，不要做像雅希梦见我死去的那种梦，要做就做梦见我刚刚诞生或者类似的事。现在我也真的像襁褓中的婴儿那样温顺，只要有人牵着我的背带让我学走路我就会高兴死了。注意，一定要在我的脑袋上戴一顶厚实的帽子，因为（我感觉得到）我步履不稳，随时都会跌倒。然而不幸的是，等待着我的不是学步的背带而是手杖或者拐杖，如果我以目前的步伐进入衰老时期的话。我曾梦见过我死在医院里，它深深印在我的脑海里，就像是昨天发生的那样。如果你活得比我长，你就能知道该不该相信梦里的事。几年前，我也作过别的梦，但那些梦都没有成真。现在我却是醒着在做梦，梦醒时正如大家所说非常兴奋，所以我才给你写了这些废话。是不是真的呀？请立即把我家里的来信转交给我。要爱我这个老家伙。

肖邦

147. 致在巴黎的尤利安·丰塔那

1841 年 8 月 18 日于诺昂

我亲爱的：

谢谢你真挚的来信。你可以拆开你认为有必要拆开的所有信件。在舒伯特没有告诉你出版日期之前，你不要把手稿交给特洛裴纳斯。可能不用多久列奥就会答复。可惜的是，那首《塔兰泰拉舞曲》给送到柏林去了，从舒伯特的来信中可以看出，李斯特也卷入了与金钱有关的这些事务，我可能会感到不愉快。这个匈牙利人是很敏感的，他会以为我没有把手稿交出去只是为了钱，会产生我不相信他等类似的想法。我不知道会怎么样，但我有一种预感，事情会很糟糕。不要和生病的列奥说起这件事，如果你有机会去看看他，就替我问候他，同时也谢谢他（虽然不为什么），并为那些麻烦事向他致歉，这都是由于他的礼貌才承担了这次托运。请向普勒耶尔问好，如果你见到了他，你就对他说，我没有给他写信，请他原谅（但你不要跟他说，他给我运来的是一架很低劣的钢琴）。那位给你送牛奶的女人是市场对面卡斯特兰街上的一位从殖民地来的小商贩，每天早晨都在卖牛奶。请你把我写给父母的信一定要在四点钟以前亲自到交易所的邮局去寄出。请你原谅我又来麻烦你，不过你知道，这些信在我心中的分量。埃斯屈迪耶一定已把那本著名的纪念册寄给了你。如果你愿意，可对特洛裴纳斯说让埃斯屈迪耶把我的一本寄到你那里。若是你不想要，那就算了。还有一事麻烦你，请你把那首不幸的《塔兰泰拉舞曲》慢慢地再抄写一遍，只要知道了日期，就把它寄给维赛尔。如果这首《塔兰泰拉舞曲》给你增添了这么多麻烦，那就请你相信，这是最后一次。我再也不会从这里给你寄手稿了。如果一星期后还没有舒伯特的回音那就写信告诉我，不过不要为了我再去打扰列奥了。在这种情形下，你就把手稿交给特洛裴纳斯，我也会去信告诉他的。现在，让我衷心地拥抱你。

你的 肖邦

一旦有空，就给我写信来。（星期三深夜）

148. 致在巴黎的尤利安·丰塔那
1841 年 8 月 24 日于诺昂

我亲爱的：

今天我收到了你那封有关特洛裴纳斯的信。谢谢你，还欠 300 法郎。也为阿尔布雷赫特的事感谢你。你一定收到了我写给博诺的信。你也一定知道寄往维也纳的信件是否要先付邮资？如果德赛尔已经回来了，那你就和他商量一下如何寄出那封我写给默谢的信。这是一封有关钱的信，所以我不希望它在奥地利的某个地方遭到丢失。因为你知道，我是多么喜欢创作。我打算向他提供一首新的曲稿（波罗涅兹一类的，但更富于想象）。这是一件事，现在是第二件事。你带着这封信去见罗特，你可先读一遍再封上。他住在马蒂兰（离你很近）靠近蒙特布朗街的一栋新房子里，从你那儿往左边走，那座房子的大门很漂亮，你可从旁边进去，门牌号码是 6 号或是 10 号。罗特住在大门旁边第一条走廊的二层的半层楼上。要是他告诉你他能搞到托卡伊酒的话，你就问明价钱，并立即写信给我，我好给你寄钱去，并把如何运往马赛的情况告诉你，你既能干又可靠，所以我才把这样的差事交给你办。到目前为止，你为我做的事都干得很出色。唯有今天你信中提到的一件事令我不快，你是猜不到的，那就是你把我的小雕像给了安托尼，我并不介意他得到它，也不是我需要它或者珍惜它（甚至你也用不着再去向丹坦订制了）。而是因为如果安托尼把它寄回波兹南，那么闲话就会满天飞，我已听得厌倦了。我没有委托安托尼去办任何事情，就是出于这个原因。谁能有更好的机会？不过你也看出，安托尼并不了解这点！！如果他们再告诉自己的姑娘①，那你就会明白了。两位老人定会认为他们不会是第一个得到小雕像的人，会感到很蹊跷，而且永远也不会相信这不是我寄去的。在安托尼的家里我除了是钢琴家外还有另一种身份，因此有些人会有别的看法。你是不了解他们的！所有这些他们都会加以渲染。这件事非常微妙，最好再也不要去触它了。既然事情已经发生了，那么我请你，亲爱的，不要向任何人提及我在这封信中所写的事情。只有你知我知就够了。我没有详加解释，因为你懂我的意思。你不要为此事责怪自己。爱我，并给我写信。如果安托尼还未动身，我请你不要去管它了，否则会更糟糕。安托尼会把一切都告诉罗齐埃小姐的，当然他是好心，但却很愚蠢。而她是个长舌妇，喜欢向别人袒露自己的私情，热衷于招惹是非。她总是无中生有，夸大其词，把青蛙说成一头牛，她已经不是第一次这样干了。她是一头令人无法忍受的猪猡（只在我们中间这样说说），在我们这块土地上刨来翻去的，想挖出一条通道通向我的私人花园，还在玫瑰花中寻找蘑菇。这是个不能与之打交道的人，因为一旦和她有了接触，就会闹得满城风雨。总而言之，她是个老小姐。我们也是些老单身男人，但要比她好多了。你去问问那个老实的查理多久没有来我这里了，我很乐意给他一纸

---

① 指马丽亚·沃津斯卡。——译者

证明。要对他说些好话。我会给雅希写信的，替我拥抱他。要爱我。

你的 肖邦

149. 致在巴黎的尤利安·丰塔那
1841 年 9 月 11 日于诺昂

我亲爱的：

我已收到你寄来的所有信件和德赛尔的包裹。哈斯林格这个无赖想把我12 年前在维也纳无偿给他的那些乐曲印出来，确切地说是已经印出来了，今天只是想发行而已。你的想法如何？我不想回复他，要不就给他写一封措辞严厉的信，我不会封上它，让你先读一下。至于德赛尔和另一位维也纳出版商的误会，穆勒小姐的信中告诉我说，他不愿为那部乐集，也就是我曾提供《波罗涅兹舞曲》的同一部乐集，付给门德尔松任何报酬。李斯特在科隆大教堂举行音乐会的报导文章让我深感兴趣，有 15000 人参加，其中还有总统和副总统，以及音乐协会的秘书长，还有那些马车（你知道那里的出租马车是什么样子），还有那些港口、那些轮船。将来他还可能当上议员，甚至还可能当上阿比西里亚或者刚果的国王。至于他的乐曲的主题，他们把它和德国的两部诗集一起刊登在报刊上。施莱辛格的那枚带有女王肖像的奖章，我发誓，那只是一枚金币而已。至于安托尼，我相信他的病被夸大了。他给我写了信，但写得太迟了，他的那位长舌妇早就写了一封充满情感的带有倾诉性质的信寄给了这里的女主人——她说她要到他那里去——她要向传统、严厉的习俗挑战！说他的家庭是不值得尊敬的、粗野的，他们都是野蛮人。唯有纳克瓦斯卡是例外，她才是她的朋友，是她给她弄到了一本从事家庭教师的护照。说她是特别赶来救他的。说他的信写得很短（整整三页），说她不知道他是否还活着。经历了他泪水横流的可怕的告别和那些夜晚之后，她所期待的正是

225

这个，等等。她真该挨棍子！挨棍子，这个老草根！最让我愤怒的，你知道，是我多么地爱安托尼，我不仅没有去帮助他，反而给他帮了倒忙。我觉察得太晚了。我在不太了解这个女人的情况下，就把这个扫帚星介绍给了乔治·桑夫人的女儿做钢琴教师。她以爱情受害者自居，得寸进尺。她从波兰侨民中间打听到我过去的一些私情，也在不同场合中见过面，她便竭力挤了进来，想成为乔治·桑的好友。你很难相信，她是多么狡黠、多么诡诈、多么善于利用我和安托尼的关系。你可以想象得到，这对我有多么开心！尤其是（你也许已注意到了）安托尼并不爱她，只把她当做一个老是纠缠他而又不用花费的女人来对待。安托尼天性善良，却不懂感情，他让别人牵着鼻子走，特别是这样狡猾的阴谋者。你也许会认为她对他有某种胃口。她到处追逐他，也间接涉及我（这无所谓），更糟糕的是，连累到了乔治·桑夫人，她认为我和安托尼从小就是好朋友。说够了，是吗？现在来谈谈那些有滋有味的事情。我赌输了一个斯特拉斯堡烤饼。我寄给你 50 法郎。我请你到皇宫的舍韦那里，用 30 法郎去买一个特大的烤饼，它们是从斯特拉斯堡用木盒装着运来的。写上我的地址，让邮车尽快给我送来。如果 30 法郎只能买到小号的，那就花 35 个法郎或者 40 法郎都可以，只要大的就可以，要花这么多钱去买一个烤饼，心里真是窝火，尤其是在别的方面正需要用钱的时候。请把我的信交给德国出版商。拥抱雅希。把那套在二楼的住房连同它的号码和详细情况都写信告诉我。楼梯是怎么样的？是否需要从马厩旁边进出？进出是否会让人厌恶？厕所是不是在街道上？房子是不是很高？有火炉吗？光线亮不亮？等等。我喜欢在蒙特布朗克路或者在马蒂兰地区，或者是在安东河堤大道上。50 法郎里要留出钱来订购《沙里瓦里》，据我所知再过几天它就要停止了。请快点给我写信来，我们何时能回国呢?! 他们是不是完全疯了?! 我并不担心密茨凯维奇或者索班斯基，他们都是意志坚定的人，能够承受多次的流亡生活，而不会失去理智和精力。愿上帝补偿你为友谊而付出的一切，写信来，要爱这个老家伙，就像他爱你这个英国佬一样。

肖邦

226

告诉雅希给我写信。我今天没有寄给你要转寄到莱比锡的信。

150. 致在巴黎的尤利安·丰塔那

1841 年 9 月 30 日于诺昂

我的亲爱的：

昨天星期四我已站在此地了。我完成了给施莱辛格的那首《升 c 小调前奏曲》。根据他的要求，这首曲子很短，因为它要在新年出版，和默谢的贝多芬一样。你现在还不能把我的《波罗涅兹》交给列昂（尽管你已把它抄写好了），因为明天我要给你寄去一封给默谢的信，信里会向他提出如果他想要短小一些的作品，那我就用今天的这首《前奏曲》去取代他所要求的那首《玛祖卡舞曲》（它已经太陈旧了）让他收入到那本乐集中。《前奏曲》已经过转调的精心修改，因此我可以大胆地把它寄出去。我要他付 300 法郎（不行吗？）作为补偿，他可以把那首《玛祖卡舞曲》拿去，但不能收入他的那本乐集里。如果特罗裴纳斯，也就是马塞，要给你找麻烦的话，你就分文不让，并告诉他，他可以不出版所有的作品（他要是不想出，那我可以以更高的价钱卖给别人）。你告诉他，这首曲子在伦敦的稿酬是 600 法郎，这些曲稿比以前的那些要重要得多。这是有关我的事情。现在，你在我的书桌左下面最低的那个抽屉里①会找到一个包裹，上面写有寄给桑夫人的地址（就在那个通常用来放钱的地方），你用油布把包裹包好，封好口，用公共邮车送去给乔治·桑夫人，通讯地址要用绳子捆紧，这样才不会从油布上脱落。这是桑夫人的意思。我知道你会做得完美无缺。那把钥匙，我记得好像是放在玻璃橱上面的第二层，就在刮脸刷子的旁边。如果你找不到，就让开锁匠来把它打开。我依旧爱你。拥抱雅希。

肖邦

---

① 肖邦还画了一张书桌的图表，在下面抽屉上标示"这就是"。——译者

请写几个字来，

（星期四，五点）

我现在再打开这封信以便告诉你，这个包裹应该用防雨布包好，或者放在盒子里以免受潮、损坏和丢失。

151. 致在巴黎的莫里斯·施莱辛格
1841 年 10 月 5 日于诺昂

亲爱的朋友：

丰塔那手里有给你的那首《前奏曲》。我把它在英国的版权转让给你（当然，如果你想要的话），价格是 100 法郎，因为我不想再和维赛尔打交道了。至于在法国的版权，我也可以交给你，其条件是抵偿我至今还欠着你的那些债务，外加一本漂亮的、适宜的乐集，以便寄给车尔尼舍夫公爵夫人，我把《前奏曲》题献给了她。你关于此事的回话将给我带来愉快。

忠于你的　肖邦

152. 致在巴黎的尤利安·丰塔那
1841 年 10 月 6 日于诺昂

亲爱的：

谢谢你寄来的笔记本。我给你寄的《前奏曲》，长的给施莱辛格，短的给默谢。请把我的《波罗涅兹》的手稿照样抄一份，编上号码，和同样抄好的

《前奏曲》放在一起，附在信里寄给默谢。用我寄给你的信封封好口，再亲自去交给列昂，让他立即邮寄给默谢，因为默谢正等着此信。给哈斯林格的信你亲自到邮局去寄出。如果见不着施莱辛格，你就把信留下，但不要留下手稿，直到他告诉你，他愿意接受《前奏曲》，并抵消那些债务。如果他无论如何都不想要获得在伦敦的版权，那你就告诉他，要他写信给我。你也要来信告诉我。告诉他，我不是马上就要他付这 100 法郎的。请你不要忘了给维也纳寄去的《波罗涅兹》，要编上作品号，下一个要编上号的是《前奏曲》。我不知道怎样拼写车尔尼舍夫夫人的名字。也许在花瓶基座下，或者在那个上面放有青铜饰物的书桌的抽屉里，你会找到一张她的名片，或许你可去问她的管家或她的女儿，要是都不行，我倒很乐意你直接去找她（如果你不反感的话），他们都已知道你是我的朋友，如果她还在巴黎的话，你就可到旺多姆广场的隆德勒旅馆去找她，以我的名义请求那位年轻的公主把名字写在卡片上。你就问该怎么拼法，是 Tscher 还是 Tcher？或许更好的办法就是去问管家克劳兹小姐。说是我要给年轻的公主一个惊喜，并请克劳兹小姐（她很漂亮）把名字写给你，是伊丽莎白（Elisabeth）还是车尔尼舍夫（Tschernischef），结尾是不是两个 f，他们通常是怎样写的。她可以把这件事告诉公爵夫人（做母亲的那位），但不要告诉做女儿的那位，因为我要题献的就是她。如果你不想做这些，也没有关系，你就写信说你不想这样做，我会另想办法的。不过你要告诉施莱辛格暂且不要把名字印出来，因为我还不知道她名字的拼法。虽然如此，但我真是希望你能在家里找出一张写有她姓名的名片来。关于搬家的事，我很高兴的是你已找到了一处公寓。你可从客厅搬走沙发，而把其余的东西送给佩尔唐，他住在皮加勒街 16 号。我必须将卧室里的床搬出来，因为我决定住在皮加勒街的一处厢房里。算了，留给你的真是不多。今天稍后我还会把详细情况告诉你。我现在该搁笔了，因为邮车就要上路了。我希望这封寄往维也纳的信一定要在本周内到达那里。再过一个小时后我会把详细情况告诉你。

你的 肖邦

153. 致在巴黎的尤利安·丰塔那

1841 年 10 月 9 日于诺昂

我的亲爱的:

你一定已收到我的信和作品了。你是否已按照我说的,把那些寄往德国的信件读过一遍之后再把它们封好? 现在来谈谈维赛尔,他是个混蛋、骗子。你给他去信爱怎么写就怎么写好了,但要告诉他,我不想把我的《塔兰泰拉舞曲》的版权转让给他了,因为他没有及时把它寄回来。如果我的作品让他亏了本,那是因为他不顾我的反对而给作品加上了愚蠢的标题,尽管斯特普尔顿先生不止一次地嘲笑过他,他还是这样做了。如果我听从我内心的声音,当我看到那些怪标题之后,就一定不会再给他寄东西了。你就尽情地嘲笑他吧。至于搬家的事,今天桑夫人已正式通知皮加勒街的佩尔唐,并对你的客气话和包裹表示感谢。你一定要郑重叮嘱门房把我所有的信件都转交到皮加勒街 16 号。桑夫人的儿子本月 16 日左右要到巴黎去,我托他给你带去《协奏曲》和《夜曲》。请写信来,这里整天下雨,泥泞不堪。拥抱雅希。至于安托尼,我好像说过,他的病并不那么可怕,而其中还有别的原因。不久我们就能见到他了,但他却见不着自己的家人。不要忘了想着我。写信来!

你的 弗里兹

星期六早晨

154. 致在巴黎的尤利安·丰塔那

1841 年 10 月 18 日于诺昂

我的亲爱的：

你做什么事都做得很好。奇怪的世界！马塞是蠢货，佩尔唐也是蠢货。马塞知道帕奇尼的《圆舞曲》，也知道我已许诺《音乐报》了。但我不想在他之前对他采取任何措施。如果他不同意伦敦的版权费是 600 法郎（我的一般手稿在他那儿的稿酬是 300 法郎）。三乘五是 15。那么我的这些作品才 1500 法郎，这是不行的。尤其是当我第一次和他商谈时就有言在先，有些作品出这个价钱我是不会给他的。例如，我就不能把我的 12 首《练习曲》或者《钢琴演奏法》以 300 法郎卖给他，他必须付给我 600 法郎。同样，我今天寄给你的那首《协奏曲快板》，给我 300 法郎我也是不会答应的，必须给 600 法郎。那首《幻想曲》也一样，至少要 500 法郎。只有《夜曲》、《叙事曲》和《波罗涅兹》才能按照过去出版此类作品的价格那样以 300 法郎给他。总而言之，我这五首作品在巴黎的价格是 2000 法郎。如果他不关心这些作品的话，那我（在我们之间说说）反而会更高兴，因为施莱辛格会更乐意买它们，但我不想被人看成是某种不守信用的人，尽管这只是君子之间的协定。因此希望他不要抱怨我的条件，因为条件是很低的，特别是我很久以来什么都没有出版过。但是我不只是想要体面地摆脱这种状况。我知道我是不会随便出售的。但你要告诉他，如果我想要从他那里发财或者欺骗他，那我可以在一年里写出 15 首这样蹩脚的东西，每首只需付我 300 法郎，那我也会有更大的收益。这样做能问心无愧吗？我亲爱的，请告诉他，我很少创作，因此出版的东西也不多。他不要以为我在抬高价格。但是当你看到我用蝇头小字写成的手稿后，你自己也会说，既然我的《塔兰泰拉舞曲》他都付了 300 法郎，而我的《波来罗舞曲》也给了 500 法郎，那我要求 600 法郎也不为过。看在上帝分上，请你爱护我的手稿，不要弄皱了，也不要涂来涂去的，更不要撕坏了（这些我知道你是不会干的，我之所以这样写，是因为我非常喜欢我写的这些枯燥乏味的东西）。请你抄写一遍，请你把抄好的留在巴黎。明天你就会得到《夜曲》，这个周末你会收到《叙事曲》和《幻想曲》，我无法完成更多的东西。如果抄写让你乏味，那你就把它当作一种赎罪的行为好了，因为我不想把乐谱交给别的笨家伙去抄写。再一次向你保证，要是我还能再写出这样的 18 页手稿，那我自己也要疯了。但是你用不着担心！！我把给哈特尔的信寄给你。请你再去找一个仆人，像你的那个那样的。下个月初我会在巴黎的。明天再给你写信。请写信来。

你的　肖邦

星期一早晨

155. 致在莱比锡的布雷特科夫和哈特尔公司

先生们：

我给你们寄去四部手稿：

《协奏曲快板》——作品 46 号

《叙事曲》——作品 47 号

《两首夜曲》——作品 48 号

《幻想曲》——作品 49 号

收到这些作品后请给我回信。

忠于你们的　弗·肖邦

1841 年 11 月 12 日于巴黎

皮加勒街 16 号

156. 尼古拉·肖邦致在巴黎的弗·肖邦

1841 年 12 月 30 日于华沙

我亲爱的弗里德里克，我已收到你 4 日的来信，那正好是在我的命名日之后的一个星期，它给了我莫大的愉快。感谢你的美好祝愿，因为我了解你的心，我对你的衷心祝愿深信不疑。愿上帝为此而褒奖你，关怀你，赐给你幸福，维护正直人们对你的尊敬。这是我们对你永恒不变的祝福，这不仅仅限于新年到来之际。在平安夜和圣诞节，我们全家人聚集在一起。孩子们见到星星的那种高兴劲儿真是值得一看，如果你能和我们在一起，一定会过得非常愉快的。对于这方面的事我们想过很多，相信我，我们一直在谈论你，你成了我们谈话的对象。你告诉我们你去参加了节日晚会，但心情不是很好。我承认，这使我们不安，我们担心你生病了，尽管你向我们保证说，你身体很好。至于我们，尽管我们的一些病痛在折磨我们，所幸并没有明显的加重，而经常团聚的快乐给我们的老年增添了不小的乐趣，而你每次的来信也大大促进了这种乐趣。为此我们要感谢上苍，让我们有了这么好的孩子。请不要生气，我们给你引荐的几个人，给你带来了麻烦，占用了你的时间，但是他们对你是那么信任、那么崇敬，我们怎么能回避和拒绝他们呢？那样他们会认为我们是有意作梗，尤其是这几个人把你对他们在艺术完善方面的建议看成是能保障他们生存的手段。你不要因此而生气。我不知道塔尔贝格在不在巴黎，你们一定常常见面。我要告诉你，他在这里停留期间对我们照顾不少，他在一次来信中还对你赞不绝口。有一件事我感到好奇，你在那篇文章后有没有见过李斯特？你们是否和过去一样相处得很好？如果你们的友谊出现冷淡，那是件遗憾的事。现在既然提到了他，人们常常问我，这是不是事实：听说他和桑夫人要一起到这里来，对此我只能这样回答：你的信里没有提到这件事。如果他来这里，我倒希望他能来看望我们，我将会很乐意给他提供钢琴。这架钢琴曾那样优美动听地表达过你的灵感（这种幸福的时刻已经过去了）。伊莎贝拉非常珍惜这架钢琴，世上的任何东西也不能让她交出它来。你的教父和他的妻子曾在我的命名日那天来到我们家里，我有好几个月没有见过他了。我不知道什么原因使他对我们这样冷淡了。不过他们倒问了你的许多情况，我们则很少谈起他的儿子，他只对我们说，他儿子及其妻子到德累斯顿去看望他的叔父了，要到 2 月才能回来。你知道他的母亲和安托尼在一起，据可靠消息称，他们全家都要到那里去。不久前我见到了库奇科夫斯基医生，他向你致以亲切的问候，慈祥的艾斯内尔身体不错，他一直保持着对你的美好的友情。许多你从前的熟人都在挂念你，如果要把他们一一写出，祝福的言词便会很长很长。还有一件事，你把那个让你很满意的仆人卢得维克给换了。上帝保佑你能找到一个合适的人，因为你需要一个会照顾你一切的人，同时又很会节省。一想到你现在能珍惜每一分钱以备困难时期之需，我就很高兴。你看，我还没有忘记我们的歌声。你在新住房里的感觉如何？你们那里的冬天怎么样？至今为止，我们这里还没有霜冻，只有泥泞，我是不出门的。我想我的这封啰里啰嗦的信占据了你不少的阅读时间，现在我只好把笔让给你的姐姐。你那善良而挚爱你的母亲和我都非常亲热地拥抱你。

尼古拉·肖邦

向纳克瓦斯卡夫人致以非常亲切的问候，祝贺梅雷已恢复健康，同样向雅希和尤利安致以亲切的问候。如果有谁回来，我希望你会利用这个机会把你许诺的东西托他带给我，以便我能去做一番比较。

157. 致在巴黎的约瑟法·杜罗夫斯卡

1841—1842 年冬于巴黎

昨天晚上我曾答应给你写几个字的，但我仍未见到索利瓦。今天我对这件事想得很多，越想越感到你对我是那样的信任，而我却无法为你做出决定，心里十分不安。应你的要求，我现在很乐意给你提出不是随便的而是经过认真思考的建议。我再次向你重申，从我以往很愉快地听到的你的歌声（不是以音色来评判，因为你旅途劳累而又患上了巴黎的感冒）来看，我认为你的声音非常宽广，音准很纯，情感丰富——这是伟大天才所必须具备的因素——能有更多的歌唱技巧对你是有益的。为此我曾对你谈过有关博尔多尼的真实意见，他已没有东西可以教你了，这个意见依然保持未变，这就是我深思熟虑出来的最好建议。我弄错了，这不是学习的问题，而是有关名气的事。我应该想到这一点，但现在为时已晚了。请你信任我，我很乐意在任何情况下为你效劳，我已经把你介绍给了索利瓦，我对他的评价要大大超越于博尔多尼之上。因此现在我不能去请求他回绝几天前我还在恳切祈求和全心全意盼望他答应的这件事。我请你原谅，并请你相信我会在其他事情上为你真诚效劳，比如，诚恳的谈话。

弗·肖邦

　　我在等待拉伯拉赫的回话，一有回音就马上给你转去。

158. 尤斯丁娜·肖邦致在巴黎的弗·肖邦
1842 年 3 月中于华沙

亲爱的弗里德里克：

　　已经过了三个月了，我们才收到渴望已久的你的来信。我们从报纸上得知你已经举行过音乐会，音乐会你是举行了，可是让我们难以理解的是，你连一点情况也没有告诉我们，难道这么长的时间内竟找不出一点空闲来向父母报告自己的演出情况？这虽是粗心所致，但我们却非常为你担心。亲爱的孩子，你忘了一点，年老的父母是为你们而活着的，他们每天都在祈求上帝把健康和幸福赐予你们。决不能忘记去感谢上帝对你的大恩大惠。你所获得的健康、财富和名望，全都是来自于至高无上的救世主。你应该和我们一起每天都向他表示感激，而他就会帮助你实现你的一切美好愿望，你将成为幸福之人。你不要怪你父亲，他老是提醒你要为未来着想，要相信我，现在该是考虑这个问题的时候了。作为年事已高的老人，我们对你说的都是经验之谈，是出于对你的特别关心，是想看到你一生幸福和安宁。若是你以后的生活得不到什么保障的话，那就很难谈这些了。我亲爱的孩子，适值你的生日和命名日之际，我在这里特别地想你，并向你送去我从内心深处发出的祝福，并为你一切顺利而祈祷。愿上帝保佑你并一直将你置于他的保护之下。我亲爱的，我有一事相求，是关于钱的事情。本来母亲是不该求助于孩子的，但是一个善良诚心的孩子会在不影响自己需要的情况下——上帝见证——出借这笔钱的，因此你应公开地回答：是或否。

我希望你会答应我的请求，如果不，那我以后就再也不会提及此事了。事情就是：我需要3000波兰兹罗提。你父亲不知道此事。如果他知道了会很生气的。你自然会给这笔钱的。要是你能在一年之内，如果不是全部，也可以先把一部分钱寄给我，要经巴尔钦斯基之手转交给我。你要对自己说：现在我才看出，为什么母亲要劝我节省，相信我，这不是为了我的事情，而是为了你的美好生活。

衷心地拥抱你。

真正爱你的 母亲

159. 致在巴黎的沃伊捷赫·格日马瓦

1842 年 4 月 20 日之前写于巴黎

我不得不整天躺在床上，我的脸和淋巴腺都疼得要命。你不知道昨天我不能去参加劳列路的聚会有多苦恼。如果明天拉奇博尔斯基能让我出门（雅希今天要放血，现在他也躺下了），那我立刻就去你那里。关于钢琴的事我什么也不知道，但是前天我已吩咐要按帕埃尔的意见去做。请写几个字来告诉我你的健康状况是不是好了些。我在此为你祈祷。

肖邦

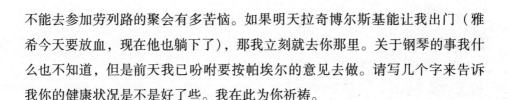

160. 亚当·密茨凯维奇致在巴黎的弗·肖邦
1842 年 6—7 月于巴黎

如果为了搞到护照需要官方的证明，那么这儿有古特的俄国和德国的护照，只是劳驾，别把它丢失了，我相信你的事业。

你的好心的追求者 亚当·密茨凯维奇

161. 致在巴黎的卡米尔·普勒耶尔
1842 年 7 月 18 日于诺昂

最亲爱的朋友：

钢琴已收到，为此我非常感谢你。乐器运到后，已经用音乐会的音叉把音都校准了。不过我现在还弹得不多，因为天气是如此美好，我几乎一直都在户外活动。

在你们度假期间，我祝你也有这样愉快的天气。请你给我写几句话来

（如果你承认你在白天是很少动笔的）。祝你们大家身体健康。拥抱你母亲和你姐妹的双脚。

忠于你的　弗·肖邦

星期一

安德尔省恰特附近的诺昂

162. 致在巴黎的沃伊捷赫·格日马瓦

1842 年 7 月 27 日于诺昂

我的亲爱的：

为了住房问题我们明天晚上要去巴黎。星期六傍晚我们就能到达皮加勒街，我会在那里停留一日。罗齐埃小姐今天已到达这里，她将陪伴索朗热在这里住几天。邮车就要开走了，我不能再给你多写了。我希望你一切都安好。

你的老友　弗·肖邦

163. 致在华沙的约瑟夫·艾斯内尔

1842 年 11 月 8 日于巴黎

亲爱的、永远都是我最最敬爱的艾斯内尔先生：

你简直不会相信您的每一个字和每一个音符给我带来多大的欣喜。非常感谢您托杜尔奇诺维奇夫妇带来的乐曲。他们在这里获得了成功，许多人很喜欢他们，他们该为此感到幸福。达姆舍先生也是如此，我就不给他回信了。但我恳请您转告他，他的孩子们（他是这样称呼他们的）在这里给人留下了很深刻的印象。

我衷心地拥抱您。我永远像儿子、像长子、像老朋友一样爱您。

肖邦

向艾斯内尔夫人致以无比的敬意，并问候您身边的所有人。

164. 致在华沙的托马斯·尼德茨基

亲爱的托马斯：

接到你的信后，我立即向我的熟人们询问有关竖琴师的事情。到目前为止还没有一个人肯接受这个价钱而到你们那里去，尤其是你信里没有写明是否会负担路费。至于要找一位机械师，可能要好办一些，昨天就有人去问这里的经理皮勒特先生是否可以让他的一个下属前往。你知道，我是在不遗余力地为你的事情奔走效劳，但遗憾的是至今未获成功。要像过去在维也纳的时候那样爱我。请来信告知，你们是否会负担竖琴师的路费。我认为它对此事的解决是绝对必要的。你可以永远信赖我对你的老交情。

请替我拥抱艾斯内尔先生和我所认识的那些人。

弗·肖邦

1842 年 11 月 30 日于巴黎

奥尔良广场圣拉扎尔路

165. 致在伦敦的安娜·卡罗琳娜·德·贝勒维勒—乌雷

1842 年 12 月 10 日于巴黎

尊敬的夫人：

我非常感谢你的热情来信。如果不是我曾许诺把我的新作品给维赛尔先生的话，那我定会把我给贝亚勒先生写的手稿寄到你那里。至于那首小圆舞曲，那是我有幸为你而写的，请你把它保存好。我求你了，那是给你自己的。我不想让它公之于世。但我渴望聆听你演奏它，并参加你举行的豪华宴会。在宴会上你将那样美妙地演奏我们所有的大师、伟大艺术家如莫扎特、贝多芬和胡梅尔等人的作品。几年前你在巴黎的埃拉尔家演奏胡施尔的柔板，其美妙琴音至今仍萦绕在我的耳边。请你相信，尽管这里有过不少的大音乐会，但很少有像那天晚上我怀着愉快心情听到你演奏的钢琴音乐那样让我久久不能忘怀。

尊敬的夫人，请接受我对你的敬意，并请你转达我对乌雷先生的友谊。

肖邦

166. 致在莱比锡的布雷特科夫和哈特尔公司

尊敬的先生们：

我向你们提供一首《诙谐曲》（600 法郎）、一首《叙事曲》（600 法郎）、一首《波罗涅兹舞曲》（500 法郎）。

此外，我还写有一首好几页长的《即兴曲》，但不能提供给你们，因为我曾答应过我的一位老朋友，两年前他就一再要求我给奥夫梅斯泰写点东西。我把这件事告诉你们，是想让你们了解我这样做的意图。

如果你们想采用我的《诙谐曲》、《叙事曲》和《波罗涅兹》，务必在最近的一次邮车回信给我，并告知我何时应把乐曲寄给你们。

忠于你们的　弗·肖邦

1842 年 12 月 15 日于巴黎

奥尔良广场圣拉扎尔路 9 号

167. 致在华沙的托马斯·尼德茨基

亲爱的托马斯：

即使你出加倍的钱也没有人愿意去你那里。但你也不必感到惊讶，我请他帮忙的那位拉巴勒先生就向我这样说过，即使待遇再好，他也找不到一个愿意去里昂的人，所有的艺术家都喜欢巴黎，他们宁愿在此受苦受累，也不愿到国外或者外省去享福。我非常抱歉，这次帮不上你什么忙了。尽管如此，但我们依然要和过去在维也纳时那样相亲相爱。

肖邦

1843 年 1 月 25 日于巴黎

奥尔良广场圣拉扎尔路 9 号

168. 弗朗茨·李斯特致在巴黎的弗·肖邦

在列尔斯达布和你中间不需要中间人，我亲爱的老朋友。列尔斯达布是个具有高度文化素养的人，你也受过很好的教育。虽然你们过去并未很好地相互了解，但你们会立即了解的（尽管艺术家和评论家不易相互了解）。因为列尔斯达布想让我高兴高兴，愿意替我捎上几句话给你，我就请他要特别提醒你不要把我忘记了。我想利用这次机会再次向你重申，即使你会觉得无聊，我对你的友谊和崇敬是永远不变的。任何情况下作为朋友你都可以信任我。

弗·李斯特

1843 年 2 月 26 日于波兹南

169. 致在巴黎的莫里斯·施莱辛格

亲爱的朋友：

你在 7 月 9 日《音乐报》上发表的《即兴曲》把页码弄错了，从而使我的作品变得无法理解了。尽管我不像我的朋友莫谢莱斯对自己的作品那样一丝不苟，但是我有责任为你的读者着想要求你在下一期刊登下列勘误表：

第三页——应为第五页；

第五页——应为第三页。

如果你太忙了或者太懒了，不能给我写信，那我就请你在报上刊登勘误表时答复我。同时请告诉我，你和你的夫人以及孩子们是否都身体健康。

完全忠于你的　肖邦
1843 年 7 月 22 日于诺昂

170. 致在诺昂的乔治·桑
1843 年 8 月 14 日星期一于巴黎

我于 11 点钟到达此地。现在我已在马尔利亚尼夫人家，我们俩人都在给你写信。你将在星期四的午夜见到索朗热，星期五或星期六都没有位子了，直到下星期三才有，这对大家来说都太迟了。我现在真想回去，你对此是不会有怀疑的。我高兴的是，命运安排我们在星期四动身，那就等到星期四吧。明天呢，如果你允许，明天我会再给你写信的。

你谦卑的仆人　肖邦

171. 致在巴黎的奥古斯特·列奥

亲爱的列奥先生：

我到克列兹河畔的一个美丽如画的风景区旅游了好几天，感到有点疲劳，刚回到家就看见了你的来信。得知莫谢莱斯一家和你们在一起甚为高兴。本以为我能利用这次良机，可是当我再往下读到他们只能待到本月 5 号时，我的欢乐便变成了忧伤。您知道我是多么喜爱和敬佩莫谢莱斯的。您比其他任何人都更能理解我不能立即前往巴黎心里有多么难受，因为我必须最迟在明天出发才能及时赶到。我希望大海能给列奥夫人、先生您和您的家人带来美好的感受，并同样有一个美丽的9月，就像我们在这里一样。维亚尔多夫人在乔治·桑夫人家住了好几个星期，但总共只有两三次才找到一点时间来唱歌，由于天公作美，我们一直在外面散步。秋天是巴里地区一年当中最美的季节。我还要在这里再住几个星期。我在信上写的地址是路易斯大街，因为我记不清圣霍罗尔街的准确号码了。我相信它定会到达您的手里，因为您的信我也收到了，尽管地址写得一塌糊涂。

请转达我对您夫人和莫谢莱斯一家的问候。

完全忠于您的　肖邦

1843 年 10 月 2 日于诺昂庄园

请不要忘了问候瓦伦丁夫妇。

172. 致在巴黎的沃伊捷赫·格日马瓦

1843 年 10 月初于诺昂

我亲爱的：

我预先告诉过你，要请你替我寄一封信给家里，另一封装有手稿的信寄往莱比锡。因为除了你，我就找不着别人了。拜托你把它们丢进邮筒里。我的手稿虽然毫无价值，但是如果丢失了，那也是花了我不少工夫的。这里的房主人身体不是很好。我呢，只要能走动就到处转转，但不知何时我们能见面。这里的天气依然晴朗，孩子们玩得很开心，计划要晚些回去，特别是城里的花费太高。你的旅馆一定建好了或者快完工了。没有一天我不想你的，我总是想你应该得到幸福。我希望看到你健康、愉快和尽可能的幸福。几天前我们去了克列兹河一带旅行，小伙子画了一些风景画。和邻居朋友一道散

步很愉快，但是回来之后身体不太好，好几天都不能工作。我为此发愁，心情不愉快。

最热烈地拥抱你。

你的老友　肖邦

173. 致在诺昂的乔治·桑

1843 年 11 月星期五于巴黎

这是莫里斯写给你的。我们已得到你的好消息，并因你满意而感到高兴。你所做的每件事都是伟大而又美好的，如果我们在信中没有提及你所做的每一件事，并不表示我们对它没有兴趣。莫里斯昨天傍晚把他的一个小箱子寄给你。请你写信来，写信来。明天见。要记得你的老朋友们。

肖邦

问候索朗热。莫里斯和我都很好。

174. 致在诺昂的乔治·桑

1843 年 11 月 26 日于巴黎

你终于完成了马厩的检查工作，累坏了吧。上帝保佑，你在离开之前一定要放松一些，并把诺昂的好天气带给我们，因为这里一直在下雨。尽管如此，我依然雇了马车，一直等到下午三点天气好转时，我才乘车前去拜访罗特席尔德和斯托克豪森，我并没有感到不适。

今天是星期天，我在家休息，没有出门，并非不能，而是不想出去。请你相信我们两个都还健康。病魔远离着我，我的前面只有幸福。一想到即将到来的一周，我就充满了前所未有的希望，一切都会如你所想。你还告诉我们，你的上嘴唇脱皮了，上帝作证，你不必为此用药。我们在马尔利亚尼家吃了一顿丰盛的午餐。嗣后，有的去赴晚宴，有的在画画，有的上床睡觉，我躺在自己的床上，就像你躺在沙发上一样，我感到很累，就像干了什么重活似的。我认为这是我服的药让我想睡觉，我想请莫林医生给我换换别的药。明天见。我们将天天给你写信，一直到星期三。请你要多多想一想自己的那些老朋友，那些老熟人，他们除了想你，别的真的什么都不想了。莫里斯出去了。还得等四天。

肖邦

175. 致在莱比锡的布雷特科夫和哈特尔公司

我住在巴黎的圣拉扎尔街 34 号，现签字确认把我创作的下列作品的版权出售给莱比锡的布雷特科夫和哈特尔公司。作品有：

作品 12 号　《卢德维克主题变奏曲》

作品 15 号　《三首夜曲》

作品 16 号　《回旋曲》

作品 17 号　《四首玛祖卡舞曲》

作品 18 号　《华丽大圆舞曲》

作品 20 号　《诙谐曲》

作品 21 号　《第二协奏曲》

作品 22 号　《大波罗涅兹舞曲》

作品 23 号　《叙事曲》

作品 24 号　《四首玛祖卡舞曲》

作品 25 号　《十二首练习曲》

作品 26 号　《两首波罗涅兹舞曲》

作品 27 号　《两首夜曲》

作品 28 号　《二十四首前奏曲》

作品 29 号　《即兴曲》

作品 30 号　《四首玛祖卡舞曲》

作品 31 号　《诙谐曲》

作品 33 号　《四首玛祖卡舞曲》

作品 34 号　《三首圆舞曲》1—3

作品 35 号　《奏鸣曲》

作品 36 号　《第二即兴曲》

作品 37 号　《两首夜曲》

作品 38 号　《叙事曲》

作品 39 号　《第三诙谐曲》

作品 40 号　《两首波罗涅兹舞曲》

作品 41 号　《四首玛祖卡舞曲》

作品 42 号　《圆舞曲》

作品 46 号　《协奏曲快板》

作品 47 号　《第三叙事曲》

作品 49 号　《幻想曲》

作品 52 号　《第四叙事曲》

作品 53 号　《波罗涅兹舞曲》

作品 54 号　《第四诙谐曲》

　　我声明，本人已将上述乐曲的版权毫无保留地、没有任何时间和国别（除法国和英国外）限制地转让给上述公司，并且证实已收到相互商定的稿酬，收据另开。

肖邦
1843 年 12 月 16 日于巴黎

176. 乔治·桑致在巴黎的莫林医生

1843—1844 年冬（星期六）于巴黎

亲爱的医生：

　　请你今天来看望一下肖邦。他一直感觉不好，并为此焦虑不安。我的一位好友路易·勃朗会在今明两天之内前去拜访你，并请你医治那长期折磨着他的精神抑郁症。我告诉他说，从中午到下午两点你都在家。那就是你接诊的时间吧？

诚心忠于你的　乔治·桑

177. 乔治·桑致在巴黎的奥古斯特·弗朗肖姆

1844 年 5 月 12 日于巴黎

亲爱的弗朗肖姆先生：

　　我们可怜的肖邦刚刚得知他父亲去世的消息。今天他独自一人关在自己的房间里，我非常恳切地请求你务必于明天前来看望他，因为你是属于少数几个能解除他痛苦的人之中的一个。他的悲痛也让我十分难受，我现在无法去安慰他。

诚心忠于你的　乔治·桑（星期天早晨）

178. 乔治·桑致在华沙的尤斯丁娜·肖邦
1844 年 5 月 29 日于巴黎

尊敬的夫人：

　　我想没有什么比这个令人钦佩的孩子的勇气和自持更能让我亲爱的弗里德里克的最好的母亲感到宽慰的了。您知道，他的这种痛苦是多么深沉，他的心情又是多么悲伤。但要感谢上帝，他没有病倒，再过几个小时我们便要到乡下去了。在经受了这样沉重的打击之后，他最终可以得到休养了。

　　他只想您，想他的姐妹们。他如此热烈地爱着你们，你们的悲伤使他不安，像对待自己的悲伤那样揪心。从您这方面来说，请您至少不用担心他得不到照护。我不能解除他的悲痛，因为它是那样的合情合理，那样的深沉、持久，但是我能关心他的身体健康，并能给他以热忱和无微不至的关心，就像您本人所做的那样。这是一种最令人愉快的义务，我为自己能承担这一义务并永不失责感到幸福。我向您保证、并希望您能相信我对他的奉献精神。我不是说您的不幸令我感同身受，就像我好像认识这个你们悲哭的高尚的人一样。尽管我的同情是如此真挚，但也无法缓解这一可怕的打击。但我可以告诉您，我会把自己的时间花在您儿子的身上，并把他当作自己儿子一样看待。我知道，我只能在这方面对您的心灵略表安慰，为此请允许我给您写信，以便告诉您——我最亲爱的朋友所崇敬的母亲——我是深切忠于您的。

乔治·桑

179. 尤斯丁娜·肖邦致在巴黎的乔治·桑

1844 年 6 月 13 日于华沙

我衷心感谢您对我说的那些感人的话语，它使我那可怜的、受到悲伤和不幸折磨的心灵得到一些安慰。在我的不幸中，除了泪水和对我的益友堪称典范的一生怀有不可磨灭的回忆之外，便再也找不到别的慰藉了。至于我对弗里德里克的担心，那是无边无际的。在我经受这场打击之后，我所想念的只有这个可爱的孩子了。他孤身一人漂泊在异国他乡，身体又是如此的虚弱，拥有一颗如此挚爱的心肯定会被这残酷的噩耗打倒。我的其他孩子虽然都在我身边，但我感到痛苦的是我不能在这可怕的时刻去拥抱我最心爱的儿子，并帮助他从绝望中摆脱出来。我为他担心，我的灵魂没有片刻的安宁。您很理解我身上在发生什么，只有母亲的心才能真正感受到这一点，并使我的心灵得到真正的安慰。为此，弗里德里克的母亲衷心向您表示感谢，并把自己疼爱的孩子交托给您慈母般的呵护。

请您做他的护卫天使，就像您做我的安慰天使一样。请您相信，我们对您这种无法估量的奉献精神是深表敬意和感激的。

尤斯丁娜·肖邦

180. 致在莱比锡的布雷特科夫和哈特尔公司

我，弗里德里克·肖邦，现住在巴黎的奥尔良广场圣拉扎尔路，签名确认将下列乐曲的版权出售给莱比锡的布雷特科夫和哈特尔公司。其乐曲有：

（1）作品55号两首钢琴《夜曲》

（2）作品56号三首钢琴《玛祖卡舞曲》

我声明，我已把上述作品的版权毫无保留地、不受时间和国别（除法国和英国外）限制地出售给上述公司，并证明，我已收取这些作品的稿酬，收据另开。

弗·肖邦

1844年7月16日巴黎

181. 致在巴黎的沃伊捷赫·格日马瓦

1844年7月26日于诺昂

我最亲爱的生命：

我已经在诺昂了。一路上我想的尽是你和我的最近的那次谈话。你永远是个可爱的人，愿上帝赐给你亨通财运。这里的女主人非常关心你最近的经济状况和你从楼梯上摔下的事故。我写信给你是因为我忘了问你有关"烟火"的事情①，你能不能通过菲利普的侍卫官给我姐姐弄到一个在杜勒利宫临窗的位子。这件事你能办到，因为你的脑子比我灵活，就请你帮助我的好姐姐，让她看到这一历史性的盛事。请给我来信谈谈你的事业如何，不用多写，只需写是否好转了。请代向昂吉安致意，如果你见到我姐姐，就把她送到这里来。

最热烈地拥抱你。

你的老友 肖邦

---

① 指在七月庆典上施放烟火。——译者

182. 乔治·桑致在巴黎的路德维卡·英德热耶维乔娃

1844 年夏于诺昂

亲爱的夫人：

我非常急切地盼望你的到来。我想，弗雷茨会在你们之前赶到巴黎的，如果发生意外不能及时见到他，我的一位女友会把我住所的钥匙交给你，请你把它当成自己的家一样使用。如果你不用我的住所，我会非常生气的。你将会发现，我那亲爱的孩子非常瘦弱，变化很大，变得和你最后一次见到他时大不一样了。但你不用为他的健康过分担心。从我天天见到他的时候起，六年来，他的身体状况一直没有发生什么重大的变化。每天早晨会有一阵强烈的咳嗽，每年冬天病情会有两到三次的剧烈发作，每次持续好几天，有时还会有些神经痛。这就是他身体的一般状况。不过他的肺是健康的。这娇弱的器官没有受到任何损伤。我一直希望他的身体会随着时间的进程而变得更加强壮，同时我也相信这需要一定的时间，至少和每个有着规律的生活并受到精心照顾的病人所需的时间一样多。和你相见的喜悦，虽然会和深切痛楚的激动交织在一起——特别是第一天会让他受到影响——但会给他带来好处。从这方面说来，我也替他感到高兴。并对他邀请你来的决定深表赞同。我没有必要劝说你给他增添勇气，由于长久和自己热爱的人分离，这种勇气是一直在经受着考验的。你一定能在你们共同悲伤的苦酒中掺入能使他振奋起来的所有东西；那就是相信你的幸福和顺从她热爱的母亲的命运。很久以来，他一心所关切的只是他所爱的人的幸福，以取代他不能与他们分享的东西。从我这方面来说，我是尽我所能尽的所有力量去抚平他遭受的可怕的创伤，但是我却不能将它从他的记忆中抹去。聊以自慰的是，我给予他除了对你们的爱以外他所能接受的感情，并赋予他创作的灵感。所以我邀请你和他一起到我这里来，并请你相信，我会像爱自己的姐妹那样爱你。你的丈夫也是我的朋友，我会像对待早就认识的老朋友那样对待他。我唯一想建议你的，就是你要强迫小肖邦——我们习惯于这样称呼你的弟弟，伟大的肖邦——好好休息，在他和你们夫妇一起来到贝里之前都要休息好，因为路程有 80 英里，这对他说来是有点力不胜任的。

亲爱的朋友们，请你们相信，你们夫妇的到来会让我感到非常的高兴，我会在家里好好地招待你们，直到你们打算离开的最后一天。

我们很快就会见面了。

你的全心全意的　乔治·桑

183. 致在巴黎的奥古斯特·弗朗肖姆

1844 年 8 月 1 日于沙托鲁附近的诺昂庄园

最亲爱的：

我把一封施莱辛格的信转交给你，并送去一封给他的信。请你读读它。他想延期出版，但我不能同意。如果他坚持这样做，就把我的曲稿交给马奥，他能让梅索尼耶先生以同样价钱 600 法郎将它们买下。我认为他（施莱辛格）是会印刷它们的。但应在 20 日出版。不过你知道现在单是登记曲名还不够。真是对不起，又让你受累了。我爱你，并把你当作我的兄弟来看待。吻你的孩子们，并向你的妻子致以友好的问候。

诚心忠于你的　弗·肖邦

桑夫人向你致以千百次的问候。

184. 致在巴黎的奥古斯特·弗朗肖姆

1844 年 8 月 2 日于诺昂

最亲爱的:

　　昨天我是在匆忙中给你写的信,谈到如果施莱辛格不印我的作品就请你通过马奥去找梅索尼耶。但我忘记了亨利·勒穆瓦纳曾为我的练习曲付给施莱辛格很高的价钱。因此我宁愿让勒穆瓦纳来出版我的乐曲,而不想给梅索尼耶了。亲爱的朋友,我又给你添麻烦了。我有一封给勒穆瓦纳的信,你读后便去和他商谈,他应该在 20 日出版或者至少要把曲名刊印出来,向他要价每首 300 法郎,两首就是 600 法郎,告诉他可以等我回到巴黎后再付钱。如果你认为有必要,两首只收 500 法郎也可以。我宁愿这样做也比梅索尼耶的600 法郎好,昨天我是欠考虑便给你写了信。如果你和马奥谈妥了,那又当别论,若是还没有,少于 1000 法郎都不要出手。对于马奥,他是阿代尔的代理人(阿代尔一向付给我很好的价钱)。你可把德国的版权价格降低。因为他知道我的这些作品在巴黎的售价都较低。我太麻烦你了。所有这一切都是为了应付施莱辛格不愿在本月之内出版的对策。如果你认为梅索尼耶会给的话,两首乐曲就向他要 800 法郎。我没有向他提过价钱,这样你就可以自主决定了。现在邮车快开了,我没有时间再写下去了。拥抱你,我亲爱的兄弟,请给我写信来。

忠于你的　肖邦

向你夫人问好,并吻你的孩子们千百次。

185. 致在巴黎的沃伊捷赫·格日马瓦

1844 年 8 月末于巴黎

　　我于前天晚上到了这里。一直陪姐姐四处奔走，每天早上都无所事事。我怎么能见到你呢？今天我要带他们去见拉谢尔，离你那里很近，也许我会在晚上或者明天早上去你那儿。他们会在这里停留到星期一。星期二我回诺昂，他们回华沙。桑夫人衷心地拥抱你。

你的老友　肖邦

186. 致在巴黎的玛丽·德·罗齐埃

1844 年 9 月 3 日于奥尔良

亲爱的德·罗齐埃小姐：

　　我已在梦中见到了路德维卡，上帝保佑，她已平安地回到了亲人身边。你是那样的客气，我真不知道该如何来感谢你那颗善良的心。我深表遗憾的是莫里斯还没有来，我认为他今天定会到来，好像是要让我懊悔我没有等他。但无论如何，我是抱有最良好的愿望的。告诉他，要他想起瓦雷纳和马基①来。他很可能有第二把钥匙。如果他来了你就通知我们一声。如果有乔治·桑给我的信（我不知为何有此想法）就请你把它保管好。我请你不要忘了那

_____

① 乔治·桑的一只小狗。——译者

255

只小箱子，应把它涂上焦油并用油布包起来，装箱的人会知道这些的。如果法兰克先生（他住在我楼上）明天还没有把百科全书和文史书送来，那你就去提醒他一下。请给我写信来。上帝会保佑你的，因为你爱路德维卡。让你替我办事真是很抱歉。

忠于你的　肖邦

又：加拉尔坐同一班驿车来。

187. 致在华沙的路德维卡·英德热耶维乔娃

1844 年 9 月 18 日于诺昂

我亲爱的：

我把你在一次晚会上听到过的歌曲寄给你。索朗热，她两次提醒我，要我替她拥抱你。是她凭记忆写出了歌词，而我写出了曲谱。我希望你已平安抵达，并在维也纳和克拉科夫收到了我的书信。我把答应过你的那首歌曲《漂亮的小伙子，你想要什么》寄到维也纳去了，而在寄到克拉科夫的信里，我给斯卡尔贝克夫人写了几句话。如果这两封信你都没有收到，那是很有可能的，因为维也纳的邮政一向都是不经心的。我让克拉科夫的那封信直接寄到你那里，你能亲自送去给斯卡尔贝克夫人我会十分高兴。寄往维也纳的那封信倒不要紧，我可以把那首歌曲重抄出来给你，我在信封上写着："卡·英德热耶维奇教授：存局待领。"我更关心的是寄到克拉科夫的那封。今天我梦见了你们。但愿这次旅行没有累坏你们的身体，请给我写信。我已抱怨好多天了。莫里斯还没有回来，他要到明后天才能回来。你还记得不记得，在我们离开前我就曾说过，我自己将立即乘邮车回来，而且整个邮路都有一定的规则。今天午饭后计划去艺术馆。女主人的一位姑母和她的监护人住在一起。当我写信到维也纳时，她已住进了你们住过的那间房子。每当我走进你们住过的房间我常常会再去搜寻一番，看看有没有你们留下的东西。目光所及，那里只有我们喝咖啡时坐过的沙发，还有卡拉桑提临摹的画稿。在我的房间里你留下的东西就更多了，桌上放着你的刺绣，一双用英国绵纸包着的拖鞋，钢琴上面有一支曾在你小提包里呆过的小铅笔，现在它正好为我所用。我就写到这里，因为我们要出门了。最亲切地拥抱你，请代我拥抱卡拉桑提，告诉他，希波利特向他致意。代我拥抱孩子们。

你的老弟　肖邦

188. 乔治·桑致在华沙的路德维卡·英德热耶维乔娃
1844 年 9 月 18 日于诺昂

亲爱的路德维卡：

　　打从你们离开后，我们就一直在想你。你可以想象，由于和你离别，弗里德里克经受了多大的痛苦。不过他的身体倒是很好地经受住了考验。你们做出的来看望他的善良而虔诚的决定已经有了很好的结果，消除了他心灵中的一切烦恼，并给他增添了体力和勇气。在一个月里能享受到如此之多的幸福就不能不留下点什么，许多伤痕不能不抹平，也不能不获得更多的新希望和对上帝的信任。我向你承认，你是弗里德里克迄今遇到的最好的医生，因为只要一提到你，他就恢复了对生活的向往。而你，我最亲爱的，又是怎样经历了漫长的旅途？我相信，尽管你丈夫一路上给了你各种各样的欢乐，只有当你和自己的孩子们、自己的母亲和妹妹相聚在一起的时候才能得到真正的欢乐。你可以尽情去享受这种深沉的幸福，又能去拥抱你心中最神圣的人。你告诉他们，在这段较长的分离日子里，你给弗里德里克送去了多少美好的东西，这会让他们感到欣慰的。你可以告诉他们，我也很爱他们，而且若是

257

有一天他们能和他一起相聚在我的屋檐下，就是献出我的生命我也愿意。你告诉他们我是多么地爱你，他们会比你更理解这点的。你自己不知道你是多么的可爱。我衷心地拥抱你，拥抱你的丈夫和孩子们。

189. 致在巴黎的奥古斯特·弗朗肖姆

最亲爱的：

我没有写信给你，原以为这个星期就能在巴黎见到你。由于我离开这里的时间推后了，只好请你转告施莱辛格几句话，要他把我最近这次手稿的应得稿酬当面交给你，那就是 600（从中给我留 100）。我希望这不会有什么困难，如果不行（不必生气）就请他给我回几句话，你寄给我后，我会立即写信给列奥，请他在本月底以前把你好心借给我的 500 还给你。我还能跟你说点什么呢？我常常想起和我姐姐度过的最后那个晚上。能听到你的演奏她是多么幸福。她从斯特拉斯堡跟我谈到此事时，要我不要忘了代她问候你和你的夫人。我希望你们大家都过得很好，身体都很健康。请给我写信，并请像我爱你一样爱我。

你的老友　肖邦
1844 年 9 月 20 日于诺昂庄园

向尊夫人致以千百次的问候。吻你那些可爱的孩子。

桑夫人向你问候千百次。

我工作很少。

我把给施莱辛格的收据寄给你，你要当面让他给你现金。请你不要生气，再一次给你添麻烦了。吻你。

肖邦

190. 致在诺昂的乔治·桑

1844 年 9 月 23 日星期一四点半于巴黎

你身体好吗？我已到达巴黎了。我把你的包裹给了若利，他很可爱。我见到了罗齐埃小姐，她请我吃早餐。我会见了弗朗肖姆和我的出版商。我去拜访了德拉克鲁瓦，他现在还不能走出家门。在两个半小时的交谈中，我们谈到了音乐、绘画，特别是谈到了你。我的住房已订到星期四，星期五我就会去你那里了。现在我要去邮局，随后便去格日马瓦和列奥家。明天我将和弗朗肖姆一起演奏《奏鸣曲》。这是从你花园里摘下的一片叶子。格日马瓦刚好来了，他向你问好并给你写了几句话，我也不用多说了，除了说我身体健康外，我就是你最顽固不化的化石了。

我没有忘记你所有的委托。现在我和格日马瓦一起去看望查尔托里斯基公爵夫人。

请代我吻你亲爱的孩子们。

肖邦

191. 致在华沙的路德维卡·英德热耶维乔娃

1844 年 10 月 31 日于诺昂

路德维卡：

我最亲爱的！你们已在一起了。我收到了你从维也纳和克拉科夫寄来的两封信。穆勒小姐来信说她很高兴认识你，她很客气，对吗？萨什科娃夫人也一样。很可惜的是迪勒夫人和德索斯夫人当时都不在此地。如果穆勒小姐现在要到巴黎去的话，那她定会等我一段时间的。我会在这里再呆两个星期。树叶还未掉落，仅仅是变黄了。上个星期的天气非常好，此间的女主人便利用这个机会来种各种东西和修整那个我们曾在上面跳过舞的场院。将会有一大片草地和花床。计划还涉及台球房，要在餐厅大门的对面开一道门通向正在兴建的花房，我们那里称其为暖房。你从克拉科夫寄来的信到得正是时候。斯齐皮奥在逗我乐。但是我在那封来信里没有看到你是否收到我给斯卡尔贝克夫人的几句话。你一定不要忘了告诉我这事。你的孩子们一定已康复了。请来信告诉我有关多姆肖维医生和提图斯手臂的事。索朗热今天不太舒服，她就坐在我的房间里要向你表示衷心的问候。她的哥哥（此人天生不懂礼貌，所以你不用奇怪；他没有为那个制雪茄的小机器而向你丈夫表示感谢）要在下个月到他父亲那里去玩几个星期，为了旅途不寂寞，他的叔父将和他同行。我带去的那份手稿尚未出版，有可能会打官司①。如果真会到此地步，那就更有利了，这往往是一种短时间的不愉快。你还记得当我们出游维克（在前往沙托鲁的途中）时，我们的房主人曾停下车来去看望一个生病的女人。那个女人已无法治好，几天前，她的女儿们号啕大哭着把她葬在果园旁的墓地里了。索朗热去看过的那个女人也同样去世了。你还记得有一次我在巴黎的圆柱广场下了车，前去财政部办事找了一位来自古老家族的好友吗？他第二天就来看望我。他是个高尚的人，也是乔治·桑父母最老的朋友。他看着她出生，他安葬了她的母亲，真可以说他就是她家的一名成员。有一天他从一位议员朋友那里吃了午餐回来，从楼梯上摔下，几个小时后便离开了人世。这对大家来说都是个巨大的打击，因为人们都非常爱他。总而言之，自从见到你以后，悲伤的事多过欢乐的事。罗齐埃小姐在她的每封信里都非常热情地谈到你。我今天的这封信也是要经她的手寄出，我会转告你对她的称赞，因为这是她应得的。她是很乐意帮忙的，对吗？请告诉诺瓦科夫斯基，我和从前一样爱他。我还未听过他的五重奏，但他已把它寄给我。希望他有空给我

---

① 指乔治·桑的一部小说，出版商不愿出版。——译者

写信。善良的弗朗肖姆在他的信里，他和他的妻子都非常动情地谈到你。因为我和马图辛斯基要比桑夫人早到巴黎几天，你就不必为那些包包、枕头和类似的东西费心了。屋子里的所有东西都会像在冬季到来时那样擦洗和收拾好的，请来信告诉你的门牌号码。

拥抱孩子们和你丈夫。

你的老弟

此间女主人拥抱你，你知道他们是多么地爱你，所以才给你写信。还有件事要告诉你，一头熊跑到这里来了。

192. 费利克斯·门德尔松－巴托尔迪致在巴黎的弗·肖邦

我亲爱的肖邦：

在这封信里我对你有个不情之请，作为我的老朋友，我请你费心写上几节音乐，并在底下注明是特意为我的妻子（塞西利亚·M，B）而写的，写好后请寄给我。当我们最后一次在法兰克福见面时我就已经订婚了。每当我想要让我的妻子特别愉快时，我就要为她弹奏你的音乐。她特别喜爱你创作的所有作品。因此我又有了一个新的理由（尽管自从认识你的时候起就有不少理由），让我敬佩你所创作的一切，甚至比你自己还要更多地关心你和你的作品。也正是由于这个理由，我相信，你会尽心尽力满足我的请求，并请你原谅我为此给你增添了麻烦让你不得安宁。

永远非常忠于你的　费利克斯·门德尔松－巴托尔迪
1844 年 11 月 3 日于柏林

193. 致在巴黎的玛丽·德·罗齐埃

1844 年 11 月 14 日于诺昂

因为你希望我在到达之前通知你，我便急忙地向你报告：星期天我将愉快地在巴黎见到你（大约在中午十二点半），我搭乘的是圣荷诺尔公司的驿车，从布尔加开出的。至于到达的准确时间我无法知道，但一定会在白天到达。你是那么的慈爱，就请你把屋里的火生起来，并转告杜兰夫人，请她破例于星期天午后一点钟来看我。为了这一切我先向你表示感谢，并对你说再见。

再见，向你问候和致敬。

肖邦

星期四早上
这里一切都很好，天气也不错。

194. 致在诺昂的乔治·桑

1844 年 12 月 2 日星期一（三点）于巴黎

你那里还好吗？刚刚接到你非常亲切的来信。这里正在下雪。我很庆幸你还没有上路，同时也在责怪自己，可能就是我让你在这种恶劣天气条件下萌发了出行的想法。索罗吉那里的泥泞一定很难通过，因为昨天早上便开始下雪了。我认为你过几天再来的决定是非常明智的，这样一来我也有时间替你把房子烧暖了。最重要的是你不能在这种天气里出行，那会使你苦痛不堪的。杨已把你的花放到厨房里去了。你的小花园已被大雪覆盖，看起来像是白糖、银鼠、奶油奶酪，像索朗热的手和莫里斯的牙齿。我昨天担心烧不好炉子便找来了砌炉工。

你的衣裙用的是中东最好的黑布料。我是按照你的吩咐亲自去挑选的，那个女裁缝立即就把布料和你所有的指示都拿去了。她认为布料真漂亮，朴素但很有品位。我想你会对它满意的。我觉得这个女裁缝很能干。布料是从十多种里面挑选出来的，每米9法郎，那是最好的料子，我认为会是很完美的，那个女裁缝预先把一切都算计好了，她会很好地完成任务的。

这里有你的许多信件和报刊。我给你寄去一封——我觉得——它是来自于加西亚的母亲，有一封是来自科隆，还有一封来自普鲁士，信封上写的是寄给杜德旺夫人。如果不是太大了，今天我就给你寄去了。如果你想要的话，我就把它们寄去。这里还有不少的报刊、几本书和几张名片，其中一张是马丁斯先生的。

昨天我在弗朗肖姆家吃午饭，由于天气恶劣，直到下午四点才离开。晚上去看了马尔利亚尼夫人，今天我将和雷劳斯到她家吃午饭，她告诉我说，她兄弟的案子今天开庭审理，如果结束得早她就会去旁听。我觉得马尔利亚尼夫妇的精神都不错，除了有点咳嗽。我还没有见到格日马瓦和普勒耶尔，因为昨天是星期天，我想今天去看他们，如果雪能停下来的话。请你多多保重，别为那些包捆得太累。如果你允许，明天我会写信给你。你的越来越老——特别的难以置信的老家伙。

肖邦

还有什么呢？问候孩子们。

弗朗肖姆整个早上都和我在一起，他对我特别好。拥抱你的双脚。此刻我正收到一封来自德拉图什的信，一并给你寄去。

195. 致在诺昂的乔治·桑

1844 年 12 月 5 日星期三 （三点） 于巴黎

我刚刚收到你非常亲切的来信，从信中看出你因延迟出行而倍感焦虑。但为了怜惜你的朋友们，请你还是忍耐一些吧。如果我们得知你在身体不是十分健康的情况下，在这种恶劣的天气里动身出行，那我们真的会非常担心的。我非常希望你再延迟几天，那样就能得到火车里的座位，而且也许不会这么冷了。这里的天气糟透了，大家都认为冬天来得太突然太猛烈了，大家——是指迪朗和弗朗肖姆。今天早上我已见过弗朗肖姆了，而且昨天我就是在他家里吃的午饭，我穿着厚大衣坐在火炉边，旁边是他的胖儿子。这孩子面色红润、活泼、不怕冷、光着双脚。而我则是面黄、憔悴，冷得发抖，我外裤里面还穿了三条棉毛裤。我答应他你会给他带巧克力来。现在对他来说，你和巧克力是同义词了。我深信你的头发，他以前总是说是黑色的，现在他的记忆里也变成了巧克力色了。他很有趣，胖乎乎的，我特别喜欢他。我是十点半上床的，但没有像乘坐火车后的那个晚上睡得安稳。

我深感遗憾的是你已经种完树了，我倒希望你星期六能在新鲜的空气里做点什么，因为尽管寒冷和冰冻，但天气很美。天空晴朗，只有一点点云彩和风掀起的些微雪花。我给格日马瓦写了信，他也给我写过信，但我们还没有见面。我真的去找过他，就是抓不着他。

我像往常一样先到交易所去把这封信寄走，随后去见罗齐埃小姐，她等着我去吃午饭。我还要去见马尔利亚尼夫人，无论是昨天还是前天我都没有见到她。我也没有去过多里博夫人那里，因为我没有合适的衣服可穿，我不得不取消一些不必要的访问。我还没有正式开始授课，首先，我只得到一架钢琴，其次很少有人知道我回来了，直到今天才有几个感兴趣的人前来拜访我。慢慢会有人来的，我一点也不担心。但一想到你焦急的样子我就非常不安，我请求你要对车夫们宽宏大量一些，他们无法从沙托鲁给你带去回音和其他事情。明天见。

我寄去的这封信会把你惊醒。

我想象得出，你早上还穿着睡袍，被亲爱的孩子们围绕着，请代我拥抱他们。我要拜倒在你的脚前。至于我写的那些错字，那是因为我太懒了未去查法文字典所致。

你的像木乃伊一样老的　肖邦

杨此刻正在收拾大厅，忙于擦镜子，这花费了他不少时间。

196. 致在巴黎的莫里斯·施莱辛格

约在1844年12月于巴黎

亲爱的朋友：

我的《奏鸣曲》和《变奏曲》都交由你支配。这两部作品我想要1200法郎的稿酬。本打算去拜访你的，但我身体不是很好。

忠于你的　肖邦

代向夫人问好。

197. 致在巴黎的克里斯丁·奥斯特罗夫斯基

1845 年 1 月 17 日于巴黎

密茨凯维奇的剧本①在弗朗索瓦先生手中,桑夫人早已离开《独立评论》了。她要我等到那位弗朗索瓦先生回来,以便得到肯定的答复。我把漂亮的索普利查②寄出去了。遗憾的是我正要离开,时间不允许我到维列多街去和译者握手道别。我深以为憾的是我们没有见过面。否则的话,我会把你介绍给桑夫人,这样我们就可以省去通信了。

肖邦

198. 卡罗尔·阿尔康致在巴黎的弗·肖邦

1845 年 2 月 24 日于巴黎

亲爱的肖邦:

我给你添麻烦了,因为我有一事相求,在这种情况下,无论是同意还是拒绝都会让你付出代价。但我还是受愿望的驱使来问你:3 月 1 日星期六晚上,你是否愿意在埃拉尔那里和我一起演奏贝多芬的《A 大调交响曲》的柔板和终曲?这是八手联弹,五六年以前我们曾在爸爸那里演奏过。如果你同

---

① 指《巴尔同盟》。——译者
② 指密茨凯维奇的《塔杜施先生》法译本。——译者

意的话，今年我提议让皮克赛斯和齐默尔曼来弹其他两个声部。如果你不同意，我甚至不想在我拜访你的时候听取你的解释，你只需在一张纸片上写上"同意"或者"不同意"寄给我就可以了。

现在和永远都始终如一的　阿尔康

199. 致在弗雷瓦尔德的斯特凡·维特维茨基

1845 年 3 月 23 日复活节于巴黎

我最亲爱的生命：

没有你在这里这个夏天是不会好过的。我和你在一起会为许多事情伤心。我常常想要给格拉芬堡写信，但往往停留在空想上。只要我一拿起笔来，就怎么也写不下去，现在我是头痛胜过懒惰，甚至要比桑夫人的信晚一个星期。

我该告诉你什么呢？明天星期一，在查尔托里斯基公爵处有复活节庆典。密茨凯维奇今年不开讲座了。他的许多追随者都离开了他。据说他们写信给沙皇陛下祈求宽恕。更令人痛心的是，其中有两人（一个好像是皮利霍夫斯基）还在公证人面前立下了字据，心甘情愿地像物品那样为托维安斯基所有，成为他的奴隶。不过只限于他们自己的一生，不涉及他们的孩子。难道还有比这更荒唐的事吗?! 密茨凯维奇和托维安斯基的关系已不像以前那样好了。托维安斯基宣称，他们搞得过头了，走得太远了。一句话，闹矛盾了。因此，要不了多久就可能出现悲哀的结局。除此之外其他一切照旧。可惜今天晚上你不能和我们以及德拉克鲁瓦一起到音乐学院去听海顿的《创世纪》了。这是我们今年参加的第二次音乐会。前天晚上是第一次音乐会，演奏了莫扎特的《安魂曲》。今天格罗特科夫斯基要到我这里来演唱你的歌曲和几首他不知道的（对你说来是老的）新歌曲。我亲爱的路德维卡在回国途中曾在维也纳找过你。他们常常问起你。母亲已平平安安地度过了这个冬天，她已年迈而易疲劳。也许我们还会在什么时候见面的。我不用向你提及她的心灵有多美，你知道什么是爱心。你可以想象得到她的信给我带来了多大的好处。我曾见过查列斯基一次，他曾好心地来看我，我感到高兴的是多次看到他。他看起来很不错。格日马瓦显得比以前更年轻了，跳起舞来像个 20 岁的小伙子。这里从来也没有这样冷过。花园里没有积雪，今年是第一天。春天把我们遗忘了。祝你健康，但愿今年给你带来好运。要像我爱你那样爱我，虽然我无法和你相比。

你的老友　肖邦

200. 乔治·桑致在华沙的路德维卡·英德热耶维乔娃
1845 年春于巴黎

亲爱的路德维卡：

你爱我，你真是个好人。我也衷心地爱你。我在巴黎的那间房间由于你住过而显得更加亲切，而且我无法摆脱这种想法：你一定还会来住它。由于冬天过于严寒，持续的时间也太长，我们亲爱的小家伙已疲惫不堪。但自从天气转好之后，他就变得更年轻、更有活力了。两个星期的温暖天气比所有的药品都更有效。他的健康有赖于气候的状况。因此我在认真地考虑，如果今年夏天我能挣到更多的钱带全家去旅游的话，那我就会把他带到南方去，躲过冬天这三个难熬的月份。如果能有一年时间他不再挨冻，再加上明年夏天，他就有 18 个月的休养时间来治好咳嗽了。我会尽力劝说他的，因为这里有他所要的一切，所以他还是很喜欢巴黎的。为了不使他过于苦恼和长时间地离开他的学生，可以让他在巴黎度过 9 月、10 月和 11 月，随后在 3 月份回来，给他一段时间，一直到 5 月返回诺昂。这是我今年和明年的计划。你赞成吗？

　　还有一种他非常需要的药，那就是你们要经常给他写信，不要让他为你们担心，因为他的心永远和你们连在一起。他无时无刻不在惦念着他亲爱的亲人，他爱你们就像你们爱他一样。我知道，这可不是一句空话。

　　亲爱的路德维卡，请替我拥抱你慈爱的母亲，你亲爱的孩子们和你能干的丈夫。请相信我，我永远都是你的。

全心全意忠于你的　乔治·桑

201. 致在巴黎的沃伊捷赫·格日马瓦

1845 年 7 月 8 日于诺昂

我的生命：

　　我从列奥的来信中得知你很健康，他是为了我的柏林出版商才写信给我的，并在信里提到了你。我看你依然如故，就连认识你不久的人也会喜欢上你的。你的心思一定还留在莱茵河畔。如果不是商务缠住你的话，无论如何你都该写几个字来把你的近况告诉我。我们是否真能盼到你来这儿？何时来呢？现在乡间的景色很美，不像几个星期前，这里下过几场暴雨，河流甚至连小溪都泛滥成灾，就连年纪最大的人也不记得什么时候有过这样的洪水。磨房被冲毁，桥梁被冲垮。几星期前维亚尔多特意来接他的妻子，也因不安全而独自返回巴黎了。直到几天前才由苏珊娜护送她回去。我没有托她们带信，但我让苏珊娜去看望你，看你身体怎么样。你最好给自己安排一个假期，或者可能的话就到沙托鲁来做生意。你这样做最好不过了，你一定会在热爱你的老朋友中间感到心情舒畅的。

肖邦

向公爵夫妇表示我最诚挚的敬意。我们大家在这里都很不错。这里的女主人正在写一部新小说。

202. 致在华沙的亲人

1845 年 7 月 18—20 日于诺昂

我最亲爱的亲人们：

我们来此一个多月了，维亚尔多夫人是和我们一起来的，并逗留了三个星期。我们大家都非常健康。但在冬天村里发生了热病，弗兰齐什卡（路德维卡也许还记得她）的丈夫整整一个冬天都在生病，现在能下地走路了。天气很好，可是我们来到这里不久便遇到了狂风暴雨，莫德里河水暴涨。在伊包利特·查提罗（女主人的兄弟）的家里，洪水淹没了整个花园，连屋里都进了水。维亚尔多前来接他的妻子都无法把她带走，因为通往沙托鲁的大路都被洪水淹没了。我们常常骑马出游的那片风景优美的地方当时都无法过人了。虽然洪水泛滥的时间不长，但草原受到严重损坏，不过现在大家都把它忘了。我生来就不适合乡村生活，但我爱呼吸乡下的新鲜空气。我弹琴不多，因为钢琴的音不太准了。信写得更少，因此你们好久没有收到我的信了。我想你们大家都到乡下去了。巴尔托罗斯科、安托罗斯科早已把病忘记了。路德维卡一定要听从马佐林医生的建议，不要太劳累了。你们告诉她，我们正在阅读那部她曾听过手稿的小说，并已获得作者给她的签名。我是在古特曼离开之前见到他的，请他代我拥抱你们大家。在他离开的那一刻，我更喜欢他了，他的确是个诚实的人。告诉伊莎贝拉在担心丈夫健康之余自己也要注意休息。给卡拉桑提一顿痛打，因为他最结实，能经受住这样的礼物。今年我在这里有点奇怪：常常在早晨走进隔壁的房间，但里面却没有人。有时被一位熟人占据着，他只来这里住几天。我早晨不再喝巧克力了。钢琴也挪了位置，摆在靠近墙边以前放小沙发的地方，路德维卡常常坐在小沙发上给我绣拖鞋，女主人则在做着其他事情。中间放着一张书桌，我在上面写信、创作，左边放着一些我的音乐稿纸、梯也尔先生和查列斯基的诗集，右边是凯鲁比尼的。我面前放着你们送给我的报时钟，它还装在那个盒子里（现在是四点钟），玫瑰花和石竹花、笔和卡拉桑提留下的一些封蜡。我永远是一只脚在你们身边，另一只脚在隔壁房间，女主人正在那儿工作。而此时，我完全身不由己，只是和往常一样正处在一个奇异的空间——那一定是一个幻想的世界。但我并不为此感到羞愧，在我们那里不是有一句谚语"他在想象中来到了加冕大典"吗。而我是个真正的马祖尔盲人，因此我看得不远。我已经写出了三首新玛祖卡舞曲，有可能在柏林出版。因为这是我的熟人斯特恩再三要求我写的乐曲，他是个诚实的小伙子，一个有学问的音乐家，他的父亲开了一家经营乐谱的商店。我还收到了修建贝多芬纪念碑（在莱茵河畔的波恩）委员会的请柬，邀请我去参加它的揭幕典礼。你们猜一猜我是否会去？如果你们在那里，那我也许会去。不过这是明年的事情。我不知道是否告诉过你们，有一位奥布雷斯科夫夫人，她很喜欢音乐，对我也关怀备至，今年秋天她要经过你们那里，回程时她要妈妈搭她的马车一起回到巴黎，等到明年春天时，你们这些女儿们、女婿们和孙子们就可以来这里接她回去。这位夫人很令我喜爱，她是个非常诚恳的人。此外，我以前一定写过信谈及她对我的关心。我向你们承认，她的那个可爱的安排很让我高兴。如果你们见到了她，一定要诚心诚意地接待她，因为我永远都有她仁爱心肠的许多证据，而且我非常爱她。她特别喜爱音乐，她的女儿苏陀公爵小姐是我的学生。总而言之，她是位高贵的夫人（虽然她的外表较为活跃一些）。维亚尔多夫人也会经过你们那座城市，她告诉我她会去拜访你们。她曾为我唱过一首她自己去年在维也纳创作的西班牙歌曲，她许诺也要为你们唱一次。我很喜欢这首歌，我很怀疑能否听到和想象出比它更美的歌曲了。这首歌会把我和你们联系在一起，我总是以巨大的热情来听它的演唱。

我的《奏鸣曲》和《摇篮曲》已经出版了。关于《摇篮曲》，我就想到了路德维卡所喜欢的那种人，这首作品的确很难，但并非不能克服。我曾多次查询过，也许能发现点什么。我告诉你们一些巴黎的事情。在我离开之前，霍夫曼夫人病得很重，大家都在为她担忧。我希望她已好些了，因为阿贝特的来信中没有提到她。他在信里只告诉我报纸上有一篇没有提及姓名的报道，那是有关维克多·雨果在两周前发生的一件绯闻。比亚尔（一位不大有名的历史画家）本人长得很丑，却娶了个漂亮的妻子，雨果把她勾引到手了，比亚尔把他们捉奸在床，于是雨果便要遭到逮捕，他不得不拿出他的法国议员的免捕证书，于是事态得到迅速的平息。比亚尔先生本想同妻子打官司的，但也以平静的分居而结束。雨果也突然开始了他的数月旅行。雨果的夫人（多么高尚）便将比亚尔夫人置于自己的保护之下。而朱利叶——这位圣马丁剧院的著名女演员，在此地已走红十年了——雨果也和她同居了很久，他置妻子和孩子们以及他那颂扬家庭伦理道德的诗集于不顾，便带着这个朱利叶远走高飞了。巴黎的饶舌者们可高兴了，现在有了可供他们嚼舌的东西了，何况这还是个有趣的故事。再加上雨果年已五十，常常在各种场合以严肃和凌驾于整个世界的姿态出现。多尼采蒂已来到巴黎，他要在此度过夏天并创作一部歌剧。多尼采蒂曾写有歌剧《拉美莫尔的露琪亚》《唐帕斯夸莱》《宠姬》等等。拉马丁和妻子在内里的温泉区，离这里有半日的路程。梅里也在那里，很可能仍和普雷尼兹在一起，我很久都没有后者的消息了。在沙托鲁这里，正在为欢迎内穆尔公爵而准备举行一次盛大的舞会，公爵和夫人是前往波尔多途经这里的。印第安土著团已乘"凡尔赛号"轮船离开哈佛港了。其中的一对夫妇，男的叫辛达—依—夏，又称小狼，女的印第安语叫奥尅—维—米，法语的意思是"踩着别的熊背走的雌熊"，她（可怜的人）竟因思乡而病死在这里。他们给她在蒙马特坟场（马图辛斯基就是葬在那里的）建立了一块纪念碑。她在死前受过洗礼并在她的教区的教堂里举行了葬礼。她的纪念碑很特别，由相当著名的雕塑家普雷奥特和建筑师拉叙斯共同设计。纪念碑是用石头做成的，四周用青铜做的花朵缠绕直达顶端，顶上被幽灵折断，那些青铜的平面雕刻上便会显现出落基山脉、密西西比河等的图景、和他们在那边的生活场景，还刻有安东德尚先生写的诗句。我希望我能把很多新闻告诉你们。请你们告诉巴尔特克，从巴尔的摩到华盛顿的电磁电报已取得突出的效果。常常是下午一点从巴尔的摩发出的订单，下午三点就能从华盛顿发出相应的货物和包裹。小包裹从下午四点半发出订单，五点被送上火车，七点就能从华盛顿到达巴尔的摩，路程为 75 英里，25 法里。我认为真是快极了！自从我和姐姐姐夫相见之后已经过去一年了，时间就像在电报线上那样飞逝而去。如果我的信写得不连贯，那是因为我每天只能写一点点，昨天被索朗热打断，因为她要和我四手联弹。今天是为了去看砍树，其中的一棵是在谢涅住的厢房附近，也就是在大路旁的果园英德热耶维奇夫妇下车的那个地方。那棵树被冻死了，非砍掉不可。我收到了巴黎的来信，有弗朗肖姆写来的，有罗齐埃小姐写的，她在看管我的房子。弗朗肖姆告诉我，阿贝内克会去波恩参加那个揭幕典礼，李斯特还特意为它写了一首康塔塔，由他自己指挥。斯波尔将指挥一个大乐队在晚上举行音乐会，音乐会将持续三天。至于纪念碑，他们也要给勒絮尔（音乐家）在他的出生地—阿贝维尔建立一座纪念碑。勒絮尔曾是拿破仑的乐队长（是学院的成员），也是音乐学院的教授。艾斯内尔跟他很熟，曾给我一封信要我到巴黎去找他。他是个开明的人，很受人尊敬。他比帕埃尔和凯鲁比尼早十年去世，他年纪并不太老。

　　既然谈到了纪念碑，奥尔良公爵（他是从马车里跳出摔死的）的骑马塑像将在近日完工，它坐落在鲁佛广场上，由阿尔及利亚青铜铸成，好像是半浮雕的，它是这里最著名的雕塑师之一马洛凯提的作品。马洛凯提的姓名虽是意大利的，但他却是个法国人，而且具有出类拔萃的才华，所有重要的工作都交由他完成。有一尊雕像是面对着杜勒利宫。另一座浮雕表现的是夺取安特卫普，第二座则是表现阿尔及尔的小插曲。说起雕像，在战神殿附近的政府存放大理石的仓库里，有很多被拆除的石像都丢弃在那里。暴雨把一些废物冲掉了，一个管理员在那些石像堆中发现了一只雕像的手臂，高高地举起仿佛在向它的命运表示抗议。雨停之后，管理员们开始清理那些乱放的石头，结果发现了一尊大理石的希腊雕像，是个非常精细的古希腊雕像，表现赫拉克勒斯捉羊的故事，那只羊没有了，只留下了羊角，只需从几处细小的石雕就可以看出，那是一件非常有趣的古董。由勒特罗纳先生、勒巴斯先生（就是建方尖碑的）等人组成的委员会决定将这尊雕像陈列在皇家艺术博物馆里。就是去年我把姐夫姐姐放在那里，等我回来时他们还在大厅里的那个博物馆，那里展示着德拉罗什的半圆形壁画，有各个时代最著名的画家的肖像。你们还记得吗？这是我第四次坐下来写这封信了，我希望这一次能把它写完。天气也像这封信的页码那样在转变，今天就下起雨来了。我希望巴黎在这个庆典的月份里能有好天气，不过今年的庆典不会像去年姐姐他们看到的那样，但还是会张灯结彩的。今年夏天投机者在塞纳河上又想出了新花样，那就是把几条船改装成威尼斯的平底船那样，每天晚上在河里划来划去。这种新玩意儿很令大街上的人们喜欢，据说（我还没有去看过）有大批人群拥到了河里。不过今年的香榭丽舍大街不像往年那样布置得五彩缤纷，但是河边两岸都会挂满灯笼，还有焰火、水上娱乐、许多小船展开竞赛等等，不会缺少新鲜的娱乐，但也会采取严格的措施，以求意外事故最少发生。最少，是因为不可能完全防止人被淹死，就像在陆地上人们会因好奇而相互践踏那样。此外，英德热耶维奇夫妇必然还记得那些日子的拥挤情况。还有这样的傻瓜蛋，他们觉得越是人挤的地方越是好玩。院子里有暴风雨，厨房里也出现了风暴。院子里的看得见，但厨房里发生的事情，如果不是苏珊娜前来向我抱怨杨，我还不知情。原来苏珊娜拿走了杨放在桌子上的刀子，杨便和她争吵，用他的法语咒骂她。英德热耶维奇夫妇知道他的法语水平，可以想象到他骂人有多精彩，比如，她"丑得像猪"、"嘴巴像屁股"或者更可笑的。我不知道他们还记不记得，当你问他时，比如"有没有木柴？"他会回答说"他出去了"。"苏珊娜在家吗？"他回答"一点都没有"。然而他们却经常争吵！由于桑夫人的这位女佣苏珊娜为人机灵、伶俐能干，因此，为了息事宁人，我其实可以把杨辞掉，但我不愿这样做，因为换了他也不起作用。不幸的是，孩子们也不喜欢他，因为他循规蹈矩，做事按部就班。现在该吃午饭了。我本想多写一些的，但今天必须要把这封信寄走。我先把它寄给罗齐埃小姐，再由她亲自到邮局去寄出。我告诉她，如果有你们给我的信，就立即转寄给我。我并不是在担心，因为现在这个时刻有的人往左、有的人往右。即使不是这样，大家也都有各自不同的计划。但我恳请你们务必要把母亲劝说到乡下去，让巴尔特克能好好休息一下。上帝无疑会保佑路德维卡的儿女们身体健康。告诉卡拉桑提，不要给他们补课，像在这里教莫里斯波兰语那样，他到今天还是把这些词念得怪腔怪调的。让最勇敢泼辣的伊莎贝拉监督路德维卡，不要让她太劳累了。我和伊莎贝拉都是金头发，因而非常珍惜栗色头发的女人。请代我拥抱那些熟人——先从邻居开始，直到转角处为止，如果你们还在城里的话——问候弗里德里克·斯卡尔贝克先生、艾斯内尔、诺瓦克、贝乌查、提图斯以及所有女士们。昨天我作了一个有关科朱博夫斯卡夫人的好梦。我时常想起鲁丁斯卡夫人，因为去年我听到过许多有关她的好事。我以最诚挚之心拥抱我最亲爱的妈妈，以及你们所有的人。

肖邦

如果你们见到了多姆斯或者路德维娜或者尤留什夫妇，请代我问候。这里的女主人正在工作，我不想为了给路德维卡写几句话打断她，但我知道她会向她衷心问候的。此刻她刚好结束了自己的工作，要给路德维卡写几句话。再见，我最亲的亲人们。下个月就是路德维卡的命名日了。

203. 致在巴黎的玛丽·德·罗齐埃
1845 年 7 月 21 日星期一于诺昂

亲爱的罗齐埃小姐：

这是我要请你寄往华沙的一封信。你以为我收到的那封信是家里人寄来的，但你想象不到，那是一封从奥地利内地寄来的长信。我之所以写这些，是因为我想请你把我的第二封信转交给一位米库利先生，艾蒂安夫人知道他的地址。请她把信送去，并要她取回收据（此信很重要）。如果我得到了路德维卡的只言片语，那我一定会给你寄去。凡是你和贝托夫人所做的一切都是好的，只是要她不要回到她曾从事过的音乐上来，除非非常必要。先谢谢你的好心。

肖邦

麻烦你告诉我，弗朗肖姆何时离开巴黎，因为我想在他离开之前，如果可能的话，把我的一些东西寄给他。

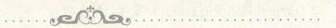

204. 致在华沙的卡拉桑提·英德热耶维奇一家

1845 年 8 月初于诺昂

我真笨，从来没有在开始写的当天把信写完，这封信就写了五天。

我最亲爱的：

昨天收到了从巴黎转来的你们的来信，从信中得知妈妈和巴尔钦斯基一家已经离开华沙的家了。十天前我给巴黎的罗齐埃小姐寄去了一封给妈妈的信，信上写的是华沙新世界大街的地址。我希望米吉亚已经拿走我的那封信了。如果还没有，那你们已经知道那里有一封给你们的信，比这封信更长，因为在那封信里我写了许多消息。我的桑夫人也给路德维卡写了几句话，都一并寄了。我把路德维卡的信寄给了巴黎的罗齐埃小姐，她定会给她回信的，因为罗齐埃小姐喜欢写信，尽管她没有什么可写的。但这是一桩可爱的缺点，我倒很想有这样的缺点。我很高兴你们一半人已到乡下去了，亨利克也在享受着新鲜空气。但可惜的是，你们不是一起到乡下去的。我想去年的旅行是其原因之一，我不会太责怪自己，而你们也有着美好的回忆，因此我们都该为那次经历而高兴，并希望在铁路完工之前我们能再次见面，卡拉桑提也会再次被那些扁虱咬得乱抓痒的。不过这里的扁虱今年要比去年少了，大概是去年在卡拉桑提身上吃得太饱，都胀死了吧。

你们那里的天气很热了，我们这里前几天也是热得要命，不过现在却经常下雨。人们都在等待着秋收，今年会是个大丰收，但收割却要晚一些。上星期天为这里的保护神圣安娜举行了庆典活动。由于这里的院子进行过改造，今年都修起了花坛种上了鲜花，因此所有的舞会都将在教堂前面的草地上举行。你们还记得沙查伊的乡村节日吧，那我无需向你们提及苏格兰的风笛、小摊小贩或者各式各样的跳舞者了。在这里见到了十多位熟人，其中就有路德维卡曾向我打听的勒鲁先生。他现在就住在离此地有八里路远的波萨克，它像沙拉特一样，属于克雷斯区的一座只设副市长的小城镇。但它是座非常古老的小城，矗立在克雷斯的城堡，有着悠久的历史。不远处有古时克尔特占卜者的石头，周围的风景极其优美。勒鲁有开印刷厂的执照，在那里他已刊印一份日报，是在当地编辑的，报纸名为《埃克拉勒》。这个印刷厂还没有完全组建好，因为每个人都有自己的"但是"，他的"但是"就是有始无终。如果无法忍受了，他就会连伟大的理想都抛弃掉。那台新的印刷机也是如此（他没有将它完成，或者说，它还没有完全完成）。它能运作，但不是很完美。这已经让他和他最亲密的朋友，尤其是科科①的女主人花去了好几万法郎，还需要付出加倍的资金。除此之外，还要有毅力，但是目前这些都不会有的。不过东西还存在着，不久之后会有一位投资者把它接收过去，改头换面之后又会出现在世界面前。这样的人以前出现过，以后也还会出现。他倒想卖他不想要的发明。除了两卷有关水力学的著作外，他还写过许多文章发表在百科全书和《康斯维罗》的《评论》上。他把所写的东西都整理得有条不紊，在《评论》上有几篇非常有价值的论文，有的则尚未完成，所有这些东西都放在奥尔良公寓的书桌上。

我还能再告诉你们些什么新闻呢？维亚尔多夫人接受了迈耶贝尔以普鲁士国王的名义发出的邀请，和李斯特与维厄唐等人去了莱茵河。普鲁士王室准备在那里接待英国女王和她的丈夫阿贝特亲王，他们已到达德国。门德尔松也在科布伦次为迎接国王而做着音乐筹办工作，因为要在斯托曾费斯招待维多利亚女王。而李斯特则要在波恩高呼万岁，那里将举行贝多芬纪念碑的揭幕典礼，预计有许多王室首脑前去观礼。波恩正在出售雪茄，名为"真正的贝多芬雪茄"，其实贝多芬只抽维也纳烟斗。贝多芬去世后已经举行过那么多次家具、旧书桌，老书柜的拍卖会。这个可怜的《田园交响曲》的作曲家倒是推动了一次家具大交易。这让人想起了费尔内的那个门房，他卖了伏尔泰不计其数的手杖。布朗基教授也是卡拉桑提的老友，他和法国著名的阿布

① 宠物狗名。——译者

森地毯厂厂主萨兰德多尔先生一同前往西班牙进行商务考察，从马德里回来时年轻的西班牙女王授予他勋章。这件事既无人关心，也没有人过问，我之所以提及它，是因为卡拉桑提认识他。至于那个要带妈妈来的女车主，她不需要人介绍，她认识所有的人。罗尔卡到哪儿去了？我很同情安托尼·沃津斯基，他快要有第二代了。梅莉也许已知道她那位年轻女朋友的事了，她曾病得很重，现在好多了。这是我在巴黎时那位已去世的杜彭夫人的丈夫告诉我的。得知诺瓦科夫斯基在弹奏我的《摇篮曲》我很高兴，我似乎在这遥远的地方都听到了他的弹奏，请你们替我拥抱他。献给艾斯内尔的《奏鸣曲》已由哈斯林格在维也纳出版了，至少是在几年前他曾亲自把第一遍的校样给我寄到了巴黎，但我并没有把改过的校样寄回给他，只是让人告诉他，里面有些地方我需要做些改动，于是他就停止了印刷，我很高兴他这样做了。啊，时光飞快流逝，我不知道这是怎么搞的，连一点像样的东西都做不出来，可我并没有偷懒，也没有像你们在这里的时候那样从这个角落踱到那个角落，我只是整天整夜地坐在我的房间里。但是我必须在离开此地之前完成一些手稿，因为冬天我无法作曲。自从你们走后，我只写成了那首《奏鸣曲》。现在除了那几首新的《玛祖卡舞曲》之外，我就没有什么新作品可以出版的了。我实在是需要有新作品。我听到马车在花园外面通过的声音，没有一辆停下来，也不见你们从车上下来！请你们老实告诉我，那马佐林的建议是否对路德维卡有效，安持克·巴尔托罗是否已完全康复。我对妈妈的出游很感兴趣。但我老实承认，在不了解她目前健康状况的情况下，考虑到冬天对她风湿病的影响，因此我不敢竭力劝说她，我让你们做出明智的抉择，但我是非常强烈反对她出去旅游的。除此之外，如果妈妈在这里病了，而我也在生病，那么伊莎贝拉就要来照顾我们两个，随后是她的丈夫，再后来是你们两个。朱齐亚和鲁丁斯卡夫人留下看家。就是这些了，告诉路德维卡的丈夫有时也给我写写信，可以很短，但不能只说"你好"，因为我在你们的信里没有看到他的笔迹。还要告诉他每封信上都要写上家里的门牌号码，我是永远都记不住你们的抑或是安托罗的门牌号码的，我把它写下来过，但留在了巴黎。从这里寄信就得写上一大堆地址。我真是个木头脑袋，写了这么多次的信，就从来都记不住你们的号码。我刚和索朗热散步回来，她带着我乘坐一辆带篷马车转来转去，还有雅卡相伴。雅卡是一条纯种的大狗，是别人送给女主人以替代那条老狗西蒙的。西蒙这条狗今年老得特别快，有一条腿瘫痪不能动了。雅卡虽是来自极好的品种，但却与胖科科成了形影不离的朋友。每当下雨时，它就会挤进篷车躺下来，不管它是怎么的小心翼翼，往往是脑袋和尾巴都露在外面被雨淋湿，因为想躲雨，它的躺姿很可笑，但由于躯体太大而无法做到。我们的女主人此时正和一位可爱的邻居医生前往村里去看望一位病人，她是突然发的高烧。这个病人想到数里外去找一个女人，也就是乡下的江湖医生，怎么劝说她不要去都是白费口舌。他们从巴黎来信告诉我，那位小提琴家阿尔托已经去世了。这么强壮健康的孩子，有着一副大骨架和宽肩膀，竟然在几个星期前因肺痨而死在阿莱村。我在来此之前曾去过阿莱村（我们前往凡尔赛宫的途中曾经过那里），那是去看望我的教女阿尔布雷赫杜夫娜，我和达莫雷夫人同行，她是去照顾阿尔托的，那时她就告诉我说他病得很重。我真替达莫雷夫人难过，因为她对他已有很深的感情，前年他们曾一起去过美国。凡是见过我和他的人，没有人想到他会得肺痨比我先死。杨按照自己的惯例，每次都要摇 15 分钟的铃声来催大家吃午饭（女主人曾警告他再摇这么久的铃声，就会向他身上泼冷水）。我的胡子太长了，该去刮一刮了，因此我不得不再一次搁笔。

　　我把胡子刮好了，但我看起来并没有长肉，虽然这里有人说我胖了。可是和死去的奥科沃夫一比，我还是相差甚远。请代我拥抱他的嫂子（如果我没有弄错的话），她以前在苗多瓦大街常常和我一起四手联弹，在那里我经常见到查伊科夫斯卡小姐。请来信告诉我有关我教父母的情况。代我拥抱普鲁沙克夫妇，替我握握老同学波列奇的手。请告诉艾斯内尔，可以到这里的内里来治疗他的腿。多布钦斯基是否要来巴黎？我相信他会在迈耶贝尔那里获得成功的。我很高兴你们要去听大卫的交响曲。除了几首真正的阿拉伯歌曲外，其余的只是乐队的优美演奏了。但令我惊讶的是，你们那里演出时竟然会有布景和戏服，可是在这里他们只穿黑燕尾服，坐在乐谱架边的长椅上，不是手上拿着乐谱，就是把乐谱放在乐谱架上。这样的事就连他最伟大的崇拜者也没有想到过（经过类似的迷恋之后，这种人会越来越少），注意莫金的歌唱（按照阿拉伯的祈祷习俗莫金每小时必须在清真寺的尖塔上歌唱祷告）。

在这里举行第一次音乐会时,那些来自阿尔及利亚的阿拉伯人听到这些曲调都乐得摇头晃脑、忍俊不禁。不久我又会给你们写信以表示我是衷心爱你们的。我想要写的很多,但我真不知道该从哪一头儿开始。我真想和你们通过文字来交谈,就像我们早上在房间里边喝巧克力边交谈的那样。最诚心地拥抱你们大家。

(附言):好人弗朗肖姆给我写信,要我问候你们。

(乔治·桑附言):你好,我亲爱的,我衷心地爱你,愿仁慈的上帝永远祝福你。

(肖邦添加的字句):她不想一句话不写就把信寄走。这些可爱的人,我用了复数,是因为大家都是这样的人。布吕内尔先生是位工程师(出生于法国),他曾倡议过在伦敦的泰晤士河下面挖隧道。在他的许多重要成果中,现在又发明了新的蒸汽火车头,一小时能行驶 50 英里。这机器有八个轮子。那也不会使乘火车感到舒适。给我送来当零嘴吃的巧克力的索朗热要我写上:她拥抱路德维卡。她的心地真是很好。你们还不知道《伊齐多尔》,我并不感到奇怪,因为它还未出版。《特维利诺》下个月将发表在《新闻报》的随笔栏上。

又及:随笔栏与该报的思想倾向没有任何关系,它们在许多事情上还持相反的观点。

205. 致在柏林的费利克斯·门德尔松—巴托尔迪

1845 年 10 月 8 日于巴黎

我亲爱的:

请你发发善心,就把我的这封信当作我刚刚收到你给我寄来的好消息后立即给你的回信。因为我的心和这种迟迟复信毫不相干。请把这些话看作是我及时回复给你的好了。如果信中所附的纸片没有弄得太皱,而且又碰到适

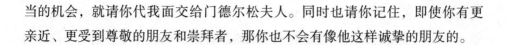

当的机会，就请你代我面交给门德尔松夫人。同时也请你记住，即使你有更亲近、更受到尊敬的朋友和崇拜者，那你也不会有像他这样诚挚的朋友的。

永远全心全意忠于你的　肖邦

206. 弗里德里希·卡尔克布雷纳致在巴黎的弗·肖邦

亲爱的肖邦：

我想请你帮帮忙，我的儿子阿蒂尔打算演奏你那优美的《h 小调奏鸣曲》，并渴望得到你的一些指点，以便能更透彻地领会你的创作意图。你知道我是多么敬佩你的天才。也许无需向你表明，如果你能答应我的要求，给我的犬子以恩惠，那我会多么地感激你啊。每天下午从两点到四点，星期天整个下午，他都听你使唤。我千百次地请求你原谅我给你增添了麻烦，但是你已给了我那么多的友情，而我现在依然寄希望于这种友情。

全家向你致以千百次的问候。

弗·卡尔克布雷纳

1845 年 12 月 25 日于巴黎普瓦索尼耶大街 52 号

207. 致在华沙的亲人

1845 年 12 月 12 日星期五开始，12 月 26 日写完

我最亲爱的：

我已收到你们最近的一封信，得知你们都很健康，除了巴尔特克外，不

过他也好多了。妈妈在这个冬季也相当不错。这里还不是很冷，但阴沉而潮湿。乔治·桑和她的儿女是星期二回来的，而我回来已有两个星期了。你们会记得我总是先回来，而今年更是如此，因为我要辞退杨而再找一个男仆。今年以来他每月都想离开，但总是哭着对我说他非常爱我，所以我没有辞掉他。但他常常招惹别人，连孩子们都在作弄他，因此我不能再把他留在我身边。他原以为他们会把苏珊娜赶走，为此他每天都会感谢我。这对我是件重要的事，因为我实在需要一个忠心的人。不过我的朋友阿尔布雷赫特给我找来了一个法国人——皮埃尔，他很诚实，也很能干，我希望他是个忠心耿耿的人，他曾在我的《E降大调圆舞曲》的父母（即霍尔斯福特夫妇）那里工作了七年，他很爱干净，有点自由散漫，但还未引起我的不快。路德维卡了解诺昂，你们也许有兴趣知道露西这个小姑娘，她是法兰索瓦丝的女儿，在这里除了苏珊娜外，就是她跟女主人在一起，确切地说，是和索朗热在一起。此外，路德维卡在信中问及我的那些事情，完全与事实不符，没有任何根据。L. R.[1] 非常健康，而孩子们在出麻疹。莫里斯本来过几天就要去他父亲那里的，但他觉得季节不好不走了。他父亲一个夏天都没有离开他在加斯康尼亚的庄园。（附注：）你们决不要相信那些邪恶的流言飞语，因为在这个世界上有许多人是看不惯别人的幸福的。（信继续：）在我离开诺昂之后来到这里之前，桑夫人曾在托尔附近的舍朗索的表亲维尔纳夫家住了一阵子。舍朗索的城堡在法国很有名。它是法兰西一世时代由当时一位银行家托马·布瓦耶花了很长时间才建造起来的。它建在谢尔河的中心地带，城堡建在拱廊之上，拱廊内有个很大的厨房，所以你们可以想象一下它是怎样的一座大建筑物了。法兰西一世从这位银行家手里把它承袭下来，便住在了那里。那里还留有许多当时的古物。后来是卡特琳·德梅迪奇经常住在那里（在《胡格诺教徒》第二幕的布景里就有那座城堡，我好像记得路德维卡曾看过）。我们瓦列斯的妻子也曾在这里度过她的寡居生活。所有的房间都还保存着当时的家具，其维修每年都要花费不少钱。到路易十五世或摄政时代，它在旺多姆之后便落入杜班之手。卢梭那时候是他的秘书。而这个杜班就是桑夫人的祖父。他的

---

① 皮埃尔·勒鲁。——译者

肖像还挂在诺昂住宅楼下靠近餐厅的那间大厅里，在壁炉上面的墙上。杜班夫人，也就是他的第一任妻子，以美丽和智慧闻名。在她那个时代，所有上世纪以才智闻名的人物都齐集舍朗索，其中有伏尔泰和雪布利等人，那里还有孟德斯鸠的许多手稿。卢梭也在《忏悔录》中谈到过杜班夫人。在舍朗索那里还保存着好多盒他和她的书信。这些书信非常有趣，但恐怕永远也不会出版。桑夫人发现了杜班夫人的几份手稿，好像很有趣，字写得尤其漂亮。卢梭的歌剧《乡间的占卜者》也是在那里的城堡剧院举行首场演出的。据说是杜班先生写的序曲。你们知道，卢梭在 70 年代写的诗词和音乐就曾大获成功。在这部歌剧中已有许多东西被大家接受，而且在法国相当有名。给你们写了舍朗索，现在该来写巴黎了。加瓦德向路德维卡和英德热耶维奇致以亲切的问候（他把自己的作品《马西永》寄给了路德维卡），弗朗肖姆全家也一样，在桑夫人回来之前，我在他们两个的家里都吃过午餐，谈了许多你们两个的事情。我又启动我的磨房了，今天我只给罗特席尔德夫人上了一堂课，另外两位被我婉拒了，因为我还有别的事情要做。我新创作的《玛祖卡舞曲》已在柏林的斯特恩出版了，不知你们是否已得到它们，因为华沙的音乐书籍大多来自莱比锡，乐曲并未题赠给任何人。现在我想完成《大提琴奏鸣曲》《船歌》和另外的曲子，我还不知道该用什么曲名，但我怀疑是否会有时间，因为现在我又开始忙乱起来了。我接到了许多询问是否会开音乐会，我不再犹豫。李斯特已从外省回来了，他在那里举办了音乐会。今天我在家里看到了他留的字条。迈耶贝尔也在这里。本来今天晚上我要去列奥家见见他们的，但是我要去歌剧院看新的芭蕾舞（对桑夫人说来是新的），因为剧中的服装是我们的。我是在看过芭蕾舞之后又来给你们写信的，现在是星期六的早上。歌剧院没有什么变化，和你们在这里的时候一样。除此之外，我们还没有看过别的什么。也没有到意大利剧院去看正在上演的威尔第的歌剧，也未能去看多瓦尔夫人演出的新剧《玛丽·简妮》，据说那是她扮演的最好的角色之一。今天是 12 月 17 号，我不得不中断这封信，直到今天我才能坐下来继续写下去。今天这里是个昏黑和天气糟糕的日子。今天也是巴尔夫的歌剧在大剧院的首次演出，他曾写过《艾蒙的四个孩子》（我想我们曾在喜歌剧院一起去看过它的）。今天的剧名是《塞维尔的明星》，是伊波利特·卢卡先生写的歌词（一位二流的随笔作家），并没有什么新意。巴尔夫是个英国人，曾在意大利呆过，并曾路过法国。明天要去意大利歌剧院看 GemmadeVergi，昨天我们大家和露西一道到圣马丁剧院去看新上演的德内里先生（并不怎样有名）的新话剧《玛丽·简妮》，多瓦尔夫人演得特别好。写一个来自农村的姑娘嫁给了一个手工业者，由于他的行为不正，给妻子留下的是婴儿和贫穷，她已经断粮了，为了不让孩子饿死，绝望之余她不得不把婴儿送进了育婴堂。这部剧演得极为成功，大家都被感动得流泪了，大厅里只有擦鼻子的声音。多瓦尔夫人打从年轻时演剧以来还没有扮演过这样出色的角色，除了在《十年赌徒生涯》中之外。

星期天，12 月 21 日

写完以上内容之后我看了巴尔夫的歌剧，一点也不好。演员们尽了最大的努力，这种白白浪费钱的事实在让人痛心。迈耶贝尔（他静静地坐在包厢里边看剧本边看演出）手里就有已完成的歌剧《先知》和《非洲女郎》，都是五幕歌剧。但因歌剧院没有新的女歌唱家，他不愿将它们交给剧院。而凌驾于经理之上的斯托尔兹夫人，不允许有比她更强的歌手进入剧院。舞台布景很美，服装丰富多彩。我已经托格律贝格先生带去两部《新约》和《旧约》全书给路德维卡和伊莎贝拉，都是英文版的，在这里被认为是非常漂亮的版本。里面的绘画都是出自新旧各派最为有名的大师——拉斐尔、鲁本斯、普桑之手。其中的不少画作就在这里的卢浮宫，或许路德维卡还记得它们。因为安东尼没有孩子，我便寄给他一本小开本的加瓦尔尼的画册《不听话的孩子》，让他开怀一笑，并使他想起这里的轻松和拙劣的幽默。送给卡拉桑提一本格朗维尔的格言插图。格朗维尔是这类作品取得成功的第一人，没有人比加瓦尔尼更了解它的。你们很可能看到过格朗维尔的那幅《拉封丹》。

12 月 24 日

你们看，元旦前人人都忙得晕头转向。门铃响个不停。今天这里的一家人全都感冒了。说我咳嗽得叫人无法忍受，这不足为奇。可女主人也感冒得很厉害，而且还嗓子痛，要她呆在自己房间里实在让她不耐烦。一般说来，身体越是健康的人越是难以忍受病痛。这种病世界上还无药可医，甚至理智也无济于事。这个星期整个巴黎都在咳嗽。昨夜是风雨交加，雷电齐鸣，又是雹子又是雪，塞纳河水高涨，天气不太冷，但潮湿令人无法忍受。克伦格尔已经和聂肖沃夫斯卡夫人从德累斯顿来到了此地。他们曾来看我，我也答应去看他们，对此你不必大声说了出去。李斯特也来过我这里，他说已和卡雷吉斯夫人分手了。不过经过我的一番提问之后，我看出他们只是说说，而没有付诸行动。

提图斯妻子的兄弟也来过这里，他身体不错，现已去了意大利。他跟我说了许多有关提图斯的事情，我顶喜欢他的。请代我拥抱提图斯。你们也许已见过古特曼了。我在剧院碰见的拉斯基一定会告诉你们我的身体还算健康。由于天气不好，这里的新年开始得并不太好。商人们都在抱怨，购买商品的人比平时还要少。我也还不敢到城里去采购，可是我必须去买点什么东西给我的教女，不过我的教子今年却什么也得不到了，为什么要相隔这么遥远呢！我真愿意给他留下一笔很大的财富，不过这不符合我的天性。当我躺在床上睡不着的时候我还会再想想这件事的。我已和弗朗肖姆试奏过我的《大提琴奏鸣曲》，很不错。我不知道今年是否有时间将它付印。斯卡尔贝克夫人的叔叔最近来看我，他仪表堂堂而又亲切可爱，显得很年轻，他告诉我说他年轻时拉过小提琴。他不咳嗽，身体很结实，他善良而又幽默，身板挺直而不驼背弯腰，他不带假发，却有一头漂亮的白发。总而言之，他依然英俊潇洒，和此地的年轻人一比，他还显得年轻些。梅利很久没有给我写信了，我不知道他的任何情况。我那位可爱的人今天又不舒服了。今天是平安夜，这里的人都不知道这点，他们还像往常一样，在六点、七点或者八点吃午饭。只有少数外国家庭才保持着这一习俗，比如昨天史托克豪森夫人就没有去佩尔蒂（我把《奏鸣曲》献给她的）家吃午饭，因为她忙着为孩子们做今天的准备工作，所有的基督教家庭都会庆祝圣诞前夜的。但是对于普通的巴黎人说来，昨天和今天却没有什么不同。这里过的是一个悲哀的圣诞夜，因为大家都病了，又不愿去找任何医生。感冒特别厉害，大家都躺倒了。人人都在咒骂巴黎的坏天气，但他们忘记了乡间的冬天更糟，无论在哪儿，冬天就是冬天。总有几个月是很难熬过去的。我常常问自己，那些没有耐心的人怎么能在比这更糟糕的天气里生活？有时我真想以几年的生命去换取几个小时的阳光。那么多比我年轻和强壮的人都先我而死，于是我就想，我一定会长生不老。韦尔内的女儿，也就是德拉罗切的妻子（德拉罗切就是在皇宫艺术博物馆画半圆形壁画的那个人）几天前去世了。整个巴黎都在为她哀悼。她是个非常精明能干的人，既年轻又漂亮，就是纤弱了一些。凡是此地的知名人士都成了她接待的贵客。她受到大家的尊敬，拥有家庭的幸福、富裕和敬重。她的父亲带头哀悼并像牛似的放声悲哭。有段时间，人们以为她的母亲要发疯了。

12 月 26 日

昨天和今天，桑夫人由于嗓子痛，在床上躺了两天，现在好一点了，再过几天她就会没事的。但我现在没有时间再给你们多写了。索朗热也感冒了，唯有我最强壮。

我最亲切地拥抱你们。请不要为我操心，上帝对我是仁慈的。我爱你们，并祝你们和所有朋友新年好。

肖邦

桑夫人拥抱路德维卡。附上罗齐埃小姐的便笺。我没有时间把我写的这些再重读一遍了。

208. 博格丹·查列斯基致在巴黎的弗·肖邦
1846 年 3 月 5 日于巴黎

我不想妨碍你授课，但适值命名日之际，我向你致以最热烈的祝贺。上帝保佑！下一次可能在自由独立的波兰向你祝贺。克拉科夫的事情真是美妙。维特维茨基真幸福，他离战火那么近。

问候你，拥抱你。

博格丹·查列斯基

209. 乔治·桑致在华沙的路德维卡·英德热耶维乔娃
1846 年 3 月于巴黎

亲爱的好朋友：

我想再一次告诉你：我爱你。虽然肖邦留给我的时间很短，只够我封好这封信，并把它送到邮局寄出。因此我也只好匆匆忙忙地拥抱你，但却是出自我的真心实意。你知道得很清楚，我们是衷心祝福你幸福、祝你亲爱的母亲和孩子们身体健康的。弗里德里克的身体不错，尽管今年 3 月份的气候比 2 月更寒冷、更令人忧郁。这里的 2 月阳光明媚，天气晴暖，这是大自然在开真正的玩笑。现在我们这里是乌云密布，雨夹着冰雹下个不停。我们忍受着捉摸不定、变化无常的老天爷的任性。不过，我们亲爱的弗里茨没有生病，还在上课，我觉得他的工作过于繁重了。从另一方面来说，无所事事是和他的好动性急的脾气不能相容的。不久之后，我就要把他从崇拜他的女学生手中夺过来，并把他带到诺昂去。在那儿，他将会多吃、多睡，还能适当地谱写乐曲。

我的孩子们都很好。现在我有了第三个孩子了——一个年轻的小姑娘，是我远房亲戚的女儿，她很不幸，所以我把她带到了身边。她很漂亮，而且像天使般善良。有她相伴会对索朗热产生好的影响，她对我们大家都很亲切。莫里斯感谢你的祝福，他一直在工作。索朗热拥抱你、爱你，不过没有人会比我更爱你的，我亲爱的路德维卡，就连弗里德里克也比不上，虽然我不知道他会说些什么。代我拥抱你所爱的人，这些人也是我所爱的。

永远全心全意忠于你的 乔治

210. 弗朗茨·李斯特致在巴黎的弗·肖邦

亲爱的肖邦：

贝纳西先生是特罗佩纳斯商行的股东，我认为他是法国最有文化修养、最守商业信誉的出版商，他求我向你说几句推荐的话。我之所以乐意为他效劳，是因为我深信你对于他的行为和他的魄力在任何情况下都会感到十分满意的。两年前，门德尔松曾在瑞士遇见他，便请他当他在法国唯一的出版商。我自己也打算这样做。如果你愿意把自己的几份手稿交给他，如果我的这封信能促成你做出这一决定，那将是我真正的快乐。而且我知道，贝纳西先生也会因此感谢我的。

永远对你怀着深沉而热烈的友谊的　弗·李斯特

1846 年 5 月 21 日于里昂

211. 致在巴黎的玛丽·德·罗齐埃

收到你的佳音，我要感谢你百万次，随信寄上给我母亲的一封信。这里的天气很热，冷藏室是非常适时的。再次谢谢你。这里的所有人都很好。我们期待着莫里斯很快回来。致以最美好的敬意。

肖邦

如果你什么时候想寄东西到这里来，那我诚心求你把莫扎特的《安魂曲》乐谱给我一并寄来。我把它留在了 5 号或 9 号楼里，是和《圣母悼歌》放在一起的。

1846 年 5 月 31 日绿节于诺昂。

她向你表示千百次的感谢并会写信给你。

212. 致在巴黎的奥古斯特·弗朗肖姆

最亲爱的朋友：

我未能早些写信给你，不是因为我把你忘了，而是由于我原来打算把我的那些尚未完成的手稿一并寄给你。现在随函附上一封给布兰迪斯的信。请你在转交给他时，劳驾请他写几句回话寄给我。如果出现什么意外，那我只好去找梅索尼耶了，因为他们提出的条件都是一样的。

我亲爱的，我是在竭尽全力地工作，但是工作进展得并不那么顺利。如果这样长久下去，我的作品就会让人觉得是松雀在鸣叫，或者像是瓷器破碎发出的响声。我不得不顾及这一点。请给我来信。

永远爱你的　弗·肖邦
1846 年 7 月 8 日于诺昂

向弗朗肖姆夫人致以千百次的问候和我姐姐路德维卡所表达的友情。吻你那些可爱的孩子。

213. 致在巴黎的奥古斯特·弗朗肖姆

1846 年 8 月 30 日

最亲爱的朋友：

这是给布兰迪斯的三部手稿，第二和第三首是给马霍的，他会把哈特尔公司 1500 法郎的稿费面交给你。在没有拿到这笔钱之前，你不要把手稿交给他。请你在下封来信时给我寄 500 法郎来，余下的请你替我保管。我又给你添了不少麻烦。我本不想打扰你，这个月想回巴黎，但是，但是，但是……请告诉马霍，决不能调换给哈特尔公司的手稿。我不想校订莱比锡的版本，因此我的手稿要字迹清楚，这是最重要的。请你也告诉布兰迪斯，请他给我寄两份校样来，我自己要保存一份。

现在你的身体好吗？你的夫人和你可爱的孩子们都好吗？我知道你们现在都在乡下（如果圣热尔曼是乡下的话），这样长久的好天气你们大家一定过得不错。现在开始变天了。我这样没完没了地和你聊天，但我也没有时间重新开始来写信的，因为德拉克鲁瓦要把这封短信带走，而他马上就要离开这里了。他是位让人非常敬佩的艺术家，我和他在这里度过了一段愉快的时光。他崇拜莫扎特，他能背出他所有的歌剧。我弄得净是墨迹，请你原谅。再见！亲爱的朋友，我永远爱你，每天都在想你。

弗·肖邦

向弗朗肖姆夫人表示我的敬意，吻你可爱的孩子们。

214. 致在巴黎的奥古斯特·列奥

最亲爱的朋友:

对于你在楚斯诺夫斯卡夫人信里所附写的亲切话语,我想把我的感谢信寄到奥特伊的你那里。我原打算把手稿带到巴黎去,但今年夏天的美好天气却把我继续留在了这里,因此不得不麻烦你把我的包裹寄到伦敦去。同时还要劳你像已往那样寄去期限为两个月的汇票。如果有必要,请你先把它寄给我,让我签上字。这一次的汇票金额为 30 英镑。

我希望你和你夫人以及你可爱的孩子们都能利用这美好的夏天在奥特伊那里过得非常愉快。

我的咳嗽比平常要少一些了,并且还能干点工作。我永远爱你。

衷心忠于你的 弗·肖邦

向列奥夫人表示我的敬意。请你代我向瓦伦丁夫妇问候并要他们想起我。

215. 致在巴黎的奥古斯特·弗朗肖姆

最亲爱的朋友:

让我非常苦恼的是布兰迪斯不在,而马霍又还不能接受这些手稿。那是他早在冬天时就一再请求我写的。因此需要等待,现在我请你在你认为可能的时候再过问此事一下。因为我不想拖延得太久,于是我同时把副本寄到伦敦去了。请你别对他们说，他们都是些狡猾的商人，他们可以欺骗我，同时又装作是正人君子。现在这是我的全部家当了，因此我想换个方式来进行。

当你没有拿到预定的现金，你就决不要把我的手稿交给他们，请你寄500法郎给我，其余的就留在你那里，一直等到我回巴黎，大概要到10月底才能回去。

令我高兴的是，你们全家都在乡下了。这对弗朗肖姆夫人来说很有必要，对于最近这个冬天害过麻疹的你的那些可爱的孩子也是很有必要的。我希望你们都很健康。再见，我亲爱的，给我写信，像我永远爱你那样爱我。

肖邦

最诚心地问候弗朗肖姆夫人。吻你的孩子们。桑夫人向你表示衷心的问候，并向弗朗肖姆夫人致意。

肖邦
1846 年 9 月 13 日安德尔脊拉查特尔附近的诺昂庄园

替我告诉鲁比奥夫人，如果斯特林小姐在圣热尔曼，就请代我向她和厄斯金夫人问好。请你在《波罗涅兹》标题前加上"题献给韦雷夫人"。

216. 致在华沙的亲人

1846 年 10 月 11 日星期天

诺昂，写于钢琴旁桌上

我最亲爱的：

你们一定已度完假了。大家都在家里。妈妈从约瑟法小姐那里回来了，路德维卡也从捷霍姆斯基家回来了，而安东他们也从矿泉园里带回了过冬的

健康储备。愿上帝保佑你们一切顺利。这里的夏天如此美好，这是很久以来
从未有过的，尽管今年不是个丰收年，许多地方都在担心冬寒，但这里的人
都没有抱怨，因为葡萄园的收成特别好，而在勃艮第，甚至比 1811 年的还要
好，这里指的是质量而不是数量。昨天桑夫人用一种亚历山大品种的葡萄做
成了果酱。它是一种串大粒大的香葡萄，但在这里的气候条件下这种葡萄不
能完全成熟，所以很适合做果酱。但是其他水果便歉收了，不过树叶还很翠
绿，花开得不少。这里有了一位新园丁，英德热耶维奇夫妇见过的那位老彼
得已被主人解雇了，尽管他在这里从老祖母开始已工作了 40 年。还有露西的
母亲，那个善良的弗兰索瓦丝也被辞退了。他们是两个最为元老的仆人。上
帝保佑，但愿新的仆人能得到那位年轻人和他的表妹的喜欢。索朗热一直很
虚弱，现在好些了，说不定再过几个月我就会写信告诉你们，她就要嫁给一
位年轻英俊的小伙子了，在上一封信里我曾向你们介绍过他的。整个夏天我
们都在一个不太有名的黑谷地方散步或驾车漫游。我不去参加派对，因为这
既累人又不值得。只要我一累，我就会不高兴，就会影响大家的情绪，没有
我在场年轻人会玩得更痛快。我也没有按照原定计划回到巴黎，因为我有一
个很好的机会，不用我动身回去就能把我的曲稿送到巴黎。不过再过一个月，
我想我就能在奥尔良广场了，希望诺瓦科夫斯基还留在巴黎，我是从罗齐埃
小姐那里知道他的，他在我的住处留下了自己的名片。我很乐意见到他。但
这里的人不想要他来。这让我想起了许多事情，我现在也不能用我们的母语
来交谈了，因为杨已不在我这里了。打从罗尔卡离开这里之后我就没有说过
一句波兰话了。我曾跟你们谈到罗尔卡，虽然她在这里受到很客气的接待，
但她走后却没有留下好印象。那个表妹不喜欢她，于是那个儿子也跟着不喜
欢她了，于是就有了笑话，又从笑话演变成了羞辱，我对此非常不高兴，从
此我们在交谈中就不再提到她了。实在是需要像路德维卡这样的好心人才会
在离开此地时给大家留下美好的回忆。这里的女主人多次当着罗尔卡的面对
我说："你姐姐要比你好上千百倍。"我回答说："我也是这样认为的。"请伊
莎贝拉告诉我，安东的父母是否还健在，以及诸如此类的事情。马图辛斯基
在八年之后对我说，他后悔那时没有听我的话，所以他现在要努力工作，要
尽量利用他在格里冈所学到的知识。他很健康，也抱有良好的愿望，他住在

加斯冈，而且还在工作。我已给他回了信，还想继续写信给他。今天艳阳高照，他们出去散步了，我不想去，便利用这个机会和你们聊聊。那只小狗马基和我在一起，正躺在我的沙发上。这是一只非常可爱的小动物，皮毛像大鹳鸟一样白，桑夫人每天亲自喂养它，所以它非常聪明，甚至还有让人难以理解的独特习惯。比如它从不在镀金的器皿中吃喝东西，它还会用头把它推开，甚至把它翻转过来。

我在《快报》上的一些人名里看到了我的教父，他正在参加法兰克福举行的有关监狱问题的学者代表会议。如果他能来巴黎，我会很高兴见到他。我已写信给罗齐埃小姐，如果她在门房那里看到有这样的名片，便立即通知我。在其他新闻当中，或许你们已听说过巴黎天文台的勒韦利耶先生计算出新行星的事。他发现天王星的某些不规则情况，认为是来自其他不明星体，并描述出它的距离、方向、体积，总而言之，他的推测和柏林的加尔先生，以及伦敦的亚当斯先生所观察到的完全一样。这是一次科学的胜利，通过计算的方法达到发现的目的！在科学院最近的一次会议上，阿拉果先生提议将这颗新行星命名为勒韦利耶。柏林的加尔先生也写道，它的命名权应该属于勒韦利耶，但他建议把它命名为雅尼斯，而勒韦利耶先生则宁愿称它为海王星。在科学院的意见分歧中，有许多人赞成用发现者的名字来命名它，因为他完全是靠非凡的推算力量来发现这颗星体的，这在天文史上是前所未有的巨大功绩。再者，有些彗星叫维科和欣德，而天王星也被称作赫谢尔，为什么就不能称它为勒韦利耶呢？国王立即封他为荣誉军团的军官。你们也许已知道雪宾先生发明的硝化棉，这里的人对它很好奇，但都还没有见过。但在伦敦，已在阿尔贝特亲王面前试验过，它的威力更大、不冒烟、不流油、不污染，水浸过后，干了立即能恢复威力，引爆也比普通炸药更迅速，因为把它放在普通的火药上就会爆炸，而普通的则不着火。我净给你们写这些科学上的事情，好像你们那里没有安东和贝乌查似的，我祝后者在新的身份中更加幸福。我的上帝，马图辛斯基会为这些感到多么高兴啊！我没有一天不想他的。在我中学时期的朋友中，现在没有一个留在巴黎了。再来说说发明的事：还有一件发明，它多少与我的本行有关。伦敦的费伯先生（数学教授）是位机械师，他展示了一架非常有趣的自动机器，他称其为发音机，它不仅能清晰地说出一两个词，而且还能说出长句子。更令人惊讶的是它还会唱海顿的一首咏叹调和《天佑吾皇》。歌剧院的经理们如果拥有这样的机器人就不需要那些又费钱又爱找麻烦的合唱团团员了。真是件奇怪的东西，它是由杠杆、风箱、活塞、链条、导管、弹簧等等所组成。我早些时候曾写信告诉你们关于沃康松的公鸭的事情，那只鸭子能把吃进的东西都消化掉。沃康松还做过一个会吹长笛的机器人。但是到现在为止，还没有任何一架机器能清晰地唱出《天佑吾皇》。两个月来这架发音机一直展示在埃及大厅里（巴尔特克知道，它是个展览各种稀奇古怪东西的场所）。明年在伦敦意大利歌剧院的重要竞争对手准备开业演出。沙拉曼卡先生是位西班牙银行家，马德里议会的议员，他租下了那座名为考文特花园的剧院，那是伦敦最大的剧院之一，但由于它离上流社会的繁华地区较远，一直没有获得什么大的成就。拉莫利先生是皇家意大利歌剧院的总经理，该剧院被公认为全伦敦最时尚的剧院，这位总经理并不急于物色明年该请哪些歌唱家，他放心地相信他们定会到自己用丝绸装饰的剧院来。岂料沙拉曼卡先生却先他一步用高薪聘到了格里西、马里奥、佩尔西亚尼，一句话，除了拉布拉什以外的所有著名演员。于是就有了两座歌剧院。除了拉布拉什外，据说拉莫利先生还聘请了林德小姐和皮斯切克先生（柏辽兹说他是最优秀的唐璜）。因为在伦敦高雅和时尚胜过任何其他艺术奇迹，这样一来下一季度就更有趣了。据说那家老歌剧院（也就是拉莫利先生的）还能保持住它的地位，根据所有资料显示，女王还会像往常那样去光顾它的。巴黎歌剧院还未演出过罗西尼的歌剧。阿贝内克（乐队的指挥）曾得过一次严重的中风，他好几个月都不能担任指挥的工作。不过他已痊愈，皮耶先生（也是指挥）正等着他的部分复出。意大利人开始出现在巴黎了。科雷第，这位巴黎的新男中音已经在《塞米拉米德》一剧中出演角色，并获得许多好评。除了才华外，他年轻而又英俊，有关他的种种奇闻轶事早已流传开来，他的父亲本想培养他担任教会工作，但他离开了罗马，来到那不勒斯当上了演员。他在里斯本住了几年，搞得女士们晕头转向，据说（早就听到过）有两位女士要为他进行决斗。尽管如此，由于他唱得实在好，这才保住了地位。不过在巴黎我怀疑不会有什么人去为他进行决斗的，但是付给他的报酬会不错，比在葡萄牙要高。他在马德里的演唱也大获成功，在那里正在准备一场盛大的庆典；女王要和自己的表兄、她的妹妹英芳特卡要和法国国王菲利普最小的儿子蒙宠西耶举行订婚仪式。大仲马和马凯先生（是位年轻的作家，在他的指导下为他写作随笔）以及著名画家布朗热一起受教育部长萨尔瓦多先生的指派，负有对整个仪式进行报道和绘画的使命。人们谈论较多的是蒙宠西耶王子送给自己未婚妻的礼物。女王（虽然年轻但很胖）给自己未婚夫准备的礼物除了王位外，还有一枚镶钻的金羊毛勋章，一把剑柄镶有钻石、剑身曾为查理三世拥有的宝剑和一柄元帅权杖，还备有 17 辆豪华马车，以便将参加婚礼的宾客送至阿托兹教堂，在那里同时举行两对新人的隆重婚礼，还要把他们从阿兰维兹送到马德里，就像在这里的凡尔赛宫。如果我的描述让你们感到有趣的话，那你们可以去看看德莫舍夫斯基的报纸。你们也许知道，英芳特卡还不满 15 岁，长得比女王更漂亮。下个月她和她的夫婿要回到巴黎，将在城市旅馆举行一次盛大的舞会和其他各种活动。如果我能看见她，我会写信告诉你们她是否像茹安维尔公爵夫人（巴西公主）那样漂亮，而她却是家族中最漂亮的一位；身材高大、肤色白嫩、眼睛很大、头发乌黑。

拉谢尔夫人，据说她因为有病曾向法兰西剧院提出辞职，现在她已好多了，传说她不久将会复出。你们知道，瓦莱夫斯基已和里奇小姐结了婚，她是个意大利人，她的母亲是波尼亚托夫斯卡，而她又是那个先在意大利现在巴黎写歌剧的业余作曲家的姐姐。皮耶曾为他的大歌剧配上诗词。诗词是由大小仲马写的。大仲马虽然年纪不大，但已有了儿子（婚前所生），儿子也是个作家。我不知道波尼亚托夫斯基的新歌剧叫什么名字，但会在今年冬天演出。今天这里雷声轰鸣，天气相当闷热。园丁在移植鲜花。把以前属于布封的那块地及其相邻的土地用高达九倍上千法郎的价钱买了下来以扩大那座巴黎植物园。尽管如此，它仍不及你们那里的位于山上和维斯瓦河畔的花园位置好。我记得英德热耶维奇夫妇曾经看过的那只长颈鹿已经死了。我很高兴不再告诉你们这类悲伤的消息了。不过今年我接到的结婚喜帖要比讣告多。我只接到过我非常喜爱的萨布朗老伯爵的死讯，还是在八年前我就曾向你们谈起过他。他曾写过优美的寓言，不如说他能把许多寓言熟记在心，因为他没有创作过什么或者写得很少，主要是模仿克拉西茨基的一些作品。除了他之外，我就再也没有得到别的什么讣告了。我的一个女学生在波尔多结婚了，另一个在热那亚结婚。在热那亚，他们现在才为哥伦布建立起一座纪念碑，因为那里是他的出生地，我以前一定曾给你们写过那座以他的姓名和纹章为标记的宫殿。维亚尔多夫人和她的丈夫以及母亲都在柏林。今年还没有来过这里。再过一个月她会到巴黎来，到时候我可能会见到她。随后她又会到柏林去过冬，因为她在那里已签有合同。人们也在说除了格里希和佩尔夏尼外，萨拉曼卡也和她签了明年夏天在伦敦演出的合同，但我对此一无所知。我真想在这封信中写的都是最好的消息，但最好的消息莫过于我爱你们、我爱你们。我有时弹弹钢琴，有时写点东西。我对我的《大提琴奏鸣曲》时而满意，时而又不满意，我曾把它扔到角落里，后来又把它捡了回来。我又写了三首新的《玛祖卡舞曲》，我想它们不会有以前那样的漏洞，但是要对它作出很好的评判还需要时间。写的时候总是会觉得它不错，否则也就不会去写它了。等到感觉过后才会去斟酌取舍的问题。时间是最好的检验，而耐心是最完美的老师。我希望不久就能收到你们的来信，但我不会为此担心，因为我知道，像你们这样的大家庭，要一下子把大家都聚合在一起来给我写信是很困难的。尤其是（只在我们中间说说）钢笔是不够用的。像大家说的，要把话说尽我不知道还需要多少年。因此你们收不到我的信也用不着奇怪，更不要担心，其理由完全和你们的一样，给你们写信既烦恼又愉快。相信我们之间是不需要什么言辞，也不需要什么东西的。我最大的快乐就是知道你们的身心都很健康。永远都抱有希望，你们都有可以享受天伦之乐的孩子们（我所以用多数，因为我知道安东尼夫妇把我的外甥们视为己出），那位外婆就不用说了！只要身体健康，一切都会很好。我在这里过得不错，因为天气很好。看来冬天不会很糟，只要多加小心，我就会像去年那样安然度过的。感谢上帝，我的境况不会更坏。有多少人的境况变得更坏了！当然也有许多人过得更好了，但是我不会去想他们的。我已写信给罗齐埃小姐，让修理地板的人铺好地毯，挂上窗帘和门帘。过不了多久就该考虑磨房，也就是教课的事了。我也许会和阿拉戈一起离开这里，而女主人还要在这里呆一段时间，因为她的儿子和女儿都不急于回城。今年曾提过到意大利过冬的问题，但那些年轻人都乐意留在乡下。到了春天，如果索朗热出嫁了或者莫里斯结婚了（两件事都在运作之中），他们的意见就有可能改变。今年这两件事都有可能会解决的，小伙子已经24岁了，女儿也有18岁了。这件事只在我们中间说说就算了。下午才到五点天就这样黑了，几乎什么也看不见。我要结束这封信了。再过一个月我会在巴黎写信给你们的。现在我感到高兴的是，我和诺瓦克聊天时谈到了你们。如果你们见到了提图斯请代我拥抱他，还有房客卡罗尔和我的教父，如果他已回来。要是他明年能到布鲁塞尔来开会，就像今年他到法兰克福去开会那样，因为明年的大会已确定在布鲁塞尔举行，我特别希望能见到他，因为到那时铁路早已开通了。请来信告知约瑟夫夫妇的情况，以及所有好的消息。

最衷心地拥抱你们，并热吻妈妈的手和脚。

肖邦

已写了十多次，今天该把它寄走，并附上此间女主人的几句话。

又及：我很抱歉将这张上面什么也没有写的白纸寄给你们，如果我不立即把它寄出，那我明天又要开始写另一封永远也不能写完的信了。我现在就寄给罗齐埃小姐，她又会像往常一样给路德维卡附上一封短信。衷心地拥抱你们大家。

217. 致在巴黎的奥古斯特·弗朗肖姆

1846 年 11 月 9 日于诺昂

亲爱的朋友：

我有几件事要你帮忙。请你转交一封给列奥先生的长信，你可在 10 点至 11 点之间到路易·格朗德街 11 号去见他。第二件事不是信，而是带有封面的手稿，是给施莱辛格的。

按照事先商定的，这三首《玛祖卡舞曲》他应付给你 300 法郎，若是他为难你，你不要生气。请原谅，我跟你说，你就要他定下日期，把我应得的稿酬付给你。你告诉他，我临走的时候曾请你替我还清几笔债务。真的，如果你见到梅索尼耶，就让他把欠我护士的钱交给你，但不必专门去找他。

请替我保存好余下的钱，还有你的友谊。

我写得不多，但划掉的不少。

我咳嗽得很厉害，我希望你在这方面不要仿效我。

对你全心全意的 弗·肖邦

向弗朗肖姆夫人致意，吻你可爱的孩子们，请给我写几句话来。向朋友们问好。

218. 致莱比锡的布雷特科夫和哈特尔公司

我——签字人弗里德里克·肖邦，现住在巴黎的拉扎尔大街 34 号——确认已将本人下列作品的版权出售给莱比锡的布雷特科夫和哈特尔公司，曲名如下：

作品 60 号 《钢琴船歌》

作品 61 号 《幻想波罗涅兹舞曲》

作品 63 号 两首《夜曲》

我声明，我已将这些作品的版权毫不保留地、没有时间和国别（除了法国和英国之外，包括俄国在内）限制地转让给该公司，并且证明，商定的稿酬已收讫，收据另开。

弗·肖邦

1846 年 11 月 19 日于巴黎

219. 致在诺昂的乔治·桑

1846 年 11 月 25 日星期三 （三点） 于巴黎

我估计你的头痛已经痊愈，感觉也要比过去好多了。我高兴的是你又恢复了全部的交际生活，并祝你天气更加美好。这里昏昏沉沉，又很潮湿，很难不感冒。格日马瓦已经好多了，他昨晚睡了一个小时的觉，这是他 17 天以来的第一次睡着了。我见到了德拉克鲁瓦，他向你们大家致以亲切的问候。他还在生病，但他还是到卢森堡宫去工作了。昨天傍晚，我去拜访了马尔利亚尼夫人。她正准备和舍帕德夫人、奥贝坦先生（他敢将你的作品《魔沼》在整个年级面前作为文体范本来朗读）以及阿佩蒂尼先生一起去听一位新的预言家传教。他得到了船长的支持（但他不是传道者），他信一种联合主义者的新宗教，他的预言是受到上帝在梅当树林中的启示而产生的。他许诺在某种永恒境界中的最高幸福将不会有性的存在。马尔利亚尼夫人并不那么喜欢这种思想，但船长却很相信它。每当伯爵夫人嘲笑他的教义时，他就会指责她为不信教者。明天我会把皮衣和其他物品给你寄去。你的钢琴价格是 900法郎。我还没有见到阿拉戈，不过他一定还不错，因为彼得把你的信给他送去时他不在家。请谢谢侯爵留在我门上的挽歌。祝你快乐和健康。如果需要什么就请来信告知。

忠于你的 肖邦

致你亲爱的孩子们：

我晚了六个小时才收到你的信，信写得好，很完美。明天我就不给你们寄东西了。我想再等等。你为何不把自己的斗篷送到这里来修补呢？你们那里有没有会修补的裁缝？我会等着你的吩咐。我很高兴糖果受到了欢迎。我

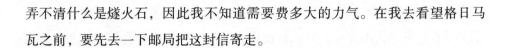

弄不清什么是燧火石，因此我不知道需要费多大的力气。在我去看望格日马瓦之前，要先去一下邮局把这封信寄走。

你的　肖邦

220. 致在巴黎的沃伊捷赫·格日马瓦

1846 年 12 月 30 日或 31 日于巴黎

我五点钟去见了公主，她要我告诉你今天五点到六点之间，她不能替你去办那件事，但她希望明天能做到。

我不能去你那儿了，因为那个瓦·普拉特尔直到此刻还在缠着我要那首《玛祖卡舞曲》，好在舞会上演奏。现在要去吃午饭了，接着又有几个晚会在等着我，真是莫大的不幸啊！

到了明年再见了，明年会比今年好。

肖邦

221. 致在诺昂的乔治·桑

1847 年 1 月 12 日星期二 （三点） 于巴黎

你的来信让我很开心。我知道许多糟糕的日子，但是要说到《好日子》（邦茹），我从来没有见过什么叫邦茹的人，除了那个永远只是学院候选人的卡齐米尔·邦茹①外。我有位只是一面之交的朋友给我提起，沙托鲁有一位音乐爱好者，名字我不知道，但他却告诉普雷奥先生，他对我很了解。如果这种事发展下去，其结果是，我就会相信自己是个重要人物了。你现在已把全部精力放在了戏剧艺术上。我相信你的序幕定会是篇杰作，而那些彩排也会给你带来很多的乐趣，但决不要忘了你的狼狗或者你的缪斯。这里天气很冷。我见到了韦雷夫妇，他们向你致意。我不会忘了你的花和园丁的账单。请你多多保重，愿你们大家过得快乐，身体健康。

忠于你的 肖邦

222. 埃内斯特·勒古韦致在巴黎的弗·肖邦

巴黎 （日期不详）

亲爱的肖邦先生：

为了把这本书交给你，我已去过你那里好多次了，可是不巧得很，都没有见到你。我可以打赌，这本书不会像我喜欢你的作品那样让你中意的。若是我能在诗歌领域中哪怕只有一次能取得你在音乐方面经常获得的成就，那我会是多么的幸福啊！

如果你的感觉好一些，就请你星期一，也就是后天，九点到我们那里来喝一杯清茶，你将见到的都是热爱你的那些人。如果你将要听到的音乐让你感到不中听的话，那都是因为这不是你的音乐。

忠于你的 勒古韦

---

① 法国喜剧作家。——译者

223. 致在巴黎的沃伊捷赫·格日马瓦

1847 年 2 月 17 日于巴黎

我最亲爱的生命：

我恳请你今天晚上八点左右务必到我这里来一下。除了家里人之外，只有阿拉戈和德拉克鲁瓦在场。我和弗朗肖姆将演奏二重奏，哪怕你能来一会儿也好，我亲爱的。今天是星期三，是大斋的第一天。你来吧，就当它是一种赎罪，就当它是过一个悲愁的狂欢节好了。

你的老朋友　肖邦

224. 致在诺昂的乔治·桑

1847 年 4 月 10 日星期六于巴黎

谢谢你的好消息。我已转告了莫里斯，他会给你写信的。他身体很好，我也不错。这里的一切都和你离开时一样，小花园里没有了紫罗兰，没有了长寿花和水仙花。他们拿走了你的花，取下了你的窗帘，这就是一切。祝你快乐，要保持好的心情，要多关心自己。请你尽可能告诉我所有的情况。

忠于你的　肖邦

225. 致在华沙的亲人

开始于复活节前一星期,

1847 年 4 月 19 日写完,巴黎

最最亲爱的:

如果我没有立即回信,那以后要再来写信就更困难了。我的心不是促使我去接近信纸而是把我推开。桑夫人已来此地两个月了,复活节过后就要回诺昂去的。索朗热还没有结婚,他们是来这里订婚约的,但是索朗热反悔了,我为此很伤心,更替那个男孩难过,因为他善良而又很爱恋她,幸好这事发生在结婚前而不是在结婚后。大家以为只是延期,但我知道其中隐情。你们问我今年夏天怎么过,和往年一样,不会有别的。等天气一暖和,我就到诺昂去。现在我就留在这里,和过去一样教那些不太累人的钢琴课。如果提图斯能够出国的话,那我会非常高兴和他在此共度一些时间的。至于你们,巴尔钦斯基夫妇,似乎还没有做出决定,如果你们决定出来,我非常愿意在某个地方和你们相见,因为今年夏天我有时间,而且冬天也积攒了一点钱可供使用,只要我的健康允许。尽管今年冬天很冷,但我的病情(不要像阿尔贝特生病时护士给他写成了樱桃树,把发作写成编织品)并没有加重。我还没有见过雷什切夫斯卡夫人。德尔菲娜·波托茨卡夫人(你们知道我多么爱她)本来要和她一起来我这里的,但在几天前她去了尼斯。在她离去之前,我和弗朗肖姆在我家里为她演奏了我的《大提琴奏鸣曲》。那天晚上在场的还有公爵夫妇、维尔特姆贝斯卡公爵夫人和桑夫人,那天晚上过得很温馨。

弗朗肖姆此刻给我送来了音乐学院的包厢票,他向英德热耶维奇夫妇表示问候。可怜的家伙,他的三个孩子都在出麻疹,我就不会有这种烦恼了。诺瓦科夫斯基或许此刻已和你们在一起了,弗朗肖姆常在我这里见到他,认为他很傻,有一次他看到他不愿和我一起去参加勒古韦家里的晚会,在那里他能见到科学界的许多名人,并且还能看到和听到例如拉布拉什等人。诺瓦

科夫斯基是个老实人，就是脑子不太灵，愿上帝保佑他。例如，他有一封给雅宁的信，直到他离开前的两三个星期才告诉我，我跟他说这太迟了。可是就在同一天我把他带去参加加瓦尔家的晚会，雅宁也正好在那里，我想把他介绍给雅宁，他却不愿意。过了几天，他来见我并对我说，他已把信给了雅宁，而且雅宁还要写一篇有关他的文章。他只是求我写信给雅宁，要我提供一些他作曲的情况，并且要在当天四点以前寄给雅宁。但我对这点不太理解，于是我问：你是和谁一起去见雅宁的。他回答说：是和雅宁的一位亲密朋友《信使报》的编辑。我认识《信使报》的总编辑都里厄，我又问：是他吗？不是，是另一个我从未听到过的名字。我想很可能是雅宁家里的朋友，于是我便告诉诺瓦科夫斯基，要他明天早上到我这儿来，再一起去见雅宁，让他亲自告诉雅宁他想要什么。第二天我们去到雅宁家时，他和他的妻子都很热情地接待了我，于是我便向他解释我来是为了感谢他们对我的同胞的盛情招待。他对我说，他已向诺瓦科夫斯基说过，只要有我肖邦的几句话，就足以介绍他的了。他又补充了一句：你可以想想，他竟找了一个我连他姓名都不知道的白痴来向我介绍他，原来那个所谓的好友雅宁根本就不认识。于是我们两个对这个老实的诺瓦科夫斯基大笑了一番。他把我的几句话理解为一篇文章。可怜的诺瓦科夫斯基除了几个单词，像侍者、咖啡、车夫、蜡烛、晚餐、漂亮小姐、好音乐之外，就根本不懂法文。他像花时间在小炉子上的奇霍兹基那样，整个时间他都花在了某种家具上面，最后我为了要见他不得不派人去找他。他的《练习曲》经过我的安排已在这里出版了，而且是题献给我的。它的发表对他说来就是世界上的一切。他为它的出版感到无比欣喜。他年纪大了，无法再去学习什么新的东西或者在头脑里产生什么新的观念了。他很和善，也不贪心，所以我喜欢他，而且我们认识也很久了。然而我却忘记了在我们中间还有很多这样的人，他们活着却不知道为什么活，应该怎样去活和达到什么样的目标。他是尽其所能来爱我们大家的。而我在这里也是尽我所能去帮助他。我常常去敲他的灵魂，里面却是空无一人。他的假发（是迪朗给他做的）把他的光顶给遮住了，不过他自己了解和知道他是在何处受的何种教育。我对他的期望也太高了，因为我不能把他和对你们的回忆割裂开来。他给了我科尔贝格的歌曲。愿望很好，却能力有限。我常常看到这类的事情，心里在想，不去做反而会更好，因为这种努力只能把事情扭曲，给天才辨别真理带来更大的困难。一直到那个时候，所有的美都还保存着，戴着垫高的鼻梁、擦上的胭脂、切断的双脚或者装在高跷上，成为那些轻视他们的人的笑柄。

我给你们写了一大堆废话，不过那是一个星期前写的。今天我又是一个人在巴黎。桑夫人、索朗热、那个表姐和里斯都走了，三天就这样过去了。昨天我收到了他们从乡下的来信，他们都很健康很愉快，只是天天下雨，和我们这里一样。今年的绘画和雕塑展览已开始数周了，但没有什么著名大师的重要作品参展，只发现了一些有才华的新人，其中有一位雕塑家，名叫克莱辛格，这是他第二次来参展了，还有一位画家库蒂尔，他的那幅巨大的油画表现了罗马衰落时期的罗马盛大宴会的情景，引起了所有观众的关注。你们可要记住这个雕塑家的名字，因为我会在信里经常提到他的，他在桑夫人离开之前就已经被介绍给她了，他给她和索朗热各做了一个半身塑像，大家都对塑像赞不绝口，说不定明年他会拿出去展览。今天是 4 月 16 日，我是第四次来写这封信的，但我还不知道能否写完它，因为今天我还必须到舍弗尔那里去为我的画像摆姿势，我还要教五节课。我已经给你们写了展览的事，现在来谈谈音乐吧。大卫的《哥伦布》几乎和《荒漠》一样成功。虽然它在此地已演出过三场，但我还没有去听过，我并不急于去听它。第四部分中有些印第安歌曲，据说很美。维厄唐[①]昨天举行了第二场音乐会，我没能去，今天弗朗肖姆告诉我，他的演奏很好，他的新协奏曲也非常优美。大前天他和妻子来看我，我第一次为他弹奏。昨天我去列奥那里吃午饭，若不是饭后他们把我拉到桌边去看一位在美国闯荡了 16 年的画家的画册（真是太美了，而且很多，一下子看不完）把我吸引住了，我就会去听维厄唐的音乐会了。明天预告要演西班牙话剧（在意大利歌剧院），有一个西班牙剧团已到达此地，今天要在王宫演出。西班牙王后（克里斯蒂娜）正在这里。今天拉谢尔小姐要在王宫里的西班牙人面前演出《阿达利亚》，据说她的演出很精彩，但我还没有看过。《阿达利亚》是和戈塞克合唱团一起演出的。戈塞克是法国上个世

---

① 比利时小提琴家。——译者

纪末一位很著名的且受到人们尊敬的作曲家。在《阿达利亚》的合唱（相当沉闷）中，近来习惯于要在结尾处加唱海顿的一段非常好听的《创世纪》。30年前，当年老戈塞克听到这段乐曲时，非常天真地说：我不记得我曾写过这段乐曲。大家都很轻易地相信了他。我是托罗齐埃小姐给路德维卡寄去一封短信的，我没托桑夫人是因为她们正忙于离开这里。我今天又收到了诺昂来的消息，他们都很好，并在重新安排家里的东西——他们喜欢改变家里的布置——那个跟他们一起回去的里斯一回到诺昂便被解雇了，这是他们告诉我的。英德热耶维奇夫妇见到过的那些老仆人一个也没有留下。先是那个做了40年的老园丁，后是那个服务了18年的弗兰索瓦丝，现在是里斯，她是在那里出生的，并和索朗热放在同一个摇篮里送去受洗的。所有这一切都是在那个表亲来了之后发生的，她在向莫里斯卖弄风情，而莫里斯也在利用她。这些只能在我们中间说说而已。

现在11点，罗齐埃小姐刚来，正在火炉边烤火，她很惊讶我的信还没有寄走。她为她的那封信已经过时而伤心，想重写一封。这封信又中断了。一个白天又过去了。说起昨天，我去了弗舍尔家，然后从他那里又去看望了德拉克鲁瓦，这样一来我教课的时间就少了。我不想穿着整齐到外面去吃午饭，晚上我留在家里弹琴，还哼唱着来自维斯瓦河畔的歌曲。今天早上7点我就醒了，我的学生古特曼来了，他提醒我不要忘了他的晚会。迪朗也来了，送来了巧克力。我的巧克力都是来自波尔多，那里的做法很特别，特意不加任何的香料。那是在我的一位好学生的表亲家里做的，他们专门供给我这种巧克力。今天早晨这里又下霜了，但庆幸的是不严重，对农作物不会造成伤害，今年都在期望着有个好收成。你们知道这里的粮食非常昂贵，尽管救济不少，但穷人还是很多。桑夫人对她的村里及其周围地区提供了许多帮助，正如你们所预料到的，而且这也是她在冬天不顾自己女儿的婚礼已延期便早早离开这里的众多原因之一。她最近发表的作品是《柳克丽齐娅·弗罗利亚尼》。但在四个月前，报刊上又刊登了她新创作的爱情小说，至今名为《皮西尼诺》（意为小家伙），故事发生在西西里岛，有许多地方写得很美。毫无疑问，这本书一定会比《柳克丽齐娅》更让路德维卡喜欢的。《柳克丽齐娅》在这里激起的热情也比不上她的其他作品。皮西尼诺是当地一个土匪的绰号，因为他个子矮小。里面有许多性格鲜明的人物，写得自然生动，富于诗意。我还记得，当我听到朗读它的时候我是多么的愉快。她现在又开始写新的小说了，但在巴黎她找不到一刻能让她平静思考的时间。又是三天过去了，今天是18号。昨天我给那些即将离去的学生上了七节课。晚上我没有穿戴整齐到圣日耳曼区去，而是和阿尔坎一道去看阿纳尔的表演，他演出的是迪韦尔的新剧《女人的需求》。阿纳尔和以往一样滑稽可笑，他告诉观众他要小便，但下不了火车，于是他就一直被送到了奥尔良。剧里没有一句下流的话，但大家都能意会到，引起哄堂大笑。有一次他说，火车停了他想下去，但他们告诉他，火车停下是为了给火车头加水而不是为了他所要干的事，诸如此类。

今天是19日。

昨天诺昂来信又打断了我的工作。桑夫人给我来信说，她下个月末要到这儿来，让我等着他们。可能和索朗热的婚事有关（但不是和那个我曾告诉过你们的男人），愿上帝赐给他们良缘。在上封信里他们都很快乐，所以我也就有了美好的希望。如果谁该得到幸福的话，那就是桑夫人了。此时此刻，杜尔齐诺维奇正好给我送来了斯特凡尼的宗教歌曲，但我不能在他离开之前去看一遍，因为他说他今天就要离开。他要我写收据，我便给了他一张谢条。如果你们见到了斯特凡尼，就替我谢谢他，同样要感谢科尔贝格所做的辛劳的工作。我就写到这里。我要去给年轻的罗特席尔德上课了，接着是给一位年轻的马赛女子，随后是给一个英国女人，再接下去是给一位瑞典女郎。五点钟我还要接待由普勒耶尔介绍的来自新奥尔良的一家人。然后到列奥家去吃饭，晚上到佩尔蒂家去，最后是睡觉，如果我能入睡的话。拥抱你们。诺瓦科夫斯基一定去过你们那里。威尔尼克身体很好；我们已开始进行一些学习了。代我拥抱提图斯，并告诉我有关他的一些情况，以及有关德累斯顿的消息。罗尔卡不在这里，这位好人从德累斯顿给我写了信。梅里也从罗马给我写了信，他正要到佐菲亚·罗赞加德所在的赫雷斯去，佐菲亚在那里很好，也很快乐。他们都曾给我来信。最衷心地拥抱妈妈和你们大家。

弗·肖邦

雅希来信说他很好，不过，不过！他真想投入到工作中去，这要看他的体力了。我可能遗漏了许多你们感兴趣的事情，而写了些乱七八糟的东西，只好请你们原谅了，我的头脑并不是常常都很管用的。今天我决定一定要把这封老是写不完的信寄出去。因此，你们一定会因为听到我健康的消息而感到高兴，而且今天还是一个星期以来头一回艳阳高照。

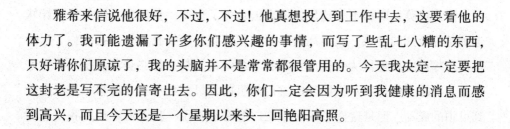

226. 致在诺昂的乔治·桑

1847 年 4 月 29 日星期四于巴黎

你在工作中创造了奇迹，但我一点也不感到奇怪。上帝会帮助你的。你现在很好，以后也会很好。你的窗帘还在这里。明天就是 30 号了，但我不知道你何时到来，因为我没有接到你确切的消息。这里的天气很好，树叶开始长出来了。你会有个舒适的旅程，不会减少你的睡眠。请在启程前给我来信，我好把你房间的火炉生起来，请保重自已。祝你平安和幸福。

忠于你的　肖邦

227. 乔治·桑致在巴黎的玛丽·德·罗齐埃

1847 年 5 月 8 日于诺昂

我亲爱的朋友，我深感震惊。肖邦病得很重，这是真的吗？查尔托里斯卡公爵夫人来信告诉我说危险已经过去了。但是，这是怎么回事，你没有给我写信？我焦急得都生病了，给你写信时我头昏脑涨的。我此刻不能离家出门，因为连莫里斯都不在这里，他出去是为了保持一种假象，以免他的妹妹遭到各种冤枉的责难。我很痛苦，请你相信我。请给我写信，我求你了！请你向肖邦说一些你认为合适的话。我不敢给他写信，担心会刺激他。我害怕的是，实际上他是反对索朗热的这门婚事的，只要我一提及此事，他就会受到可怕的震动。但是这件事我又不能向他隐瞒不说，我不得不按照我做过的那样去做。我既不能让肖邦成为一家之主，也不能让他充当家庭的顾问。这样做，我的孩子们是不会同意的，而且这也有失我的尊严。

晚安，我最亲爱的，请写信来。

乔治

228. 约瑟夫·艾斯内尔致在巴黎的弗·肖邦
1847 年 5 月 12 日于华沙

亲爱的弗里德里克：

我向你推荐一位作曲家，此人已离开银行事务所，出于对音乐的喜爱，他选择了艺术家的道路。他热爱音乐，并以真正愉快的心情去从事音乐工作。这是一个富于音乐的个性。因而我恳请你尽力去满足他的愿望。同时我还要告诉你，再过几个月我的有关音乐及和声学的书信就要出版了，到时我会送给你一本。

你的热爱你的崇拜者和朋友　约瑟夫·艾斯内尔

229. 乔治·桑致在巴黎的沃伊捷赫·格日马瓦

1847 年 6 月于诺昂

我的朋友，我为女儿的出嫁感到高兴。她也充满了爱情和幸福，看来克莱辛格是配得上她的，因为他疯狂地爱上了她，并能给她创造出她非常渴望的那种生活。但这一切都不是无足轻重的，因为要做出这样的决定，每一次都是很痛苦的。我能够想象到，肖邦一定也很痛苦，因为他不了解情况，因而不能给我出主意。事实也是，在现实的日常生活中我也不能采用他的意见，因为他从来看不见事物的真实一面，也不能细致地去了解人的天性。他的心灵里只是充满着诗歌和音乐，因此，凡是与他的看法不相一致的东西他都无法忍受。此外，他对我家庭事务的影响意味着我会在孩子们面前失去权威。

你和他谈一下这件事，并从整体着眼尽力去说服他，让他不要过多地过问我孩子的事。如果我对他说，克莱辛格（肖邦看不顺眼）是值得我们信任的，那他一定会更恨他的，其后果便会招致索朗热的怨恨。这一切都很棘手而又很微妙，我不知道该如何让这颗病态的心灵平静下来，并给予它勇气，尤其是要尽一切的努力以达到使其痊愈的目的。怨恨已渐渐损害了这个创造物的肉体和道德，而且早就对我造成了伤害。我看出他正在日益疏远我，而我也不能为他做点什么好事，因为嫉妒感总是他忧郁苦闷的主要原因。

八年来我就像个处女那样和他生活在一起。如果在这个世界上有哪个女人能博得他的完全信任，那么这个女人应该就是我，可是他从来都不想理解这一点。我清楚地知道，有许多人在指责我：有人说是我那激烈的性欲冲动把他给毁了，另一些人说是我的变化无常导致了他的绝望。我猜想，你很清楚在这些议论当中有多少真实的成分。至于他，则抱怨我因缺乏温情而伤害了他。但是我完全相信，如果我不这样做的话，那他一定早死了。

因此，你可以看出，在这种不幸的关系中我的处境：从各个方面来说我都是奴隶，我成了个殉难者！上天对我毫无怜悯之心，仿佛我的作为是在赎我的巨大罪孽似的。尽管我所有的努力和奉献精神，我对于他的那种纯洁的、慈母般的爱，现在都成了性欲疯狂的牺牲品。

230. 致在华沙的亲人

1847 年 6 月 8 日于巴黎

按照老样子，我首先祝贺最亲爱的母亲的命名日。

我最亲爱的：

我收到了你们亲切的来信，为你们的身体健康感到高兴。我 5 月 2 日犯了很严重的气喘病，有好几个月不得不呆在家里。但对我的损害不大，因为现在的天气很好，我也完全康复了。人们说这会使我的身体更好，现在不去管它了。不过它却是我很久没有给你们写信的原因。说到索朗热的婚事，那是在我身体虚弱时在乡下举行的。说老实话，我并不因此而生气，因为我自己也不知道，当我面对这一切时我的脸色会怎么样。他，这个新郎，鬼才知道他出身于什么家庭。在这里曾有人介绍过他，但直到最近一次来农村为止，大家做梦也没有想到会是这样的结局。然而打从一开始就让我不快的是，索朗热的母亲把他捧上了天。她们母女俩几乎天天都到他的工作室去摆姿势，让他塑半身像。每天都接受他的鲜花和其他各种各样的玩意儿，例如小狗等等（我在上一封信里给你们谈过他，你们对他一定有了更多的了解）。母亲是个可爱的人，但她的实际理智却一文不值，她邀请他到乡下去，这正是他求之不得的，他去了那里。像他这样圆滑的人，他们还没有好好观察他，一切就这样结束了。索朗热很喜欢他的礼物（他被认为是第二个米开朗琪罗）。他骑马很出色（他当过胸甲骑兵，这毫不为奇）。莫里斯也看中了他，因为他忍受不了文雅而又出身好的普雷奥。克莱辛格心领神会便立即去讨好他，母亲也向他保守了秘密，只把他喜欢的情况告诉了他。可是，在这里的所有朋友，如马尔利亚尼、德拉克鲁瓦、阿拉戈，还有我，都知道他的那些最卑劣的事情，都知道他负债累累、粗野、殴打他的情妇。那个女人在他结婚时已经怀孕了。他还酗酒，这是我们都看到过的（但他却以天才的秉性来自慰）。一句话，所有在巴黎的艺术家都把他看成是个卑劣小人，为什么桑夫人会把这个人选作女婿，不能不让人感到惊讶。到现在为止，他们每个人都非常满意。他，尽可能礼貌些。她，对新的状况感到幸福：有了印度的衣料，又有马骑。但在第一个孩子出生后的一年里我不会给他们什么的。母亲将要替他还债了。他们在乡下所做的事情令我感到羞耻。儿子莫里斯从中获益最多，不仅是因为他有了一个在某些方面缺少头脑的妹夫，他可以利用他了，而且他的父亲决不会给索朗热任何的嫁妆，于是他就能得到更多的遗产。除此之外，原先打算要娶她为妻的那个表亲奥古斯丁娜，现在也要嫁给卢梭了，他是个风景画家，他住在这个家里要比克莱辛格更合适。照我看来，这是桑夫人和儿子摆脱困境最精明的办法。因为姑娘一出嫁，她就可以不再顾忌她而维护了整个家庭，而他也可以因不想结婚而解除他的诺言了。姑娘长得很漂亮，于是他就觉得他爱上了她，等到要他做最后决定时，他像那些年轻人一样，退缩了。前天已在教堂和民政部门发表了预告。随后他们便回到乡下去了。我不知道我会不会和他们一起去，老实说，我是不想去的。因为除了女主人、她的儿子和女儿外，我得习惯和新来的仆人相处，可是我已经受够了这个。原来路德维卡在乡下见过的那些老仆人，一个都不在了，来了五个新仆人。这只在我们中间说说，所有桑夫人真正的老朋友都对这桩特别的婚事感到惊讶不已，谁也没有去参加索朗热的婚礼。索朗热对我依然像以往一样亲切，他也更加彬彬有礼。而我呢，也像过去一样，但我心里很不痛快。在巴黎，这桩婚事也产生了不好的印象，因为他参展的雕像是一尊裸体女人，而且还摆出一副不堪入目的姿势。因此人们都很惊讶，为什么像索朗热这样的年轻小姐会钟情于一个展出这种色情的——也可以说是不知羞耻的——雕像的艺术家。桑夫人从农村给我来信，说他有勇气有学识，有主动性和雄心，这似乎是他的优点！这是连一个月都不能坚持的狂热时刻，没有任何人去泼一下冷水。我5月1日收到她关于结婚计划的第一封信，21日就已举行完婚礼了。

很遗憾，不过从单纯的理智来说，它也许是件好事，特别是考虑到桑夫人的行动一贯是坚决果断，而且往往都能取得好的结果，即使初看起来是不可能的事。正如我对她说的，她有颗引导她的星星，每当不愉快的思想出现，我都会以此来劝解她。她和丈夫的婚姻就获得了好的结局。她爱她的孩子胜过一切，她把他们都带在身边，并对他们进行有益和有趣的教育。她自己虽然工作量很大，但身体健康。眼睛不眨就写出了这么多卷（90多卷）作品。大家都崇拜她。我去了巴黎郊区离凡尔赛不远的阿拉耶别墅区的阿尔布雷赫特家，我的教女已经是个大姑娘了，长得和路德维卡一样漂亮。要是你们之中的哪一个今年能到莱茵河畔来就好了。遗憾的是提图斯要管理他的工厂，代我拥抱他。我很喜欢马丽娜和奥列希。愿上帝赐予他们良好的祝福。今天是9号，昨天我不能寄出这封信，因为我要给几位离去的学生上课，你们不会相信，我的这些好学生是多么有礼貌。昨天年轻的罗特席尔德给我送来一套玻璃器皿，非常漂亮，有镀金的托盘和勺子、水晶杯子。我还没有收到你们的女红，但我还是要先向你们表示我最衷心的感谢，只是希望你们不要因为这样的工作而损坏了眼睛。愿你们像以往那样健康和可爱。我向你们发誓，我现在的身体完全复原了，我尽可能地保持平静。不过，我得向你们承认，十年来我天天见面的索朗热的这场不相称的婚事的确令我有些难受。当初她与母亲不和，我常常充当调解人。我很可怜普雷奥，他表现得非常不错，很文雅地接受了这一切，大家对他都没有什么意见，而他也只是失望了。至于我的音乐，现在就要出版我的《大提琴奏鸣曲》，诺瓦科夫斯基曾听到过它，还有新的《玛祖卡舞曲》。弗朗肖姆每天都来看望我，他问候路德维卡。昨天我见到了加瓦里，他也向路德维卡问候。昨天我又到塞弗尔那里去摆姿势，画像大有进展。温特哈尔特也给我的老朋友普拉纳·德·拉法耶（我已告诉你们）画了一幅小铅笔画，画得很像。你们也许知道温特哈尔特这个名字，他是个忠厚仁慈的人，具有巨大的才华。莱曼也为了列昂给我画了一幅小肖像画。但是这一切和桑夫人给路德维卡画的像比起来都是要大逊其色的。桑夫人在我不在那段时间里又写了一部新作品，现已完成，名叫《塞里奥·弗洛尼亚尼》。我没有看过，但她告诉我是篇短东西，她把它看作是部戏剧作品，我也不知道它将在哪个报纸上发表。罗尔卡曾从德累斯顿给我写过两封信，但我没有回过她，这是我的陋习。她是个好人，对什么都不在乎。

路德维卡对桑夫人女婿的详细情况很感兴趣，这就是：他的父亲是贝藏松的一名雕刻师，在当地小有名气，但在其他地方则无人知晓。他由于勤奋工作，积下了一笔财产，在城里建起了几座房子，有了一大堆孩子，而他是家里较小的儿子，从小就受到红衣主教德罗汉的照顾，本来是要他从事神职工作的，但他在干了半年之后便放弃了，转而投向绘画和雕塑，从此开始了他的浪荡生活和各种各样的卑劣行径，不是在这里遭到驱赶，就是在那里受到追缉，后来在意大利流浪，终因负债累累而逃离佛罗伦萨。他的父亲不想再见到他，于是他便参加了胸甲骑兵，在那里也没有呆很久。两年前他做了一尊表现小牧神的小塑像，受到人们的好评。今年他又展出了那个女人的塑像和几尊非常优美的阿皮多孩子的胸像，并和索朗热结了婚。他没有朋友，也没有任何的报道评论。他的父亲没有参加婚礼，只写了一封信来。桑夫人也没有见过他，只是从他儿子那里听说过他。据说他的母亲经常穿件衬衣在家里呆着，没有人见过她。他身边还有个小弟弟，今年19岁，在一次午宴上他喝多了，便和莫里斯吵了起来，于是克莱辛格便把弟弟赶走了，这个小伙子只不过是给他添了麻烦而已。他本人33岁，索朗热18岁，我觉得年龄相差太大了，而普雷奥才25岁。一年前克莱辛格是被达庞蒂尼第一次介绍到这里来的，达庞蒂尼曾当过上尉，是一位幽默风趣的法国人，他得知索朗热要嫁给他介绍的这个人便立即给她母亲写了一封信（我知道此事），他介绍的只是他的才华，而不能担保他的为人，但是他觉得自己有责任向她母亲说明真相，因为是他把他带到她那里去的。但是母亲并没有把它放在心上。

如果你们那里天气不错，可是这里最近几天来天气很冷，感冒的人不少。据说医生们推行一种时髦，要大家在午（晚）饭后（也就是八点左右）到香榭丽舍大街去散步以避免染上重感冒。现在也确实是如此，每到晚上就见许多豪华马车把香榭丽舍大街挤得水泄不通，车上坐的都是身着华丽服饰的贵妇人。可是在去年，人们都是在下午四点到六点才来到这里的。巴黎虽然已是夏天，但并不空荡，因为议会还在继续举行，还有许多外国人。歌剧院不景气。斯托尔茨离开舞台现在到外省去了，听说他要到莱茵河畔去演唱。林德小姐在伦敦大受欢迎。维亚尔多夫人现正在法兰克福。人们期望她们中的某个人冬天能到这里来。拉谢尔小姐（她在《阿塔利亚》中非常美）也到荷兰去度假或休息了。迪普雷现在也无声无息的，也许他休完假会回来的。只有大卫的《哥伦布》的一个船帆还在移动。现在巴黎的观众对什么感兴趣呢？——赛马场——那是在露天之下他们穿着最本色的服饰展开古老的竞争和追逐，参赛者由几百匹马和人组成，还有附加的人员。现在有名的就是穿着法王一世时期的服饰来进行超乎想象的比赛：华丽的服装，还有女人和侍从，以及能显示的一切。即便在大歌剧院里也没有比这更丰富多彩的服装和武器了。他们故意从马上掉下来，他们穿着古代的戎装斗来斗去，并朝对方的脑袋打去。人人都戴有纹章，太阳照在他们的戎装上，亮光闪闪，马蹄声声，甲胄叮当作响，总之，表演非常独特。请代向我的教父和艾斯内尔以及其他朋友问好，也向给你们带去东西的诺瓦科夫斯基表示感谢。我教维尔尼克的课还不多，因为我的时间很紧，只好慢慢来，不过有所进步，他告诉我他按照我的吩咐去做已大有成效。普勒耶尔害了一场热病，他在蒙莫朗西附近购置了一座庄院，夏天便住在那里。他每天坐火车到巴黎来，在他的工厂里从中午 12 点呆到下午 5 点，然后便回到那里去呼吸新鲜空气。今天下午 4 点有些朋友从图尔（福雷）到我这儿来，我已答应会和弗朗肖姆给他们演奏《奏鸣曲》的。你们已经知道，弗朗肖姆已把我的《奏鸣曲》和《进行曲》改编成交响曲。昨天他把一首《夜曲》给我带来了，他还把《致敬》的歌词填了进去，唱起来很好听。我的房门老是敞开着，以接待各种各样的来访者，但有时我无法让他们满意而归。我早就该被看成是一个失礼的人了，不过还好，现在还没有。紧紧拥抱你们，过不了多久我就会再给你们写信的。

请给我写信来，祝妈妈万事如意、幸福快乐。

最挚爱你们的 肖邦

拥抱路德维卡、伊莎贝拉，这封信对路德维卡写得多一些，因为她认识这里的人，会更感兴趣一些。但这封信是写给你们大家的，而且我知道，有些事情你们会记住的。拥抱安特克和卡拉桑提以及孩子们。

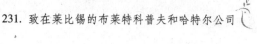

231. 致在莱比锡的布莱特科普夫和哈特尔公司

我——下面签字者弗·肖邦——现居住在巴黎的圣拉扎尔街 34 号，确认已将我作曲的下列作品售予莱比锡的布莱特科普夫和哈特尔公司，曲名如下：

作品 63 号　三首钢琴玛祖卡舞曲

作品 64 号　三首钢琴圆舞曲

作品 65 号　钢琴和大提琴奏鸣曲

我声明，我已将上述作品的版权毫无保留地、没有任何时间和国别（除法国和英国外）限制地出售给了该公司。并且证明，我已收到双方商定的稿酬，收据已另开。

弗·肖邦

1847 年 6 月 30 日于巴黎

232. 索朗热·克莱辛格致在巴黎的弗·肖邦

1847 年 7 月 18 日于拉沙特尔

我亲爱的肖邦：

我病了。从布鲁瓦乘驿车把我累坏了。您能否把您的马车借给我，以便我能回到巴黎？请您立即回复我。为了能回巴黎，我在拉沙特尔等您的回信，我在那里很不舒服。我是在母亲实施最残酷的行动之后才离开诺昂的。请在离开巴黎之前等等我，我非常想立即见到先生。

我被断然拒绝使用您的马车。因此，如果您愿意让我使用您的马车，请

317

发一封准许我使用马车的信，我将送去诺昂，要求把马车送来。

再见，我希望能尽快见面。

索朗热

星期天晚上。

来信请寄拉沙特尔的西莫内先生。

233. 致在拉沙特尔的索朗热·克莱辛格

1847 年 7 月 21 日于巴黎

得知你病了我很难过。我立即将我的马车交给你使用。

我已经写信给你母亲了。

你自己保重。

你的老朋友　肖邦

（星期三）

234. 乔治·桑致在巴黎的弗·肖邦

1847 年 7 月于诺昂

　　昨天我要了几匹驿马，乘双轮马车出发。气候恶劣，我病得很重。我要在巴黎过一天，打听你的消息。你的沉默使我多么担心你的身体。在这段时间里，你不慌不忙地考虑问题，你回答得非常心平气和。

这很好，亲爱的朋友，现在你想干什么就干什么，心里怎么想嘴里就怎么说吧！我完全理解。

至于我的女儿，她的病不会比去年更让人不安。除此之外，无论是我的热心、关怀，还是命令、威吓都无法阻止她像个病态的人那样行事的。

她也许很不情愿地需要母爱，可她又讨厌和诬蔑这个母亲。她用刻毒的话语玷污了母亲最神圣的行为以及家庭。你兴致勃勃地听，也许还深信不疑。

我不会参与这种斗争，因为我感到厌恶。我宁可看到你成为我的敌人，而不愿让你去对付那个我亲生的、用我的乳汁养大的敌人。

关心她吧，既然你认为为了她可以不惜做出自我牺牲。我并不怨恨你。但你应该明白，我是被侮辱的母亲，以这样的角色受到了伤害，我会进行自卫的。而且从此之后任何东西也不能促使我放弃这种权威和这种尊严。我受欺骗的时间太长了，我成为牺牲品也太久了。

我原谅你，并且从此绝对不责备你，因为你的表白是真诚的。这使我感到有点奇怪。但如果你觉得这样做了心里更自在坦然，那么，这奇怪的大转变不会使我感到痛苦。

上帝与你同在，我的朋友！愿你的病早日痊愈，而且，我希望你现在就康复（我有理由这样想）。并且我将感谢上帝，我们长达九年的特殊友谊就这么奇怪地结束了。请不时给我来信，谈谈你的情况吧。

再也没有必要重提其他的事了。

乔治·桑

235. 致在诺昂的乔治·桑
1847 年 7 月 24 日于巴黎

不该由我来谈论克莱辛格先生的事情。况且，还是从你把女儿嫁给他的那个时候起，我的思想才熟悉了这个名字。

如果说到她，我不能无动于衷。你会想得起，在干预你对孩子们的行为时，我都是毫无偏心地为他们说情。每当有情况发生，我都深信你的使命就是永远爱他们，因为这是永恒不变的唯一感情。不幸可能会淹没这种感情，但决不会消除它。

现在这种不幸是巨大的，因为在你的女儿正进入独立生活之际，正当她的生理状态比以往任何时候都更需要母亲无微不至的呵护之时，这种不幸却让你的心不愿去听听你女儿的事情。

面对着如此重大的涉及你神圣感情的事情，我不想提及我的情况了。

时间会解决一切，我等待着。

永远是同一个忠于你的　肖邦

问候莫里斯。

236. 致在吉耶里的索朗热·克莱辛格

15 天以来我每天早上就开始给你写信，想表达我对你的两次诺昂之行的结果感到多么的难过。但是第一步已经迈出了：你尽了心，而且也出现了某种接近的迹象，因为已经要你写信了。时间会解决剩下的问题的。你很清楚，对别人所议论的事情不应太当真，可以不再去理睬外人，比如说我，但是已经成为家庭成员的你的丈夫，是不会遇到这种事的。

昨天我见到了罗齐埃小姐，她说巴斯坎夫人有你的消息，但还没有来自诺昂的。巴斯坎夫人感冒了，发着高烧躺在床上。所有的巴黎人都在生病，天气坏极了，你在风和日丽的天空下度过一段时间那是最好的举动。你在那里要保持健康和良好的心情。我会写信告诉你一些比这里的天气更美好的消息，不过那要等这个令人厌恶的年份过去之后。格日马瓦的全部财产被掠夺一空，他在一项不幸的商业交易中损失了一切。德拉克鲁瓦曾来看过我，他因为无法去见你而向你表示道歉。比尼亚还没有来过。马尔利亚尼夫人正在办理公开的分居手续。这是不同的各种消息。《锡克尔》上面有你母亲写的一篇关于路易·勃朗的历史的文章。这是全部消息了。我感到气闷，头痛。因此，请原谅我的涂改和法文。让我衷心地握一握你和你丈夫的手。愿上帝保佑你。

你忠实的 肖邦

1847 年 11 月 24 日星期三于巴黎

请给我生命的力量，让我下封信写得更好更长些。

237. 致在华沙的路德维卡·英德热耶维乔娃

1847 年圣诞节于巴黎

开始于 1847 年 12 月 26 日

结束于 1848 年 1 月 6 日

最亲爱的孩子们：

我没有立即回信是因为我忙得不可开交。不过罗齐埃小姐一定是立即给路德维卡回了信的，说我身体健康，而且忙得不亦乐乎。谢谢你为我的教父做的那个小塑像，他有一副天才的相貌，但可以看出，塑造他的人不是个行家里手，无意地留下了这种痕迹。我托高级侍从官瓦列夫斯基给路德维卡带去了一本《妇女指南》，那是我那善良的苏格兰女人送的。现在我通过普通的邮路送去新年的版画。加瓦尔把他给路德维卡的一些版画给了我（其中一半已搁在我这里很久了，等待机会送过去）。也许将来我会亲自送去。如果路德维卡愿意，可以先谢谢他。此外还有一本博斯福尔的《巴黎史》是给路德维卡的。《爱尔兰》《罗马》和《法兰西》是给伊莎贝拉的。《保罗与维尔日妮》是给小路德维卡的。给卡拉桑提的是《宫廷侍从》和《马大勒纳》。给巴尔特克的是《教师》，以博一笑。前天的圣诞前夜，我过得极其平淡乏味。但是我想起了你们，像每年一样给你们送去最诚挚的祝福。罗尔卡在这里，我常见到她，她很苍老，不过现在变得更让人喜欢了。她这个星期要到德累斯顿去。和她谈起你们真是件乐事，她真心实意地喜爱你们。我认识了米哈沃瓦公爵夫人的女儿及丈夫。我正在给卡勒吉斯夫人授课，其实她弹得很好，而且在巴黎的上流社会中她各方面都取得了很大的成功。索朗热现在住在吉耶里她父亲那里。她顺路去看望了她的母亲，她是和迪韦内特一家去到诺昂的。但母亲对她很冷淡，并且对她说，如果她和丈夫分手，便可以回到诺昂来。她看到自己的新婚房子变成了剧场，自己的客厅成了演员的化装室。她写信告诉我，母亲只和她谈有关钱财的事情。她哥哥只和她的狗玩，他对她说的只有一句话：你想吃什么？！表姐和其他人她都没有见着。一句话，她两次回去都失败了。第二天她要离开那里又回去了一次，这一次受到的接待更加冷淡。不过母亲依然叫她写信来告诉她未来的计划。现在母亲对女婿的愤怒胜过对女儿的生气。可是她曾在那封给我的著名的信里说过：女婿并不坏，只是女儿把他变成了现在这个样子。可以这样设想，她想一举把女儿和我甩掉，因为我们使她不愉快。她和女儿还通着信，这样一来，一颗不能没有孩子消息的母亲的心便能感到平静了。同时还能免除良心的不安，她会认为自己是公正的，而把我宣布为仇敌，认为我是站在了她女婿的一边（我对此人不能容忍，只是因为他和她女儿结了婚），我曾竭力反对过这门亲事。真是个聪明睿智的怪人，她像是陷入了某种狂乱，这既损害了她自己的生活，也损害了女儿的生活，对她的儿子也不会有什么好结局。我的预见如此，并可当下签字。为了给自己开脱，她便在那些对自己怀有善意、信任自己而又从不对她失礼的人身上找茬儿。她不能在自己身边看到这些人，原因就在于他们是她良心的镜子。所以直到现在她都没有给我写过一句话，今年冬天她也没有到巴黎来，在她女儿面前连一句话也没有提及我。我并不后悔曾帮她度过她一生中最微妙的八年。这期间，她女儿在长大，儿子和她生活在一起。我并不为我所经历的一切感到悲伤。我只是为她的女儿感到惋惜，这棵经过精心培植、在母亲手中经历过多少风暴摧残的花木由于不谨慎和轻率而被折断了。而这种不谨慎和轻率对于一个20岁的女人来说是情有可原的，但对于一个40岁的女人这样做就不应该了。以往的一切已不复存在，也无迹可寻。当桑夫人回首往事时，在她的灵魂深处定会有对我的美好回忆。现在她正处于一种最奇怪的母亲阵发症，扮演一个比真正的她要更善良、更公正的母亲角色。这是一种无药可医的发烧，因为脑海里的幻想已陷入绝地。归根结底，"柏树也会反复无常"。现在，这里的冬天不太冷，但患感冒的人很多。我因为平素的咳嗽就很厉害，并不像你们害怕霍乱那样害怕感冒。我时时都闻一闻做顺势疗法的香水。我在家里教课很多，只要力所能及，我便会坚持下去。我每天都想给你们写信，但这封信是从去年写起直到1848年1月6日才写完。

昨天罗尔卡去了德累斯顿。她同父异母的妹妹要和奥利扎尔结婚。在她上火车之前，我们还和我也很喜欢的雷什切夫斯卡夫人一道共进午餐。她们现在都老了，也都比年轻时更好了。我不知道是否曾写信告诉你们，那位忠厚的老沃伊捷赫·格日马瓦遭到了巨大的财产损失，他已经而且还将面临更大的困境，因为那个他十分信任而且其才华深得银行界管理层的承认和赏识的人竟会欺骗他而潜逃。真相已渐渐明朗化了。他像琥珀一样清白，但他是第一个遭受重大损失的人。而那些入股的董事们所受到的损失却没有最初设想的那么严重。这个企业是一座仓库，就在通往北方的铁路边。那里存放的货物再转运到左右两边的各个地方。这种生意既正当又好做，但是那位先生，也就是这个权力很大的家伙对一笔他无权处理的不法钱款签了字，后被检举而无法偿还时，他便潜逃了，于是所有的麻烦都落在了我们这位忠厚诚实的格日马瓦身上。经过他的努力，他已摆脱了部分麻烦，但还没有全部解除。我之所以把这件事告诉你们，就怕那些不实的消息传到你们那里，因为这个世界上有许多喜欢添油加醋的人。

《论坛》杂志正在发表桑夫人的一部新小说。它和《魔沼》一样，是一部写贝里地区的小说。开头很不错，小说名叫《弃儿弗朗索瓦》，弃儿是乡下人对私生子的称呼，他们通常由穷苦妇女抚养，由医院负担他们的生活费用。人们也在议论她的《回忆录》。不过桑夫人在给马尔利亚尼的信中说，她更多的是关于迄今为止对艺术和文学的想法，而不是人们通常理解的那种回忆录。说实话，这对她是太早了一点，因为亲爱的桑夫人在她衰老之前的生活还会有许多不平凡的经历，还会发生许多美好的事情，也会发生许多丑事。奥布雷斯科夫夫人已在这里。每次我们相见时，她总会和我讲起妈妈的许多事情，我也答应了她，每星期我们共同进餐一次。

这是我的那些未完成、但未烧掉的旧信之一。

238. 致在华沙的路德维卡·英德热耶维乔娃
1848 年 2 月 10 日星期四于巴黎

我的生命：

关于你们的那套《凡尔赛艺术品》，那是加瓦尔送给路德维卡的。开头的那部分，还是六个月前我就寄出去了，但却被退了回来，一直摆在我这里。现在寄出去的是后来新出版的，我不知道有多少册。我总不能把别人的礼物拆开来数一数。加瓦尔给我的时候都是包扎好了的，所以我没有看就请我经常光顾的那家书店老板代为寄出。而开头的那些我没有寄走，一是因为它们没有包装好，二是由于它们摆在我的抽屉里给弄脏了。我以后再也不会让那个傻瓜给你们寄书了，现在那个斯别士已经死了。其余的部分应该是对的。路德维卡，我没有时间去让博斯福尔为你签名。我也没有时间去问加瓦尔到底缺了哪些。而那位经手人法兰克也不会知道，因为我给他的是加瓦尔已经包扎好了的。如果我去问加瓦尔，那他还得去问他的帮手，等等，真不值得这样去做了，何况那还是件礼物。如果有此必要的话，那就等到下一封信。加瓦尔刚来过，他已记下了这件事。至于我，我现在很不错。普勒耶尔、佩尔蒂、列奥、阿尔布雷赫特都劝我举行音乐会。所有的门票一星期之内便已售罄。本月 16 日将在普勒耶尔的演出大厅举行。只有 300 张门票，每张 20 法郎。观众都是巴黎上层社会的人士，国王拿了十张、王后八张、奥尔良公爵夫人十张、蒙庞西耶公爵十张。但是他们都在服丧，不会前来参加。他们已预订了第二场音乐会的门票，但我很可能不会再举行了，因为这一场就让我厌烦了。桑夫人一直和鲍里、她的儿子、朗贝特和奥古斯丁娜呆在乡下。奥古斯丁娜很快就要嫁给一个从杜来的图画老师，他是鲍里的朋友。她没有给我再写过一个字，我也没有给她写过只言片语。她已让房东把她在这里的公寓租出去。索朗热住在吉耶里她的父亲杜德望那里，她有信给我。她的丈夫在这里，为在 3 月举行的画展完成他的大理石雕像。索朗热在她父亲家里一直生病。她们没有钱。索朗热能在一个气候不错的地方度过冬天真是不错，但这个可怜的人在那里感到很无聊，她有过一个美好的蜜月。而这时的母亲却给《论坛》写了一篇很优美的随感。她在乡下的女儿的房间里大演喜剧，以此来忘却自己、麻木自己。只有当心灵万分痛苦时，心灵被头脑压倒了，她才会清醒。我也给自己做了个十字架。愿上帝怜悯她，如果她不能分辨出真正的关心和谄媚。此外，也许只有我一人感觉出别人是阿谀奉承者，而她的幸福正在于此，可我却没有看到。对于最近在那里发生的事情，她的朋友和邻居很长时间都无法理解，不过也习以为常了。总之，对于这样一个善变的心灵，任何人都难以捉摸。八年的安稳生活已经是够好的了。上帝保佑，这正是孩子们成长的时期，如果不是我的话，我不知道，孩子们早在什么时候就会和父亲而不是母亲生活在一起了。莫里斯只要有好的机会就会立即跑到他父亲那里去。也许这就是她的生命、她的写作才华和幸福所形成的状态？别让这件事折磨你了，它早已成为过去，时间是最好的医生。到现在我还没有平复下来，所以我未能写信给你，信刚开了头我就把它烧了。有多少事要写信告诉你啊，要么就什么也不写最好。我们只是很久没有见面，也没有争执和吵闹，我是为了对她女儿的事情保持沉默才没有到她那里去的。这位女儿在看她父亲的途中曾去看过她母亲，却受到了冷淡的接待。母亲根本不想见她的女婿，但还和女儿保持着平淡的书信来往，这点让我欣慰，至少在她们之间还保有一点联系。

又及：我寄出这封信就是想让你们知道我身体很好、把书画的情况作个交代。

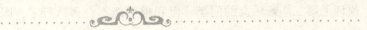

239. 致在华沙的亲人们

1848 年 2 月 11 日星期五于巴黎

给我亲爱的所有亲人

最亲爱的：

我已很久没有给你们写信了，因为耽搁得越久要写的事情就越多，积累的事情越来越多，反而不知道该怎么写好。今天我也只能给你们写几句话，告诉你们我很好，并且收到了你们的来信。我和这里的人一样，都患上了感冒。今天我之所以给你们写得这么短，是因为我的整个思想都被音乐会占据了，它将于本月 16 日举行。我的朋友们有一天早上到我这儿来对我说，我一定要举行一次音乐会。我什么都不应操心，只需要坐下来弹奏就行了。门票一星期之前就已全部售出，票价全是 20 法郎一张。很多人都登记了第二场的门票（我并不想举行），皇室已买了 40 张，虽然报纸只报道了我会举行一场音乐会，但人们便从布雷斯特、南特纷纷给我的出版商写信预订座位，这样的热情真使我惊讶不已。为了对得起自己的良心，我今天必须练琴了，因为我知道我现在弹得不如以前好了。我将和弗朗肖姆、阿拉德合奏莫扎特的《三重奏》（出于对它的兴趣）。没有海报也没有免费票。大厅布置得十分舒适，可以容纳 300 人。普勒耶尔总拿我的烦心开玩笑。为了能激起我的演奏热情，他用鲜花把楼梯装饰得花团锦簇。我就像在家里一样，目力所及都是熟悉的面孔，我已经有了一架用来演奏的钢琴。昨天我已签字买了一架很好的普勒耶尔钢琴，包装好后会将它运往克拉科夫的亚当莫娃·波托茨卡夫人（出身于布拉尼茨基家族）。我终于收到了你们做的被子，凡是见过它的人都赞不绝口。谢谢你们了，我最亲爱的人。你们那里还很冷，这里的霜期已过，但有一次塞纳河也结冰了。维尔尼克工作得很好，请告诉他母亲。诺瓦科夫斯基给我来了信，但我没有什么可回信给他的。我现在教的课很多，还忙于各种各样的事，但仍一事无成。雅肖给我写了一封很亲切的信，他很关切地问起安特克。他受过贫穷的考验，也经历过必要的艰难困苦，现在已长大成人，我倒想在这里见到他。如果你们要去旅行，那我也会外出，因为我怀疑明年夏天会像今年那样留在巴黎。如果上帝赐给我们健康，那我们就会相见，就能交谈和拥抱了。音乐会完了我会多写些。现在已没有梅尼替我写信给你们了。最衷心地拥抱你们。

肖邦

问候大家。

240. 致在吉耶里的索朗热·克莱辛格
1848 年 3 月 3 日星期五于巴黎

我忍不住要马上写信告诉你。得知你做了母亲，而且身体很好，我非常高兴。你女儿的出生，简直比共和国的诞生更令我高兴。感谢上帝，你的痛苦都已经过去了，你将开始一个新的世界。我祝你幸福。你们全家都要多多保重。我多么需要得到你的好消息。事件发生时我躺在床上，整个星期我都在患神经痛。巴黎由于恐惧而平静，大家都要被征募，所有的人都要参加国民卫队。商店敞开而无买主。外国人都拿着护照等待铁路的修复，人们开始组建各种俱乐部。如果我想把这里发生的一切都写出来，那么这封信就写不完了。

再次感谢你那美好的书信。

完全忠于你的 肖邦

马勒费尔统治着凡尔赛，而路易·勃朗在麦第奇皇宫当上了劳工组织委员会的主席（今天最大的新闻），这是很自然的事。巴尔贝斯执掌着卢森堡宫。

请原谅我涂来涂去的，罗齐埃小姐会给你写信的。

241. 致在吉耶里的索朗热·克莱辛格
1848年3月5日星期天于巴黎

昨天我去马尔利亚尼夫人那儿，离开时在前厅门口碰见了你母亲，她正和朗贝特一道进来。我向你母亲问了好，随即便问她何时收到过你的信。"一星期前。"她回答说。"您昨天或前天没有收到过她的信吗?"——"没有。"——"那好，我就告诉您，您已经做外祖母了，索朗热生了个女儿。我很高兴我是第一个向您报告这个消息的。"我向她鞠躬后便下楼了。当时我是和一位阿比西尼亚人康贝一同去的（他从摩洛哥来后立即卷入了革命洪流中）。由于我忘记告诉你母亲你身体健康，这点很重要，尤其对你母亲来说（现在你能较容易理解这一点了，索朗热妈妈）。由于我无力再爬一次楼梯，只好请康贝上楼去告诉你母亲，你和孩子身体都很好。我在楼下等阿比西尼亚人，你母亲和他一起下楼来。她以极大的关心询问了你的健康状况。我回答说，你是在生了孩子的第二天就亲手用铅笔给我写了几句话，说你受了很多痛苦，但一看到自己的小女儿便把这一切都忘掉了。她问我你丈夫是否在你身边。我回答说，你信上的地址我看出就是他写的。她还问了我的身体状况，我说我还好。随即我便请门房把门打开，行了礼后便朝奥尔良广场走去，是阿比西尼亚人送我回家的。

据鲍卡吉告诉格日马瓦，你的母亲已来巴黎多日了，她住在莫里斯那里，离卢森堡很近的康德路8号。他们在潘松餐厅用餐（我们曾和德拉图什去过那个餐厅一次）。她就在那里接见客人，她要康贝到那里去见她，并告诉她自已不久就将回到诺昂。我猜想你的信已在诺昂等着她了。看上去她的身体很不错。我想她一定会为共和思想获得胜利而欣喜异常。再加上我告诉她的消息会让她加倍愉快。

请多多保重自己，你们三个人都要保重。

忠于你的　肖邦

局势继续平静。马勒费尔已不在凡尔赛了，他在那里只掌管了三天。

242. 致在纽约的尤利安·丰塔那
1848 年 4 月 4 日于巴黎

我亲爱的：

你要好好接待我亲爱的埃尔博，就像接待我的父亲或长兄那样。他是我离家来此之后，在巴黎认识的第一个人。我以中学同学的身份恳求你要善待他，他是值得你尊敬的。他很善良、很开明、很让人敬重，还有许多高尚品质，他也会喜欢你的，尽管你是个光头。你真是个怪人、讨厌鬼，从来不在信里给我写些好话。不过这不要紧，你在心底里还是爱我的，就像我爱你一样。也许现在更爱了，因为我们两个已经成了波兰孤儿了：沃津斯基、维特维茨基、普拉特尔夫妇和索班斯基都相继离开了人世。你是我忠诚的老朋友尤利安，这就够了。

衷心地拥抱你，我亲爱的。

肖邦

如果你想要做什么好事，那就安静地呆着，等到我们波兰真正发生了事后你再回去。我们的人正在波兹南聚集，查尔托里斯基第一个到那里去了，但只有上帝知道应该采取什么办法才能再次诞生一个波兰。这里报纸所写的都是一片谎言，既没有克拉科夫的共和国，也没有奥地利皇帝自封为波兰国王，而在利沃夫的报纸上，有一封致总督斯达迪昂的呼吁信，里面根本没有请求皇帝那回事，像这里报纸所引用的那样。普鲁士国王也没有把波兹南分割出去的想法。他只是闹了场笑话，但是，波兹南的德国人在致他的信函里却写道："由于这片土地是他们的祖先用鲜血换来的，而且他们也根本不懂波兰文，因此他们宣布，不接收除普鲁士外的任何别的政府的统治。"如你所见，所有这些都充满了战争的气味，但会在何处爆发却不得而知。只要一开始，整个德国就会行动起来。意大利人已经开始了，米兰已把奥地利人赶走了，但他们还留在外省，准备再负隅顽抗。法国肯定会帮忙把这些坏蛋赶走。俄国人如果干涉普鲁士人，肯定也会有麻烦。加里西亚的农民已经给沃辛和波德拉什做出了榜样。当然，可怕的事总是会有的，但最终的结果将是一个了不起的伟大的波兰！因此，不管我们有多么不耐烦，我们都一定要等待，直到事态明朗才不至于浪费我们的力量，要把它用在适当的时机。这样的时刻已经不远了，但还不是今天，也许还要一个月，也许是一年。这里的人都深信，在秋天之前我们的事情就会完全清楚了。

你的老朋友

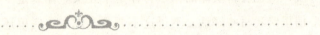

243. 致在巴黎的沃伊捷赫·格日马瓦

1848 年 4 月 21 日　　耶稣受难日于伦敦

我渡过了大海竟没有生什么大病。我并不是和《信使报》的也不是和车厢里的新旅客在一起，因为他们要乘小船去到海上的大船。我宁愿采用通常的方式。昨天下午六点才到达此地，因为我不得不在福克斯顿休息几个小时。

我已经睡够了才给你写信。这些殷勤好客的厄斯金们①把一切都想到了，不仅想到了住处，甚至还想到了巧克力。不过住的地方我打算换掉，因为昨天在同一条街上我看到有一家更好的，每星期租金才 4 个基尼。现在我住在本廷克大街 10 号，卡文迪什广场。不过再过几天我就会搬走。因此你写信时请寄到威贝克街 44 号。她们问及你的许多事情。你不会相信她们有多好。直到此时，我才发现我用来写信的信笺还印有我名字的第一个字母图案，这样的无微不至还有许多许多。我要出门去，因为今天是耶稣受难日，在这里什么也做不了。我要去拜访前朝国王的密友，他们都住在城外。你是怎样回到家里的？你在回家途中有没有成为某场战斗的见证人？你昨天有没有和军队遭遇过？

请你写信来，愿上帝保佑你。

你的老友　肖邦

244. 致在巴黎的奥古斯特·弗朗肖姆

1848 年 5 月 1 日于伦敦

最亲爱的：

我已安置好了，终于有了一个房间，又大又漂亮，我能在这里呼吸、弹琴了。今天阳光第一次拜访了我。今天早晨我不感到憋气了，可是过去一周我什么都不能做。你现在好吗？你的夫人和你可爱的孩子们都在做什么？你们终于又获得了平静，对吗？我还什么都没有干。今天有几次枯燥的拜访。我还没有把我带来的介绍信送出去。

我在浪费时间，真是没办法。

---

① 指斯特林姐妹。——译者

我爱你，再次没办法。

全心全意属于你的　肖邦

向弗朗肖姆夫人表示我的友情。

多佛街 48 号。给我写信，我也会再给你写信的。

245. 致在巴黎的阿道夫·古特曼

伦敦，多佛街48号，皮卡德利区

1848 年 5 月 6 日星期六

我亲爱的朋友：

在这个被称为伦敦的深渊中，我终于有了脚踏实地的感觉。最近几天我才开始呼吸顺畅一些，因为也就是这几天才有了太阳。我已去拜访欧尔舍先生，虽然我的信递晚了，他仍然很客气地接待了我。请替我和他去谢谢公爵夫人。我还有许多人尚未去拜访，因为他们中的一些人还未来到此地。埃拉德非常客气，他把自己的一架钢琴交给我使用，加上我已有布罗德伍德的一架、普勒耶尔的一架，现在我一共有三架钢琴了。但我没有时间弹琴，那又有什么用呢？拜访和回访多得不计其数，我的日子像闪电一样飞逝。我竟找不出一点空闲时间来给普勒耶尔写信。请把有关你的情况告诉我，你有何打算？你们那边的人有何反应？我们那里很糟糕，为此我很不安心。尽管如此，还是应该让人听到我的演奏。有人建议我到音乐厅去演出，我不想去。最终无疑是这样：假如我在女王面前演奏，那一定是在一所私宅的音乐晨会上，听众人数有限，至少我的愿望是如此。目前这仅仅是个计划而已。请给我写信，详细谈谈你的情况。我永远忠于你，我的好古特曼。

肖邦

　　我最近听了林德小姐演唱的《梦游女》，她唱得非常美，我还会见了她。维亚尔多夫人曾来看我，她也将出演《梦游女》。现在所有巴黎的钢琴家都来到了这里，普里当在音乐厅举行的音乐会并不那么成功。这里的听众只喜欢古典音乐。塔尔贝格预定在林德演出的那个剧院举行 12 场音乐会。哈莱要演奏门德尔松的作品。

246. 致在巴黎的沃伊捷赫·格日马瓦

1848 年 5 月 11 日星期四于伦敦

我最亲爱的：

　　我刚从意大利剧院回来。林德小姐今年第一次在这里演唱，而女王也是自民主立宪以来第一次公开露面，两人都产生了极大的效应。我的对面，老威灵顿公爵坐在女王包厢的下层，他就像是坐在女王脚下面的狗笼里的皇家老犬。我会见了林德，她彬彬有礼地送给我一张名片和一张座位很好的戏票。座位好，我听得特清楚。她是个典型的瑞典人，不仅有平常人的光明，还有一种类似北极的晨光。她的《梦游女》取得了巨大的效果，她的演唱极其清纯而自信，弱音也很稳定，均匀得像根头发。一张前排票价为两基尼半。

247. 致在巴黎的沃伊捷赫·格日马瓦

1848 年 5 月 13 日星期六于伦敦

我亲爱的：

　　你没有我的任何消息，不能归咎于我的懒惰，我只是无所事事地把时间浪费掉了。我八点以前起不了床。我的那个意大利仆人只顾他自己和他个人的事情，把我早上的时间都浪费掉了。十点以后就是苦难的开始，但挣不到什么钱。到了下午一点左右，才要教几节课。我既不能多走路，更不能远行，因此我无法去处理我的事务，但是我看到事情本身依然在继续着，只要这个季节能有六个月的时间，也许我就能挣到一点钱。但到目前为止我还什么也不知道。后天萨瑟兰公爵夫人会把我引荐给女王，那天女王会到她那里去参加一个洗礼。如果能让女王和艾伯特亲王认识我的话，那对我大有好处，我就可以从上层社会开始了。他们把音乐厅让给我用，但我不想去，因为在那里要和管弦乐队合演，我曾到那里去观察过。普鲁当曾在那里演奏过自己的《协奏曲》，但遭到惨败。你在那里只能弹奏莫扎特、贝多芬或者门德尔松的作品，虽然那些指挥和别的人都对我说我的协奏曲也曾在这里演奏过，而且还很成功，但我还是不急于去尝试，因为这会毫无结果。他们的管弦乐队就像他们的烤牛排和甲鱼汤，又浓又硬，那就是一切，别无其他。我写的这些并不是要找什么借口。只是有一件不可思议的事——他们从不排练，因为每个人的时间都很宝贵。只有一次排练，而且还是公开的排练。

我仍未将我全部的介绍信都送出去，因为要给的人都只能在下午一点至两点之间的一个小时内接待来人。

这里的报纸发表了对我评价很好的文章。昨天在科文特园举行的音乐会上，维亚尔多夫人演唱了我的《玛祖卡舞曲》，她被要求再唱一次。她和她的丈夫曾来看望我，我也回访过她，但他们不在家。她在这里的表现与在巴黎时不一样，她还没有等我去请就唱了我的乐曲。她在格里西、佩尔谢尼、阿尔博尼、马里奥等人演出过的剧院演出了《梦游女》。这座剧院（科文特园）和林德、拉布拉什演出的那个女王剧院竞争得很厉害，林德小姐就是在女王剧院演出《梦游女》的。

上面那些我给你的一堆废话是在两个星期前写的。维亚尔多夫人并不非常成功，女王也没有驾临，不是马里奥而是弗拉维奥和她搭档演出也让她不高兴。她又来过我这里，我正好外出了，我打算星期天去看他们。昨天我和林德小姐共进午餐，随后她为我唱瑞典歌曲，一直唱到深夜。他们的歌曲也和我们的一样，具有独特的风格。我们是斯拉夫风格，他们是斯堪的那维亚风格，完全不同。但比起意大利和西班牙的歌曲来，我们之间要更接近些。

我在这里知道波兹南公国的所有最可怕的消息，那是科兹绵和苏尔切夫斯基告诉我的，也是查列斯基让他们给我带的话。真是悲哀啊，悲哀！我的灵魂里已经没有什么愿望了。我有三架钢琴，除了普勒耶尔的那架外，还有一架是埃拉德的，另一架是布罗德伍德的，但直到现在我也没有时间去弹琴。我终于有了一间很好的住房，但我还没有适应房东就要我多付一倍的房租或者换成别的房间（现在我每月要付 26 个基尼）。我确实有一个很大很漂亮的客厅可以用来教课（现在我才有五个人），但我不知道该怎么办，也许我还会住下去，因为别的房间又小又不好，而且我也不想再去更改我的通讯地址，因为我已告诉了别人。由于没有签订书面协议，于是房东便有了借口来提高房租。

说到索朗热，我感到心痛。他们都很可怜，但是我们也不会有什么好办法。不过令我奇怪的是鲍里在哭泣，而母亲和孩子们都没有哭。

我还没有写信给普勒耶尔，什么时候能写我不知道。

最衷心地拥抱你。

肖邦

此地的英国报纸发表了一些对桑夫人不利的消息，比如说：在某个公园（可能是卢森堡）看到罗林躺在地上，而桑夫人则站在他身边和他说话。

248. 致在巴黎的一位友人
1848 年 6 月 1 日于伦敦

我写下这封信，是想知道你好不好，现在正在做什么。

我还未适应伦敦的气候。而充满拜访、午餐会和交际晚会的生活把我累坏了。最近几天我吐血了，我只靠吃柠檬和冷饮来治疗，再加上我休息了三天，现在感觉好多了。我已经结识了伦敦的一些社会名流。我被介绍给各种各样的贵夫人，但是她们的名字总是从我的脑海中一闪而过，刚听见就忘了。

趁举行洗礼宴会之际，我在萨瑟兰公爵夫人家里进行了演奏，在场的有女王、艾伯特亲王、普鲁士亲王、威灵顿以及这里勋位最高的全部人士（是80人的一个小圈子），这次晚上演出的还有拉布拉什、马里奥和坦布里尼。女王陛下对我说了几句亲切的话。但我怀疑会不会让我去王宫演出，因为眼下正在为女王陛下的姑母办理丧事，一直要延续到22日或24日。我在自己的住所授课。有人请我到一些贵族的沙龙去演奏，这会带来一些收入。尽管我省吃俭用，但这些收入也是会花光的。单是住房现在每星期就要10个基尼。的确，我住的地方是伦敦最美的地区。我有个大客厅，里面摆放着三架钢琴，一架普勒耶尔的，另两架是布罗德伍德和埃拉德的。楼梯华丽。曼佐诺夫夫人（她路过此地）认为租金不贵，但最让我痛心的是我的意大利仆人还常常盗窃我。如果我坐的是轻便马车而不是大的马车，他晚上还不愿陪我出去。我不得不忍受这一切，因为找不到更好的。不过我相信，我能应付得了。虽然有些先生提出建议，但我还是不想去音乐厅演出，我没有兴趣去白费工夫。他们只有一次公开彩排，而且乐队里的情况很糟，对所有想在音乐厅演出的人都加以排斥。我不愿举行大型的音乐会，而只想在一些绅士们的沙龙里演奏（听众限制在150或200人之内）。我认识了林德小姐。她长得很漂亮，是位天才的女歌唱家。我在这里又见到了维亚尔多夫人，她特别迷人。她是那么的友好，我没有请她，她就在自己演出的剧院里演唱了我的《玛祖卡》。她至今只出演过《梦游女》，现在正准备演出《塞维利亚的理发师》和《卡普列提》。

弗·肖邦

请告诉弗朗肖姆，我会给他写信的，全心全意地拥抱他。

249. 致在巴黎的沃伊捷赫·格日马瓦

1848 年 6 月 2 日星期五于伦敦

给我所有的朋友。

我的朋友：

一周来这里的天气非常恶劣，它使我感到难受。此外，每天晚上都要参加各种社交活动直到深夜。我没有力气来应付这样的生活。若是他们能付点钱给我也好，可是迄今为止，只有两个晚会是给了我报酬的，每个晚会 20 基尼。我在家里教了几节课，每节一个基尼。我还没有打算开一次正式的音乐会。我已经在萨瑟兰公爵夫人家里当面为女王陛下、艾伯特（普鲁士亲王）、威灵顿以及所有的显贵们进行了演奏，演出似乎很成功。但王室正在为某位姑姑守丧，直到 23 日为止一切活动均应停止。我怀疑我会被邀请去王宫演出。我不想去音乐厅演出，除了十分疲劳外，还拿不到一文报酬。只有一次排练，而且还得在公众面前排练。要想获得巨大成功，就必须演奏门德尔松的作品。这个大世界通常只有舞会和声乐演唱会。女王还未举行过音乐会，德文希尔也没有，只举行过舞会。我每周给萨瑟兰的女儿教一节课。萨默塞特公爵夫人对我特别客气，邀请我去参加西敏寺晚会，那儿是唐·卡洛斯的儿子常去的地方，也是公爵夫人（她是在女王加冕典礼上紧跟在女王身后的第一人）常常接待客人的地方。但公爵很吝啬，他们不会付给我报酬。尽管有西班牙王子在场，但我还是不会去那里的。因为八点钟我要和盖恩斯巴勒共进晚餐，她一直对我很友好。她举办过一场晨间音乐会，并把我介绍给许多贵妇人。如果我整天能从安纳斯走到卡法斯，如果我能有几天不再吐血，如果我再年轻些，如果我在感情上没有受过这样严重的打击，也许我就会重新开始我的生活。在这里，我可爱的苏格兰女人给了我许多友好的照护。如果没有应酬，我就去她们那儿吃饭。但是她们习惯于奔走，整天拿着名片在伦敦转来转去。她们想让我去拜访她们所有的熟人，可我已是个奄奄一息的人了，经过三四个小时的颠簸，我就好像从巴黎走到了布伦，其实距离很近！这里举行过一次波兰舞会，非常成功。虽然我有票，但没有去，因为我已力不从心了。在这之前，我曾去赴金洛克夫人的午宴，那里有一大群议员、官员和身披绶带穿着马甲的魔鬼们，我被介绍给他们，可是我一个也不认识。我根本就不像是在伦敦，我是 20 年在波兰，17 年在巴黎。我在这里感到很不自在，特别是我不会他们的语言，那也就不足为怪了。

当我弹奏时，他们都不说话，对我的音乐却评价很高。我的那些小同行们已经习惯于被搁置一旁，而把我看作是个业余音乐家，不久还可能会成为一位显贵。因为我穿的是干净的皮鞋，也不随身携带写有"从事家教"、"晚会演奏"字样的名片。有一次罗齐舍尔德老夫人问我收费多少，因为有位贵夫人曾听过我的演奏，托她向我打听。由于萨瑟兰夫人付给我 20 基尼，这也是布罗德伍德（我弹的就是他给的钢琴）给我定的价钱，于是我回答 20 基尼。这位善良的夫人告诉我，我弹得好那是不争的事实。但她劝我少收点，因为这个季节需要适可而止。

从这里可以看出，这里的人并不慷慨，到处都很难挣到钱。资产阶级中间需要的是某种惊人的机械的东西，可是我办不到。那个善于钻营的上流社会是傲慢的。如果他们能仔细观察各种事物，便会显得有涵养和公正，但他们被成千上万的事务所缠住，又被繁文缛节所包围，以至于音乐的好坏对他们说来是无足轻重的，而且他们从早到晚都得听音乐。在这里，花卉展览有音乐，每次午宴有音乐，每次慈善活动有音乐。萨沃亚德人、捷克人、我的同行们像一群狗似的都一起聚集到这里了。

我这样写信给你就好像你不了解伦敦似的！我想在一家私人旅馆开场音乐会。如果我能成功，就会有 150 基尼的收益。在这里，这样的情况极少发生，因为演一场歌剧也只能付给 1000 基尼，但在幕布拉开之前，就已经用掉 900 基尼了。

昨天我又看了林德小姐演出的《拉美莫尔的露契亚》。她演得非常好，激起了大家的热情。古特曼这个可怜的家伙怎么能拿自己的手来开玩笑哩！请告诉他要尊重自己，不要让手太过疲劳。维亚尔多夫人在这里的成就不是很大，因为还有格里希和阿尔博尼，你知道他们所受到的喜爱有多大。维亚尔多前天来了我这里，只对我说有关乔治·桑的消息，并没有告诉我她自己的情况，我看出她也变得冷漠了一些。可怜的索朗热，如果她丈夫要到这儿来，那她怎么办呢？我有这样的一种想法，似乎母亲和她女婿的关系有所好转，他们两个人都有相似的愿望。他有时这样说有时那样说，母亲认为他变好了，现在要是她见他，对他表示支持，那就很可能原谅他了。特别是他和托雷的关系特别密切，而她又是常给托雷的报纸写稿的人，据说就是他把卢梭推荐给奥古斯丁娜的。那个玩偶在干什么？阿拉戈，啊，我的上帝！那是什么大使！他连一句德语都不会说。如果他作为罗拉·蒙泰斯的朋友被派到巴伐利亚去，那还说得过去！作为外交官，就连李斯特也要比他好。上个星期，我和基佐一起吃午饭，看到他真让我难过，尽管他身披金绶带，但看得出来，他在精神上很痛苦，但还不是毫无希望！

我弄错了。我用的是双层信纸。这里很平静，没有人为爱尔兰和民主立宪问题而担惊受怕，它们并不像远方人士看得那么严重。这里的人更关心巴黎、意大利和波兰的事态发展。《泰晤士报》报道的那些暴乱丑事，连英国人都对这种不良居心表示反感。霍耶茨基因捷克人的干预而愤恨不平。就让那些傻瓜们把事情弄得一塌糊涂去吧，只要清理起来容易一些就行。如果事态发展更坏，那就让他们去和上帝算总账好了。

衷心地拥抱你。

你的老朋友　肖邦

250. 致在巴黎的奥古斯特·弗朗肖姆

1848 年 8 月 6—11 日于爱丁堡—卡尔德堡

我最爱的朋友：

我不知道该向你说些什么，但我觉得，最好不要因为你失去父亲而试图来安慰你。我了解你的悲痛，甚至时间也很难医治这种悲痛。

几天前我离开了伦敦。经历了 12 小时的旅程才到达爱丁堡（407 英里）。在爱丁堡休息了一天便来到了卡尔德府邸（离爱丁堡 12 英里），这是厄斯金夫人的姐夫托菲肖勋爵的城堡。我打算在这里住到月底，使我在参加了伦敦的各种活动之后能得到一番休息。

　　我举行了两场晨间音乐会，好像很受欢迎，但也让我感到烦恼。然而少了它们，我真不知道怎么来维持这三个月在伦敦昂贵的生活费用，我得住一套较大的必要的住房，雇一辆马车和一个仆人。

　　我的健康状况不是很糟，却越来越虚弱，而且这里的气候一直使我难受。斯特林小姐曾从伦敦写信给你，并请我向你解释。这些女士们在动身到苏格兰之前的确做了许多准备，她们想在那里住上好几个月。你有一位名叫德雷克斯勒的学生，我好像记得，他就住在爱丁堡。他曾到伦敦来看过我，给我的印象是，他是个不错的小伙子，也非常热爱你。他曾和此地的一位高贵的默里夫人一起演奏过，默里是我在伦敦时收的一位年近六十的学生。我已经答应她，到她美丽的城堡去拜访。但我真不知道该怎么安排，因为我已答应 8 月 28 日要到曼彻斯特去的，为了 60 英镑而在音乐会上演奏。诺伊康也会在那里。我希望他不会在同一天作即兴表演，我期望着能挣到这 60 英镑。

　　我不知道以后该怎么办。我热切希望能在我不再创作乐曲后得到终身退休金，哪怕连奥斯本或者索温斯基的那种曲调都创作不出来。他们两个人都是我的好朋友，一个是爱尔兰人，一个是我的同胞，我对他们要比我对我狡诈的代理人安托尼·康斯基更为敬重，因为这个人既是北方的法国佬，又是南方的无赖。

　　在这些附加说明中，我不得不向你承认，我确实不知道秋天该怎么办。如果你得不到我的消息，无论如何你都不要责怪我，因为我确实是很想给你写信的。如果你见到罗齐埃小姐或者格日马瓦，其中之一必有我的消息，如果他们不是直接从我这里，也是从我们共同的朋友那里得到我的消息。

　　这里的公园特别美，城堡的主人也很慈祥，因此我在这里的感觉很好，应有尽有，以致根本谈不到什么音乐的构思，我完全脱离了常轨，我觉得自己就像假面舞会上的一头驴子，或者是低音提琴的 E 弦，被惊奇着、被哄骗着，被彻底地击倒。好比我是在听博迪奥的连篇空话（2 月 24 日）之前，或是卡普的拉琴的噪音（在 6 月之后的日子里）。我希望他们都过得很好。我在给你写信时无法回避他们。现在是更严肃的问题：我希望在这一连串的可怕事件之后，你不会为失去的那些朋友而流泪。

弗朗肖姆夫人和孩子们都好吗？给我写信的话，请寄到伦敦的黄金广场、普特尼大街33号布罗德伍德处。

我在这里物质上完全可以放心，我听着苏格兰的优美歌曲。我真想写出一些乐曲来，哪怕是只能给这些可爱的女士们（厄斯金夫人和斯特林小姐）带来一点欢乐也好。我房间里有一架布罗德伍德钢琴，大厅里还有斯特林小姐的一架普勒耶尔钢琴。我也不缺少纸和笔。

我希望你能写出乐曲来，上帝保佑，让我不久就能听到你的新作品。

有些伦敦的朋友劝我留在那里过冬。但我只会听从我心灵（我不知道怎么称呼它）的建议行事，或者是听从最后那个提出建议的人。有时你考虑了很久，但结果还是一样。

再见，亲爱的朋友。

永远是你的 肖邦

我祝你夫人和孩子们万事如意。我希望雷内在玩弄自己的大提琴，塞西利亚在努力工作，而她的小妹妹也在阅读她的书本。

请代我问候拉塞维夫人，并请你改正我的法文和书写错误。

这里的人长得丑，但看起来还善良。这里的牲畜长得漂亮，但却令人讨厌。牛奶、奶油和鸡蛋都非常不错，甚至奶酪和小鸡也都很好。

251. 致在华沙的亲人

1848 年 8 月 19 日于爱丁堡

我最亲爱的：

感谢你们的亲切来信，它是一星期前从伦敦转来的。我在伦敦呆了三个月，身体还不错。我举行了两场晨间音乐会：一场在萨尔托里夫人家，她是英国著名演员的女儿，她本人也是位著名的英国歌唱家，她只过了两年的舞台生涯便嫁给了非常富有的萨尔托里先生，她被整个伦敦上流社会所接纳出现在各种场合，而大家也都会去拜访她，我们是在巴黎相识的。另一场是在法尔默思勋爵家里，都取得很大成功，没有什么麻烦！法尔默思是个伟大的业余音乐家，他富有、单身，是个大财主，他把自己在詹姆士广场的旅馆大厅提供给我举行音乐会。他对我十分友好。在大街上，你定会施舍给他三个格罗斯，可是在他家里则养着一大群仆人，衣着都比他鲜亮。我在巴黎时就知道他的外甥女，但直到在伦敦的一次音乐会上我才见到了她。在头一场音乐会上马里奥唱了三首，我弹奏了四首。在另一场音乐会上维亚尔多夫人唱了三首，我弹奏了四首。听众都非常喜欢。像这样简短精彩的音乐会他们这里还没有听过，他们的音乐会往往要长达 20 支曲子和一大篇广告。我把此地很受艺术家尊敬的《雅典娜》上的几句话寄给你们。我没有其他人的，其实你们也用不着去问别人，别人定会说：好！让安特克翻译给你们听好了。我在法尔默思处的听众限制在 200 人，在萨尔托里处限于 150 人。票价每张一基尼，除去各种开支外我净挣 300 基尼。伦敦这个季节的生活特别昂贵。单说住房一项，不包括其他（的确，我的客厅又大又高，可摆放三架钢琴，一架是普勒耶尔送来的，另一架是埃拉德给的，第三架是布罗德伍德提供的）房租就要 80 英镑，因为它有一个又大又美的楼梯和豪华的入口，又是位于皮卡德利附近的多佛街上。现在加上马车和男仆，所有这些花费都很大，如果不是我每天在家里再教几节课，每节一基尼，我真不知道我会变成什么样子。到达伦敦后，我参加过几次很高级的晚会，我不记得在伦敦写给你们的信里有没有提及。在萨瑟兰公爵夫人的一次晚宴上，女王也在座，赴宴的还有 80位来自伦敦最显贵的阶层——除了普鲁士亲王（他快离开伦敦了）和王室成员外，还有老威灵顿和其他人物。公爵夫人把我引荐给女王，女王非常亲切地两次和我说话。艾伯特亲王来到钢琴前，大家告诉我这样的情况是极其少见的。那晚演唱的意大利人有马里奥、拉布拉什和塔布里尼，没有女歌唱家。我很想把公爵夫人的府邸给你们形容一番，但我无法做到。所有了解情况的人都说，连英国女王都没有这样的府邸。所有王室的宫殿和城堡虽很古老、雄伟，但都不及斯达福德堡公馆（萨瑟兰公爵夫人是这样称呼她的宫殿的）那么高雅、那么讲究，它有点像伦敦的圣詹姆士城堡，或者像布拉赫。例如，它的楼梯就以富丽堂皇而闻名，它们不是设在前厅或走廊上，而是在房子的中央，就像是个宽敞的大厅，挂满了名画、塑像、画像、幔帐、地毯，都是最漂亮的设计和最精美的陈设。在这些楼梯上，你可以看到女王在强烈的灯光下被那些珠光宝气和身披绶带的人前呼后拥着步履高雅地从楼梯上走下来，一边和人说着话一边不时在楼梯上停留一下，从各个角度欣赏那些优美的陈设。真是可惜，维洛涅斯未能看到这一景象，否则他又会留下一幅传世杰作。在这次晚会之后，有人对我说，我很有可能会到王宫去演奏，但不知道为什么没有去成。也许是我没有去恳求，而这里的一切都得去找门路才行，因为日程排得很满。我不但没有尽力去恳求，更没有去拜访那位宫廷乐长，说得确切点，他是替女王安排音乐会的总管，又是爱乐协会管弦乐队的指挥，那是此地一流的乐队，堪与巴黎音乐学院的媲美。爱乐协会曾邀我到他们那里去演奏，这是一种莫大的机遇，也是一种荣誉。每个来到此地的人都想得到这样的机会，今年就连卡尔克布雷纳和哈雷都曾申请过，但未获成功。可是我却拒绝了，这使我在一些音乐家特别是在指挥们中间留下了不好的印象。我拒绝的理由之一是我的身体不好，这只是一种借口。真正的原因是，我只能和乐队合演一首我的协奏曲，而且这些先生们只能排练一次，就这一次还得免费在听众面前排练，这样的排练又不再重排！其演出效果一定会很糟糕（尽管他们对我的协奏曲有所了解，此地一位据说是有名的女钢琴家杜克肯女士去年还在这里演奏过一次）。有一家报纸还攻击我，但我毫不在意。我的两场晨间音乐会之后，许多报刊都发表了很好的评论，只有《泰晤士报》除外，有一个名叫达维森（他是死去的门德尔松的可怜的崇拜者，他不认识我，我也不知道他）的人写文章攻击我，把我看作是门德尔松的敌对者。我对此毫不在意。只是让你们看到，在这个世界上人们往往被不真实的东西影响着。还是让我们回到伦敦的事情上来。我在伦敦每晚的报酬是20基尼，但我只参加了三次这样的晚会。

要把所有认识的人都罗列出来很难做到，但我却不可能把格罗特夫人忘掉。早在巴黎时（在马尔利亚尼家）我就认识了她。格罗特夫人是位议员的妻子，她非常开明、有修养，是林德小姐热心的保护人。就是她让我认识林德的。有一次她只请了我们两个，从晚上九点一直到深夜一点我们都没有离开过钢琴。

女王在反对派不友好的游行示威之后回到了城里，来到大歌剧院观看演出，这是她首次公开露面。而刚到不久的林德小姐也选择这个剧院作首次演出《梦游女》，因而一票难求，演出那天的前夕大厅前排座位的票价就卖到了三基尼。我因刚到伦敦不知就里。当天就有人告诉我，如果我认识格罗特夫人，她肯定会帮忙的，她除了有自己的包厢外，还有许多其他的关系。于是我就去拜访了她，她很爽快地邀请我到她的包厢去，我非常高兴，我既没有见过女王和简妮·林德，更没有见过这座豪华的剧院（女王剧院）。但是她的包厢在二楼，我爬楼梯会气喘得很厉害。没想到等我回到了住所，立即得到了一张最好的前排票，这是由剧院经理拉莫利替林德小姐和格罗特夫人送来的赠票。演出真是太棒了。女王得到的掌声要比林德多。当大家高唱《天佑吾皇》时，全体观众以及威灵顿和所有上层人士都站了起来。这个场面非常壮观，这是对王室、法律和秩序表示的莫大尊敬，人们都无法抑制自己的激情。

林德小姐竟然出席了我的音乐会!!! 这对很多人来说可是件大事。她很少在公众场合出现，以免那些望远镜都对着她瞧。据格罗特夫人说，林德小姐只在歌剧院演唱，别的场合一概不唱，哪怕是盛大的集会。格罗特夫人告诉我，她可能会为我的音乐会演唱，但我从没有想过要去请她这样做，虽然她是个善良的姑娘，我们相处得也很融洽。在她身上有种与众不同的东西，可以称之为斯堪的那维亚心弦，完全和南方的、例如波利娜·维亚尔多的本性不同。她长得并不很美，但很可爱，她在舞台上也不常常令我喜欢。但在《梦游女》里，特别是从第二幕的中间开始，她显得特别美，无论是作为演员还是作为歌唱家各方面都是无懈可击的。我没有见过马里布朗，但我怀疑她能像林德那样动情地把握这个角色。别的地方却没有这样好，但是她给我唱的瑞典歌曲却非常动听，就像波利娜·维亚尔多给我唱的西班牙歌曲那样。人们都在传说她要和格罗特夫人的弟弟结婚，这是不确切的，有人还说他们已秘密结婚了，其实她的未婚夫正在瑞典等着她呢。

布罗德伍德，就是此地的普勒耶尔，他是我最要好的真正的朋友。正如你们所知道的，他是个富有而又受过良好教育的人。他继承了父亲的财产和工厂，自己则住在乡下。他有最广泛的社会关系。他因为把基佐一家都接到了自己的家里而受到众人的爱戴。通过他我认识了法尔默思。我要给你们说说英国人的礼貌概念，有一天早晨他来看我，我很疲倦，我告诉他昨晚没有睡好。晚上我从索梅舍特公爵夫人家回来时，就看到床上放着新的床垫和枕头。经过我再三询问，我那老实的丹尼尔（他现在是我最好的仆人）才告诉我，是布罗德伍德送来的，而且他不让告诉我。十天前我离开伦敦时，在前往爱丁堡的火车上遇见了一个自称是布罗德伍德派来的人，他给我买了不是一个座位而是两个座位的火车票，第二个座位在我的对面，这样我就不会被人挤着了。此外，在同一节车厢里还安排了布罗德伍德的朋友伍德先生来照顾我。伍德先生认识我（1836 年他在法兰克福的利宾斯基的住处见过我），他在爱丁堡和格拉斯哥都拥有自己的音乐书店。

在爱丁堡，他们给我订了最好的旅馆，我在那里休息了一天半，我游览了这座美丽的城市。在爱丁堡休息了一阵之后，我路过一家书店，听见一个盲人在弹奏我的玛祖卡。我登上了一辆英国式马车，那是托菲肯勋爵派来接我的，于是我便来到了离爱丁堡 12 英里的这个地方。托菲肯勋爵是位年逾七十的苏格兰老人，是厄斯金夫人和斯特林小姐的姐夫，这两位善良的苏格兰女人是我早在巴黎时就认识的，她们特别关心我，在伦敦时我常到她们那里去，因此我不能拒绝她们的邀请，特别是我在伦敦已无事可做，我需要休息，再加上托菲肯勋爵的诚心邀请。这个地方名叫卡尔德堡。卡尔德堡是座古老的府邸，它被巨大的公园和百年老树围绕，只能看见草坪、树林、山峦和天空。房墙有八尺厚，走廊通向各个方向。黑暗的回廊挂满了数不清的祖先画像。这些画像颜色各异，服饰不同，有穿苏格兰的，有身着甲胄的，还有身着长袍的，你能想象到的这里应有尽有，甚至据说还有一个戴红帽子的会在这里时不时出现，不过我没有看见。昨天我已把所有的画像都看过一遍，希望碰见这个会在城堡里走来走去的东西。我住的那个房间能看到你所能看到的最美的景色。但这里还不是苏格兰最美的地区，斯特林住的格拉斯哥的北边才是最美的地方。再过几个星期我答应了要去看默里夫人的，她是我在伦敦的第一个学生，她通常住在爱丁堡，是音乐界的领军人物。默里勋爵住在海边一个特别美的地方，甚至还要坐船过去。再晚些我还要去斯特林附近的基尔——那里以风景优美而名闻天下——去看望斯特林小姐的表姐。此地善良的苏格兰女士们，连我自己都没有想到的事情，她们在这里都安排好了，每天给我送来巴黎的报纸。这里真是又寂静、又安宁、又舒适。可是再过一星期我就要离开这里了，勋爵已邀请我明年来此度过整个夏天，我倒很愿意在此度过余生，但这有什么用呢？

他们把我安置在一个离别人较远的房间，这样我就能随心所欲地弹琴和做事了，不受别人的干扰。这里的人，正如巴尔特克告诉你们的，对待客人的第一要事就是不要去打扰他。我的房间里有一架布罗德伍德钢琴，在大厅里有一架普勒耶尔钢琴，那是斯特林小姐亲自带回来的。在英国，城堡的生活是很惬意的。每天都会有人来住上几天。所有的设施都很豪华，图书室、马匹、随叫随到的马车、众多的仆役等等。他们通常是在下午两点午餐和七点晚餐时才聚在一起（每个人都在自己房间里用早餐，爱吃什么和怎么吃都随自己的意思）。晚上他们愿意干什么就干什么。晚上我给老勋爵弹奏苏格兰歌曲，他也常常跟着哼起来，而且他也尽量用法语来向我表达他的感情。尽管上层社会的所有人特别是女士们都会说法语，但平常的交谈用的都是英语。我很遗憾我不会说英语，但我现在既没有时间也没有愿望学它。不过一般的用语我还懂得，不至于被人卖掉或者挨饿，但这是不够的。

8月28日，我要到曼彻斯特去参加音乐会的演出，参与演唱的有从伦敦来的意大利歌手，如阿尔博尼等人。他们会付给我60基尼，这是一个难以拒绝的数目，所以我接受了，再过一星期我就要从这里出发。路程是200多英里，要坐8个小时的火车。在那里等着我的有我的好朋友，非常富有的工厂主，诺科姆就曾住在他们那里（他是海顿最好的学生，也是巴西皇帝的前任乐长，你们知道他的名字）。那里还有我最好的朋友里奇夫人，以及厄斯金和斯特林。音乐会后我要回到格拉斯哥去看望此地勋爵的弟妹，从那里再去拜访默里夫人。之后再去斯特林家。10月初，他们要我去爱丁堡演出。如果能让我有进益，而且我的体力也能胜任，那我是很乐意的。我不知道今年冬天怎么过。我和往常一样保留着在巴黎的住房。但我也不知道怎么去应对它。

很多人都劝我留在伦敦过冬，虽然它的气候不好。但我还想要别的，至于想要什么，连我自己也不知道。我要等到 10 月，看看我的身体和钱包再说，能在钱包里增加 100 基尼是最好不过了。如果伦敦不是那么黑乎乎的，人们不是那么沉闷，如果没有那么多的煤烟灰尘和雾气沉沉，也许我已经学会英语了。但是英国人和法国人是大不相同的，我已经认同法国人了，但英国人只看重英镑，他们喜欢艺术是因为那是一种奢侈品。他们有颗善良的心，但个性古怪，我了解到他们怎么会让自己变得僵硬或者像架机器那样。若是我还年轻，我也会像架机器一样到世界各地去举行音乐会，去从事各种毫无意义的冒险活动（只要能挣钱就行）。但是现在我很难让自己变成一架机器了。今天这里的天气很好，所以我的脑海里才没有枯燥乏味的东西。公园里阳光普照，现在是早上，这使我忘记了一切。我和你们在一起，我很快乐，我在不得已的时候才会去考虑冬天。现在让我衷心地拥抱你们。

肖邦

附笔：路德维卡已在乡下，这多么好啊！妈妈和伊莎贝拉也应到乡下去，尽管我在花园里看到了所有的花卉、果实和篱笆。吻巴尔特克和卡拉桑提。

我不再另去祝贺路德维卡的命名日了，因为我已经说够了。愿上帝保佑你们，祝福你们，赐给你们平安和健康。祝孩子们快乐地成长。

请把信寄到巴黎，按照以前的地址。不管我身居何处，你们的信件都会从那里转寄给我的。我一定会写信告诉你们我想在哪里过冬。

252. 致在巴黎的沃伊捷赫·格日马瓦

1848 年 9 月 4—9 日于格拉斯哥约翰斯顿堡

我最亲爱的生命：

自从上次给你写信后，我就一直住在曼彻斯特。他们待我很好，我在钢琴前坐下了三次。音乐厅很美，能容纳 1200 人。我住在乡下（城里煤烟太浓），所有的富人都住在城外。我住在和善的施瓦布家，也许你曾在列昂那里见过他。他是此地第一流的厂主之一，他拥有曼彻斯特最高的烟囱，价值5000 英镑。他是科布登的朋友，也是一位伟大的自由贸易论者；他是犹太人，像列昂那样也是个新教徒。他的妻子特别友好。他们非常想要我留下，因为这个星期林德小姐会来这里，而且也会住在他们家里（他们是好朋友）。当我在这里停留时，那位你曾在我家里见过的和善的里奇夫人也和斯特林小姐一起来到了这里。我还在施瓦布家见到了列昂的兄弟，他也在此地经商。这位施瓦布也认识从哈维来的阿尔布雷赫特，于是我立即通过他转告我们的阿尔布雷赫特要他去见收租人，付奥尔良广场的房租。我亲爱的，请把此事也告诉拉那克。谢谢你的来信和诺萨斯。我并不想要什么野猫，因为我连羊毛衫都觉得太重。代我拥抱他，告诉他只要我穿得动我就会马上去试穿的。说真的，天气冷了，我就会试穿它。你把马尔策林娜公爵夫人的信转给我真是太好了，她问我还在不在伦敦，要我写信到奥斯坦德告诉她。如果我身体强壮一些，我会立即前去她那里当面告诉她的。另一封是赫里斯蒂安·奥斯特罗夫斯基写来的，他想知道密茨凯维奇的剧本之事，它曾一度给了乔治·桑夫人，后来她又给了《独立评论》编辑部。那里出现过巨大的混乱。其中的一位继承人佩尔内死了。另一位弗兰索瓦则在抱怨佩尔内，因为他不知道剧本哪儿去了。于是这位好奇心强的奥斯特罗夫斯基便来问我：这是什么时候发生的事，是不是还存有副本，桑夫人现在何处，他想直接去找她!!! 我知道他们曾找过一次这部剧本，但没有找到。像奥斯特罗夫斯基这样的来信我是不会回复的，因此我要告诉你，请你先把这些信拆开，只把必要的转寄给我。

我住在豪斯顿家，她是我的苏格兰女人的姐姐。城堡很美很豪华，称得上一流。我会在此住一个星期，然后再去拜访默里夫人，那里更美，我将在那里度过一个星期。也许我会在爱丁堡举行演奏会，那样的话我就会在苏格兰呆到 10 月。请把来信寄到下列地址：

请交：列什钦斯基医生

沃林斯顿　爱丁堡　苏格兰

列什钦斯基是个波兰人，爱丁堡的顺势疗法医生，他已正式结婚，并在这里定居，成了一个十足的英国人，他会知道该把信转到什么地方。

昨天开始的这封信本想今天结束，但现在天气又变了，外面天气非常糟糕。我在这里感到焦虑、心烦、沮丧。人们的过度照顾让我受不了，我简直透不过气来，我不能工作。虽然我身边围着许多人，但我仍然感到孤独、孤独、孤独！！

他们正在为我安排一场格拉斯哥音乐会，结果会如何我不知道。这里的人都很可爱很善良，对我关怀备至。这里有很多贵夫人，大多是七八十岁的老贵族，没有年轻人，他们都打猎去了。这里几天来都在刮风下雨，无法出门。我不知道我的斯特拉哈尔之行（去看默里夫人）会怎么样，要乘船渡过长湖（此地最美的湖泊之一），再沿着苏格兰的东海岸前行，不过距离此地只有四小时的路程。

今天是9号，这封信是从9月4号开始写的。请原谅我的潦草，你知道写信对我说来有时真是一种痛苦。笔会伤我的手指，还会使我掉落许多头发，又不能写出我想要写的东西，只能写些无关紧要的废话。

我没有写信给索朗热和罗齐埃，等我不那么心烦时我会给她们写的。拥抱你。

你至死不渝的　肖邦

我忘了告诉你，自从上封信之后，我有过一次奇异的经历，险些送了命，幸好没事。我们乘车到海边的一个邻居家，乘的是一辆有车厢的双人马车，由两匹纯英国种的小马拉着。其中有一匹马的脚给绊住了，于是便开始踢来踢去。第二匹也跟着这样做，因为它们正在花园的斜坡上奔驰，缰绳挣脱了，车夫从座位上摔下（他摔得很重），马车撞到两旁的树木上被撞坏了，我们朝着悬崖冲去，幸好被一棵大树挡住了。一匹马挣脱了缰绳疯狂地跑掉了，另一匹跌倒在地被车压在下面。马车的窗户被树枝撞破。我除了腿上有几处轻伤外，幸好没事。仆人很机灵地跳了出去，只有马车被撞坏了，马受伤了。远处的目击者大叫大喊：有两个人死了。因为他们看见一个人被抛出了车外，另一个人摔倒在地。等到那匹马被移开之后，我已从车内爬了出来，并无大碍。无论是目击者还是我们自己都没有一个人明白我们为什么没有被压成肉酱。这使我想起了柏林大使艾曼纽在皮热时就是这样被摔死的。

我向你坦白，在最后的生死关头我倒显得很平静，但一想到手脚会被摔断，我就非常惊慌，要是成了残废我就完了。

253. 致在巴黎的沃伊捷赫·格日马瓦

1848 年 10 月 21 日于海米尔顿公馆

在这里，艺术被理解为绘画、雕塑和建筑！音乐不是艺术，也不称它为艺术。如果你提到艺术家，英国人就会认为是指画家、建筑家或者雕塑家。音乐是一种职业，而不是艺术。无论是谈话还是出版物都没有人把音乐家称为艺术家，因为在他们的语言和习惯中，音乐是艺术之外的东西，就是一种职业。你去问任何一个英国人都会这样回答你。在这里诺伊科姆就是这样向我保证的。音乐家们肯定是有过错的，但你能去纠正这样的事吗?! 他们把演奏一些稀奇古怪的东西看作是美，而把教授正规的东西看成可笑的。某位夫人，此地第一流的伟大夫人之一，我曾在她的城堡里住过几天，被认为是这里的伟大音乐家。有一次，当我弹完了钢琴，还有几位苏格兰女士也唱完了她们的各种歌曲之后，有人把一架大风琴抬了进来，她就严肃认真地弹奏出非常可怕的曲调。你能怎么办呢? 在我看来，这里的每个人头脑里都缺根弦儿。另一位夫人把自己的纪念册拿给我看，并对我说："女王看过它，我就站在她身边。"第三位夫人说自己是苏格兰女王玛丽·斯图尔特的第 13 代表亲。还有一位夫人为了表现自己的个性，她站立着，一边弹琴一边唱起了法文的英国情歌《我已经爱过了，爱过了》!!! 帕尔玛公爵夫人告诉我，有一位女士在吉他的伴奏下给她吹起了口哨。有些了解我的音乐的夫人们请求我"请给我演奏你的《第二次叹息》，我非常喜欢你的铃声"，每次听完她们总会说"真像流水"。也许它就像水一样在流动。听过我演奏的那些英国女士们还没有一个在听完之后不说"真像流水"的。大家都盯着自己的双手全神贯注地弹奏起失真的音符。真是些古怪的人，愿上帝保佑他们。

附上我的两幅漫画。一幅画的是一位勋爵，穿着高领衣服打着绑腿，嘟嘟囔囔地在说话。另一幅画的是位公爵，穿着带马刺的靴子、鹿皮马裤，外罩一件类似睡衣的长袍。

254. 致在巴黎的沃伊捷赫·格日马瓦

1848 年 10 月 30 日于爱丁堡

我最亲爱的生命：

难道你忘了，我曾在信里告诉过你，我越来越虚弱、越来越烦闷。没有任何希望，没有安身之处，怎么就能得出结论我要结婚呢？就在我收到你的那封真诚而又亲切的来信的同一天，我就写下了万一我在什么地方死去如何处理我身后之物的嘱托。

我在苏格兰奔走了一番，可是现在天气太冷了，明天我就要回伦敦去。斯图尔特勋爵给我来信，要我在 16 日舞会开始之前在专为波兰人举行的音乐会上演奏。我在哈密尔顿公馆（离这里 60 英里）逗留了几天，回来时我患了重感冒，五天不能出门。我住在列什钦斯基医生家里，他用顺势疗法给我治病，我再也不想到任何地方去拜访了，因为这里快要流行霍乱了。我若是病倒了，整个冬天就完了。如果天气转好，我就回到哈密尔顿公馆去，再从那里到艾兰岛去看望巴登公爵夫人（整个岛都属于她的家族），她嫁给了道格拉斯侯爵。但我很可能是去不成的。当我在那里的时候，除了他们自己一家人和国内的大贵族外，还有帕尔玛公爵夫妇；他是路卡公爵，而她是波尔多公爵的妹妹（他们是一对快乐的年轻夫妇）。当我回伦敦时，他们邀请我到金斯敦去住在他们家里。他们从被驱逐出意大利时起就一直住在英国。这一切都很好，但我现在不适宜这种生活了。我之所以匆匆离开哈密尔顿，是因为我从晚上八点到十点半坐在桌旁而不能不感到痛苦，就像古特曼的那种样子，你还记得吗？虽然早上我在自己的房间里吃早饭而且很晚才下来，但还得让人把我抬下楼来，我对这一切都感到腻烦了。

我去哈密尔顿之前曾到过威沙夫的贝尔哈文夫人家。在收到你的来信之前我就给你写了信，可是信写得很忧伤、很不好，幸亏没有寄给你。

如果 11 月 16 日之后你的情况有了好转，伦敦的雾要把我赶走，而现在启程不会太迟的话，我就要回巴黎了。

我的好心的苏格兰女士，我已有好几个星期没有见到她们了。今天她们会来这里，她们希望我留下来并继续带我前往苏格兰各处的宫殿府邸，这里、那里，凡是邀请了我的地方。她们真是好心，可是也很无聊，愿上帝保佑她们！我每天收到她们的信，但我一封也没有回。我去哪里，她们也跟到哪里来照顾我，也许就是这种情况让人认为我快要结婚了。但这种事需要有生理上的吸引力，而这位未婚女士却和我太相似了。人怎么可以和自己接吻呢？

友谊就是友谊，我曾明确说过，决不会有任何别的。

即使我爱上了一位女子，而她也如我所希望的那样爱上了我，我也是不会结婚的，因为我无法糊口、无家可归。有钱的女人要找有钱的男人。如果她爱上的是个穷人，那他至少不是个病鬼，而应是个英俊的年轻人。一个人受穷挨饿还可以，若是两个人，那就是最大的不幸了。我会死在医院里，但决不会在身后留下挨饿的妻子。

其实，我没有必要给你写这些的，因为你是了解我的这些想法的。因此我根本不想要妻子。我想的是家，是母亲和姐妹，愿上帝保佑他们无忧无虑。现在，我的艺术在哪里呢？我的心血又耗费在哪里呢？我还勉强记得祖国的歌曲是怎么唱的。这个世界仿佛从我身边溜走了，我的记忆正在丧失，我没有力气。如果我升高了一点点，我就会掉得比以前更低。

我不是在向你诉苦，我是应你的要求才向你解释的，对我来说离棺材要比离婚床近多了。我的心境相当平静。我只好听天由命了。

请写信给我。来信寄：苏尔切夫斯基先生，公爵大道 10 号，圣詹姆士广场。那里是斯图尔特的波兰文学协会。

我不会把我写的第四封信寄给你。只给你寄去片断，那是在我心绪不宁的时候写的，让你看看有时候我的心情是多么的不好。

你至死不渝的　肖邦

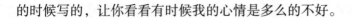

255. 致在巴黎的沃伊捷赫·格日马瓦

1848 年 11 月 17—18 日于伦敦

我的生命：

　　自从返回伦敦后，我病了 18 天。由于咳嗽、头痛、气喘以及一切糟糕的症状，我压根儿就没有出过门。医生每天都来看我。昨天他把我打扮一番，好让我能在那个波兰音乐会和舞会上演奏。晚会办得很出色，但一演奏完我就回家了。整夜我都不能入睡，除了咳嗽和气喘外，我头痛得很厉害。直到现在，浓雾尚未开始，但我已顾不得天冷，吩咐把窗户打开，这样我才能在早晨呼吸到一些新鲜空气。我现在住在圣詹姆士广场 4 号，已病了两个半星期。我见到了善良的苏尔切夫斯基、布罗德伍德、厄斯金夫人（是和斯特林小姐一起随我到了这里，正如我在爱丁堡写给你的信中所说），特别是还有亚历山大公爵夫妇。马尔策利娜公爵夫人对我非常关心，几乎每天都来，就像到医院去探望病人那样。你把给我的信都寄给苏尔切夫斯基。我现在不能回巴黎了，但我还是在想方设法回去。我不能住在这套公寓里，虽然它对健康的单身汉或者议员很适合。这个地区很美，房租也不贵，一个星期四个半基尼，包括暖气费和床单等等，而且与斯图尔特勋爵的府邸相邻。他刚从我这里出去，这位热心人是来看看昨晚演奏后我的情况如何。也许我会搬到附近的另一个住所，房间会更大一些的，那样我能更好地呼吸。无论如何，都要请你去找一找从和平路或皇宫路开始的大道上有没有可租的房子，必须是二楼朝南的，面对着马格德莱纳或者马杜林街。只要不是在戈多路上，也不要在那些阴暗狭窄的地方，同时还要有仆人住的小房间。

为什么我要拿这些事情来麻烦你呢，我不知道。不过我也管不了这么多了，我还得为自己着想，因此还需你的大力帮助，把你的意见写信告诉我。我从来没有诅咒过任何人，但现在我是这样的厌倦生活。如果我诅咒柳克丽齐娅，也许心情会好些，但是她也在受苦。尤其痛苦的是，怨恨定会使她变老。我觉得这对索朗热是一种永恒的遗憾。这个世界不是按照上帝的轨迹行事。阿拉戈的胸前挂着鹰，他们居然代表着法兰西！！路易·布朗在这里根本不受重视，科希迪被近卫军赶出列斯特广场的旅馆，当他走进大厅时，他们告诉他，你不是法国人！他们挥动拳头将他赶走，于是旅馆主人只好护着他离开广场，以免他遭到拳打脚踢，因为英国的暴民已经握紧了拳头。请代我感谢罗齐埃小姐，但我不给她写信了，因为我太虚弱了，我也没有力气去寻找我姐姐的来信（我好像记得早就把它寄过去了）。

如果能在我楼上找到仆人的房间，就请告诉我，因为很快就要生火了。为什么我要回去？为什么上帝不一下子要了我的命，非得要让那捉摸不定的发烧来折磨我哩！此外，我的好心的苏格兰女士也来烦我。厄斯金夫人是个非常虔诚的新教徒，她想把我也变成新教徒。她给我带来了《圣经》，跟我谈灵魂问题，给我写下祈祷文。这位虔诚好心的女士非常关心我的灵魂。她总是对我说，另一个世界比这个世界好。我告诉她，这些我都知道，而且记得很清楚，还引用《圣经》的片断来回答，并向她解释，这些我都知道，也很明白。衷心地拥抱你，给我写信，请原谅我的心烦和焦躁。我太虚弱了。

你至死不渝的 肖邦

如果我身体健康，能每天教两节课，那我在这里就能过上体面而舒服的生活。但我太虚弱了，只能坐吃山空，我的积蓄只够维持三个月或者最多四个月。

256. 致在巴黎的玛丽·德·罗齐埃
1848 年 11 月 20 日星期一于伦敦

如果我的感觉好一些，便在这个星期动身，星期四、星期五或者星期六（最迟）就能到达巴黎，因为这个季节的英国气候我是经受不住的，甚至连医生都这么说，当然不是你们的那位居里医生。自从 11 月 1 日以来我一直没有离开过房间，整天穿着睡衣坐在那里。只有 16 日我出去过一次，那是为我的同胞演奏。恳请你到 9 号那间公寓去查看一下，说不定我会在这几天内到达。先在此向你表示感谢。

肖邦

我已写信给格日马瓦，但他很可能外出旅行，收到我的信时就太晚了。因此我请你去告诉艾蒂安夫人要她买些木柴，把我的房间烧得暖暖的，同时把家具和窗帘上的灰尘打扫干净，尤其是床帐，我想我会经常接触到它的，还要把卧室里的角角落落都好好清扫一番。我是急于要使自己的呼吸顺畅些，我也急于想去了解别人，想见到朋友们的面孔。

肖邦

257. 致在巴黎的沃伊捷赫·格日马瓦
1848 年 11 月 21 日星期二于伦敦

我的生命：

今天我几乎整天都躺在床上，星期四的此时我就要离开这个讨厌的伦敦。

晚上在布朗住一宿，星期五的白天就能在奥尔良广场的公寓里休息了。除了平常的病症外，我还有神经痛，全身浮肿。请你吩咐一下把床单和枕头都晾干，还要去买些木柴，叫艾蒂安夫人不要替我节省，等我回来时家里要暖暖的。我已经给罗齐埃小姐写信了，要将地毯和窗帘都搞好。我会立即付钱给修理商佩里谢的。同时还要请普勒耶尔星期四晚上送一架钢琴来，什么样的都可以，但要加个罩子。星期五还得去买一束紫罗兰来，好让客厅里充满鲜花的芬芳，让香味从客厅传到卧室，我在那里也许会躺上很久的，这样等我回家后才能有那么一点诗意。那么，星期五中午我就可以到达巴黎了。要是在这里再多呆一天，我就是不死也会发疯。我的苏格兰女人是多么的无聊，愿上帝保佑她们！只要被她们粘上，你就很难脱身。只有马尔策利娜公爵夫人和她的一家人，还有诚实的苏尔切夫斯基，才让我保持住了性命。如果有给仆人的小房间，哪怕是在别的楼上也可以，如果没有，那就算了。拥抱你。请叫人给我生上炉子，烧暖房间，把灰尘打扫干净。也许我的身体还能恢复呢。

你至死不渝的　肖邦

258. 致在吉耶里的索朗热·克莱辛格

1849 年 1 月 30 日星期二于巴黎

这些日子来我病得很重，以至我都不能写信告诉你我见到了你丈夫。他星期五来看我，我看到他身体很好，而且正准备开始《虚荣心》的塑像工作。昨天他写信告诉我他已开始动手了。他让我分享了你的好消息，说你能勇敢地面对自己的状况，说你的身体在这种特殊的条件下依然很好。现在我们这里是 3 月的天气，因此我一天要躺在床上十次。莫林医生拥有让我站起来的秘诀。至此，我先请了路易斯，后两个月我又请了罗斯大夫，现在是西蒙先生，他在顺势疗法界的名声很大！但是他们瞎摸一气，并没有减少我丝毫的痛苦。他们一致的意见是：我需要好的气候、安静和休息。总有一天，无需他们的帮助，我自己就会休息的。

由于机动卫队受到限制或者是因为政府部门解散俱乐部的方案，原先预料会出现一些骚乱，但是这些日子来，巴黎的平静却没有受到骚扰。昨天是星期一，到处都是士兵和大炮。这种强有力的态势把企图煽动骚乱的人都给镇住了。我没有给你写些有趣的事情，反而跟你谈起政治来了。可是我却越来越迟钝了，这要归咎于每天早晨喝可可，而不是喝我的咖啡。你千万别喝可可，还要告诉你的朋友也别喝，特别是那些和你通信的朋友。在下一封信中，当西蒙先生给我喝了某种硫酸盐后，我会尽力写得更幽默一些。现在只好请你读读这封潦草的信，权当得知了你丈夫健康和良好状况的消息。奥布雷斯科夫夫人昨天来看我，而斯托克豪森男爵、勒古韦和别的人也在我这里，当着他们的面，我不愿提及彼得堡的事。你知道这位夫人有多么善良，她也很健谈。如果你能给我写几句话来告诉我你的健康状况，那么这个时间是不会被浪费的。

祝幸福、健康、健康！

肖邦

259. 致在华沙的路德维卡·英德热耶维乔娃
1849 年 6 月 25 日于巴黎沙约街

我亲爱的：

如果你们可能的话，请到我这里来。我很虚弱，任何医生都不能像你们那样有助于我。若是你们缺钱，就去借一下，等我好些后，我能很容易挣到钱，我会还清你们的借款。不过现在我一贫如洗，无法寄钱给你们，我现在住在沙约街 74 号，房子相当大，足以接待你们和两个孩子。小路德维卡在各方面都能获益，卡拉桑提这位父亲可以整天出去，附近就有一个丰收展览会。总而言之，他会有更多自由活动的时间，因为我更虚弱了，只能和姐姐呆在家里。

我的朋友们和希望我好起来的人都认为路德维卡的到来将是我最好的灵丹妙药。路德维卡从奥布雷斯科夫夫人的信中就能了解到这点，所以请你们去弄到护照。正如今天有两个人说的那样——一个来自北方，一个说的是南方话——不但对我的健康有利，也有益于姐姐的身体。因此你们，妈妈和女儿两个路德维卡都要把顶针和毛线针带来，我会让你们在手帕上绣上标记和编织长袜子。你们会在这里的清新空气中，同你们的老弟和舅舅度过好几个月时间。现在旅行方便多了，用不着多带行李。我们的生活会过得节俭一些，但吃住你们不用担心。如果卡拉桑提认为从爱丽舍大道到城里太远，他还可以住在我在奥尔良广场的公寓里，公共驿车可从广场直达公寓门前。我自己也不明白，为什么我会这么想见到路德维卡，就像她是我的希望所在。我保证，这对她也是有益的。我希望你们家庭商量的结果会把她给我送来。有谁能知道，如果我康复了，说不定我还会把她送回去呢！那时候，我们一家人就会紧紧拥抱在一起了，就如我在信中所写的那样，只是还用不着假发，我的牙齿也完好无损。妻子往往要听从丈夫，丈夫也应该把妻子送来，因此我迫切地请求他这样做。如果他这样做了，定会给她、给我，甚至给孩子们都带来最大的快乐和益处。我不怀疑她会带小女儿来，这的确要花很多钱，但这样做会比一个人来更好、更省钱些。你们一到这里就有地方住，请尽快给我回信。

奥布雷斯科夫夫人非常热心，愿意替我写信（我把路德维卡的地址给她了），她定会比我更有说服力。罗齐埃小姐也会附寄一封信的，而科歇也会这样做，因为他觉得我的病体一直没有康复。他的那位医生已经十天没有来过，因为他终于明白，这儿有些事情已超出他的学科范围。但还是要在房客和认识他的人面前对他多美言几句，说他对我的帮助很大。而我又是那么一个人，只要好一点就会心满意足的，还要对他说：众所周知，他医好了许多患霍乱的人。

霍乱已经被制止住，几乎不存在了。今天天气很好，我坐在客厅里，从五个窗口望出去，整个巴黎的风光尽收眼底：铁塔、杜伊勒利宫、议会、圣日耳曼、圣艾蒂安迪蒙、奥克斯热瓦、圣母院、先贤祠、圣叙尔皮斯、慈恩谷、残老军人院和位于它们之间的一片草地，如果你们来到这里，就能看到这一切。现在办理护照和筹集路费的进展如何，请立即给我回信。你们知道"柏树也有不讲理的念头"这句话，而我今天的这种不讲理念头就是想在这里见到你们。如果上帝会赐给我这样的机会，那就太好了，若是上帝没有赐给，那你们也要做得像是得到了上帝赐给的机会那样。我对此充满希望，因为我很少求人，如果不是那些关心我的人逼着我这样做的话，我还不愿提出来。快点来吧，卡拉桑提先生！我会给你一支又大又棒的雪茄，我知道有个人爱抽烟，但只能在花园里抽。我希望给妈妈命名日的这封信能及时送到，这样她就不会缺少我的祝福了。

依恋于你，但很虚弱的　肖邦

260. 致在奥斯坦德的提图斯·沃伊捷霍夫斯基
1849 年 9 月 12 日于巴黎

我已来不及为你能获准来此地而效劳了，我自己也不能为此去奔走。每天我有一半时间躺在床上，我请了一位有影响的朋友来替我办。要到星期六才会有确切的消息。我真想乘火车出境到瓦朗西安去拥抱你。但是前几天，我连到凡尔赛市外的德·阿夫拉耶别墅去看望我的教女都不行。医生们不允许我离开巴黎，因此整个冬天就连到暖和的地方他们都不会放我去的。这是我的过错，因为我病了，否则我就能在比利时的某个地方和你相见了。

也许你能安排到这里来，我还不是那么自私，让你来只是为了我自己。

像我现在这样虚弱，即使你来，也只需要付出几个小时的厌烦和失望，夹杂着愉快和真挚的回忆，而我更乐意让我们共同度过的时刻成为完全幸福的时光。

永远是你的　肖邦

肖邦遗言

如果这种咳嗽使我窒息，那我恳请你们叫人把我的胸膛打开，以免我被活生生地埋葬。

通信人物表

尼古拉·肖邦（1771—1844），弗·肖邦的父亲。生于法国，1780年来到波兰，后任华沙中学的法语教师。

尤斯丁娜（1782—1861），弗·肖邦的母亲。

路德维卡（1807—1855），弗·肖邦的姐姐，后与卡拉桑提·英德热耶维奇结婚，随夫姓为英德热耶乔娃。

卡拉桑提·英德热耶维奇（1807—1853），弗·肖邦的姐夫，曾任法学和行政管理的教授。

伊莎贝拉（1811—1881），弗·肖邦的妹妹，后嫁给安托尼·巴尔钦斯基为妻。

安托尼·巴尔钦斯基（1803—1878），肖邦的妹夫，华沙中学的数学教师。

艾米丽亚（1812—1827），弗·肖邦的小妹。

伏伊捷赫·齐夫内（1756—1842），生于捷克，肖邦的第一位钢琴教师。

约瑟夫·艾斯内尔（1769—1854），作曲家、音乐评论家、音乐教育家，华沙音乐学院的创立者和第一任院长。肖邦的良师益友。

弗里德里克·斯卡尔贝克（1792—1866），波兰经济学家，肖邦的教父。

乌斯达赫·马雷尔斯基（1806—1871），作家，肖邦的中学同学。

维尔赫尔姆·科尔贝格（1807—1877），工程师，肖邦的中学同学。

提图斯·沃伊捷霍夫斯基，肖邦的中学同学，也是他最亲密的朋友之一，大学毕业后回乡经营农庄。

杨·比亚沃布沃茨基（1905—1828），肖邦的中学同学，曾是肖邦家的寄宿生。

杨·马图辛斯基（昵称雅希，1809—1841），医生，肖邦的中学同学和挚友。

多米尼克·吉瓦诺夫斯基，肖邦的中学同学，肖邦曾数次到他家过暑假。

卡罗尔·库尔宾斯基（1785—1857），波兰作曲家、指挥家，波兰歌剧事业的开拓者之一。

卡罗尔·索利瓦（1792—1851），意大利歌剧作曲家，声乐教授，1821年起在华沙音乐学院任教。

康斯坦兹雅·格瓦德科夫斯卡（1810—1889），索利瓦的学生，女高音，肖邦早年的暗恋对象。

威廉·乌尔费尔（1791—1852），钢琴家、作曲家，曾指导肖邦的钢琴和管风琴的学习。

费利克斯·雅罗茨基（1790—1864），华沙大学动物学教授。

卡其密什·布罗津斯基（1791—1835），波兰诗人，华沙大学文学教授。

马丽亚·席曼诺夫斯卡（1790—1831），波兰著名女钢琴家、作曲家。

卡罗尔·利宾斯基（1790—1861），波兰著名小提琴家。

托马什·尼德茨基（1800—1850），波兰作曲家、钢琴家，肖邦在音乐学院的同学，曾担任华沙歌剧院院长。

约瑟夫·诺瓦科夫斯基（1800—1865），波兰钢琴家、作曲家，肖邦在音乐学院的同学。

安托尼·奥尔沃夫斯基（1811—1861），波兰小提琴家、作曲家、指挥家，肖邦的同学。

亚当·密茨凯维奇（1798—1855），波兰伟大的爱国诗人，后与肖邦结成忘年交。

斯特凡·维特维茨基（1802—1863），波兰著名诗人，肖邦曾为他的九首诗歌谱曲。

博格丹·查列斯基（1802—1886），波兰诗人，肖邦曾为其诗歌谱曲。

尤利安·乌尔辛·聂门策维奇（1758—1841），波兰著名爱国诗人。

塞维林·戈什琴斯基（1801—1876），波兰爱国诗人，曾积极参加华沙十一月大起义。

康斯坦丁·加辛斯基（1809—1866），波兰诗人、剧作家，肖邦的同学。

诺·阿·库梅尔斯基（1801—1853），波兰自然科学家。

弗里德里希·卡尔克布雷纳（1788—1849），德国著名作曲家，1824 年定居巴黎，与肖邦结成忘年交。

费利克斯·门德尔松（1809—1847），德国作曲家、钢琴家、指挥家。

弗朗茨·李斯特（1811—1886），匈牙利著名钢琴家、作曲家，肖邦的好友。

费迪南德·希勒（1811—1885），德国钢琴家、作曲家、指挥家，在巴黎时与肖邦交往甚密。

雷金娜·希勒，费·希勒的母亲。

卡尔·车尔尼（1791—1857），奥地利作曲家、钢琴家、音乐教育家，贝多芬的学生。

莫·夏·阿尔康（1813—1888），法国钢琴家、作曲家。

弗朗索瓦·费蒂斯（1784—1871），比利时评论家、作曲家、管风琴家，曾创办和主编《音乐评论》杂志。

约翰·胡梅尔（1778—1837），奥地利作曲家、钢琴家，曾到华沙演出。

伊格纳茨·莫谢莱斯（1794—1870），德国钢琴家、作曲家。

尤利安·丰塔那（1810—1869），波兰作曲家、钢琴家，肖邦的同学和挚友，在巴黎期间对肖邦帮助很大，肖邦逝世后曾出版他的遗作。

沃伊捷赫·格日马瓦（1793—1871），波兰爱国志士，曾多次参加爱国斗争，华沙起义期间出使英国，失败后流亡巴黎。是肖邦和乔治·桑的挚友。

马丽亚·沃津斯卡（1819—1896），肖邦曾倾心爱过的女友。

特蕾莎·沃津斯卡，马丽亚·沃津斯卡的母亲。

费利克斯·沃津斯基，马丽亚的二哥。肖邦的朋友。

安托尼·沃津斯基，马丽亚的大哥，肖邦的同学和朋友。

亚当·查尔托里斯基公爵（1770—1867），波兰著名政治家，华沙起义期间任临时政府主席，起义失败后流亡巴黎，成为保守派领袖。

马尔策利娜·查尔托里斯卡公爵夫人，亚当·查的侄儿媳妇，肖邦的学生。

德尔菲娜·波托茨卡，一位美貌而又善于交际的波兰少妇，曾拜肖邦为师学习钢琴，两人结下深厚的友谊。

佐菲亚·罗赞加德，波兰女钢琴家，肖邦的学生，后成为诗人查列斯基的妻子。

约瑟法·杜罗夫斯卡，波兰女歌唱家，1841年曾到巴黎进修声乐。

奥古斯特·列奥，巴黎银行家，肖邦的朋友。

阿多尔夫·施莱辛格，柏林的音乐出版商。

托·哈斯林格（1787—1842），维也纳出版商，他的"奥德翁"公司以出版钢琴作品而闻名。

卡米尔·普勒耶尔（1788—1855），钢琴家、作曲家，巴黎普勒耶尔钢琴厂的厂主。

乔治·桑（真名为奥萝尔·杜班—杜德旺，1804—1876），法国著名浪漫派女作家，与肖邦相爱并同居近九年（1838—1847）。

莫里斯·杜德旺，乔治·桑的儿子。

索朗热，乔治·桑的女儿，后嫁给克莱辛格，故称索·克莱辛格。

奥古斯特·克莱辛格（1814—1883），法国雕塑家，索朗热的丈夫。

卡·马尔利亚尼，西班牙驻巴黎的领事的夫人，乔治·桑和肖邦的朋友。

奥古斯特·弗朗肖姆（1808—1884），法国著名大提琴家，肖邦的合作者和挚友。

阿·德·屈斯蒂纳（1790—1857），法国旅行家、作家。

玛丽·达古（1805—1876），法国女作家，曾是李斯特的情妇。

弗·马勒菲伊（1813—1868），法国作家，乔治·桑的情人。

欧仁·德拉克鲁瓦（1798—1863），法国著名浪漫主义画家，肖邦和乔治·桑的好友。

安娜·卡·德·贝勒维勒—乌雷，维也纳女钢琴家。

阿道夫·古特曼（1819—1882），钢琴家、作曲家，肖邦最喜欢的学生之一。

埃·勒古韦（1807—1903），法国作家、剧作家。

玛丽·德·罗齐埃，法国钢琴教师，乔治·桑和肖邦的朋友。

简·斯特林（1804—?），苏格兰女钢琴家，肖邦的学生和朋友，对晚年的肖邦帮助很大，肖邦逝世后曾在自己家乡建立首座"肖邦纪念馆"。